谨以此书

献给百年恰是风华正茂的中国共产党

和为中华民族伟大复兴而努力奋斗的每一位青年

跨越百年的信仰对话

KUAYUE BAINIAN DE
XINYANG DUIHUA

叶子鹏　王震／主编

复旦大学出版社

序

100年前，一群新青年高举马克思主义思想火炬，在风雨如晦的中国苦苦探寻民族复兴的前途。由此上溯至几千年来，面对"人如何安顿自己的无限性和有限性以提高生命的境界"这个安身立命的大问题，中国历经了百家争鸣、独尊儒术、两汉经学、魏晋玄学、佛学禅宗、宋明新儒学等哲学探索，形成了中国独特的"心怀天下"的文化精神传统。尤其是阳明心学提出的"树立每一个中国人独立的人格""吾心便是宇宙，宇宙既是吾心""我们每一个中国人，无论是贩夫走卒，还是引车卖浆者流，都要做收拾精神、自作主张的大英雄""人人皆可为圣人"，自此儒道佛三家合流，阳明心学完成了"如何树立独立的人格，如何建构道德自觉的主体"这个大问题，强调以出世的精神来入世实践，把出世和入世统一起来，把自己奉献给天下。及至近代以来中华民族面临"数千年未有之变局"，处于风雨飘摇之中的中华民族迎来了马克思主义，五四运动标志着青年的觉醒。一次次的返本开新，中国文化精神不断从旧道统开出新道统，进而树立起"为民族谋复兴，为人民谋幸福""为最终实现共产主义努力奋斗"的马克思主义信仰，这便是文化的力量、精神的力量、信仰的力量。

青年兴则国家兴，青年强则国家强。当代青年思考人生价值乃至人生目标的时候，有必要从哲学中得到启发。马克思主义作为一种哲学思想体系，其所承载的信仰是一种"公共的善"。马克思主义信仰是目的利人、无私利他的信仰，是以人民为中心的信仰，是以全心全意为人民服务为根本宗旨的信仰。作为一种"公共的善"，从哲学角度讲，一个人的自我，有生命层面的自我和人格层面的自我两种，每个个体都有完善生命层面的自我和人格层面的自我的追求，人格层面的自我的完善最终体现为做"真吾"而不是"私吾"进而达到"无我"之境界。从历史角度审视，马克思主义信仰与中国传统"内圣外王"思想具有高度的关联，不断地完善自我以达到无私利人之行为目的，是中国传统文化精神的创造性转化和创新性发展。从价值角度审视，马克思主义信仰坚持人民至上。人民至上的价值是无私利人的，只有坚持人民至上的无私利人的追求，才能使自我品德达到完善境界，实现自己的人之所以为人者之崇高道德理想，实现人生的最高价值和社会的最高理想。

在建党百年之际，我这名情系党的青年工作事业的耄耋老者，无比欣喜地读到新时代青年共同完成的《跨越百年的信仰对话》。这部著作，以百年前中国青年和新时代中国青年时空对话的形式，探讨了"马克思主义信仰"，这个选题关乎党的十九届六中全会决议所提出的"抓好后继有人这个根本大计"，契合"中华民族伟大复兴"这一新时代青年的使命和担当。全书经由信仰的生成与力量、信仰的起点、信仰的选择、信仰的考验、信仰的坚守、信仰的追问等章节，讲述了李大钊、陈独秀、彭湃、方志敏等中国革命先驱百年前的初心与信仰的故事，以及新时代张广秀、黄文秀、复旦大学《共产党宣言》展示馆党员志愿服务队、北京大学援鄂医疗队、北京大学考古文博学院2009级本科团支部、华中农业大学"本禹志愿服务队"、河北保定学院西部支教毕业生等青年及青年群体不忘初心的信仰故事，让新时代的"强国一代"再受一次信仰的洗礼。

习近平总书记在庆祝改革开放40周年大会上庄严宣示："信仰、信念、信心，任何时候都至关重要。小到一个人、一个集体，大到一个政党、一个民族、一个国家，只要有信仰、信念、信心，就会愈挫愈奋、愈战愈勇，否则就会不战自败、不打自垮。无论过去、现在还是将来，对马克思主义的信仰，对中国特色社会主义的信念，对实现中华民族伟大复兴中国梦的信心，都是指引和支撑中国人民站起来、富起来、强起来的强大精神力量。"在纪念五四运动100周年大会上，习近平总书记更是高瞻远瞩地指出："把青年一代培养造就成德智体美劳全面发展的社会主义建设者和接班人，是事关党和国家前途命运的重大战略任务，是全党的共同政治责任。"他谆谆教导新时代中国青年要树立远大理想、要热爱伟大祖国、要担当时代责任、要勇于砥砺奋斗、要练就过硬本领、要锤炼品德修为。他深情提出"关心和支持青年是全社会的共同责任"，他号召全党"充分信任青年、热情关心青年、严格要求青年，关注青年愿望、帮助青年发展、支持青年创业，做青年朋友的知心人、青年工作的热心人、青年群众的引路人"。深入学习领会习近平总书记寄希望于青年的系列论述，更见《跨越百年的信仰对话》这部著作的时代价值。"常助青年超越"，是我的一大志趣，理当为这几位新起之秀跨时空的信仰思考与对话，点赞鼓励，并向新时代的青年一代作阅读举荐。

黄志坚
2021年12月8日
作于京城常青斋

（作者系我国首位青年学教授、青年学学科奠基人，曾任中央团校青年工作教研室主任，中国青年政治学院青年工作系主任，青少年研究所所长，中国青少年研究中心领导成员，中国青少年研究会副会长）

目　录

导　论　信仰的生成与力量

一、信仰的生成：马克思主义信仰的生成逻辑　002

二、信仰的力量：马克思主义信仰的魅力与威力　018

三、跨越百年中国青年的信仰对话　023

【延伸阅读】　030

第一章　信仰的起点：马克思主义者的主体特质

一、立志当年少：系好信仰生成的"第一粒扣子"　051

二、百丈生潮头：站稳立场是树立信仰的第一步　057

三、源头活水来：信仰根植生活而又超越生活　065

四、枝叶总关情：人民就是江山　072

【哲思】人的信仰起点在哪里？　080

【延伸阅读】　085

第二章　信仰的选择：马克思主义信仰的确立

一、绝境求真理：探寻那个召唤真理的时代　103

二、风雨中启航："南湖红船"载着民族的希望出发　118

三、到中流击水：为了崇高信仰而冲锋不止　123

四、理想高于天：革命精神代代传　130

【问心】我为什么加入中国共产党　136

【延伸阅读】　140

第三章　信仰的考验：马克思主义信仰是"根本"和"灵魂"

一、百炼始成钢：真正的信仰能经受住任何考验　155

二、立根在岩中："没有理想信念，就会导致精神上'缺钙'"　164

三、扣心之探源：马克思主义信仰困惑因何产生　168

四、守精神家园：信仰困惑的化解路径探索　174

五、气正朗乾坤：应对挑战重塑信仰　184

【回看】危难关头共产党人将何去何从　190

【延伸阅读】　195

第四章　信仰的坚守：用马克思主义改造世界

一、哪得清如许：青年坚守马克思主义信仰的时代价值　210

二、磨难中坚劲：在党的领导下推进共产主义事业　221

三、绝知要躬行：在知行合一中感悟政党之能、主义之行、制度之好　230

【定论】中国共产党为什么能　243

【延伸阅读】　248

第五章　信仰的追问：马克思主义与人类社会未来

一、何去又何从：个体对自由全面发展的终极诉求　268

二、政党向何方：为人民谋幸福为民族谋复兴赓续前程　280

三、中国向何处：对中华民族伟大复兴的愿景眺望　291

四、人类欲何往：人类命运共同体绘制的全球图景　302

【追问】人类社会未来路在何方　317

【延伸阅读】　320

附　文

青年文化学者与编著者的对谈　339

新华社记者与编著者的对谈　351

参考文献　361

后　记　369

导 论
信仰的生成与力量

"人民有信仰，民族有希望，国家有力量。"① "信仰、信念、信心，任何时候都至关重要。小到一个人、一个集体，大到一个政党、一个民族、一个国家，只要有信仰、信念、信心，就会愈挫愈奋、愈战愈勇，否则就会不战自败、不打自垮。无论过去、现在还是将来，对马克思主义的信仰，对中国特色社会主义的信念，对实现中华民族伟大复兴中国梦的信心，都是指引和支撑中国人民站起来、富起来、强起来的强大精神力量。"② "对马克思主义的信仰，对社会主义和共产主义的信念，是共产党人的政治灵魂，是共产党人经受住任何考验的精神支柱。"③ 从百年

---

① 习近平：《习近平谈治国理政》第二卷，外文出版社2017年版，第323页。
② 习近平：《在庆祝改革开放40周年大会上的讲话》，人民出版社2018年版，第42—43页。
③ 习近平：《习近平谈治国理政》，外文出版社2014年版，第15页。

前的"三千年未有之大变局"到现在"百年未有之大变局",在"大变局"面前,崇高而坚定的马克思主义信仰是百年大党带领中国人民行稳致远的一个重要法宝。我们每个人立足社会,无论"向内求"还是"向外求",信仰都是无法避之的终极精神追求。对于整个人类文明来说,信仰也是一种最为深刻的精神活动和精神向导、一种终极关怀和最终旨归。青年时期是人生树立信仰的最关键阶段,一旦信仰树立之后,对每个个体进而延展到整个社会、整个国家乃至整个世界都会产生巨大而深远的精神力量。"青年兴则国家兴,青年强则国家强。青年一代有理想、有本领、有担当,国家就有前途,民族就有希望。"①百年前中国青年是被寄予"再造中国"厚望的群体,新时代中国青年是被寄予接续奋斗实现"中华民族伟大复兴中国梦"厚望的群体。作为各自时代的弄潮儿,百年前中国青年群体胸怀马克思主义信仰,开辟了光明的道路;新时代中国青年群体更要树立坚定的马克思主义信仰,为实现中华民族伟大复兴赓续奋斗。

一、信仰的生成:马克思主义信仰的生成逻辑

对跨越百年青年马克思主义信仰生成的考察,既是对百年前中国青年信仰选择和确立的回望,也是对新时代中国青年信仰选择和确立的反观。青年人对马克思主义信仰的生成不是偶然的,有其历史和逻辑的必然性。百年中国青年运动的主题始终与振兴中华的历史进程紧密相连。跨越百年,青年选择和确立马克思主义信仰不仅是中国青年对个体人生意义的探索,也是中国青年对国家民族前途命运的忧心在怀;不仅受世界无产阶级革命运动的影响,也厚植于中国历史文化以及时代问题的土壤;不仅关系到百年中国青年的命运发展,也深刻影响了国家的前途和民族的未来。

(一)信仰的界定

---

① 习近平:《习近平谈治国理政》第三卷,外文出版社2020年版,第54页。

信仰既是每个个体安身立命的定海神针，也是一个民族团结奋斗的精神力量。对于一个个体来说，信仰就是其处于不管风平浪静还是狂风暴雨处境的一座灯塔；对于一个民族来说，信仰最重要的就是人的团结，人的团结靠的就是共同的理想和坚定的信念。由此溯源，信仰的内涵和特征是什么？它具有哪些类别和作用？作为政治的信仰，它与政治发展、国家能力具有什么关系？

1. 信仰的内涵和特征

信仰作为一种深刻的精神活动和整个人类文明的终极关怀，一直以来是哲学领域讨论的重要命题。关于信仰内涵的界定有多种，《辞海》（第七版）就将信仰界定为"对某种宗教或主义极度信服和尊重，并以之为行动的准则"。《现代汉语词典》（第6版）给出的一般意义，信仰是指"相信并奉为准则或指南的某种主张、主义、宗教等"，"对某人或某种主张、主义、宗教极度相信和尊敬，拿来作为自己行动的榜样或指南"。中外不同学者也给了信仰不同的内涵界定。国内学者荆学民认为"信仰是一种人的自我超越，但这种超越不是一般性的超越，而是一种终极性的超越"[1]。贺麟认为，信仰是"使个性坚强、行为持久、态度真诚、意志集中的一种知识形态"[2]。李平晔认为，"信仰是人类就其自身与他人，以及世界所做的整体认知与评估，是人类就自我和外界之间关系的信任、忠诚、奉献的基本动力，是人类在思维和行动中超越自我，全心投入的人生态度和处世哲学"，"信仰是一种人生态度、价值取向、伦理准则，是对人类自身存在和意义的体认。信仰是人独具的一种心理状态，是心灵的自律；信仰是理性与非理性的结合，是情感与理智的选择"[3]。对信仰的研究肇始于对宗教学的研究，国外学者如康德认为信仰是为了满足宗教和道德问题的认识需要，这种需要包括三个方面：上帝存在、灵魂不朽和意志自由。莱奥帕尔蒂认为信仰是"美丽的幻象"，但"它给予我们生命以意义、幸福和安慰，

---

[1] 荆学民：《现代信仰学导引》，中国传媒大学出版社2012年版，第65页。
[2] 贺麟：《文化与人生》，商务印书馆2017年版，第95页。
[3] 李平晔：《信仰与现实之间》，华文出版社2004年版，第29页。

给予群体以凝聚力、秩序和团体感"①，它唤醒了爱、奉献和热情。无论怎么解释信仰，信仰都是个体或者集体力量的源泉。我们认为，信仰应当从宗教中摆脱出来，信仰不应该是虚幻的、缥缈的。我们必须联系社会现实，从科学角度深化对信仰的认识，马克思主义信仰便是这种科学的信仰。

作为精神过程的信仰有着诸多的特征。可以说，信仰具有神圣性、自觉性、情感性、力量性、导引性、支柱性、独特性、多层次性、复杂性等特征。但从本质上来说，信仰的特征可以概括为三点：一是超越现实，指向未来；二是超越个体，指向高远；三是具有专一性，即一个人在同一个类别序列中很难同时存在两种不同的信仰。这里所重点论述的马克思主义信仰，既包括马克思主义设想的未来理想社会的情感因素，也包含马克思主义的理性基础和科学规律。这种信仰不仅深达每个个体的内心深处，而且也会在国家层面产生深远的影响。

2. 信仰的类别和作用

从不同角度来审视信仰，可以对信仰有不同的类别划分。简单来讲，从科学性角度来说，信仰具有科学信仰与非科学信仰之分；从宗教性角度来讲，信仰具有宗教信仰和非宗教信仰之分。关于非宗教信仰，有的学者将其划分为对儒学的态度、对民间迷信的态度和对国家的态度三类。有的学者以信仰的本体进行划分，把信仰划分为以人为本的信仰和以神为本的信仰。有的学者认为，信仰具有多层次性："人们论及的信仰层面包括政治信仰、文化信仰、传统信仰、社会信仰、国家信仰、民族信仰、家族信仰、民间信仰、个人信仰、官方信仰、草根信仰、精神信仰、现实信仰、宗教信仰、哲学信仰、科学信仰等。不同层面的信仰有时应该是可以并行不悖的。"②其他类型的划分标准，比如，按照信仰的特征进行划分，可以分为工具理性型信仰和价值理性型信仰；按照信仰的对象划分，可以划分为对马克思主义、对科学、对法律、对国家或民族、对宗教等的信仰。我们所谈论的马克思主义信仰，按照上述种种类别划

---

① ［德］沃夫冈·布雷钦卡：《信仰、道德和教育：规范哲学的考察》，彭正梅、郑坤译，华东师范大学出版社2008年版，第54页。

② 卓新平：《从宗教理解到信仰理解》，社会科学文献出版社2010年版，第2页。

分，可以定位为非宗教信仰、科学信仰、以人为本的信仰以及价值理性型信仰等。

信仰的作用和社会现实紧密相连。有的学者认为，"信仰通过将有限的人生赋予无限的意义使人类这样的弱者在超越现实的'永恒'中获得心理的补偿和慰藉，使其对现实社会的愤恨化解为对不平等的忍耐，从而促进了现实社会和谐社会的实现"①。同样地，我们也可以从反方向理解信仰的作用。"一个缺乏信仰的社会，不是因为缺乏某一种信仰，而是什么信仰都没有，这时候，由于普遍存在的焦虑、不安，特别容易出现对信仰饥不择食和病急乱投医的情况。"②对于马克思主义信仰来说，青少年阶段的信仰培育至关重要。他们的信仰生成与确立，对于整个青少年群体的发展乃至国家的发展以及社会主义事业的发展都影响深远。

3. 政治信仰与政治发展、国家能力

政治信仰在类别划分上属于信仰的一种。政治信仰包括政治理想、政治理论、政治认知、政治情感等内容。政治信仰决定着国家的前途和命运。探讨政治信仰和政治发展、国家能力之间的关系，有助于我们理解青年树立马克思主义信仰对中国特色社会主义事业的发展、国家治理体系与治理能力现代化会产生怎样的影响。弄清三者之间的关系，我们首先观察学者对这三个概念的界定。有的学者认为，"政治信仰是指特定社会和国家的人们在对某种社会政治体系及其理论学说认同、信服和敬仰的基础上，进而奉为自己言行准则并身体力行的精神体系"③，政治发展是指"不发达政治系统向发达政治系统变迁的过程。一般指传统社会向现代社会发展的过程中在政治领域发生的变化"④，而国家能力主要是指国家实现其正式目标的能力，国家将自己的意志、目标转化为现实的能力。

政治信仰和政治发展、国家能力的关系是显而易见的，政治信仰对政治发

---

① 印顺、李大华主编：《宗教与现代社会》，人民出版社2014年版，第196页。
② 徐贲：《怀疑的时代需要怎样的信仰》，东方出版社2013年版，第4页。
③ 荆学民：《当代中国社会信仰论》，人民出版社2008年版，第183页。
④《中国大百科全书 政治学》，中国大百科全书出版社1992年版，第481页。

展、国家能力的影响更是直接的。从政治信仰和政治发展的关系角度来说：首先，政治信仰是政治发展到一定程度的标志，政治信仰是政治发展成熟和理性的表现；其次，政治信仰可以推动政治发展，是政治发展的强大动力；最后，政治信仰在政治发展中具有指导性的意义。从政治信仰和国家能力关系的角度来说，政治信仰有助于提升国民的凝聚力和向心力，从而有助于提升国家能力。社会主义制度具有"集中力量办大事"的优越性就是明显的例证。从约束力和强制性的角度来说，马克思主义信仰对中国共产党党员有确定的约束力和强制性，但是对于普通老百姓来说，马克思主义信仰并没有严格的约束力和强制性。但这并不意味着我们对马克思主义信仰的引导和培育对于青少年来说不再重要。恰恰相反，在当今"百年未有之大变局"的情境下，对马克思主义信仰的引导和培育显得更加重要和迫切，这不仅是因为马克思主义是科学的理论，更为重要的是，从我国政治发展、国家能力角度来说，马克思主义信仰的引导与培育对于中国特色社会主义事业的发展、对于国家治理体系和治理能力现代化具有十分重要的意义。

（二）马克思主义信仰的生成有章可循

帕斯卡说，人是一根会思考的芦苇。苏格拉底说，未经理性审视的生活是不值得过的生活。青年阶段是叩问自我、探寻自我的特殊人生阶段。这种自我叩问、自我探寻往往都发端于"我是谁""我从哪里来""我要到哪里去"这些古老的哲学命题，并进而产生"人为什么而活""我应该选择什么样的职业并为之奋斗""我该如何认识人类社会发展"等核心问题的自我追问。无数中国青年就是在这种追问中，生成和确立了马克思主义信仰。

1. 人为什么而活

"人为什么而活"是一个让人迷茫的问题。青年总是在思考生命有限但人生何以能无限的问题，总是在追问更遥远更高尚的问题。而在这种追问中，青年首先要做的就是超越自己，超越自身的有限性。面对"人为什么而活"这个问题，英国哲学家伯特兰·罗素在《我为什么而活着》一文中给出的答案是"对爱情的渴望，对知识的追求，对人类苦难不可遏制的同情心，这三种纯洁但无比强烈的激情支配着我的一生"。毛泽东曾在这种追问中作了一首诗："孩儿立志出乡关,学不成名誓不还。埋骨何须桑梓地,人生无处不青山。"① 追寻救国救民之道成为毛泽东对这种自我追问的回答,也自此开启了另一重人生境界。毛泽东人生历程的第一个转折就是离开闭塞的韶山,离开限制自身有限性的环境,去闯荡外面更广阔的世界。他以优异成绩考入湖南省立高等中学,埋头苦读了大量的中外书籍,如《世界英雄豪杰传》《御批历代通鉴辑览》《民约论》《物种起源》《原富》《法意》《天演论》《群学肄言》等,较为系统地接受了中西方的文化知识,这种自修"极有价值"。周恩来从少年时代就立志"为中华之崛起而读书",并在赴日本留学前给同学的赠言中写道"愿相会于中华腾飞世界时"②。朱德成长的每一阶段,无不镌刻着中华民族近现代以来风起云涌、坎坷前行的沧桑印记,他前进的每一个脚步都饱含着炽热的爱国主义、革命英雄主义的伟大情怀。邓小平为了寻求答案,16 岁时留学海外,那些弥足珍贵的经历铸就了他成为一代伟人所拥有的崇高品德、博大胸怀和卓越胆识。

不论是生活在哪个时代的青年,都会或多或少地产生对生存目的的追问。这便是立志的过程。毋庸置疑,对这一问题答案的追寻,如果找到,那么对每个个体的意志力的提高以及对以后事业的发展甚至对国家的发展都会产生深远的影响。对生存目的的拷问,直接或间接地会影响一个人的行为,成为"一个高尚的人,一个纯粹的人,一个有道德的人,一个脱离了低级趣味的人,一个有益于人民的人"③。这应是对人类个体生存目的的最好注脚。

2. 青年在职业选择时的考虑

职业选择是青年面对的重要问题。在职业选择中应该坚持什么样的价值导向?马克思 17 岁时在《青年在选择职业时的考虑》一文中就立下了为人类幸福而工作的志向:"在选择职业时,我们应该遵循的主要指针是人类的幸福和

---

① 中共中央文献研究室编:《毛泽东年谱(1893—1949)》修订本上册,中共文献出版社 2013 年版,第 8 页。
② 《周恩来早期文集(一九一二年十二月——一九二四年六月)》上卷,中央文献出版社、南开大学出版社 1998 年版,第 3 页。
③ 《毛泽东选集》第二卷,人民出版社 1991 年版,第 660 页。

我们自身的完美。不应认为，这两种利益会彼此敌对、互相冲突，一种利益必定消灭另一种利益；相反，人的本性是这样的：人只有为同时代人的完美、为他们的幸福而工作，自己才能达到完美","如果我们选择了最能为人类福利而劳动的职业，那么，重担就不能把我们压倒，因为这是为大家而献身；那时我们所感到的就不是可怜的、有限的、自私的乐趣，我们的幸福将属于千百万人，我们的事业将默默地、但是永恒发挥作用地存在下去，而面对我们的骨灰，高尚的人们将洒下热泪"。①

与青年马克思的职业选择一样，百年前有志向的中国青年将自己的人生理想和国家、民族乃至人类的命运紧紧融合在一起，他们在五四运动后开始觉醒，开始以马克思主义思想为指引，为国家和民族的命运奋斗牺牲，国家自此开始转向。新时代中国青年在择业和职业理想上，正如习近平总书记所说，"只有把人生理想融入国家和民族的事业中，才能最终成就一番事业"②,"要把爱国之情、强国之志、报国之行统一起来，把自己的梦想融入人民实现中国梦的壮阔奋斗之中，把自己的名字写在中华民族伟大复兴的光辉史册之上"③,"当代中国青年要有所作为，就必须投身人民的伟大奋斗。同人民一起奋斗，青春才能亮丽；同人民一起前进，青春才能昂扬；同人民一起梦想，青春才能无悔"，④"到基层和人民中去建功立业，让青春之花绽放在祖国最需要的地方，在实现中国梦的伟大实践中书写别样精彩的人生"⑤。青年时期树立崇高的职业理想，就要树立马克思主义信仰，秉持天下为公的情怀和为全人类幸福献身的格局；就要主动将自己的小我融入祖国的大我、人民的大我之中，与时代同步伐、与人民共命运，全心全意为人民服务；就要主动肩负历史使命，主动承担

---

① 《马克思恩格斯全集》第40卷，人民出版社1982年版，第7页。
② 习近平：《给北京大学考古文博学院二〇〇九级本科团支部全体同学的回信》，《人民日报》，2013年5月5日，第2版。
③ 习近平：《在欧美同学会成立一百周年庆祝大会上的讲话》，《人民日报》，2013年10月22日，第2版。
④ 习近平：《致全国青联十二届全委会和全国学联二十六大的贺信》，《人民日报》，2015年7月25日，第1版。
⑤ 习近平：《给河北保定学院西部支教毕业生群体代表的回信》，《人民日报》，2015年5月4日，第1版。

历史重任,自觉为实现中华民族伟大复兴贡献自己的青春力量。

3.如何认识人类社会的发展

我们该怎样认识人类社会的构造和历史、运动和发展? 19世纪上半叶,欧洲资本主义迅速发展,无产阶级与资产阶级的矛盾日益尖锐,英、法、德等国工人运动风起云涌,无产阶级作为独立的政治力量开始登上历史舞台。时代呼唤指导国际工人运动的科学理论和实践纲领,呼唤用科学理论武装起来的无产阶级革命政党,以此照亮人类探索历史规律和寻求自身解放的道路。1848年2月,马克思、恩格斯这两位不满30岁的青年,受共产主义者同盟的委托,起草和发表了《共产党宣言》这一闪耀着真理光辉的纲领性文献。马克思、恩格斯所展现的剖析社会构造和历史、运动和发展的宏大视角,思考问题的大胆方式,大无畏的批判精神,都给人以深深的震撼。这一纲领穿透欧洲的黑夜,洞明人类社会发展的客观规律,指引改变着世界革命的伟大实践。《共产党宣言》开头写道,"一个幽灵,共产主义的幽灵,在欧洲游荡","现在是共产党人向全世界公开说明自己的观点、自己的目的、自己的意图并且拿自己的宣言来反驳关于共产主义幽灵的神话的时候了"①,并表明"代替那存在着阶级和阶级对立的资产阶级旧社会的,将是这样一个联合体,在那里,每个人的自由发展是一切人的自由发展的条件"②。恩格斯晚年在总结《共产党宣言》时说:"贯穿《宣言》的根本思想:每一历史时代的经济生产以及必然由此产生的社会结构,是该时代政治的和精神的历史的基础;因此(从原始土地公有制解体以来)全部历史都是阶级斗争的历史,即社会发展各个阶段上被剥削阶级和剥削阶级之间、被统治阶级和统治阶级之间斗争的历史;而这个斗争现在已经达到这样一个阶段,即被剥削被压迫的阶级(无产阶级),如果不同时使整个社会永远摆脱剥削、压迫和阶级斗争,就不再能使自己从剥削它压迫它的那个阶级(资产阶级)下解放出来,——这个基本思想完全是属于马克思一个人的。"③《共产党宣言》用历史唯物主义观点阐明了人类社会发展规律和阶级斗

---

① 《马克思恩格斯文集》第二卷,人民出版社2009年版,第30页。
② 同上书,第53页。
③ 同上书,第9页。

争学说，揭示了资本主义的内在矛盾，论证了资本主义必然灭亡和共产主义必然胜利的客观规律，阐述了无产阶级的伟大历史使命，为无产阶级及其政党的革命实践活动提供了强大的精神武器，深刻影响了人类历史的进程和中国的命运。

  总体上说，马克思主义作为博大精深的理论体系，是无产阶级的世界观，是无产阶级认识世界和改造世界的思想武器，是无产阶级争取阶级解放和人类解放的科学理论。它的主要特征是科学性和革命性的结合，理论和实践的统一。作为无产阶级思想体系的马克思主义，主要包括马克思主义哲学、马克思主义政治经济学和科学社会主义三个组成部分，这三大组成部分分别来源于德国古典哲学、英国古典政治经济学和法国空想社会主义，并经过马克思、恩格斯对所处时代和世界的深入考察，对人类社会发展规律的深刻把握，最终升华为马克思主义。首先，马克思主义哲学是辩证唯物主义和历史唯物主义的统称。马克思、恩格斯认为，世界的统一性在于它的物质性，物质是世界所发生的一切变化的基础。运动是物质的存在形式，物质的运动是绝对的，静止是相对的。物质不是精神的产物，精神只是运动着的物质的最高形式。社会存在决定人们的意识，人们能够认识并正确运用客观规律。辩证法的规律是从自然界和人类社会的历史中抽引出来的，实质上可以归结为三个规律：量变质变规律、对立统一规律、否定之否定规律。辩证法是关于一切运动最普遍规律的科学。运动的根源在于矛盾，矛盾双方只存在于它们的相互依存和相互联系之中。人要认识物质世界的运动规律，必须通过实践，在实践中证明自己思维的真理性。人的认识能力是无限的，个别人的认识又是有限的，这个矛盾要在无穷无尽的、连绵不断的世代中解决。其次，马克思主义政治经济学研究作为人类社会发展基础的各个时代的生产关系，尤其着重研究资本主义社会的生产关系，创立无产阶级政治经济学。它阐明人类社会各个发展阶段上支配物质资料的生产、交换以及与之相适应的产品分配的规律。最后，科学社会主义是马克思主义理论体系的核心，它的任务是研究无产阶级解放事业的历史条件以及这一事业本身的性质。它是最直接又全面指导无产阶级和全人类解放斗争的行动科学。马克思、恩格斯认为，社会主义必然代替资本主义是社会生产力发展的要求和合乎规律的结果，推翻资本主义并实现社会主义是无产阶级的历史使命。

（三）跨越百年中国青年信仰生成的比较

青年马克思主义信仰的生成既受内部世界的影响，也受外部环境的影响。分析青年马克思主义信仰的生成有多种路径，对跨越百年时空里中国青年信仰的生成作比较分析，不仅可以让我们回到历史之中感受信仰的力量，也能让我们体悟信仰生成的逻辑。

1. 青年与信仰

孩童和少年总是纯洁天真、诚实单纯，而青年则富有朝气、胸怀坦荡。在探索自我的心路历程中，青年自身信仰的树立至关重要，这不仅有关于青年自身对世界的自我探索，更依赖于他们所处的时代背景的影响。这种心路历程的探索是艰辛而又幸福的，假如这个阶段的青年没有找到自己的信仰，就等于蜜没有甜味，花没有香气。青年在整个社会力量中最富有朝气、最富有梦想、最为积极、最有生气，正如1957年毛泽东同志在莫斯科会见中国留学生、实习生时所说："世界是你们的，也是我们的，但是归根结底是你们的。你们青年人朝气蓬勃，正在兴旺时期，好像早晨八九点钟的太阳。希望寄托在你们身上。"① 青年的信仰和价值、理想和担当关系到国家的希望、民族的未来。

青年阶段是一个人世界观、人生观、价值观形成和确立的关键时期。人生的扣子从一开始就要扣好，要树立坚定的信仰和远大的志向，心怀久远，孜孜以求，久久为功，不懈奋斗。扣好人生的第一粒扣子首先要树立正确的科学的信仰，这种正确的科学的信仰就是马克思主义信仰，马克思主义信仰是跨越百年的中国青年孜孜以求的精神追求。习近平总书记在纪念五四运动100周年大会上的讲话中指出："新时代中国青年要树立对马克思主义的信仰、对中国特色社会主义的信念，对中华民族伟大复兴中国梦的信心。"② 树立坚定的马克思主义信仰，可以为青年事业的发展提供人生航向。"好儿女志在四方，有志者

---

① 《毛泽东邓小平江泽民论青少年和青少年工作》，中国青年出版社2000年版，第120页。
② 习近平：《在纪念五四运动100周年大会上的讲话》，人民出版社2019年版，第7页。

奋斗无悔。"青年要"自找苦吃",对知识的追求,对人类苦难不可遏制的同情心,对人民群众的爱心,支配着青年投身为人民服务的伟大事业中。志向、梦想、信仰是青年常常思索的字眼。作为个人,跨越百年的青年抑或苦苦思索,抑或激扬文字;作为群体,跨越百年的青年的信仰、梦想和价值取向始终与振兴中华的历史进程紧密相联。为实现中华民族伟大复兴中国梦而奋斗,是中国青年运动的时代主题。正如习近平总书记所说,"在革命战争年代,广大青年满怀革命理想,为争取民族独立、人民解放冲锋陷阵、抛洒热血。在社会主义革命和建设时期,广大青年响应党的号召,向困难进军,向荒原进军,保卫祖国,建设祖国,在新中国的广阔天地忘我劳动、艰苦创业。在改革开放历史新时期,广大青年发出'团结起来、振兴中华'的时代强音,为祖国繁荣富强开拓奋进、锐意创新"①。在伟大抗疫斗争中,"青年一代不怕苦、不畏难、不惧牺牲,用臂膀扛起如山的责任,展现出青春激昂的风采,展现出中华民族的希望"②。奥斯特洛夫斯基在其《钢铁是怎样炼成的》中的名言依然激励着一代代青年共产党人怀揣崇高的理想接续奋斗,"人最宝贵的是生命。生命每个人只有一次。人的一生应当这样度过:回忆往事的时候,他不会因为虚度年华而悔恨,也不会因为碌碌无为而羞愧;在临死的时候,他能够说:'我的整个生命和全部精力,都已经献给了世界上最壮丽的事业——为人类的解放而斗争'"③。

2. 百年前中国青年与新时代中国青年信仰生成的比较

百年前的中国青年,个体苦痛和国恨家仇相互交织,有些人迷惘彷徨,有些人信仰坚定,有些人任命运摆布,有些人头破血流冲决罗网。信仰坚定而又为了心中的信仰头破血流冲决罗网的这些革命先驱,被社会寄予了"再造中国"的厚望。近代以来,中国人肩负争取民族独立、人民解放和实现国家繁荣

---

① 习近平:《习近平谈治国理政》第二卷,外文出版社2017年版,第49页。
② 习近平:《在全国抗击新冠肺炎疫情表彰大会上的讲话》,《人民日报》,2020年9月9日,第2版。
③ [苏联]尼·奥斯特洛夫斯基:《钢铁是怎样炼成的》,梅益译,人民文学出版社1995年版,第232页。

富强、人民富裕幸福的重要历史任务。近代中国经历的变革非常剧烈，所谓"三千年未有之大变局"正是时人的切身感受。百年前的中国内忧外患、新旧交替，国家处于迷茫与动乱之中，20世纪二三十年代青年的文字中最常出现的是"苦闷""迷茫""困惑""怀疑""失望"等字眼，叩问"我是谁，我从哪里来，我将到哪里去"这个原始的哲学命题，以至于出现自杀的现象。"这班现代的青年，心中充满了理想，这些理想无一样不和现社会底道德，信条，制度，习惯冲突，无一样不受社会的压迫；他们的知识又足以介绍他们和思想潮流中底危险的人生观结识；若是客观上受社会的压迫，他们还可以仗着信仰鼓起勇气和社会奋斗；不幸生在思潮剧变的时代，以前的一切信仰都失了威权，主观上自然会受悲观怀疑思想的暗示，心境深处起了人生价值上的根本疑问，转眼一看，四方八面都本来空虚，黑暗，本来没有奋斗，救济的价值，所以才自杀。象这种自杀，固然是有意义有价值的自杀；但是我们要注意的，这不算是社会杀了他，算是思想杀了他呵！忠节大义的思想固然能够杀人，空观，悲观，怀疑的思想也能够杀人呵！主张新思潮运动的人要注意呵！要把新思潮洗刷社会底黑暗,别把新思潮杀光明的个人加增黑暗呵！"① 这种"迷茫"的状态追根溯源来自对国家和民族命运衰落而自己又无从下手解救的担忧。百年前中国青年的这种无所适从的状态的改变始于五四运动的爆发，五四运动使得青年觉醒，马克思主义思想开始为迷茫中的青年们指引方向。以毛泽东为代表的百年前中国青年对世界的好奇心和批判精神，促使他们找到了思想武器。他们"恰同学少年，风华正茂；书生意气，挥斥方遒。指点江山，激扬文字，粪土当年万户侯"②，毅然选择了马克思主义，选择了为实现共产主义而奋斗的崇高理想，并以自己的思想和行动推动了旧社会的变革，揭开了新中国的序幕。

新时代中国青年既是第一个一百年的经历者，又将是第二个一百年的建设者，这种际遇和机缘决定了新时代中国青年要肩负历史使命，要承担历史重任。他们现在20多岁，到2035年我国建成社会主义现代化国家时年龄不到

---

① 陈独秀：《自杀论——思想变动与青年自杀》，《新青年》，1920年7卷2号。
② 1925年12月毛泽东诗作《沁园春·长沙》，通过对长沙秋景的描绘和对青年时代革命斗争生活的回忆，抒写出革命青年对国家命运的感慨和以天下为己任，蔑视反动统治者，改造旧中国的豪情壮志。

40岁，到2050年我国建成社会主义现代化强国时年龄还不到60岁，这就是新时代中国青年的际遇和机缘，千千万万新时代中国青年将全过程参与实现我国的现代化进程和中华民族的伟大复兴。习近平总书记在党的十九大报告中指出："青年兴则国家兴，青年强则国家强。青年一代有理想、有本领、有担当，国家就有前途，民族就有希望。中国梦是历史的、现实的，也是未来的；是我们这一代的，更是青年一代的。中华民族伟大复兴的中国梦终将在一代代青年的接力奋斗中变为现实。"①像复旦大学《共产党宣言》展示馆党员志愿服务队一样，越来越多的新时代中国青年自觉传播、研究和践行宣言精神，传递马克思主义真理力量的"火种"，学思践悟"真理的味道"，自觉把个人命运和国家发展紧密联系在一起，为中华民族伟大复兴接续奋斗。

新时代中国青年处在中华民族发展的最好时期，既面临着难得的建功立业的人生际遇，也面临着"天将降大任于斯人"的时代使命。这就决定了新时代中国青年要有理想、有本领、有担当，要以"实现中华民族伟大复兴"为己任，积极投身伟大斗争的实践中去，"以青春之我……创建青春之国家，青春之民族"。对于新时代中国青年来说，其中最为重要的就是，要孜孜不倦地勤奋学习，努力增长才干和本领，并做到知行合一。"纸上得来终觉浅，绝知此事要躬行。"毛泽东同志曾说："要了解情况，唯一的方法是向社会作调查，调查社会各阶级的生动情况。……要做这件事，第一是眼睛向下，不要只是昂首望天。没有眼睛向下的兴趣和决心，是一辈子也不会真正懂得中国的事情的。"②习近平总书记也多次强调"要把论文写在祖国的大地上"③，这些都为青年人的成长成才提供了根本遵循。新时代中国青年要博学切问、知行合一，勤勤恳恳积累知识、扎扎实实调研实践，在知识的海洋里丰富思想、在社会的熔炉里铸炼内功，博学为奉献、实践出真知，坚持问题意识、深入社会实践，克服"本领恐慌""知识脱节"，抱定"不忘初心"的理想信念，牢记伟大时代使命，获得真学问，练就真本领，努力成为社会主义事业的可靠接班人。新时代

---

① 习近平：《习近平谈治国理政》第三卷，外文出版社2017年版，第54页。
② 毛泽东：《毛泽东农村调查文集》，人民出版社1982年版，第15页。
③ 习近平：《为建设世界科技强国而奋斗——在全国科技创新大会、两院院士大会、中国科协第九次全国代表大会上的讲话》，人民出版社2016年版，第10页。

中国青年要坚定马克思主义信仰，坚定理想信念，志存高远，脚踏实地，勇做时代的弄潮儿；要肩负历史使命，坚定前进信心，立大志、明大德、成大才、担大任，努力成为堪当民族复兴重任的时代新人，让青春在为祖国、为民族、为人民、为人类的不懈奋斗中绽放绚丽之花。

3. 一代又一代中国共产党人信仰生成和确立的回望

《共产党宣言》在革命领袖信仰生成和确立的过程中起到了重要的作用。青年毛泽东经过十月革命的一声炮响和李大钊、陈独秀等先驱的点拨，彻底从无政府主义信仰转变为马克思主义信仰。毛泽东在回忆自己与中国共产主义运动情况时深有感触地说，"我热心地搜寻那时候能找到的为数不多的用中文写的共产主义书籍。有三本书特别深刻地铭刻在我的心中，建立起我对马克思主义的信仰。我一旦接受了马克思主义是对历史的正确解释以后，我对马克思主义的信仰就没有动摇过。这三本书：《共产党宣言》，陈望道译，这是用中文出版的第一本马克思主义的书；《阶级斗争》，考茨基著；《社会主义史》，柯卡普著。到了1920年夏天，在理论上，而且在某种程度的行动上，我已经成为一个马克思主义者了，而且从此我也认为自己是一个马克思主义者了"①，"《共产党宣言》，我看了不下一百遍，遇到问题，我就翻阅马克思的《共产党宣言》，有时只阅读一两段，有时全篇都读，每阅读一次，我都有新的启发"②。

周恩来是不忘初心、坚守信仰的楷模。1919年周恩来在日本留学时，通过河上肇创办的《社会问题研究》了解《共产党宣言》一书，开始接触马克思主义。1920年10月，周恩来赴法国留学，和蔡和森等人一起继续学习《共产党宣言》，最终成为共产主义者。1921年，周恩来等在巴黎酝酿成立社会主义青年团，次年7月改组为中共旅欧总支部，总支部先后出版《少年》《赤光》刊物，宣传包括《共产党宣言》在内的马克思主义的相关内容。他常把《共

---

① 1936年，美国记者埃德加·斯诺带着"中国共产党究竟是什么样的人？""是什么样的希望，什么样的目标，什么样的理想，使他们成为顽强到令人难以置信的战士的呢？"等疑问来到延安，毛泽东在延安同他进行了许多方面的谈话。[美]埃德加·斯诺：《西行漫记》，董乐山译，东方出版社2010年版，第147页。

② 1939年底，毛泽东与一位从白区调回延安进入马列学院学习的同志的谈话。徐文钦：《毛泽东读书治国》，中央文献出版社2008年版，第346页。

产党宣言》当作"贴身伙伴"。青年周恩来在求学时就怀有了"为中华之崛起而读书""大江歌罢掉头东，邃密群科济世穷。面壁十年图破壁，难酬蹈海亦英雄"等立志救国的志向，在确立自己的马克思主义信仰时，周恩来说，"我认的主义一定是不变了，并且很坚决地为他宣传奔走"，"在任何艰难困苦的情况下，我都要以誓死不变的精神为共产主义奋斗到底"。[①]周恩来一生始终保持坚定的理想信念和旺盛的革命精神，他曾说："我做工作，从来没有灰心过。""没有灰心过"的力量支撑便是强大而坚定的理想信念。

1920年，刘少奇在上海外国语学社学习时接触到《共产党宣言》。《共产党宣言》的课程就是由刚刚完成全文翻译的陈望道讲授的。在同学眼里，"看见他（刘少奇）的时候，多是在学习俄文，阅读《宣言》、思考着中国革命的问题"[②]。后来在莫斯科留学期间，他把《共产党宣言》看了又看。新中国成立后，他回忆说，"从这本书中，我了解共产党是干什么的，是怎样的一个党，经过一段时间的深思熟虑，最后决定参加共产党，同时也准备献身于党的事业"[③]。刘少奇在确立自己的马克思主义信仰的过程中说，"一个人，特别是一个党员，为了党，为了社会进化与人类解放，为了千百万劳苦大众的共同长远的利益而奋斗到底，直至终身，甚至牺牲自己的生命，是最值得"，"一个共产党员，在任何情况下，能够不能够把自己个人的利益绝对地无条件地服从党的利益，是考验这个党员是否忠于党、忠于革命和共产主义事业的标准"，"一个革命者，生为革命，死也永远为共产主义事业，一心不变"。[④]

1922年10月，朱德抵达德国，读到了《共产党宣言》。他曾回忆，"（1921年前），我们连一份《共产党宣言》都没有，那是最早翻译成中文的马

---

① 胡锦涛：《在纪念周恩来同志诞辰110周年座谈会上的讲话》，人民出版社2008年版，第7页。
② 萧劲光：《忆早期赴莫学习时的少奇同志》，载《缅怀刘少奇》，中央文献出版社1988年版，第71页。
③ 刘维孔：《对我们晚辈的亲切关怀》，载《缅怀刘少奇》，中央文献出版社1988年版，第399页。
④ 习近平：《在纪念刘少奇同志诞辰120周年座谈会上的讲话》，人民出版社2008年版，第9—10页。

克思主义文献"①,"我在德国研究马克思列宁主义的书籍,参加了中国共产党,从此开始走上了新的革命旅程"②。他历经旧民主主义革命的失败,深刻认识到只有马克思主义才能解决中国的问题,并最终确立了马克思主义信仰,"革命到底""全党团结紧,险峰敢登攀"是朱德内心最坚定的声音。

邓小平于1992年在武昌、深圳、珠海、上海等地的谈话中指出,"学马列要精,要管用的。……我的入门老师是《共产党宣言》和《共产主义ABC》。……马克思主义的真理颠扑不破。实事求是是马克思主义的精髓。……其实马克思主义并不玄奥。马克思主义是很朴实的东西,很朴实的道理。我坚信,世界上赞成马克思主义的人会多起来的,因为马克思主义是科学。它运用历史唯物主义揭示了人类社会发展的规律"③。

陈云对自己选择的马克思主义信仰始终怀有奋斗奉献的精神,并为此笃定终生。在确立自己的马克思主义信仰时,陈云说,"此身已非昔比,今后不是做'成家立业'的一套,而要专心干革命","一个愿意献身共产主义事业的共产党员,不仅应该为党在各个时期的具体任务而奋斗,而且应该确定自己为共产主义的实现而奋斗到底的人生观"④。

2009年5月13日,习近平同志在中央党校2009年春季学期第二批进修班暨专题研讨班开学典礼的讲话中,列举了毛泽东、邓小平、江泽民、胡锦涛学习《共产党宣言》及其他马克思主义理论著作的例子。可见,《共产党宣言》不仅在中国共产党建党时期发挥了重大作用,而且影响和塑造了一代又一代的中国共产党人。

如果说《共产党宣言》是全世界共产党人的信仰之源,那么陈望道翻译的《共产党宣言》便是中国共产党人最直接的信仰源泉。正如习近平总书记在给复旦大学《共产党宣言》展示馆党员志愿服务队全体队员的回信中所说:"100

---

① [美]艾格尼丝·史沫特莱:《伟大的道路——朱德的生平和时代》,梅念译,东方出版社2005年版,第154页。
② 《朱德选集》,人民出版社1983年版,第386页。
③ 《十三大以来重要文献选编(下)》,人民出版社1993年版,第1864—1865页。
④ 习近平:《在纪念陈云同志诞辰110周年座谈会上的讲话》,人民出版社2015年版,第5—6页。

年前,陈望道同志翻译了首个中文全译本《共产党宣言》,为引导大批有志之士树立共产主义远大理想、投身民族解放振兴事业发挥了重要作用。"心有所信,方能行远。回望中国共产党的百年光辉历程,我们发现,共产党、共产党人、《共产党宣言》是紧紧联系在一起的。《共产党宣言》的翻译和出版,自始至终和中国共产党的成立紧密相连;也正是因为这本一开始就承载着建党使命的经典著作,在思想理论上造就了中国共产党人。

《共产党宣言》问世以来,国际共产主义和社会主义运动波澜壮阔,马克思主义始终闪耀着不熄的真理光芒。《共产党宣言》作为永恒的信仰之源始终激励着一代又一代共产党人为实现中华民族伟大复兴不断奋斗、不断牺牲、不断创造。在革命、建设和改革年代,无论力量多么弱小、环境多么残酷、斗争多么激烈、局势多么复杂、挑战多么严峻、责任多么重大、任务多么艰巨、处境多么困难,革命领袖们都不忘初心,始终坚定马克思主义信仰和保持旺盛的革命精神,对国家独立、民族解放、社会主义事业都怀有坚定的信心。

二、信仰的力量:马克思主义信仰的魅力与威力

心中有信仰,脚下才有力量。一旦信仰在个人和民族心底生根发芽,它就具有了形塑个人、民族、国家甚至人类文明的力量。在人类文明的进程中,存在着多种信仰,有崇拜英雄的英雄信仰、有崇拜神明的宗教信仰、有崇拜实用的利益信仰、亦有坚信辩证唯物主义的马克思主义信仰,由此产生了英雄史观、宗教的神秘主义历史观、实用主义历史观,以及唯物主义历史观,不管是哪种信仰或史观,都对人类社会发展产生了或多或少的影响。我们重点介绍马克思主义信仰,来深刻感悟马克思主义信仰在党的百年历程中产生的魅力与威力。

(一)马克思主义信仰

马克思主义信仰是将马克思主义的原理、蕴含价值和终极理想作为自己的行动准则和奋斗目标并付诸行动的一种信仰体系。马克思主义信仰的核心内容

是共产主义。在《共产党宣言》中，马克思、恩格斯指出，"过去的一切运动都是少数人的，或者为少数人谋利益的运动。无产阶级的运动是绝大多数人的，为绝大多数人谋利益的独立的运动"。①"人类解放"是马克思主义崇高的科学的信仰追求。马克思主义既是信仰又是科学，因其是科学，对于一切拥护马克思主义的人来说，便把马克思主义作为自己的行为原则、理想追求和价值目标，马克思主义便成为自己的信仰。

马克思主义信仰在中国的生成和确立，符合历史发展的客观规律，符合中国人民的心理需求。无论是传统的中国还是当下的中国，其社会结构都是理想和现实合一的一元化的社会结构。这就决定了中国需要一种既符合中国以"实用理性"和"平民化"为特征的传统信仰的心理结构，又符合以科学的世界观为根本的反映大多数人意志的政治信仰，这种信仰是社会发展规律的正确反映。马克思主义信仰以共产主义理想为最高追求和价值目标，这种共产主义理想是将建立"这样一个联合体，在那里，每个人的自由发展是一切人的自由发展的条件"②，这种社会形式是"以每个人的全面而自由的发展为基本原则的社会形式"，"每个人的自由而全面发展""自由人的联合体"是马克思主义信仰的最高追求和价值目标。马克思主义信仰本身具有体系化的特征，这种信仰体系包括奋斗目标、核心价值观和民生政策三个层次。而建构马克思主义信仰体系的正确途径，则是需要在宣传奋斗目标的科学性、加强核心价值观的凝聚性和提升民生政策的实用性这三个层次上实现统一。这就需要新一代马克思主义理论家加强马克思主义中国化的理论创新，完善基层党组织的组织体系，提高党的建设工作的质量，增强马克思主义信仰体系的包容性和自身建构的完整性，加强中国共产党对中国人不同人生阶段的价值引导和培育。

"人以一种全面的方式，就是说，作为一个完整的人，占有自己的全面的本质。"③马克思主义信仰既是揭示人类社会发展规律的理论知识，又是引导人类实现彻底解放和人的自由全面发展的科学信仰，是理论知识与科学信仰的统一。马克思主义信仰以人的自由全面发展为终极目标，体现着对人的终极关

---

① 《马克思恩格斯文集》第二卷，人民出版社 2009 年版，第 42 页。
② 同上书，第 53 页。
③ 同上书，第 189 页。

怀。马克思主义信仰就是把人从宗教的束缚中解放出来,未来的共产主义社会是自由人的联合体,虽然马克思主义信仰的根本立场是无产阶级的人民立场,但是马克思主义要解放的并不仅仅是无产阶级自身,而是谋求全人类的自由和解放,通过消灭旧的生产关系而消灭阶级对立的存在条件,通过消灭阶级自身的存在条件而消灭阶级统治,从而实现人类的崇高理想——共产主义社会。需要说明的是,在实现解放全人类的进程中,无产阶级作为革命的主体力量担负起历史使命和责任,无产阶级政党代表着整个共产主义现实运动的价值取向和前进方向。坚持马克思主义信仰就要"坚持把马克思主义基本原理同中国具体实际相结合、同中华优秀传统文化相结合,用马克思主义观察时代、把握时代、引领时代,继续发展当代中国马克思主义、21世纪马克思主义"[1]。可以说,马克思主义是先进的理论,中国共产党是用马克思主义这一先进理论武装起来的先进的马克思主义政党,这一先进的政党顺应了历史的潮流,承担了历史的重任,作出了巨大的牺牲,在"实现中华民族伟大复兴"这个百年主题上不断奋勇前进。

(二)马克思主义信仰与中国特色社会主义

马克思主义是科学的理论、人民的理论、实践的理论以及不断发展的开放的理论。说其是科学的理论,是因为它创造性地揭示了人类社会发展规律;说其是人民的理论,是因为它第一次创立了人民实现自身解放的思想体系;说其是实践的理论,是因为它指引着人民改造世界的行动;说其是不断发展的开放的理论,是因为它始终站在时代前沿。"对马克思主义的信仰,对社会主义和共产主义的信念,是共产党人的政治灵魂,是共产党人经受住任何考验的精神支柱。"[2] 中国共产党已经走过了百年的奋斗历程。回望党史、新中国史、改革开放史和社会主义发展史,在历经100年的奋斗征程中,中国的命运、中国特色社会主义的发展始终与中国共产党秉持的马克思主义信仰紧密相连,党史、新中国史、改革开放史和社会主义发展史,整体来讲,就是中国共产党人心怀

---

[1] 习近平:《在庆祝中国共产党成立100周年大会上的讲话》,人民出版社2021年版,第13页。

[2] 习近平:《习近平谈治国理政》,外文出版社2014年版,第15页。

马克思主义信仰,为人民谋幸福、为民族谋复兴的实践史。"我们共产党人的本,就是对马克思主义的信仰,对中国特色社会主义和共产主义的信念,对党和人民的忠诚","共产党人如果没有信仰、没有理想,或者信仰、理想不坚定,精神上就会'缺钙',就会得'软骨病',就必然导致政治上变质、经济上贪婪、道德上堕落、生活上腐化"。①

中国特色社会主义进入新时代,习近平新时代中国特色社会主义思想是马克思主义中国化的最新成果,是当代中国马克思主义、21世纪马克思主义。习近平新时代中国特色社会主义思想是一个逻辑严密的思想体系,从理论和实践结合上系统回答了新时代坚持和发展什么样的中国特色社会主义、怎样坚持和发展中国特色社会主义这个时代课题。首先,它回答了时代之问,分析了中国处于"中华民族伟大复兴战略全局"和"世界百年未有之大变局"的时代背景,勘定了中国特色社会主义进入了新时代的历史方位,明确了人民日益增长的美好生活需要和不平衡不充分的发展之间的主要矛盾,确立了坚持和发展中国特色社会主义的时代主题,明确了实现中华民族伟大复兴的奋斗目标;其次,它明确了统筹推进经济建设、政治建设、文化建设、社会建设、生态文明建设"五位一体"总体布局和协调推进全面建设社会主义现代化国家、全面深化改革、全面依法治国、全面从严治党"四个全面"战略布局;再次,它明确了总体国家安全观的安全保障、国防和军队建设的国防保障、祖国完全统一的复兴条件、新型国家关系与人类命运共同体的国际条件、党的建设的政治保证等保障条件;最后,它提出了把马克思主义哲学作为看家本领、坚持实事求是、提高科学思维能力、保持战略定力、坚持系统观念、坚持底线思维、坚持问题导向、重视调查研究、发扬钉钉子精神、依靠学习走向未来等思想方法和工作方法。总之,习近平新时代中国特色社会主义思想包括了新时代坚持和发展中国特色社会主义的总目标、总任务、总体布局、战略布局和发展方向、发展方式、发展动力、战略步骤、外部条件、政治保证等基本问题,涵盖了经济、政治、法治、科技、文化、教育、民生、民族、宗教、社会、生态文明、国家安全、国防和军队、"一国两制"和祖国统一、统一战线、外交、党的建

---

① 习近平:《习近平谈治国理政》第二卷,外文出版社2017年版,第326页。

设等各方面的工作。以史为鉴、开创未来,坚定马克思主义信仰,推进新时代中国特色社会主义,必须坚持中国共产党坚强领导,必须团结带领中国人民不断为美好生活而奋斗,必须继续推进马克思主义中国化,必须坚持和发展中国特色社会主义,必须加快国防和军队现代化,必须不断推动构建人类命运共同体,必须进行具有许多新的历史特点的伟大斗争,必须加强中华儿女大团结,必须不断推进党的建设新的伟大工程。①

(三)在历史大视野中把握中国式现代化新道路与人类文明新形态

"鞋子合不合脚,自己穿了才知道。一个国家的发展道路合不合适,只有这个国家的人民才最有发言权。"②当今我们面临"中华民族伟大复兴战略全局"和"世界百年未有之大变局"的时代背景,社会主义和资本主义两种道路、两种制度、两种文明的斗争依然是长期的、复杂的,有时甚至是尖锐的。当今世界这种大发展、大变革、大调整的深刻复杂变化,决定了新的世界政治经济格局正在形成。一个国家选择走什么样的发展道路,没有统一的模式和标准,与各国的历史传统、国情、风土人情紧密相关,符合自己国家历史传统、国情、风土人情的发展道路就是好的发展道路,好的发展道路必然涵盖经济的增长水平、人民政治权利的获得、生态权益的保障、民生的改善等具体指标,鞋子合不合脚只有自己穿了才知道。尽管在新的世界政治经济格局的形成过程中,各种斗争会日趋激烈,但是我们需要明了,我们依然处于马克思主义所指明的历史时代,马克思主义在当代、在21世纪依然具有鲜活的生命力和持续的影响力,就是因为它符合了实践发展的客观需求,马克思主义关于人类社会发展规律的思想、关于坚守人民立场的思想、关于生产力和生产关系的思想、关于人民民主的思想、关于文化建设的思想、关于社会建设的思想、关于人与自然关系的思想、关于世界历史的思想、关于马克思主义政党建设的思想在中国这块土壤上熠熠生辉。

---

① 习近平:《在庆祝中国共产党成立100周年大会上的讲话》,人民出版社2021年版,第10—19页。
② 参见2013年3月23日习近平主席在莫斯科国际关系学院发表的重要演讲。《十八大以来重要文献选编(上)》,人民出版社2014年版,第260页。

"我们坚持和发展中国特色社会主义，推动物质文明、政治文明、精神文明、社会文明、生态文明协调发展，创造了中国式现代化新道路，创造了人类文明新形态。"①习近平总书记在庆祝中国共产党成立100周年大会上的讲话明确指出了中国特色社会主义是"中国式现代化新道路"以及"人类文明新形态"。"中国式现代化新道路"强调以经济建设为中心，强调必须坚持社会主义道路、必须坚持人民民主专政、必须坚持共产党的领导、必须坚持马列主义、毛泽东思想，强调中国共产党的全面领导，强调新型举国体制，强调经济建设、政治建设、文化建设、社会建设、生态文明建设"五位一体"总体布局，强调全面建设社会主义现代化国家、全面深化改革、全面依法治国、全面从严治党"四个全面"战略布局，强调高质量发展，强调人民当家作主，强调人与自然和谐共生，强调共同富裕……"中国式现代化新道路"最终指向的是建设一个富强、民主、文明、和谐、美丽的社会主义现代化强国和实现中华民族的伟大复兴。"人类文明新形态"指的是我们在马克思主义中国化、中国5000多年的灿烂文明以及人类文明的一切有益成果的基础上达到物质文明、政治文明、精神文明、社会文明、生态文明协调发展。纵观当今世界形势，垄断资本主义的深刻危机与中国特色社会主义的伟大成就，表明了"中国式现代化新道路""人类文明新形态"的中国特色社会主义具有无可比拟的优越性。我们要在"中华民族伟大复兴战略全局"和"世界百年未有之大变局"的历史大视野中坚定马克思主义信仰以增强定力，最终在新的世界政治经济格局形成过程中把握战略主动，为世界社会主义运动的进展提供新机遇，展示新可能，开辟新视野。

三、跨越百年中国青年的信仰对话

建党百年，风雨征程。在革命战争年代，坚定的理想信念支撑百年前中国青年和共产党人视死如归、革命到底；在中国特色社会主义新时代，亦是坚定

---

① 习近平：《在庆祝中国共产党成立100周年大会上的讲话》，人民出版社2021年版，第13—14页。

的理想信念支撑新时代中国青年奔赴基层、奔赴边疆建功立业。马克思主义信仰让百年前中国青年和新时代中国青年心中有大义、心中有国家、心中有民族、心中有人类，支撑了百年前中国青年和新时代中国青年肩负时代重任、勇于砥砺奋斗。马克思主义信仰在任何时代都闪耀着耀眼的光芒和真理的光辉。

（一）百年前中国青年与马克思主义信仰

聆听革命先驱的心声，回顾革命先驱的信仰故事，依旧可以穿透我们的躯体，直击内心的深处。李大钊怀着共产主义者的坚定信念和革命乐观主义的精神曾写道，"历史的道路，不全是坦平的，有时走到艰难险阻的境界，这是全靠雄健的精神才能冲过去的"，"中华民族现在所逢的道路，是一段崎岖险阻的道路。在这一段道路上，实在亦有一种奇绝壮绝的景致，使我们经过此段道路的人，感到一种壮美的趣味。但这种壮美的趣味，没有雄健的精神是不能够感觉到的"。① 陈独秀认为马克思的学说和行为有两大精神：一个是以科学归纳法为根据的"实际研究的精神"，"青年诸君须以马克思的实际研究精神来研究学问，不要单单以马克思的学说研究而已"，"希望青年诸君能以马克思实际研究的精神研究社会上各种情形，最重要的是现社会的政治及经济状况，不要单单研究马克思的学理"；另一个是"马克思实际活动的精神"，"我们研究他的学说，不能仅仅研究其学说，还须将其学说实际去活动，干社会的革命"，青年们"须发挥马克思实际活动的精神，把马克思学说当作社会革命的原动力"。② 方志敏在囚室中泣血呼吁："不要悲观，不要气馁，要奋斗！要持久地艰苦地奋斗！"③ 彭湃面对风雨如晦的中国大声疾呼："我们赶快觉悟！我们赶快结合！我们赶快进行！我们赶快将新社会现在我们的眼前！"④ 萧楚女鼓励青年坚定信仰，鼓励青年内心要有信仰，以此来对抗诬构、耻辱、失败，一切烦恼、沉闷、悲哀、痛苦都根源于没有信仰，青年朋友们"要各自赶快去找一个

---

① 中共中央组织部党员教育中心编：《信仰：先驱的心声》，人民出版社2013年版，第4—5页。
② 同上书，第10—13页。
③ 同上书，第38页。
④ 同上书，第50页。

合乎我们现在的生活，和我们对于人类前途所负的使命的需要之物，以为安身立命之地——以充实我们的生活，把自己和自己所居的社会，一齐从那无边的黑暗之中，拯拔出来"①。阮啸仙曾说，青年应当奋发有为，要打破旧环境，创造新环境，而青年创造新环境，就要具备判断、进取、负责、朴实、奋斗、牺牲等"工具"。高君宇的内心独白则是："我是宝剑，我是火花。我愿生如闪电之耀亮，我愿死如彗星之迅忽。"②革命先驱为了心中那火热的信念大都英年早逝，但是他们的精神将永耀光芒！

恽代英的狱中诗"浪迹江湖忆旧游／故人生死各千秋／已摈忧患寻常事／留得豪情作楚囚"，罗亦农的就义诗"慷慨登车去／相期一节全／残躯何足惜／大敌正当前"，夏明翰的就义诗"砍头不要紧／只要主义真／杀了夏明翰／还有后来人"，邓恩铭的诀别诗"卅一年华转瞬间／壮志未酬奈何天／不惜为我身先死／后继频频慰九泉"，刘伯坚的带镣行"带镣长街行／踽跚复踽跚／市人争瞩目／我心无愧怍／带镣长街行／镣声何铿锵／市人皆惊讶／我心自安详／带镣长街行／志气愈轩昂／拼作阶下囚／工农齐解放"，周文雍的绝笔诗"头可断／肢可折／革命精神不可灭／壮士头颅为党落／好汉身躯为群裂"，叶挺的囚歌"为人进出的门紧锁着／为狗爬走的洞敞开着／一个声音高叫着／爬出来吧／给你自由／我渴望着自由／但也深知道——／人的躯体哪能由狗的洞子爬出／我只能期待着／那一天——／地下的烈火冲腾／把这活棺材和我一齐烧掉／我应该在烈火和热血中得到永生"，刘志丹的爱国歌"黄河两岸／长城内外／炎黄子孙再不能等待／挽弓持戈／驰骋疆场／快，内惩国贼，外抗强权／救我中华万万年"等诗歌，③至今仍在我们耳边回响，他们是共产党人献身人类解放事业的光辉典范。

（二）新时代中国青年与马克思主义信仰

新时代中国青年运动的主题、方向和使命，就是坚持中国共产党的领导，

---

① 中共中央组织部党员教育中心编：《信仰：先驱的心声》，人民出版社2013年版，第57页。
② 《高君宇文集》，人民出版社，2011年版，第244页。
③ 中共中央组织部党员教育中心编：《信仰：先驱的心声》，人民出版社2013年版，第183—218页。

同人民一道，为实现"两个一百年"奋斗目标、实现中华民族伟大复兴中国梦而奋斗。在革命、建设和改革开放各个历史时期，中国共产党始终高度重视青年、关怀青年、信任青年，对青年一代寄予殷切期望。特别是党的十八大以来，以习近平同志为核心的党中央始终激励新时代中国青年树立远大理想、树立对马克思主义的信仰、树立对中国特色社会主义的信念、树立对中华民族伟大复兴中国梦的信心。习近平总书记在同各界优秀青年代表座谈时的讲话、在中国共产党第十九次全国代表大会上的报告、在纪念五四运动100周年大会上的讲话、在给复旦大学青年师生党员的回信、在清华大学建校110周年校庆考察时的讲话、在庆祝中国共产党成立100周年大会上的讲话等历次报告、讲话和书信中都对新时代中国青年提出了殷切希望，特别是习近平总书记在纪念五四运动100周年大会上的讲话中提出新时代中国青年要树立远大理想、要热爱伟大祖国、要担当时代责任、要勇于砥砺奋斗、要练就过硬本领、要锤炼品德修为，给新时代中国青年提出了具体要求和努力方向。

新时代中国青年要坚定马克思主义信仰，认真学习党史、新中国史、改革开放史、社会主义发展史，自觉抵制历史虚无主义、自由主义、极端个人主义等错误思潮，深刻认识从新民主主义革命时期、社会主义革命和建设时期、改革开放和社会主义现代化建设时期到新时代中国特色社会主义时期，我国青年不懈追求的美好梦想，始终与振兴中华、中华民族伟大复兴的历史进程紧密相联。作为新时代的青年，生逢盛世，肩负重任，首先要胸怀"中华民族伟大复兴战略全局"和"世界百年未有之大变局"这"两个大局"，心怀"国之大者"，把握大势，敢于担当，善于作为，砥砺奋斗，为服务国家富强、民族复兴、人民幸福贡献力量；其次要有理想，要树立远大理想，坚定对马克思主义的信仰、对中国特色社会主义的信念、对中华民族伟大复兴中国梦的信心，"心有所信，方能行远。面向未来，走好新时代的长征路，我们更需要坚定理想信念、矢志拼搏奋斗"。新时代中国青年要爱党爱国爱民，从党史学习中激发信仰、获得启发、汲取力量，不断坚定"四个自信"，不断增强做中国人的志气、骨气、底气，树立为祖国为人民永久奋斗、赤诚奉献的坚定理想；要锤炼品德，自觉树立和践行社会主义核心价值观，自觉用中华优秀传统文化、革命文化、社会主义先进文化培根铸魂、启智润心，加强道德修养，明辨是非曲直，增强自我定力，矢志追求更有高度、更有境界、更有品位的人生；要有本领，要博学切问、勇于创新、实学实干、知行合一。新时代中国青年要博学笃志，切问近思，求知若渴、孜孜不倦，努力学习马克思主义立场观点方法来观察问题、分析问题和解决问题；要勇于创新，深刻理解把握时代潮流和国家需要，敢为人先、敢于突破，以聪明才智贡献国家，以开拓进取服务社会。新时代中国青年要实学实干，脚踏实地、埋头苦干，在攀登知识高峰中追求卓越，在肩负时代重任时行胜于言，在"真刀真枪"的实干中成就一番事业；要知行合一，不仅要从书本中学习，还要从实践中学习，在实践中增长才干、练就本领，以真才实学服务人民，以创新创造贡献国家；要有担当，在伟大斗争中展现迎难而上、挺身而出的担当精神。

时代呼唤担当，民族振兴是青年的责任，青年"所多的是生力，遇见深林，可以辟成平地的，遇见旷野，可以栽种树木的，遇见沙漠，可以开掘井泉的"，新时代中国青年要在实现中华民族伟大复兴中积极担当作为，"只要青年都勇挑重担、勇克难关、勇斗风险，中国特色社会主义就能充满活力、充满后劲、充满希望"。①

（三）马克思主义信仰的魅力与威力

马克思是一个伟大的人，一个深谋远虑的最伟大的思想家，一个魅力十足的革命导师。马克思主义具有深远而强大的魅力与威力和耀眼的真理光辉。"质疑一切"的马克思所产生的思想，让我们深深感受到马克思对社会革命的热情、无所畏惧的精神、永不满足的动力和不断前进的活力。马克思创造的"社会分析方法"这一考察人类社会历史的考察模式和方法，发现了"资本主义"这一历史阶段背后的现实，发现了资本主义固有的生产社会化与资本主义生产资料私有制之间的内在矛盾，得出了资本主义生产方式的产生、发展和灭亡是一个合乎规律的历史过程，资本主义必然被社会主义所代替，社会主义公有制必然取代资本主义私有制的结论。

理论是实践的先导，马克思主义从一诞生开始，就展现了其强大的魅力与

---

① 习近平：《在纪念五四运动 100 周年大会上的讲话》，人民出版社 2019 年版，第 8 页。

威力。一方面,对于选择社会主义道路、制度的中国来说,马克思主义不仅彻底改变了中国的命运,中国共产党以马克思主义思想为指导开创了"中国式现代化新道路"和"人类文明新形态",以马克思主义思想为指引的无产阶级革命和社会主义运动对世界的变化产生了巨大的影响;另一方面,对于资本主义国家来说,马克思主义在西方民间和学术界也具有强大的生命力和感召力,只要资本主义制度还存在,马克思主义就不会退出历史的舞台。即使当今时代发生了剧烈的变迁,马克思主义依然穿越时空散发着不朽的光芒,马克思至今依然被公认为"千年第一思想家"。对时代问题的正确回答、对现存资本主义社会的科学分析、对人民群众利益的关切和维护是马克思主义的魅力与威力所在,人类社会始终朝着马克思指引的方向前行。

新时代中国青年怎样才能建立和坚定自己的马克思主义信仰呢?这需要从两个方面做起。首先,新时代中国青年必须深刻认识到人类社会历史发展的规律和坚信共产主义社会必然实现的前途。既要拨开人类社会历史发展的迷雾,又要破除喊口号式的假信、似是而非的不坚定信,要做到真信真为。这就需要新时代中国青年自觉提高历史觉悟意识,不断深入实践锻炼以深入观察比较思考社会,同时,最重要的是潜心阅读马克思经典著作,多读熟读经典,提升自己的马克思主义修养。一个值得注意的情况是,马克思所述所著,并不是看一眼就懂的学问,有些人时常谈论它,却很少认真深入阅读理解它。要弄通弄懂马克思主义,"非有志者无以至也。有志矣,不随以止也,然力不足者,亦不能至也。有志与力,而又不随以怠,至于幽暗昏惑而无物以相之,亦不能至也"①。青年朋友或许一时难以理解与把握,一个较好的方法,就是我们可以以直觉为契机,来阅读马克思,伴随阅读的深入、阅历的增长与师长的帮助,渐次深刻理解、感悟与实践。新时代中国青年只有提高了自身的马克思主义修养,才能逐步建立和坚定自己的马克思主义信仰,并终其一生为自己的信仰的实现奋斗到底。其次,新时代中国青年必须深刻知道中国革命、建设和改革是一个长期的艰苦的斗争过程,中国特色社会主义道路是马克思主义基本原理与

---

① 王安石《游褒禅山记》中的这段话或许可以为我们阅读马克思主义经典提供路径方法的启示。

中国实际相结合的道路，我们一方面要坚持马克思主义的基本原理，走社会主义道路，另一方面要从中国的实际出发，不照抄、照搬别国经验、模式，而是走具有中国特色的道路。我们要坚定道路自信、理论自信、制度自信、文化自信，为实现中华民族的伟大复兴不懈奋斗。

展望未来，新时代中国青年必将大有可为，也必将大有作为。现在，我们比历史上任何时期都更接近实现中华民族伟大复兴的目标，比历史上任何时期都更有信心、更有能力实现这个目标。行百里者半九十。距离实现中华民族伟大复兴的目标越近，我们越不能懈怠，我们越要坚定信仰，越要增强本领，越要加倍努力。"世界上赞成马克思主义的人会多起来的，因为马克思主义是科学。它运用历史唯物主义揭示了人类社会发展的规律。"①

生逢伟大的时代，在实现中华民族伟大复兴的征程上，让我们更加坚信马克思主义，更加坚定马克思主义信仰，以信仰充实生活，以信仰抖擞精神，以信仰服务人民，以信仰复兴中华！马克思主义信仰会让我们超越"自我""本我"，带给我们方向的指引、才智的磨砺、内心的激荡与无穷的"超我"力量，追求我们每个人的自由全面发展，达到全人类的解放！

---

① 《邓小平文选》第三卷，人民出版社1993年版，第382页。

【延伸阅读】

思想之旗

批判的武器当然不能代替武器的批判，物质力量只能用物质力量来摧毁；但是理论一经掌握群众，也会变成物质力量。

——马克思：《〈黑格尔法哲学批判〉导言》，载《马克思恩格斯文集》第一卷，人民出版社2009年版，第11页

马克思的整个世界观不是教义，而是方法。它提供的不是现成的教条，而是进一步研究的出发点和供这种研究使用的方法。

——1895年恩格斯与德国著名经济学家维尔纳·桑巴特讨论《资本论》时的谈话

如果我们党有一百个至二百个系统地而不是零碎地、实际地而不是空洞地学会了马克思列宁主义的同志，就会大大地提高我们党的战斗力量。

——1938年毛泽东同志在党的六届六中全会上的讲话

如果我们不是马克思主义者，没有对马克思主义的充分信仰，或者不是把马克思主义同中国自己的实际相结合，走自己的道路，中国革命就搞不成功，中国现在还会是四分五裂，没有独立，也没有统一。对马克思主义的信仰，是中国革命胜利的一种精神动力。

——邓小平：《建设有中国特色的社会主义》，载《邓小平文选》第三卷，人民出版社1993年版，第63页

学马列要精，要管用的。……我的入门老师是《共产党宣言》和《共产主义 ABC》。……马克思主义的真理颠扑不破。实事求是是马克思主义的精髓。要提倡这个，不要提倡本本。我们改革开放的成功，不是靠本本，而是靠实践，靠实事求是。……其实马克思主义并不玄奥。马克思主义是很朴实的东西，很朴实的道理。我坚信，世界上赞成马克思主义的人会多起来的，因为马克思主义是科学。它运用历史唯物主义揭示了人类社会发展的规律。

——1992 年邓小平同志南方谈话

理想信念是思想和行动的"总开关""总闸门"，理想的滑坡是最致命的滑坡，信念的动摇是最危险的动摇。

——2006 年 1 月 6 日胡锦涛在中央纪委第六次全会上的讲话

青年兴则国家兴，青年强则国家强。我们党自成立之日起，就始终代表广大青年、赢得广大青年、依靠广大青年。各级党委和政府要充分信任青年、热情关心青年、严格要求青年，为青年驰骋思想打开更浩瀚的天空，为青年实践创新搭建更广阔的舞台，为青年塑造人生提供更丰富的机会，为青年建功立业创造更有利的条件。各级领导干部要关注青年愿望、帮助青年发展、支持青年创业，做青年朋友的知心人，做青年工作的热心人。

青年朋友们，人的一生只有一次青春。现在，青春是用来奋斗的；将来，青春是用来回忆的。人生之路，有坦途也有陡坡，有平川也有险滩，有直道也有弯路。青年面临的选择很多，关键是要以正确的世界观、人生观、价值观来指导自己的选择。无数人生成功的事实表明，青年时代，选择吃苦也就选择了收获，选择奉献也就选择了高尚。青年时期多经历一点摔打、挫折、考验，有利于走好一生的路。要历练宠辱不惊的心理素质，坚定百折不挠的进取意志，保持乐观向上的精神状态，变挫折为动力，用从挫折中吸取的教训启迪人生，使人生获得升华和超越。总之，只有进行了激情奋斗的青春，只有进行了顽强拼搏的青春，只有为人民作出了奉献的青春，才会留下充实、温暖、持久、无悔的青春回忆。

——2013 年 5 月 4 日习近平在同各界优秀青年代表座谈时的讲话

事实一再表明，理想信念动摇是最危险的动摇，理想信念滑坡是最危险的滑坡。我一直在想，如果哪天在我们眼前发生"颜色革命"那样的复杂局面，我们的干部是不是都能毅然决然站出来捍卫党的领导、捍卫社会主义制度？我相信，绝大多数党员、干部是能够做到的。

——2013年6月28日习近平在全国组织工作会议上的讲话

全面建成小康社会，推进社会主义现代化，实现中华民族伟大复兴，是光荣而伟大的事业，是光明和灿烂的前景。一切有志于这项伟大事业的人们都可以大有作为。在亿万中国人民前行的伟大征程上，广大留学人员创新正当其时、圆梦适得其势。广大留学人员要把爱国之情、强国之志、报国之行统一起来，把自己的梦想融入人民实现中国梦的壮阔奋斗之中，把自己的名字写在中华民族伟大复兴的光辉史册之上。

——2013年10月21日习近平在欧美同学会成立一百周年庆祝大会上的讲话

张广秀同志：

来信收悉，感谢你和乡亲们的祝福。得知你康复良好、重返岗位的消息，我感到很欣慰，同时希望你仍要注意保重身体。

改变农村面貌，帮助农民群众过上好日子，推动广大农村全面建成小康，需要党和政府的好政策，也需要千千万万农村基层干部带领广大农民群众不懈努力。大学生村官计划实施以来，数十万大学生走进农村，热情服务，努力实现人生价值。你们的付出和贡献，农民群众有最真切的感受，我看了很多反映大学生村官事迹的材料，为你们的进步和成绩感到高兴。

希望你和所有大学生村官热爱基层、扎根基层、增长见识、增长才干，促农村发展，让农民受益，让青春无悔。

祝工作顺利、身体健康、阖家幸福！

请转达我对垆上村乡亲们的节日问候！

——2014年1月28日习近平给大学生村官张广秀的复信

河北保定学院西部支教毕业生群体代表：

你们响应国家号召，怀着执着的理想，奔赴条件艰苦的西部和边疆地区，扎根基层教书育人，十几年如一日，写下了充满激情和奋斗的人生历程。你们的坚守、你们的事迹，令人感动。

我在西部地区生活过，深知那里的孩子渴求知识，那里的发展需要人才。多年来，一批批有理想、有担当的青年，像你们一样在西部地区辛勤耕耘、默默奉献，为当地经济社会发展、民族团结进步作出了贡献。

同人民一道拼搏、同祖国一道前进，服务人民、奉献祖国，是当代中国青年的正确方向。好儿女志在四方，有志者奋斗无悔。希望越来越多的青年人以你们为榜样，到基层和人民中去建功立业，让青春之花绽放在祖国最需要的地方，在实现中国梦的伟大实践中书写别样精彩的人生。

——2014年在五四青年节即将到来之际习近平给河北保定学院西部支教毕业生群体代表的回信

五四运动以来，在中国共产党领导下，一代又一代有志青年"以青春之我，创建青春之家庭，青春之国家，青春之民族，青春之人类，青春之地球，青春之宇宙"，在救亡图存、振兴中华的历史洪流中谱写了一曲曲感天动地的青春乐章。

……

光阴荏苒，物换星移。时间之河川流不息，每一代青年都有自己的际遇和机缘，都要在自己所处的时代条件下谋划人生、创造历史。青年是标志时代的最灵敏的晴雨表，时代的责任赋予青年，时代的光荣属于青年。

广大青年对五四运动的最好纪念，就是在党的领导下，勇做走在时代前列的奋进者、开拓者、奉献者，同全国各族人民一道，担负起历史重任，让五四精神放射出更加夺目的时代光芒。

……

青年的价值取向决定了未来整个社会的价值取向，而青年又处在价值观形成和确立的时期，抓好这一时期的价值观养成十分重要。这就像穿衣服扣扣子一样，如果第一粒扣子扣错了，剩余的扣子都会扣错。人生的扣子从一开始就要扣好。

……

现在在高校学习的大学生都是20岁左右，到2020年全面建成小康社会时，很多人还不到30岁；到本世纪中叶基本实现现代化时，很多人还不到60岁。也就是说，实现"两个一百年"奋斗目标，你们和千千万万青年将全过程参与。有信念、有梦想、有奋斗、有奉献的人生，才是有意义的人生。当代青年建功立业的舞台空前广阔、梦想成真的前景空前光明，希望大家努力在实现中国梦的伟大实践中创造自己的精彩人生。

——2014年5月4日习近平在北京大学师生座谈会上的讲话

没有理想和信仰，不可能为党、为国家、为人民作出牺牲，共产党员应该为理想而奋不顾身去拼搏、去奋斗、去牺牲。……我们共产党人讲奉献，就要有一颗为党为人民矢志奋斗的心，有了这颗心，就会"痛并快乐着"，再怎么艰苦也是美的、再怎么付出也是甜的，就不会患得患失。这才是符合党和人民要求的大奉献。

——2014年5月8日习近平在同中央办公厅各单位班子成员和干部职工代表座谈时的讲话

一个国家，一个民族，要同心同德迈向前进，必须有共同的理想信念作支撑。我们要在全党全社会持续深入开展建设中国特色社会主义宣传教育，高扬主旋律，唱响正气歌，不断增强道路自信、理论自信、制度自信，让理想信念的明灯永远在全国各族人民心中闪亮。

——2015年2月28日习近平在会见第四届全国文明城市、文明村镇、文明单位和未成年人思想道德建设工作先进代表时的讲话

"士不可以不弘毅，任重而道远。"国家的前途，民族的命运，人民的幸福，是当代中国青年必须和必将承担的重任。一代青年有一代青年的历史际遇。我们的国家正在走向繁荣富强，我们的民族正在走向伟大复兴，我们的人民正在走向更加幸福美好的生活。当代中国青年要有所作为，就必须投身人民

的伟大奋斗。同人民一起奋斗，青春才能亮丽；同人民一起前进，青春才能昂扬；同人民一起梦想，青春才能无悔。

——2015年7月24日习近平致全国青联十二届全委会和全国学联二十六大的贺信

世界的未来属于年轻一代。全球青年有理想、有担当，人类就有希望，推进人类和平与发展的崇高事业就有源源不断的强大力量。希望各国青年用欣赏、互鉴、共享的观点看待世界，推动不同文明交流互鉴、和谐共生，积极为构建人类命运共同体添砖献瓦。

——2015年10月26日习近平在联合国教科文组织第九届青年论坛开幕式上的贺词

实现中华民族伟大复兴的中国梦，需要一代又一代有志青年接续奋斗。青年人朝气蓬勃，是全社会最富有活力、最具有创造性的群体。党和人民对广大青年寄予厚望。

广大青年要自觉践行社会主义核心价值观，不断养成高尚品格。要以国家富强、人民幸福为己任，胸怀理想、志存高远，投身中国特色社会主义伟大实践，并为之终生奋斗。要加强思想道德修养，自觉弘扬爱国主义、集体主义精神，自觉遵守社会公德、职业道德、家庭美德。要坚持艰苦奋斗，不贪图安逸，不惧怕困难，不怨天尤人，依靠勤劳和汗水开辟人生和事业前程。"看似寻常最奇崛，成如容易却艰辛。"青年的人生之路很长，前进途中，有平川也有高山，有缓流也有险滩，有丽日也有风雨，有喜悦也有哀伤。心中有阳光，脚下有力量，为了理想能坚持、不懈怠，才能创造无愧于时代的人生。

——2016年4月26日习近平在知识分子、劳动模范、青年代表座谈会上的讲话

坚持不忘初心、继续前进，就要坚持马克思主义的指导地位，坚持把马克思主义基本原理同当代中国实际和时代特点紧密结合起来，推进理论创新、实践创新，不断把马克思主义中国化推向前进。

指导思想是一个政党的精神旗帜。95年来，中国共产党之所以能够完成近代以来各种政治力量不可能完成的艰巨任务，就在于始终把马克思主义这一科学理论作为自己的行动指南，并坚持在实践中不断丰富和发展马克思主义。

这使我们党得以摆脱以往一切政治力量追求自身特殊利益的局限，以唯物辩证的科学精神、无私无畏的博大胸怀领导和推动中国革命、建设、改革，不断坚持真理、修正错误。无论是处于顺境还是逆境，我们党从未动摇对马克思主义的信仰。

马克思主义及其在中国的发展，为党和人民事业发展提供了既一脉相承又与时俱进的科学理论指导，为增进全党全国各族人民团结统一提供了坚实思想基础。

马克思主义是我们立党立国的根本指导思想。背离或放弃马克思主义，我们党就会失去灵魂、迷失方向。在坚持马克思主义指导地位这一根本问题上，我们必须坚定不移，任何时候任何情况下都不能有丝毫动摇。

……

革命理想高于天。中国共产党之所以叫共产党，就是因为从成立之日起我们党就把共产主义确立为远大理想。我们党之所以能够经受一次次挫折而又一次次奋起，归根到底是因为我们党有远大理想和崇高追求。

"志不立，天下无可成之事。"理想信念动摇是最危险的动摇，理想信念滑坡是最危险的滑坡。一个政党的衰落，往往从理想信念的丧失或缺失开始。我们党是否坚强有力，既要看全党在理想信念上是否坚定不移，更要看每一位党员在理想信念上是否坚定不移。95年来，共产主义远大理想激励了一代又一代共产党人英勇奋斗，成千上万的烈士为了这个理想献出了宝贵生命。"砍头不要紧，只要主义真"，"敌人只能砍下我们的头颅，决不能动摇我们的信仰"，这些视死如归、大义凛然的誓言生动表达了共产党人对远大理想的坚贞。理想之光不灭，信念之光不灭。我们一定要铭记烈士们的遗愿，永志不忘他们为之流血牺牲的伟大理想。

理想因其远大而为理想，信念因其执着而为信念。我们要把理想信念教育作为思想建设的战略任务，保持全党在理想追求上的政治定力，自觉做共产主义远大理想和中国特色社会主义共同理想的坚定信仰者、忠实实践者，在全面建成小康社会、实现中华民族伟大复兴中国梦的历史进程中充分发挥先锋模范作用。

理论上清醒，政治上才能坚定。坚定的理想信念，必须建立在对马克思主义的深刻理解之上，建立在对历史规律的深刻把握之上。

……

青年是祖国的未来、民族的希望,也是我们党的未来和希望。中国共产党的创始人之一李大钊同志说过,青年要"为世界进文明,为人类造幸福,以青春之我,创建青春之家庭,青春之国家,青春之民族,青春之人类,青春之地球,青春之宇宙,资以乐其无涯之生"。95年来,我们党取得的所有成就都凝聚着青年的热情和奉献。全党要关注青年、关心青年、关爱青年,倾听青年心声,做青年朋友的知心人、青年工作的热心人、青年群众的引路人。

全国广大青年要深刻了解近代以来中国人民和中华民族不懈奋斗的光荣历史和伟大历程,坚定不移跟着中国共产党走,勇做走在时代前列的奋进者、开拓者、奉献者,让青春在为祖国、为人民、为民族的奉献中焕发出绚丽光彩!

——2016年7月1日习近平在庆祝中国共产党成立95周年大会上的讲话

我们纪念刘华清同志,就是要学习他恪守信仰、不忘初心的不懈追求。刘华清同志始终以党和人民事业为重,实现民族独立、人民解放和国家富强、人民幸福是他一生追求的目标。无论是生死关头,还是身处逆境,他百折不挠、奋斗不息,对党和人民无限忠诚,对革命事业矢志不渝。长征出发前夕,他写下了"决心抛去一切留恋,革命到底"的誓言。革命战争年代,他浴血奋战、多次受伤,但革命意志从未消沉。"文化大革命"中,他受到不公正待遇,但保持着旺盛斗志和乐观精神。他说:"社会需要安定,生活需要和平,为了这个简单明白的道理,我穿了68年军装。"回顾自己的一生,他说:"作为公民,我为国家和民族尽心尽力,贡献了自己的全部才智;作为军人,我一直在冲锋陷阵,没有让军装沾上污点;作为下级,我完成了小平的重托,将来汇报,可以不用汗颜。"

"不忘初心,方得始终。"理想信念是我们共产党人的精神支柱。我们一定要保持理想信念坚定,不论时代如何变化,不论条件如何变化,都风雨如磐不动摇,自觉做共产主义远大理想和中国特色社会主义共同理想的坚定信仰者、忠实实践者,永远为了真理而斗争,永远为了理想而斗争。

——2016年9月28日习近平在纪念刘华清同志诞辰100周年座谈会上的讲话

长征是一次理想信念的伟大远征。崇高的理想,坚定的信念,永远是中国共产党人的政治灵魂。中国共产党从成立之日起，就把共产主义确立为远大理想，始终团结带领中国人民朝着这个伟大理想前行。党和红军几经挫折而不断奋起，历尽苦难而淬火成钢，归根到底在于心中的远大理想和革命信念始终坚定执着，始终闪耀着火热的光芒。

——2016年10月21日习近平在纪念红军长征胜利80周年大会上的讲话

我们纪念朱德同志，就是要学习他追求真理、不忘初心的坚定信念。朱德同志经历过旧民主主义革命的失败，从切身体验中认识到，旧的道路走不通了，只有马克思主义才是解决中国问题的真理。在确立马克思主义信仰、树立为共产主义事业奋斗的崇高理想后，无论面对什么样的艰难险阻和重大挫折，他始终没有动摇。越是危难关头，他越是信念坚定。南昌起义部队南下潮汕失败，朱德同志所部孤立无援，他挺身而出，稳住军心，斩钉截铁地说，黑暗是暂时的，要革命的跟我走，最后胜利一定是我们的。1975年初，他在89岁高龄时亲笔写下"革命到底"的条幅。1976年2月，他又写下"全党团结紧，险峰敢登攀"的诗句。在临终前不到两个月，他看到《共产党宣言》新译本后，不顾年高体弱，驱车到中央党校，看望参与翻译的同志，一起交流对这部马克思主义经典著作的学习心得。

不忘初心，方得始终。对马克思主义的信仰，对社会主义和共产主义的信念，是共产党人的政治灵魂，是共产党人经受住各种考验的精神支柱。只有理想信念坚定的人，才能始终不渝、百折不挠，不论风吹雨打，不怕千难万险，坚定不移为实现既定目标而奋斗。今天，每一个共产党员都要做共产主义远大理想和中国特色社会主义共同理想的坚定信仰者、忠实实践者，为实现"两个一百年"奋斗目标、实现中华民族伟大复兴的中国梦而英勇奋斗。

——2016年11月29日习近平在纪念朱德同志诞辰130周年座谈会上的讲话

中国的未来属于青年，中华民族的未来也属于青年。青年一代的理想信念、精神状态、综合素质，是一个国家发展活力的重要体现，也是一个国家核心竞争力的重要因素。当今中国最鲜明的时代主题，就是实现"两个一百年"奋斗目标、实现中华民族伟大复兴的中国梦。当代青年要树立与这个时代主题同心同向的理想信念，勇于担当这个时代赋予的历史责任，励志勤学、刻苦磨炼，在激情奋斗中绽放青春光芒、健康成长进步。

——2017年5月3日习近平在中国政法大学考察时的讲话

艰难困苦，玉汝于成。今天，我们比历史上任何时期都更接近实现中华民族伟大复兴的光辉目标。祖国的青年一代有理想、有追求、有担当，实现中华民族伟大复兴就有源源不断的青春力量。希望你们扎根中国大地了解国情民情，在创新创业中增长智慧才干，在艰苦奋斗中锤炼意志品质，在亿万人民为实现中国梦而进行的伟大奋斗中实现人生价值，用青春书写无愧于时代、无愧于历史的华彩篇章。

——2017年8月15日习近平给第三届中国"互联网＋"大学生创新创业大赛"青年红色筑梦之旅"的大学生的回信

青年一代有理想、有本领、有担当，国家就有前途，民族就有希望。实现中华民族伟大复兴的中国梦，离不开一代代青年的接力奋斗。希望你们弘扬留学报国的光荣传统，胸怀大志，刻苦学习，早日成长为可堪大任的优秀人才，把学到的本领奉献给祖国和人民，让青春之光闪耀在为梦想奋斗的道路上。

——2017年12月31日习近平给莫斯科大学中国留学生的回信

矢志不渝为共产主义远大理想和中国特色社会主义共同理想而奋斗。《共产党宣言》揭示的人类社会最终走向共产主义的必然趋势，奠定了共产党人坚定理想信念、坚守精神家园的理论基础。理想信念的确立，是一种理性的选择，而不是一时的冲动，光有朴素的感情是远远不够的，还必须有深厚的理论信仰作支撑，否则一有风吹草动就会发生动摇。只要我们掌握了马克思主义基本原理，就能够深刻认识到实现共产主义是由一个一个阶段性目标逐步达成的漫长历史过程，需要若干代人接续奋斗、艰苦奋斗、不懈奋斗；就能够深刻认识到中国特色社会主义是实现中华民族伟大复兴的必由之路，也是中国共产党人带领人民追求崇高理想、开辟光明未来的成功道路。

——2018年4月23日习近平在十九届中央政治局第五次集体学习时的讲话

马克思给我们留下的最有价值、最具影响力的精神财富，就是以他名字命名的科学理论——马克思主义。这一理论犹如壮丽的日出，照亮了人类探索历史规律和寻求自身解放的道路。

马克思有一句名言："批判的武器当然不能代替武器的批判，物质力量只能用物质力量来摧毁；但是理论一经掌握群众，也会变成物质力量。"马克思主义主要由哲学、政治经济学、科学社会主义三大组成部分构成。这三大组成部分分别来源于德国古典哲学、英国古典政治经济学、法国空想社会主义，然而，最终升华为马克思主义的根本原因，是马克思对所处的时代和世界的深入考察，是马克思对人类社会发展规律的深刻把握。马克思说："共产党人的理论原理，决不是以这个或那个世界改革家所发明或发现的思想、原则为根据的。""这些原理不过是现存的阶级斗争、我们眼前的历史运动的真实关系的一般表述。"

……

从《共产党宣言》发表到今天，170年过去了，人类社会发生了翻天覆地的变化，但马克思主义所阐述的一般原理整个来说仍然是完全正确的。我们要坚持和运用辩证唯物主义和历史唯物主义的世界观和方法论，坚持和运用马克思主义立场、观点、方法，坚持和运用马克思主义关于世界的物质性及其发展规律，关于人类社会发展的自然性、历史性及其相关规律，关于人的解放和自由全面发展的规律，关于认识的本质及其发展规律等原理，坚持和运用马克思主义的实践观、群众观、阶级观、发展观、矛盾观，真正把马克思主义这个看家本领学精悟透用好。

——2018年5月4日习近平在纪念马克思诞辰200周年大会上的讲话

要在学生中加强中国历史特别是中国近现代史、中国革命史、中国共产党史、中华人民共和国史、中国改革开放史等的教育，坚持不懈培育和弘扬社会主义核心价值观。只有社会主义才能救中国，只有坚持和发展中国特色社会主义才能实现中华民族伟大复兴。要给学生讲清楚这一被实践证明了的历史逻辑和现实逻辑，增强学生的中国特色社会主义道路自信、理论自信、制度自信、文化自信，不被任何干扰所惑，立志肩负起民族复兴的时代重任。

——2018年9月10日习近平在全国教育大会上的讲话

信仰、信念、信心，任何时候都至关重要。小到一个人、一个集体，大到一个政党、一个民族、一个国家，只要有信仰、信念、信心，就会愈挫愈奋、愈战愈勇，否则就会不战自败、不打自垮。无论过去、现在还是将来，对马克思主义的信仰，对中国特色社会主义的信念，对实现中华民族伟大复兴中国梦的信心，都是指引和支撑中国人民站起来、富起来、强起来的强大精神力量。

——2018年12月18日习近平在庆祝改革开放40周年大会上的讲话

革命理想高于天。江西到处传颂着革命先烈可歌可泣的英雄故事。"敌人只能砍下我们的头颅，决不能动摇我们的信仰"，这是方志敏同志牺牲前留下的铮铮誓言。刘仁堪烈士在就义前，敌人残忍地割下了他的舌头，他仍然用脚蘸着流下的鲜血写下"革命成功万岁"。江善忠烈士留下血书，"死到阴间不反水，保护共产党万万年"。革命先烈为了理想和信念慷慨赴死，靠的是信仰。今天，像战争年代那种血与火的生死考验少了，但具有新的历史特点的伟大斗争仍然在继续，我们正面临着一系列重大挑战、重大风险、重大阻力、重大矛盾的艰巨考验。没有坚定的理想信念，就会在乱云飞渡的复杂环境中迷失方向、在泰山压顶的巨大压力下退缩逃避、在糖衣炮弹的轮番轰炸下缴械投降。我们要从红色基因中汲取强大的信仰力量，增强"四个意识"，坚定"四个自信"，做到"两个维护"，自觉做共产主义远大理想和中国特色社会主义共同理想的坚定信仰者和忠实实践者，真正成为百折不挠、终生不悔的马克思主义战士。

——2019年5月22日习近平在江西考察工作结束时的讲话

马克思主义是我们立党立国的根本指导思想。中国共产党从诞生之日起，就把马克思主义鲜明地写在自己的旗帜上。我们党一路走来，无论是处于顺境还是逆境，从未动摇对马克思主义的坚定信仰。

——2019年5月31日习近平在"不忘初心、牢记使命"主题教育工作会议上的讲话广大党员、干部带着责任、带着问题读原著学原文，通过中心组学习、举办读书班、集中交流研讨等形式，深学细悟、研机析理，加深理解和领会，推动学习往深里走、往实里走，强化理想信念和使命担当，较好解决了学习不深入、落实不到底的问题。大家都认识到，科学理论是我们推动工作、解决问题的"金钥匙"，越学越觉得有信心，越学越觉得有力量。

……

这次主题教育，既抓思想引导又抓行为规范，广大党员、干部对照党中央决策部署，对照党章党规，对照人民群众新期待，对照先进典型、身边榜样，找差距、摆问题，坚定了对马克思主义的信仰、对中国特色社会主义的信念。

——2020年1月8日习近平在"不忘初心、牢记使命"主题教育总结大会上的讲话

青春由磨砺而出彩，人生因奋斗而升华。面对突如其来的新冠肺炎疫情，全国各族青年积极响应党的号召，踊跃投身疫情防控人民战争、总体战、阻击战，不畏艰险、冲锋在前、真情奉献，展现了当代中国青年的担当精神，赢得了党和人民高度赞誉。……新时代中国青年要继承和发扬五四精神，坚定理想信念，站稳人民立场，练就过硬本领，投身强国伟业，始终保持艰苦奋斗的前进姿态，同亿万人民一道，在实现中华民族伟大复兴中国梦的新长征路上奋勇搏击。

——2020年5月3日习近平向全国各族青年致以节日的祝贺和诚挚的问候

青年是国家和民族的希望。在这次抗疫斗争中，青年一代的突出表现令人欣慰、令人感动。参加抗疫的医务人员中有近一半是"90后""00后"，他们有一句话感动了中国：2003年非典的时候你们保护了我们，今天轮到我们来保护你们了。长辈们说："哪里有什么白衣天使，不过是一群孩子换了一身衣服。"世上没有从天而降的英雄，只有挺身而出的凡人。青年一代不怕苦、不畏难、不惧牺牲，用臂膀扛起如山的责任，展现出青春激昂的风采，展现出中华民族的希望！

——2020年9月8日习近平在全国抗击新冠肺炎疫情表彰大会上的讲话

要发扬优良传统，承担历史使命，把党和国家确定的奋斗目标作为自己的人生目标，以民族复兴为己任，自觉把人生理想、家庭幸福融入国家富强、民族复兴的伟业之中，做新时代的追梦人。

——2020年11月24日习近平在全国劳动模范和先进工作者表彰大会上的讲话

一个民族要走在时代前列，就一刻不能没有理论思维，一刻不能没有思想指引。在近代中国最危急的时刻，中国共产党人找到了马克思列宁主义，并坚持把马克思列宁主义同中国实际相结合，用马克思主义真理的力量激活了中华民族历经几千年创造的伟大文明，使中华文明再次迸发出强大精神力量。实践证明，马克思主义是我们认识世界、把握规律、追求真理、改造世界的强大思想武器，是我们党和国家必须始终遵循的指导思想。

——2021年2月20日习近平在党史学习教育动员大会上的讲话

百年大计，教育为本。今年是中国共产党成立100周年，我国开启了全面建设社会主义现代化国家新征程。党和国家事业发展对高等教育的需要，对科学知识和优秀人才的需要，比以往任何时候都更为迫切。我们要建设的世界一流大学是中国特色社会主义的一流大学，我国社会主义教育就是要培养德智体美劳全面发展的社会主义建设者和接班人。我国高等教育要立足中华民族伟大复兴战略全局和世界百年未有之大变局，心怀"国之大者"，把握大势，敢于担当，善于作为，为服务国家富强、民族复兴、人民幸福贡献力量。广大青年要肩负历史使命，坚定前进信心，立大志、明大德、成大才、担大任，努力成为堪当民族复兴重任的时代新人，让青春在为祖国、为民族、为人民、为人类的不懈奋斗中绽放绚丽之花。

……

当代中国青年是与新时代同向同行、共同前进的一代，生逢盛世，肩负重任。广大青年要爱国爱民，从党史学习中激发信仰、获得启发、汲取力量，不断坚定"四个自信"，不断增强做中国人的志气、骨气、底气，树立为祖国为人民永久奋斗、赤诚奉献的坚定理想。要锤炼品德，自觉树立和践行社会主义核心价值观，自觉用中华优秀传统文化、革命文化、社会主义先进文化培根铸魂、启智润心，加强道德修养，明辨是非曲直，增强自我定力，矢志追求更有高度、更有境界、更有品位的人生。要勇于创新，深刻理解把握时代潮流和国家需要，敢为人先、敢于突破，以聪明才智贡献国家，以开拓进取服务社会。要实学实干，脚踏实地、埋头苦干，孜孜不倦、如饥似渴，在攀登知识高峰中追求卓越，在肩负时代重任时行胜于言，在真刀真枪的实干中成就一番事业。

——2021年4月19日习近平在清华大学考察时的讲话

【萃语句集】

无 题
周恩来

大江歌罢掉头东，
邃密群科济世穷。
面壁十年图破壁，
难酬蹈海亦英雄。

——杨明伟：《周恩来》，中央文献出版社2010年版，第19页

七绝诗
彭湃

磊落奇才唱大同，
龙津水浅借潜龙。
愿消天下苍生苦，

尽入尧云舜日中。

——徐川：《顶天立地谈信仰：原来党课可以这么上》，人民出版社2017年版，第103页

有两个大会，一个是马克思纪念大会，一个是中国社会主义青年团成立大会，这两个大会有很密切的关系。其关系在哪里呢？因为社会主义青年团就是根据马克思的学说而成立。但是今天只讲马克思主义重要的精神，因为马克思的历史和其学理，在马克思纪念册上叙述了，诸君都可见到。马克思的学说和行为有两大精神，刚好这两大精神都是中国人所最缺乏的。

第一，实际研究的精神。怎样叫实际研究的精神？说来很为繁杂。古代人的思想，大都偏于演绎法，怎么叫演绎法？就是以一个原理应用许多事实，到了近代科学发明，多采用归纳法。怎么叫归纳法？就是拿许多事实归纳起来证明一个原理。这便是归纳法与演绎法相反之文。我们自然对于这两种方法，应该互为应用。但是科学发明之后，用归纳法之处为多，因为一个原理成立，必须搜集许多事实之证明，才能成立一个较确实的原理。欧洲近代以自然科学证实归纳法，马克思就以自然科学的归纳法应用于社会科学。马克思搜集了许多社会上的事实，一一证明其原理和学说。所以现代的人都称马克思的学说为科学的社会学，因为他应用自然科学归纳法研究社会科学。马克思所说的经济学或社会学，都是以这种科学归纳法作根据，所以都可相信的，都有根据的。现代人说马克思为科学的社会主义，和空想的社会主义不同，便是在此。这便是马克思实际研究的精神。

我很希望青年诸君须以马克思的实际研究精神来研究学问，不要单单以马克思的学说研究而已。如其单单研究其学说，那么马克思实际研究的精神完全失却，不过一个马克思主义的学者了。我很希望青年诸君能以马克思实际研究的精神研究社会上各种情形，最重要的是现社会的政治及经济状况，不要单单研究马克思的学理，这是马克思的精神，这就是马克思第一种实际研究的精神。

第二，马克思实际活动的精神。马克思所以与别个社会主义者不同，因为他是个革命的社会主义者。凡能实际活动者才可革命，不是在屋中饮茶吸烟，

研究其学理，便可了事，这是研究孔子、康德的学问一样罢了。我们研究他的学说，不能仅仅研究其学说，还须将其学说实际去活动，干社会的革命。我望青年同志们，宁可以少研究点马克思的学说，不可不多干马克思革命的运动！青年们尤其是社会主义青年团诸君，须发挥马克思实际活动的精神，把马克思学说当做社会革命的原动力，不要把马克思学说当做老先生、大少爷、太太、小姐的消遣品。

我今天特讲马克思这两大精神，请诸君注意。

——1922年5月23日陈独秀发表在《广东群报》的《马克思的两大精神》，载《陈独秀文集》第二卷，人民出版社2013年版，第249页

【信仰故事】

误把墨水当糖水——真理的味道非常甜

一天，一个小伙子在家里奋笔疾书，妈妈在外面喊着说："你吃粽子要加红糖水，吃了吗？"他说："吃了吃了，甜极了。"结果老太太进门一看，这个小伙子埋头写书，嘴上全是黑墨水。结果吃错了，他旁边一碗红糖水，他没喝，把那个墨水给喝了。但是他浑然不觉啊，还说"可甜了可甜了"。这人是谁呢？就是陈望道，他当时在浙江义乌的家里，就是写这本书（翻译《共产党宣言》——编者注）。于是由此就说了一句话：真理的味道非常甜。

（背景资料：陈望道是中国著名教育家、语言学家。浙江省义乌市人，1891年出生于农民家庭，早年曾赴日本早稻田大学留学学习文学、哲学、法律等并阅读马克思主义书籍，回国后任复旦大学校长、上海大学等高校教授。他翻译了中国第一版《共产党宣言》，担任过《辞海》总主编。1920年4月底，陈望道历时两个月完成了《共产党宣言》的翻译工作。5月，陈望道将

《共产党宣言》中文全译本稿带至上海，交由陈独秀和李汉俊校阅，并于 8 月在上海印刷出版。随后平民书社、上海书店、国光书店等相继出版，到 1926 年 5 月已刊印 17 版。）

——2012 年 11 月 29 日习近平在参观《复兴之路》展览时的讲话

半截皮带

对军队来讲，坚定信仰信念最核心最紧要的就是铸牢军魂，毫不动摇坚持党对军队绝对领导。刚才，在参观军史馆时，我对长征途中红 31 军 93 师 274 团"半截皮带"的故事，感触很深。红军战士宁肯忍饥挨饿，也要将半截皮带留下来，带着它"去延安见毛主席"。这就是信仰的力量，就是"铁心跟党走"的生动写照。部队中像这样的红色资源很多，要发掘好、运用好，丰富"红色基因代代传"工程内涵，加强党史军史和光荣传统教育，确保官兵永远听党话、跟党走。

（背景资料：1936 年 7 月，红四方面军 31 军 93 师 274 团 8 连战士周国才跟随部队穿越草地北上，草地路程走了不到一半他们就断粮了，只能挖野菜、吃草根、啃树皮。到后来连野菜也找不着了，他们只好开始吃枪带和鞋上的皮子。可这些东西也没坚持多久就被吃光了，于是大家解下自己的皮带煮着吃。当 6 位战士的皮带吃完后，大家对周国才说："该吃你的了。"战友们都知道，周国才的这条皮带是 1934 年红军在任合场战斗中缴获的战利品。周国才实在舍不得吃掉自己的心爱之物，可为了抵抗饥饿，挽救全班战友的生命，他只得将自己的皮带贡献了出来。看着心爱的皮带被细细地切成一小段一小段的皮带丝，漂在稀溜溜的汤水里，周国才禁不住流下了眼泪。当皮带第一个眼儿前面那一截被吃完后，他实在忍不住了，哭着恳求战友说："我不吃了，同志们，我们把它留着作个纪念吧，我们带着它去延安见毛主席。"就这样，大家怀着对革命胜利的憧憬，忍饥挨饿，将这吃剩的半截皮带保留了下来。

在随后的长征途中，周国才的 6 位战友相继牺牲，只有他随红四方面军胜利到达了延安。为了缅怀牺牲的战友，他用铁筷子在皮带背面烫上了"长征记"3个字,并用红绸子包裹起来。1975年,周国才将这珍藏了几十年的半截皮带捐赠给国家。

"半截皮带"浓缩的,正是革命理想高于天的坚定信仰,是战胜强大敌人和艰难险阻的精神力量。"半截皮带"的故事,已成为激励红军传人继承优良传统、"铁心跟党走"的生动教材。)

——2016年1月5日习近平在视察13集团军时的讲话

长征路上被冻死的军需处长

长征过雪山途中,有个同志穿着单薄的旧衣服被冻死,指挥员让把军需处长叫来,想问问他为什么不给这个被冻死的同志发棉衣,队伍里的同志含泪告诉他,被冻死的这个同志就是军需处长。管被装的宁可自己冻死也没有自己先穿暖和一点,这是多么崇高的思想境界!觉悟看似无形,关键时就会显现出强大力量。我们党就是靠着千千万万具有高度政治觉悟的先进分子无私奉献,才赢得了一场场艰苦卓绝的斗争。

——2018年1月5日习近平在新进中央委员会的委员、候补委员和省部级主要领导干部学习贯彻习近平新时代中国特色社会主义思想和党的十九大精神研讨班开班式上的讲话

半条被子

1934年11月上旬,突破国民党军第二道封锁线后,中央红军在汝城县境内进行了长征半个月来首次较长时间的休整。红军纪律严明,战士们睡在屋檐下、空地里,不仅没有动村民的东西,还帮助村民打扫卫生、挑水等。

心疼这些战士,30多岁的村民徐解秀拉了3位女红军住到自己家里。腾出自家那张宽1.2米的木床,垫上稻草,床边架上一条搭脚的长板凳,徐解秀带着1岁的儿子加上女红军们,就这样挤到了一张床上。看到简陋的床铺上仅

有一件蓑衣和一条烂棉絮，女红军便拿出她们唯一的一条行军被，和徐解秀母子一起横盖着。

临走时，怕徐解秀母子寒冬难熬，3位女红军执意把被子留给她，但徐解秀坚决不同意。推来推去僵持不下，一位女红军索性找来剪刀，把被子剪成两半，留下半条给徐解秀，还留下两句话："红军是共产党领导的人民军队，打敌人是为了老百姓能过上好生活。等革命胜利了，我们还会回来看您的，送您一床新被子。"抱着半条被子，徐解秀含着泪，送了女红军一程又一程。

"什么是共产党？共产党就是自己有一条被子，也要剪下半条给老百姓的人。"徐解秀一直对3位女红军念念不忘，她时常拿上小板凳，坐在村口的滁水河畔，守望红军归来，一等就是50多年，直到去世。

同人民风雨同舟、血脉相通、生死与共，是中国共产党和红军取得长征胜利的根本保证，也是我们战胜一切困难和风险的根本保证。中国共产党之所以能够发展壮大，中国特色社会主义之所以能够不断前进，正是因为依靠了人民。中国共产党之所以能够得到人民拥护，中国特色社会主义之所以能够得到人民支持，也正是因为造福了人民。

——胡玉菡、赵楚榕：《跟着总书记学党史："半条被子"的故事》，中华人民共和国最高人民检察院网站，2021年4月6日，https://www.spp.gov.cn/dj/djxmt/202104/t20210406_515088.shtml

第一章
信仰的起点：马克思主义者的主体特质

信仰不是凭空而来的，任何一种信仰的确立都需要一定的主观和客观条件。在客观上，信仰作为一种认识，从根本上来源于人的实践，特别是社会实践。在主观上，一个人的信仰选择也离不开自身具备的精神特质。这是个体成长的一般规律，也是马克思主义信仰生成过程中的辩证法。如果我们回顾一百年前那一批追求马克思主义信仰的先进青年的成长经历，就不难发现他们早在信仰马克思主义之前，往往已经具备了许多宝贵的志向、品格、特质。而这些主体因素也在他们的成长过程中不断推动着他们以不同的路径相继走上马克思主义信仰之路。

一、立志当年少：系好信仰生成的"第一粒扣子"

高度重视对青少年的教育特别是思想道德教育，充分注重青少年时期对于一个人的塑造和成长至关重要的作用，是中华民族几千年的文明传统。同时，现代教育学、发展心理学都表明，少年儿童时期和青少年时期对一个人的思维方式、价值取向、性格品质都有基础性影响。俗话说的"三岁看大"，隐含的就是这个道理。

灌浆期的小麦，阳光充足则颗粒饱满；初植时的树苗，经常修剪才能挺拔葱茏。育苗如此，育人亦然。青少年时期是一个人信仰生成的基础期。2014年5月4日，习近平总书记在北京大学考察时指出："青年的价值取向决定了未来整个社会的价值取向，而青年又处在价值观形成和确立的时期，抓好这一时期的价值观养成十分重要。这就像穿衣服扣扣子一样，如果第一粒扣子扣错了，剩余的扣子都会扣错。人生的扣子从一开始就要扣好。"① 回顾百年前先进青年的成长经历，他们在孩童时期或青少年时期就表现出了非凡的特质，早早地为日后树立起坚定的马克思主义信仰扣好了"第一粒扣子"。

（一）"少年英雄"的共同特质

马克思主义者是一个极富主体特质的群体。世界上没有两片一样的树叶，也没有一成不变的马克思主义者"培养手册"。回顾一百年前先进青年成长为马克思主义者的历程，不难发现，尽管他们在青少年时期的成长环境、生活经历各不相同，但他们在马克思主义信仰确立之前都具备了许多共同的特质。

首先，爱国是中国最早一批青年马克思主义者最突出的特质。由爱国到革命，是早期中国共产党人所走过的共同道路。以周恩来为例，19世纪末20世纪初，列强瓜分中国的狂潮到达顶点，东北尤其成为当时帝国主义列强争夺的焦点，这里的民族危机最为深重。1910年，也就是周恩来来到东北的那一年，日本帝国主义正式吞并中国的邻邦朝鲜。东北与朝鲜一江之隔，唇齿相依，朝

---

① 习近平：《青年要自觉践行社会主义核心价值观——在北京大学师生座谈会上的讲话》，人民出版社2014年版，第9页。

2018年9月1日，位于红色革命老区陕西铜川的照金北梁红军小学和全国259所红军小学开学了。开学第一天，在红旗下，孩子们宣誓："多了解中国革命、建设、改革的历史知识，多向英雄模范人物学习，热爱党、热爱祖国、热爱人民，用实际行动把红色基因一代代传下去。"（来源：《红军小学开学啦》，人民画报网站，2018年9月5日，http://www.rmhb.com.cn/yxsj/tpgs/201809/t20180905_800140661.html）

鲜国破家亡的惨祸更使东北人民触目惊心。这一切，都给年少的周恩来带来格外强烈的刺激。他到东北生活后，学校的老师们经常向学生讲述时局的危急和历代民族英雄的故事，激励学生们的爱国热情。周恩来还多次与同学来到当年日俄战争的旧战场，目睹沙皇俄国侵略者在中国领土上设立的碑石、日本军国主义搭建的炮塔，听当地老人们讲述侵略者血洗村庄的故事。这一切都激发了少年周恩来强烈的爱国思想。在东北生活期间，他时刻关心国事，坚持读报。也正是在这一时期，周恩来发出了"为中华之崛起而读书"的豪言壮语。此后，赴天津读书的周恩来随着年龄的增长以及对国情了解的深入，忧国忧民的心情更加炽热。周恩来在回顾自己的青少年成长历程时曾表示，自己和大家一样受过旧教育，后来因为看到民族危亡、山河破碎而逐渐觉悟，最终参加了革命。

其次，热爱学习，追求知识。不论是农家出身的毛泽东、朱德、彭德怀，还是家境稍好的彭湃、邓中夏、王若飞；不论是赴法勤工俭学的蔡和森、邓小平、赵世炎,还是旅俄留学的刘少奇、瞿秋白,他们在青少年时期都表现出强烈的求知欲望。无论是在旧式的私塾还是新式的学堂、大学,他们都想尽办法掌握当时最先进的知识。可以说,最早的一批中国共产党人几乎无一不对学习抱有极大的热情,不管在什么境遇下都尽一切可能学习知识。

1908年,恽代英以甲等第一名的成绩从武昌北路高等小学堂毕业。按照当时清政府关于派遣留学生的规定,武昌北路高等小学堂有资格派员留学。学堂打算举荐13岁的恽代英去美国留学,但恽代英的母亲却以"幼子年少,不宜远行"的理由回绝了留美安排。不仅如此,因父亲从武昌调任鄂西北的老河口盐税局局长,成绩优异的恽代英及众兄弟只得离开武昌,随家迁到没有中学的老河口。

痛失官派赴美留学机会,离开名校云集的武昌,无法继续到学校读书,这些在平常学子看来难以接受的"灾难"实实在在地降临在求知若渴的少年恽代英身上。但恽代英没有因此而中断学业。在老河口生活的四年中,恽代英每日严格按照计划自学中学学业,还坚持跟随父亲好友罗衡甫学习英文,并在他的帮助下购买、阅读了大量国外政治学、哲学、伦理学的名著。这些收获为恽代英在日后顺利考入私立武昌中华大学打下了很好的底子。求学期间,他就能在极具社会影响的《新青年》《东方杂志》《妇女时报》《光华学报》等刊物上发表《义务论》《怀疑论》《新无神论》《文明与道德》等几十篇文章,也很大程度上得益于这段自学经历。

此外,关注社会,对劳动人民富有同情心,有很强的正义感、原则性,坚毅勇敢等也都是中国早期青年马克思主义者共有的特质。需要强调的是,这些特质并不是马克思主义者的专利,而是任何时代的杰出人物普遍具备的。这表明,树立坚定的马克思主义信仰需要人类共有的优秀品质、良好修为作为基础,这些非凡的特质也会反过来促使一个人追求马克思主义。

每一个时代都不缺少天赋异禀、品行高尚的先进青年,但一个先进青年如何能树立起科学的信仰,成长为一名合格的青年马克思主义者则是一个值得深思的问题。现实中,有的青年人把"世俗"误作"成熟",似乎"个人至上"才是心照不宣的成人准则,崇高的人生追求只是假惺惺的"唱高调"或幼稚的空想;还有的青年人觉得,"我就是一个普通人,所谓宏大叙事与我无关",似乎个人生活与国家民族的命运全然无关。这不禁让人反思：为何百年前的无数革命青年的付出甚至牺牲是为了国家、民族、大众，唯独不是为了自己，而当代有的青年人却把"个人生活"当作最高信仰？

从本质上讲，信仰是意识形态的一种高级表现形式，具有独立性但也受到经济基础的影响。商品社会中，人们创造的各类劳动产品的价值要通过交换才能得以表现，因此往往带有"拜物教"色彩，以至于人与人的关系被物与物的关系所遮蔽，正如马克思所说："商品形式在人们面前把人们本身劳动的社会性质反映成劳动产品本身的物的性质，反映成这些物的天然的社会属性，从而把生产者同总劳动的社会关系反映成存在于生产者之外的物与物之间的社会关系。"①

自20世纪之初消费主义思潮在西方发达资本主义社会萌生并不断蔓延，"我消费故我在"的价值理念、"娱乐至死"的人生态度，人为物役的消费社会，越来越成为全世界范围内的社会常态。消费主义、享乐主义、物质主义等思潮也不断侵蚀着我国青年的思想观念，产生着悄然而又巨大的消极影响。

实际上，人作为"动物性"和"社会性"的统一体，必然要以物质生产和消费为生活的首要前提。人为了生存，"首先就需要吃喝住穿以及其他一切东西。因此第一个历史活动就是生产满足这些需要的资料，即生产物质资料本身"②，这是历史唯物主义的一个基本观点。但是，人不仅仅是动物，正如马克思所说，人的本质在其现实性上是一切社会关系的总和。人的本质在于其"社会性"而非"动物性"，对物的占有和消费对于人固然重要，但并不是人生意义的全部。

马克思主义信仰既具有现实性和普遍性，也具有至上性和超越性，这就意味着这种信仰及表现出的行为，是一些人吹捧热衷的"世俗哲学""成功学""腹黑学"无法解释的。一百年前进步的革命青年就有许多这样的特质。保定军校毕业的叶挺拒绝北洋军阀任命的县长委任状，宁愿在家赋闲而不要高官厚禄；毛泽东在长沙读书时放着伞不打故意淋雨、空着宿舍不睡时不时露宿

---

① 《马克思恩格斯文集》第五卷，人民出版社2009年版，第89页。
② 《马克思恩格斯文集》第一卷，人民出版社2009年版，第531页。

岳麓山；青年恽代英给自己定下近乎严苛的修身计划，等等。实际上，这些在少数人眼中难以理解，甚至有些格格不入的"奇怪"特质，正是马克思主义者严于律己、有所为而有所不为的先进性、超越性的重要体现。

当代青年不妨保留一些浪漫主义的趣味和追求，甚至是别人眼中有些"奇怪"的特质。当然，这并不是说青年人应该特立独行，求新求怪，而是说青年人不应"随大流"，盲从所谓的流行时尚，为急于融入周围环境就放弃审视批判、独立思考的能力，而是要在正确分析和理性判断的基础上坚持自己的追求与准则，守住初心。

（二）人生为一大事来

或许有人会说，如今青少年的成长环境与一百年前已经发生了翻天覆地的变化，一百年前那些青年人的成长经历及特质对于当代青少年已经没有太大的可借鉴性，当代青年更谈不上要去模仿一百年前的先辈争当军事、政治运动的风云人物了。诚然，在改革开放的巨大成就中成长起来的"90后""00后"没有经历过积贫积弱的生活遭遇，没有那么深重的民族危难刺激他们去济民救世，也似乎没有那么多社会激变给他们早早登上历史舞台提供机遇。

英雄绝不仅仅是指军事将领、政治领袖这些有着丰功伟绩的少数"杰出人物"。马克思主义的英雄观告诉我们，"英雄"最核心的要素，就是承担起历史交给个人的使命，做出符合历史趋势和人民意志的行动。时势造英雄。时代不同、历史环境不同，英雄人物出现的方式也不同。在社会转折、变革时期或重大历史事件中，以旧社会的埋葬者、新社会的缔造者的姿态出现的革命领袖、军事将领、政治首脑是英雄；当人类面临思想、实践的巨大困惑时，能够为人类文明宝库增添自己的成果，用以指导实践的思想家、理论家是英雄；为推动社会生产力发展，特别是为科学技术进步作出突出贡献的科学家、技术工作者也是英雄。荣获共和国勋章的于敏、申纪兰、孙家栋、李延年、张富清、袁隆平、黄旭华、屠呦呦、钟南山等就是当代中国英雄人物的典型代表。

2019年底新冠肺炎疫情暴发后，全国人民驰援武汉，涌现出无数平凡而又义无反顾的青年英模。据统计，在4.2万余名驰援湖北的医护人员中，有1.2万余名是"90后"，青年医生吴超就是其中的一员。

作为第一批"90后",在吴超30年的人生历程中似乎不曾遇到"大风大浪",考试、升学、毕业后顺利入职北京大学第三医院。但是新冠肺炎疫情的暴发却给吴超平稳的生活带来了一次"成长礼"。吴超曾回忆,当他和其他援鄂医疗队成员刚到武汉时,心里也在打鼓。但当他开始诊治病人,与病魔交手时,便把恐惧抛到脑后,"就想争分夺秒地投入战斗,早些把病人从死神手中抢救出来"。他忘我地投入工作,常常从半夜1点忙到第二天早上9点。厚重的防护服包裹着他,汗水浸透全身,护目镜蒙上一层雾气,双手被汗水泡胀,脸上留下勒痕。

吴超和一批年轻的"90后"医生,在给危重症病人气管插管时,相当于与病毒"零距离接触","压力非常大,但是无一人退缩"。在最难熬的时候,吴超发现,身边比他年龄还小的同事甚至更有耐力和战斗力。一位1997年出生的心脏外科重症科护士让他印象深刻,"他是一位党员,是我们医疗队中年龄最小的,看护的危重病人最多"。

在武汉战"疫"中,吴超渐渐萌生了一个想法:"能不能把我们'90后'在这场战'疫'中所经受的考验、成长感悟,以及无畏战斗的决心表达出来,

吴超与其他医护人员在武汉医院病房中与患者交流(来源:《百年大党的青春之歌,逆行出征的青年医生》,新华社新媒体,2021年6月25日,https://baijiahao.baidu.com/s?id=1703511596030349884)

写一封信，向习近平总书记汇报，向全国人民汇报？"于是，他和"90后"同事王奔一起给习近平总书记写了一封信。但吴超没想到，4天后，他们就收到了习近平总书记的回信。总书记在回信中写道："新时代的中国青年是好样的，是堪当大任的。"

"有人说'90后'是'娇滴滴的一代'，这个标签我们不背，"吴超说，面对艰险与危难，自己的"90后"同事们挺身而出，英勇无畏，"不光是我们医疗队，在驰援湖北的医护人员中，三分之一是'90后'和'00后'"。回到北京后，吴超把这次经历看作自己"三十而立"最好的"成长礼"。①

时隔100年，中国的青年一代在危难时刻再次挺身而出、担当奉献，彰显了青春的蓬勃力量。这是年轻一代的青春之歌，也是新时代中国青年的生动写照。2020年，小康社会的全面建成标志着中华民族实现了千百年来梦寐以求的摆脱绝对贫困的梦想，标志着向实现中华民族伟大复兴中国梦迈出了坚实一步。同时，奋力实现社会主义现代化，建设社会主义现代化强国已经成为历史对每一个当代中国人提出的时代任务，更是每一个当代青年的历史使命。党的十八大以来，习近平总书记鲜明提出"为实现中华民族伟大复兴的中国梦而奋斗，是中国青年运动的时代主题"，强调当代青年既是追梦者、也是圆梦人。革命战争年代是英雄辈出的年代，复兴与发展时期同样也能涌现英雄。时代为当今青年创造了历史上前所未有的广阔舞台，只要树立远大理想，热爱伟大祖国，担当时代责任，勇于砥砺奋斗，练就过硬本领，锤炼品德修为，每一位当代青年都能在建设社会主义现代化强国的时代征程上争当"少年英雄"。

二、百丈生潮头：站稳立场是树立信仰的第一步

人的思维活动包括知、情、意、信等不同层次。信仰选择作为一种高级的认识活动，必须建立在一定的认识基础和情感基础之上。拥有什么样的观点、什么样的情感，与站在什么样的立场息息相关。立场决定观点。人的立场

---

① 戴月婷：《90后医生吴超："武汉抗疫是我最好的成长礼"》，《中国青年报》，2020年5月12日，第1版。

不同，观察世界的出发点、立足点、视角就会不同。因此，对同一事物也会产生不同的认识、观点、态度。正如马克思所说，一块矿石在科学家眼中是化学特性，在艺术家眼中是美的实体，而在商人眼中只是经济利益，贩卖矿物的商人只看到矿物的商业价值，而看不到矿物的美和特性。同时，立场还会决定感情。世界上没有无缘无故的爱，也没有无缘无故的恨。爱恨、好恶的差异直接决定价值尺度的差异，这种差异也根源于立场的不同。黑格尔的"主奴辩证法"就是对这种差异性的例证。在奴隶主眼中，奴隶偷懒、懈怠，是失去自为性的不完整的人；而对于奴隶而言，消极怠工、破坏生产工具正是生存之道和抗争武器，是自己"自为存在"的体现。可见，立场问题是信仰选择中的一个关键问题。

（一）信仰与立场

在历史唯物主义的视域中，历史上的许多政治信仰和宗教信仰都宣扬人与人无差别的博爱、平等，这固然是一种美好的愿景，但也只能是一种空想的愿景。现实的历史不是伊甸园和田园诗，尽管无差别的"普世之爱"似乎极具吸引力，但在阶级社会中根本行不通。世界上没有抽象的人，每一个人都是生活在特定经济关系、政治关系、社会关系、文化关系中活生生的人。"'思想'一旦离开'利益'，就一定会使自己出丑。"① 如果说一个人的思想、立场、信仰能够不受经济政治社会利益和地位的影响，那显然是唯意志论。

在阶级社会中，人在经济、政治、社会地位等方面的差异集中表现为阶级，反映出一定的阶级利益和阶级立场，并在很大程度上影响着人们的思想观点、情感体验和价值尺度，从而对确立什么样的信仰起到重要影响。在一百年前的中国社会，中华民族与帝国主义的矛盾十分尖锐，因此马克思主义者所面临的立场问题，就集中表现为阶级立场问题。

那么，一个人的阶级立场从何而来？完全由自己的阶级出身、阶级现状决定吗？100年前的青年马克思主义者的成长故事告诉我们，显然不是这样的。我国革命史上著名的"农民运动大王"彭湃，就是一位出生于大地主家庭而

---

① 《马克思恩格斯文集》第一卷，人民出版社2009年版，第286页。

"帮着田仔专造田公的反"的革命家。1896年出生的彭湃是个不折不扣的"95后""富二代"。彭家是海陆丰一带有名的大地主,"每年收入约千余石租,共计被统辖的农民男女老幼不下千五百余人"。彭家有家庭成员近三十人,"平均每一人有五十个农民做奴隶"。而且,自幼聪颖过人的彭湃被祖父、父亲视为"彭家千里驹",整个家族也都对彭湃寄予厚望,希望他出人头地,光耀门楣。在同辈兄弟中,彭湃不仅在生活上受到了家族的偏爱,而且在教育上也得到了大力支持。彭湃得以从小就在当地最好的私塾、学堂专心学习,而不必参与家族的经营活动,之后又在家族的资助下到日本早稻田大学学习政治经济学。可以看出,受尽了大地主家庭的照顾、宠爱、培养的彭湃所处的生活条件是极其优渥的,完全可以做一个养尊处优的"少爷"。但是,自幼就充满同情心、正义感的彭湃却从不把佃农养活地主看作天经地义的事,反而对辛勤劳动但又生活艰辛的农民充满感情。

在彭湃的故乡海丰,土地兼并的程度非常高。这里的农民不仅生活成本高,而且经受的苛捐杂税异常沉重。即便是从小生活在深宅大院中的彭湃也能时常见到佃农们的悲惨生活。10岁那年,祖父让彭湃跟随大哥到乡下收租。第一次来到农村的彭湃被乡村的破落景象震撼,佃户被催租、逼租的凄凉场面更是让他难以忘怀。

从日本早稻田大学毕业回到故乡后,彭湃当上了县劝学所所长(相当于教育局局长)。这期间,他试图走"教育救国"之路,大力推广新学,兴办女校,但惹恼了当地顽固的封建势力,最终被迫离职。彭湃由此走上了发动农民运动的道路。

为了深入农民,他脱去西装革履,穿着长工的粗布衣衫,头戴斗笠,赤脚垢面,俨然一副"田仔"打扮。彭湃整日走在农民中间,与佃农称兄道弟。一开始,彭家只当他是接受了新学教育一时头脑发热,或是心善想当菩萨。但随着彭湃组织起农会,带头发动农民抗租减租,他与家庭及其余士绅的矛盾愈发激烈,被兄弟和族人痛骂"鬼迷心窍、吃里扒外""数典忘祖、祖上无德"。最后,彭湃与家族分家,并拿着分得的田契在几千农会成员面前一把火烧净。烧田契、舍祖业,这件几千年封建土地制度历史上前所未有的奇事在广东迅速传开,轰动一时。

其实，这种人生志向与家庭背景"背道而驰"的现象不是个例。毛泽东出生在富农家庭，他想的不是如何继承父亲的几十亩田产和贩米生意，做韶山冲数一数二的富户；周恩来、瞿秋白出生在没落官宦家庭，他们想的不是重振家族、光耀门楣；邓小平的夫人卓琳出生在云南的大资本家家庭，但也没有继承家业。

马克思、恩格斯也是自己"原生阶级"的"反叛者"。马克思出生的家庭在特里尔当地算得上是条件很好的中产阶级。他的父亲是特里尔城的一名犹太律师，除了拥有一套气派的住宅，还有一座可以俯瞰全城的酒庄以及大量的债券。马克思的母亲则出生于荷兰裔犹太贵族家庭，她带着非常丰厚的嫁妆来到特里尔，仅现金就相当于特里尔一个普通手工业工作者三四十年的收入。而马克思的妻子燕妮则出生于一个特里尔的大贵族家庭，她的父亲是普鲁士政府一名枢密顾问官。恩格斯则出生在英国的一个工厂主家庭，他的父亲拥有一座纺织工厂，后来与人合伙成立了欧门-恩格斯公司。恩格斯在晚年还继承父亲遗产成为公司的股东之一，每年可分得百分之二十的红利。尽管如此，他们都依然坚决地站到了"原生阶级"的对立面，始终与无产阶级站在一边。可见，阶级出身与阶级立场绝不能完全画等号，"老子英雄儿好汉""老鼠的儿子会打洞"一类的"阶级出身论"无疑是错误的。

实际上，阶级出身论背后有着复杂的哲学基础。19世纪初法国唯物主义流派提出"环境决定论"，认为人的性格、立场、思维是由身处的环境决定的。英国哲学家约翰·洛克也提出过类似的"白板理论"，即人没有天赋的原则，人的头脑和心智如同一块白板，一切理性与知识都要从经验而来。

这一问题的核心就在于人与环境的关系中，人是否只能消极地受环境（包括自然环境和社会环境）的影响。其实，早在19世纪40年代，马克思、恩格斯就在《神圣家族》《关于费尔巴哈的提纲》等著作中驳斥了所谓的"环境决定论"，否定了片面强调环境对人起决定作用的论调，并且强调人与环境是辩证统一的关系，人在受到环境影响的同时也对环境具有反作用，可以通过发挥主观能动性适应环境、改造环境。

也就是说，出身在什么样的家庭、处在怎样的阶级或社会阶层，对一个人的立场、信仰固然有很大的影响，但是决定一个人站在什么立场、选择什么信仰的还是后天的成长与选择。其中，最关键的因素无疑是社会实践。实践是认识的根本来源,决定着一个人的思想和情感。对于马克思主义者而言,只有通过深入群众的社会实践,才能使一个人彻底地形成对人民的深厚情感,认识到人民群众在历史中的主体作用,最终真正站稳人民立场。

毛泽东就曾以自己对知识分子与工农劳动者谁更干净的认识变化作例子,阐述自己阶级立场、阶级情感转变的亲身经历:作为学生在校读书时,总觉得知识分子是最干净的人,而工人农民则是脏兮兮的;作为革命者参加工作后,与工人农民和革命战士生活、工作、战斗在一起,才从根本上改变了原本排斥劳动者的小资产阶级情感。"这时,拿未曾改造的知识分子和工人农民比较,就觉得知识分子不干净了,最干净的还是工人农民,尽管他们手是黑的,脚上有牛屎,还是比资产阶级和小资产阶级知识分子都干净。这就叫做感情起了变化,由一个阶级变到另一个阶级。"①

阶级观是马克思主义认识世界、改造世界的重要认识工具。习近平总书记曾明确指出,全党要"坚持和运用马克思主义的实践观、群众观、阶级观、发展观、矛盾观,真正把马克思主义这个看家本领学精悟透用好"②。从党的百年历史过程看,立场问题与党的政治路线、思想路线、组织路线有着极大关系。中国共产党成立之初,有的党员曾对于中国革命所依靠的阶级力量认识不清,使革命出现不少曲折。正因如此,毛泽东在《中国社会各阶级的分析》一文的开头就提出了"谁是我们的敌人?谁是我们的朋友?这个问题是革命的首要问题"③这一著名论断。秋收起义后,毛泽东领导的红军部队成分复杂,既有工人阶级,也有大部分的农民阶级,还有少量的小资产阶级和混迹其中的流氓无产阶级。复杂的阶级构成不能不使这时的红军队伍掺杂复杂的阶级思想。在井冈山革命斗争初期出现的平均主义、绝对民主、无政府主义、流寇主义等都是这些形形色色阶级思想的反映,对红军和根据地都曾带来极大危害。

如何看待社会阶级阶层,既是一个复杂的理论问题,也是一个深刻的信仰问题。马克思主义是无产阶级的理论学说,马克思主义信仰的最高价值追求就是无产阶级在解放全人类的过程中解放自身。习近平总书记指出:"工人阶级

---

① 《毛泽东选集》第三卷,人民出版社1991年版,第851页。
② 习近平:《习近平谈治国理政》第三卷,外文出版社2020年版,第75页。
③ 《毛泽东选集》第一卷,人民出版社1991年版,第3页。

是我国的领导阶级,是我国先进生产力和生产关系的代表,是我们党最坚实最可靠的阶级基础,是全面建成小康社会、坚持和发展中国特色社会主义的主力军。……必须紧紧依靠工人阶级发展中国特色社会主义。"① 如果连马克思主义者都淡化、遗忘甚至抛弃无产阶级立场,那么马克思主义信仰、共产主义远大理想就根本无从谈起。

阶级是一个历史概念,会在实现共产主义的过程中消亡。站在马克思主义者的视角,以历史唯物主义的高度正确分析和看待阶级和阶层问题,绝不是要鼓吹阶级对立,而是为了更好理解现实社会中存在的种种复杂现象,达到理论、现实、信仰的统一,更牢固地树立道路自信、理论自信、制度自信和文化自信。

(二)自觉站稳人民立场

在奴隶社会、封建社会、资本主义社会等一切阶级社会中,任何一种主流意识形态都带有鲜明的阶级色彩,而且往往套着"普世价值"的外衣维护少数统治阶级的利益。不同于以往虚假的、欺骗的意识形态,马克思主义鲜明地宣称自己是无产阶级的理论学说。马克思主义者代表的是工人阶级和劳动群众的根本利益,其根本立场就是站在无产阶级和广大人民的立场。而在当代中国,立场问题则集中体现为能否站稳人民立场。正如习近平总书记强调的:"人民立场是中国共产党的根本政治立场,是马克思主义政党区别于其他政党的显著标志。"②

从世界其他国家近现代政党发展史来看,现代政党大多是在本国的资产阶级政治改革中成立的,它们往往是由特定社会集团的代表人物组成并体现和维护本集团的意志、利益,其直接目的是确保政治代理人在选举、制定法案等活动中统一行动。与此不同,中国共产党是在民族危亡中诞生的,马克思主义者不约而同地先后走上革命道路的直接目的,无一不是为争取中华民族的独立富强和劳苦大众的翻身解放。

---

① 习近平:《习近平谈治国理政》,外文出版社2014年版,第45页。
② 习近平:《在庆祝中国共产党成立95周年大会上的讲话》,人民出版社2016年版,第18页。

站稳人民立场的根本，就是要从人民群众中来，到人民群众中去，尊重人民主体地位，将人民群众作为中心。人民立场不是抽象的。或许当今时代不再要求青年以"横刀立马"的方式体现人民立场，但对于每一位新时代青年来说，关注自己身边的人，尽自己所能为群体办事，就是站稳人民立场的第一步。

"90后"全国人大代表徐萍就是一个心中始终想着同龄人的青年。2018年3月第一次参加全国人民代表大会的徐萍在激动之余，感到自己作为人大代表在履职方面只是一个"菜鸟"。为此，这个富有责任心的四川妹子开始向其他人大代表"取经"。她发现，一个好的建议或者议案的产生，往往要经过大量的调查研究，而且要能够代表一定的群体，不能只是泛泛而谈。此后，徐萍把大量空余时间花在社区和学校，一边当志愿者，一边了解人们的诉求和想法。在这过程中，她了解到校园性骚扰是当下对青年存在极大危害的问题，整个社会对这个问题的防治还存在不足。

2019年全国两会，徐萍提出建议，希望国家加强校园反性骚扰教育，提升青少年性别意识。随后，全国妇联、教育部做了认真的处理和回复。2020年公布的民法典草案中，又对此做了法律上的规范。这一番议政经历，让她切身感受到国家对民意的高度重视，法律和政府工作在人大代表的建言和监督下也越来越完善，越来越进步。"这也激励我在代表任期内把更多的时间专注在履职上面，真正为人民利益代言。"①

站好人民立场，还要勇于走到基层，为基层群众办实事。或许有些青年人，特别是青年学生觉得校园与社会和基层离得很远，为此不愿走到基层群众中。其实，一百年前的在校青年学生也面临类似的情况。在湖南第一师范就读的毛泽东就深感学生与社会脱节严重，为此向校方提议办工人夜校。他在给校方的报告中说：

> 更有进者，则现时学校大弊，在与社会打成两橛，犹鸿沟之分东西。一入学校，俯视社会犹如登天；社会之于学校，亦视为一种神圣

---

① 王鑫昕：《90后全国人大代表徐萍的履职成长记》，《中国青年报》，2020年6月4日，第6版。

不可捉摸之物。相隔相疑，乃成三弊：一为学生不能得职业于社会，学生近之，社会远之，学生亲之，社会离之，永无联结契合之日。一则社会不遣广弟入学校，学校之不善，亦为一因，而社会不悉学校内容，则为最大因。学校之人与社会之人，自来不通情愫，不相告语，虽有良校，彼何由知乎？①

这是学生时代的毛泽东为基层群众办实事的一次成功尝试。基层是为人民服务的第一线。有的青年在择业时往往把基层与"没前途""待遇差""没出息"联系在一起，因而想方设法远离基层。但实际上，基层却是青年人大有可为的舞台。

2018年6月，尹鹏先从西北农林科技大学林学专业博士毕业后，考取了陕西省委组织部的选调生，并申请来到秦岭深处的贫困县留坝县挂职。后来在谈及当初为何如此选择时，尹鹏先说："留坝县林业条件好，我可以更好地发挥专业所长。"他要求到最基层去，先在留侯镇庙台子村党支部副书记岗位上锻炼了4个月，2019年1月正式担任火烧店镇烧房坝村党支部书记，由此这个小山村里有了陕西省第一个博士村支书。

面对村民"镀镀金"的看法，尹鹏先下决心褪去"书生气"。为此，他吃

尹鹏先在向烧房坝村村民传授香菇种植技术（来源：《走进校友 尹鹏先和他的烧房坝村》，西北农林科技大学新闻网，2020年6月3日，https://news.nwafu.edu.cn/xnxw/489da191ed2741808d6ecebb6b553483.htm）

---

① 中央文献研究室、中共湖南省委：《毛泽东早期文稿》，湖南人民出版社1990年版，第97页。

住在村，走访农户，逐渐拉近了和村民的距离。在推进村庄基础设施建设中，他深知路桥连着民心，紧盯群众关心的平板桥、通组路和入户路硬化建设，白天和村民一同劳动，晚上和村干部碰头商议。此后他又抓环境整治、厕所改造、垃圾回收，烧房坝村的环境面貌焕然一新。半年不到，他所做的一切，村民们看在眼里，亲在心里。在村民眼里，他不再是来镀金的博士生，而是村里的好小伙儿。

当然，尹鹏先深知这些对于乡亲们来说是远远不够的，最重要的是要找到适合烧房坝的项目，通过发展产业帮助乡亲脱贫。已经融入烧房坝的他结合该村实际，确定了以袋料香菇、特色经济林为主的产业发展方向。在他的推动下，2019年上半年，村扶贫社在短短1个月内就建起能生产20万筒以上规模的袋料香菇生产基地，仅用1个半月就组织村民生产出23万筒袋料香菇菌筒。

尹鹏先并没有就此止步，而是将目光投向了烧房坝村1.3万亩的山林。这位林学博士与村干部商议后，带领村民大刀阔斧开展改造，同时联系母校提供技术支持。2019年3月至4月，烧房坝村完成了1 467亩板栗林、4 750亩橡子林的低产改造。又经过一年的努力，该村到2020年5月总计改造特色经济林8 000余亩。后来，他再次带领村民上山进林，利用林下空地种植中药材猪苓，预计首批药材上市后可有200万元以上的收入。①

在脱贫攻坚的时代画卷中，涌现出无数新时代青年怀着极大热忱来到基层干事创业的动人故事。一批批年轻干部来到基层扎根，许多高校学生参加乡村振兴服务队、支教团到偏远落后地区送教育、送技术，真真正正将青春书写在了祖国大地，他们正是青年人树立人民信仰的当代诠释。

三、源头活水来：信仰根植生活而又超越生活

马克思主义者是崇高理想的追求者，也是现实生活中的人，都离不开家

---

① 黄博：《到最基层去发挥专业所长——90后博士村支书带火秦岭小山村》，《中国青年报》，2020年5月31日，第1版。

庭、朋友和亲人,并受着身边人的影响。生活对一个人的塑造就像溪流与岩石,潜移默化而又深远持久。亦像大浪与真金,在颠簸与冲击中淘去泥沙。信仰超脱于生活,但也根植于生活。100年前的青年马克思主义者既是那个时代的弄潮儿,也是人间烟火生活中的普通一员。生活对他们的外在塑造,以及他们面对生活的内在态度,是促使他们走上马克思主义道路不可或缺的因素。

(一)家庭生活促成信仰

家庭对一个人的影响,首先来自父母。父母是孩子最好的老师,也是信仰之路最早的领路人。良好的家庭教育、家庭氛围能让人从小就养成良好的品质。100年前一大批革命青年之所以勤奋好学、关心他人、追求进步,最终确立起科学信仰,走上革命道路,离不开父母、家人的言传身教。

重视家庭对个人的影响,对于当代社会和当代青年成长同样重要。党的十八大以来,习近平总书记对家庭、家教和家风建设有许多论述,如"家庭是人生的第一个课堂""家风是一个家庭的精神内核""家风是社会风气的重要组成部分",妇女在"树立良好家风方面"具有"独特作用",等等。

山西姑娘宋玺考上北大、参军入伍、和习近平总书记交流对话、获"最美退役军人"称号、当选"2018北京榜样",她的成长轨迹同样离不开家庭的影响。

刚刚就读北京大学时,宋玺就告诉父母,自己想去当兵。知道这个想法后,母亲立刻打电话给辅导员,希望老师能劝她放弃。但这没有打消她参军的决心。到了大二,参军的心思又一次"蠢蠢欲动"。为了达成自己的愿望,这个"90后"女孩最终选择"先斩后奏"。大三那年,她独自将报名手续办妥,接到体检复检的通知后才告诉了家人,父母也就只好选择妥协。就这样,2015年9月,这个21岁的姑娘走进梦寐以求的海军军营,开启了一段在海军陆战队的军旅生涯。

后来,在谈到为什么自己参军愿望如此强烈而坚定时,宋玺表示由于父亲是一名军人,她从小在部队大院长大,自小就觉得"军人特别伟大,特别正直,是值得崇敬的一个职业",因此"参军入伍"一直是她的愿望。[①]

[①] 杨宝光:《"海军蓝"锻造的"国系90后"》,《中国青年报》,2020年8月6日,第2版。

宋玺随海军亚丁湾护航编队历时7个多月执行任务（来源：《从北大学生到海军"霸王花"，她又有了新身份！》，央视新闻，2020年11月8日，https://m.thepaper.cn/baijiahao_15304311）

从辩证的角度看，尽管原生家庭与个人的性格、品质、信仰等有密不可分的关联，但个体能否最终选择马克思主义信仰，归根结底还是取决于社会实践，取决于个体对真理的掌握。"理论一经掌握群众，也会变成物质力量。理论只要说服人，就能掌握群众；而理论只要彻底，就能说服人。"① 马克思主义是中国的必然选择，只有马克思主义才能救中国，真理的力量吸引着当时每一个追求中国出路的先进青年。一旦真正掌握了马克思主义、接受了马克思主义，青年人无疑就认清了自己从何而来、向何处去，为了谁、依靠谁这些带有根本性的人生观问题。真正的信仰一旦确立就难以动摇，正如1936年毛泽东在延安对来访的美国记者斯诺所说："我一旦接受了马克思主义是对历史的正确解释以后，我对马克思主义的信仰就没有动摇过。"②

（二）学校教育塑造信仰

学校既是一个人集中接受教育的场所，也是最新社会思潮与先进知识汇聚

---

① 《马克思恩格斯选集》第一卷，人民出版社2012年版，第9—10页。
② ［美］埃德加·斯诺：《西行漫记》，董乐山译，东方出版社2010年版，第147页。

的地方。100多年前,在那个民族危亡、军阀混战的年代,学校中汇集了一大批富有爱国心和新思想,拥护民主、反对帝制的先进知识分子和有识之士,他们希望通过传授先进知识和西方思想达到"教育救国"目的,这对于中国最早的一批青年马克思主义者起到了启蒙作用。

任弼时少年时原名叫任培国,父亲是一名小学堂教师。父亲任教的序贤学校是当地非常进步的一所学堂,许多教师都是赞同民主主张的开明进步人士。民主主义思想也随着教师传入了课堂,使任培国在启蒙时期就树立起朴素的民主、爱国思想。这从保留下来的任弼时的作文本中就可以窥见一二。

在《民生在勤》一文中,任弼时写道:

> 欲为士,必宜发愤求学,广谋知识,以著书立说;为农,必宜勤劳树艺,以望收获之利;为工,必宜勤劳造货,以供世用;为商,必宜勤劳转运,以保本国利源,不使外溢;为兵,必宜时常熟练,以御外防内也。①

在《自立》一文中,他写道:

> 自立之道,不可倚赖他人……农夫播种五谷,吾得而食之,工人作器具,吾得而用之,建筑屋宇吾得而居之。我享其成,即宜自立。……吾国四万万同胞,欲保国家,非自立不可。吾人年幼只是,不尤宜自振乎!②

同时,少年时的任弼时也积极关注时事。20世纪初,帝国主义经济的倾销如洪水猛兽倾入我国内地,湖南作为长江腹地、南北要冲也深受影响。洋货倾销,利权外溢,使当时的有识之士无不担忧。于是,抵制洋货成了当时爱国御侮的重要方式。少年任弼时质朴的爱国思想也是首先从抵制洋货萌发的。

---

① 中共中央文献研究室:《任弼时传》上册,中央文献出版社2014年版,第8页。
② 同上书,第8—9页。

他在《拟御侮之策》中写道：

> 现今，吾国与外国交涉，宜提倡国货，不用外货，亦爱过之一法。外人有言，我国热心惟有十五分钟。吾国四万万同胞，本爱身之心以爱国，一则免受外人讥评，且不至于为外人奴隶，则幸甚。
>
> 今者，日本欲夺我土地财产，我国不让，将有一血战。惜吾国缺少兵炮。然吾国之地广物博胜于日本数十倍，人人若有卫国之心，则有御侮之策也。说者谓：吾国一日不买日货，则彼受一日之影响，若一岁不买日货则彼有匮乏之虞。此策也，吾亦为然。①

同时，为强调全民团结一致抵御外侮，他又在《合群说》里写道：

> 国者由人民而成，必赖人民以强。欲强之道，莫如合群。士农工商皆能合群，则必能富。富者强之。故各国重学会，士农工商莫不皆然。……中国有四万万同胞，而不能胜少数人之效果者，咎在不能合群也。②

此外，任弼时小学时还写了《说公德》《爱国》《说运动之益》《说清洁之益》等文章，足见年少的他经过学校教育后心中已经萌生了新思想的种子。

青年朱德也有相似的学习经历。在10岁到18岁的八年时间里，他都在跟随当地一位进步教师席聘三读私塾。席聘三先生的良好教育，不仅为朱德一生坚持读书、爱好诗词打下了基础，更重要的是，在他的启蒙和引导以及现实生活的教育下，年少的朱德已经萌发出朴素的爱国主义思想，主动关心起国家和民族的前途命运。

我们发现，这些进步教师对待青年学生不仅是传授先进知识、传播进步思想，而且还常常关心照顾学生的生活、竭力为学生发展提供帮助。毛泽东、蔡

---

① 中共中央文献研究室：《任弼时传》上册，中央文献出版社2014年版，第9页。
② 同上书，第10页。

和森的恩师杨昌济就是最好的例子。他不仅在学校教授课程，而且还指导毛泽东、蔡和森的修身，提供生活上的照顾。后来，杨昌济即便是在病重期间还写信给当时的广州政府秘书长章士钊，向其推荐这两位得意弟子："吾郑重语君，二子海内人才，前程远大，君不言救国则已，救国必先重二子。"①

（三）职业选择成就信仰

职业决定了一个人如何在社会上发挥作用，这就不能不使职业与信仰产生联系。一方面，信仰影响着职业选择。选择什么样的职业决定了一个人以何种方式创造社会价值，也决定了一个人以何种方式与社会相联系。正是理想和信仰使人的选择超越纯粹个人利益，而把自己的生命放在更大的格局中选择具体工作和岗位。另一方面，职业选择影响着对信仰的理解与坚守。信仰关乎价值，而职业选择中就包含着价值选择。重视职业选择中的个人利益、个人生活改善，更重视原则坚守、价值追求，才能真正理解理想与信仰。100年前的先进青年也是在反复的比较中选择职业，从而树立起科学信仰、义无反顾走上革命道路的。

瞿秋白是在工作岗位上最终成长为马克思主义者的代表。1917年，刚刚年满18岁的瞿秋白来到北京求学，因无法支付北京大学高昂的学费，也没有通过文官录用考试，因而进入外交部下设的俄文专修馆学习俄文。那时候，经受了多年曲折生活的瞿秋白也曾陷入深深的苦闷。他曾在《饿乡纪程》里回忆道：

> 从入北京到五四运动之前，共三年，是我最枯寂的生涯。友朋的交际可以说绝对的断绝。北京城里新官僚'民国'的生活使我受一重大的痛苦刺激。厌世观的哲学思想随着我这三年研究哲学的程度而增高。②

---

① 王兴国编：《杨昌济文集》，湖南教育出版社1983年版，第389页。
② 金凤：《瞿秋白》，新华出版社1991年版，第9页。

后来，轰轰烈烈的五四运动改变了瞿秋白，他也很快加入了李大钊创建的"马克思学说研究会"，逐渐对马克思主义产生兴趣。之后不久的1920年，瞿秋白作为北京《晨报》记者赴俄国报道。在俄国，瞿秋白见证了新经济政策的实施，两次见到革命导师列宁。更重要的是，他目睹了新社会人们生活日益改善，充满热情与希望的社会面貌。后来，瞿秋白来到莫斯科东方大学，在中国班担任翻译和助教并讲授俄文、唯物辩证法、政治经济学。刘少奇、罗亦农、彭述之、任弼时、柯庆施、王一飞、萧劲光等都曾是他的学生。也正是在这个过程中，瞿秋白对马克思主义的理解和研究愈发走向深入，最终成为一名真正的马克思主义革命家和理论家。1921年5月，瞿秋白在好友张太雷的介绍下在莫斯科加入共产党，属于俄共党组织，后于1922年正式转入中国共产党。

　　不可否认，在当今市场经济条件下，职业具有明显的"谋生手段"性质。为了个人和家人的更好生活而选择职业，为获取更好发展机会、更高薪资收入选择奋斗方向，这都无可厚非。但是，我们不应当把职业仅仅看作谋生手段，不妨在追求更好物质生活的基础上抱有一些似乎"不实际"的理想。雨果说："人有了物质才能生存，人有了理想才谈得上生活。你要了解生存与生活的不同吗？动物为了生存，而人则生活。"爱因斯坦也把单纯谋生的择业观讽刺为"猪栏理想"。

　　职业选择不是自我设计。实际上，从古至今的伟大人物都不是提前预设了自己的人生轨迹，而是在人生道路上的一个个重要路口选择了正确的方向。作家柳青说："人生的道路虽然漫长，但紧要处常常只有几步，特别是当人年轻的时候。没有一个人的生活道路是笔直的，没有岔道的。有些岔道口，譬如政治上的岔路口，事业上的岔路口，个人生活的岔路口，你走错一步，可以影响人生的一个时期，也可以影响一生。"① 职业选择不单单是选择行业或岗位，最重要的是选择方向。马克思主义信仰不是高悬于云端、不食人间烟火的空中楼阁，也不是要求青年人都变成禁欲者、苦行僧。百年前，追求马克思主义信仰表现为从事轰轰烈烈的革命事业，而在百年后的今天，马克思主义信仰的立足点就存在于我们的实际生活中，就在我们工作的岗位上，就在我们从事的职业中。

---

① 柳青：《创业史》，中国青年出版社2009年版，第182—183页。

四、枝叶总关情：人民就是江山

任何信仰体系都有自己的根本价值取向，如果用最凝练的词语来概括马克思主义信仰的价值取向，那就是人民。马克思主义信仰追求的不是抽象的人、神或一切"理性精神"，而是代表着先进生产力和历史发展方向的无产阶级，中国共产党人追求的也是与中国人民的愿望、利益、要求紧密结合在一起的。一句话，中国共产党人最大的信仰是人民。正是对人民的信仰，使得100年前的青年人找到了民族独立、人民解放的根本力量，走上为千万人谋幸福的马克思主义信仰之路。

（一）从来就没有救世主

关心劳苦大众不是马克思主义的独家专属。在中国古代，"为天地立心，为生民立命"，"民贵君轻"的爱民思想早已有之，无数仁人志士也对人民群众抱有"兴，百姓苦。亡，百姓苦"的深切同情。即便是当今资本主义社会，也有富人兴办慈善事业的社会风尚。但这些"爱民"思想、慈善主张或多或少都带有一种"自上而下"的同情、悲悯色彩，似乎天下大任只能担在少数"救世主"肩上。在100年前的中国，一大批思想进步人士渴望拯救苦难深重的中国人民、面临亡国灭种危险的中华民族。尽管他们也抱有强烈的爱国思想，尽管他们也在苦苦找寻救国良方，但不论是"教育救国""实业救国"，还是"科学救国"，都不能真正发展中国。不论是"以日为师"搞君主立宪制，还是"以欧美为师"搞资产阶级民主共和制，都没能走得通。为什么？归根结底，是因为没有看到人民群众的力量。

马克思主义第一次站在科学的高度阐明了人民是历史的主人和创造者，是历史活动的真正主体，再多的英雄人物也都是从人民群众中脱身而来，再大的作用也是通过人民群众发挥起来的。在唯物史观看来，社会历史不同于自然，是在人的参与下生成、创造出来的，是人的实践活动的产物。从根本上看，每个人都对社会历史发展有所作用，只不过这种作用有大有小，有正有负。那些对历史发展起负面作用，阻碍历史车轮、开历史倒车的反动者自然不会是英雄。那些推动历史发展，做出很大贡献的个人，则是我们通常所说的作为个体的"英雄"。而那些对历史发展起正面作用，但作用不明显的个体，则属于人民群众的范畴。

人民群众是历史的创造者，是社会历史的主体。习近平总书记指出："人民是历史的创造者，人民是真正的英雄。"[1] 英雄来自人民，人民孕育英雄。英雄人物好比古希腊神话中的大力士安泰，他无限的力量正是来自大地母亲，而他一旦离开土地，就会变得软弱无力，不堪一击。英雄也是一样，他的力量之源就来自最广大人民。历史上几乎每一位英雄人物之所以能发挥巨大的作用，都离不开其身后无数大众的伟力。正如鲁迅所说，在率兵跨越阿尔卑斯山脉时说出"我比阿尔卑斯山还要高"的拿破仑何其英伟，但不要忘记他背后成千上万的士兵。

在半殖民地半封建的旧中国，几千年的封建势力根深蒂固，帝国主义列强灭亡中国、殖民中国的野心不死，仅仅通过少数社会上层名流、有识之士发动的军事斗争，推翻旧政权、建立新政权，怎么可能拯救中国的命运呢？彻底改变中国命运的力量只能蕴藏于最广大的人民群众中。正如《国际歌》中写道："从来就没有什么救世主，也不靠神仙皇帝，要创造人类的幸福，全靠我们自己。"

尽管那时还没有条件树立起科学的唯物史观，但 100 年前的先进青年在接触马克思主义之前就已经充满了对劳苦大众的深厚情感，也在一次次人民群众自发的运动中感受到了群众的力量，将民族独立、人民解放的希望寄托于广大人民群众的力量中。

向警予作为中国共产党妇女解放运动的领导人，早在接触马克思主义之前就已经开始了争取男女平等、发动妇女力量的尝试。向警予出生在一个当地富裕的商贾之家，家境殷实，她的家乡湖南溆浦是一个比较闭塞、旧观念根深蒂固的县城。尽管父亲比较开明，重视子女教育，但依然反对 8 岁的向警予到县城小学读书。后来是在接受过新思想洗礼的大哥的极力争取下，才使她成为当

---

[1] 习近平：《在第十三届全国人民代表大会第一次会议上的讲话》，人民出版社 2018 年版，第 2 页。

地第一个入校读书的女子，也为她日后的求学之路开启了大门。这也使向警予很小就形成了追求男女平等的愿望。

1910年，向警予考入常德女子师范学校，在这里她不仅刻苦学习，还结识了许多志同道合的朋友。她与翦伯赞的姑姑翦万容、丁玲的母亲蒋胜眉等人结为七姊妹，誓言要"振奋女子志气，励志读书，男女平等，图强获胜，以达到教育救国之目的"。①1916年，向警予从周南女校毕业，她没有按父亲意愿与桂系军阀周则范结婚，也没有去大城市生活，而是回到家乡创办了溆浦县立女子学校，决心"启蒙女子智识、提升女子觉悟"。她还专门为学校创作了《溆浦女校校歌》：

> 美哉，庐山之下溆水滨，我校巍巍耸立当其前。
> 看呀，现在正是男女平等，天然的淘汰，触目惊心。
> 愿我同学做好准备，为我女界啊大放光明。

需要强调的是，信仰人民不是"民粹主义"，人民立场与坚持党的领导是一致的。毛泽东曾指出："我们是站在无产阶级的和人民大众的立场。对于共产党员来说，也就是要站在党的立场，站在党性和党的政策的立场。"②这告诉我们，对于马克思主义者而言，站在人民立场和站在党的立场上是一致的。人民群众不能仅仅依靠自己解放自己，更需要依靠其中的先进分子的领导，把群众组织起来。马克思主义诞生以来的世界社会主义运动的历史告诉我们，未经组织起来的群众运动不可避免地带有盲目性、自发性，也很容易被别有用心的人利用。如果漠视一切权威，抛弃代表人民根本利益的共产党的领导，就会滑向无政府主义的泥潭。

（二）"小家"与"大家"

"老吾老，以及人之老；幼吾幼，以及人之幼"的大同社会是中国人民

---

① 蒋国栋、蒋正：《向警予：无产阶级永远的爱人》，《党史博采》，2020年第2期。
②《毛泽东选集》第三卷，人民出版社1991年版，第848页。

千百年来的社会理想,但任何一个封建王朝、任何一个开明君主都无法将其变为现实。著名社会学家费孝通曾提出传统中国社会"差序格局"的社会结构,即以自己为中心,依据亲缘关系、地缘关系像水波一样推及开来,愈近愈亲、愈远愈疏的社会格局。但无数优秀的共产党员却用实际行动超越了这种取决于个人亲疏的社会关系,也正是百年来一代代马克思主义者以"舍小家、为大家"的崇高精神将这种社会理想变为现实。

"为人民服务"是中国共产党的根本宗旨,但有时共产党人眼中最困难的不是为人民奉献自己的牺牲精神,而是为了工作和事业而对家庭的亏欠。家是最小国,国是千万家,为"小家"与为"大家"的两难选择曾摆在无数共产党人面前。

1922年7月,向警予在中共二大上当选为中央委员、第一任中央妇女部部长。8月,她在赴上海途中经长沙回到了阔别数年的家乡溆浦。此时,父亲已年近80,后母身体也不好,二哥重病在床,全家人都盼着向警予能在家多住些日子。尽管向警予也热切思念着家人和故乡,但为了革命工作,在家两个月后便返回上海。刚刚离开家后,家中就传来二哥病逝的消息。向警予在极大的悲痛中一日之内给家中写了四封信。在给父母的信中,她说:

> 儿此次远行,在常人眼光看来本属不近人情,盖居家未满三月,又值二哥性命危笃之际,唉!我这样匆匆究竟为什么?造真学问储真能力,还不是对国家对两亲对兄弟对自身的惟一光明惟一希望吗?我为这惟一光明惟一希望而不孝不友之事竟躬犯之,如无所建白,扪心何以自安!①

向警予对无法在年迈父母近前尽孝深感内疚,拳拳之心溢于言表,念家之情跃然纸上。

类似的经历也曾发生在冷少农身上。冷少农原名冷肇隆,1900年生于贵州瓮安县城南冷家堡村一户清寒农家。17岁时,在亲友资助下,他进入贵州

---

① 黄卓群、何先培:《真情透纸背——品读向警予家书十封》,《湘潮》,2015年第10期。

公立法政专门学校法律本科学习，成为闻名四里八乡的青年才俊。受进步思想影响，年少的他就积极投身反帝反封建爱国运动，并将自己的名字"肇隆"改为"少农"，立志为劳苦大众的翻身解放贡献自己的一生。在孩子尚不满半岁时，25岁的冷少农怀着救世济民的抱负和对革命的向往，忍痛离开心爱的妻儿，来到当时革命的前沿阵地——广东，进入黄埔军校，参加国民革命军东征和北伐。后来，冷少农经周恩来介绍加入中国共产党。1932年由于叛徒出卖，于南京雨花台英勇就义。

冷少农在参加革命的过程中，由于长期隐藏身份，在外未归，家人对他甚感担心，催他回家看看。老母亲写信责怪他，说他不忠不孝、忘恩负义，在外面得了高官厚禄，就忘了家中老母妻儿。在牺牲两年前的一封数千字的家书中，冷少农向母亲深情地道出了一个共产党人为解放穷苦大众而忠孝不能两全的心声：

> ……在家庭中，我是一个受恩最多而一点未酬的人，照理我应该把家庭中一切的责任负起来，努力地去完成我一个好儿子、好兄弟、好丈夫、好父亲的事业，至少在外面应该努力地做一个显亲扬名的角色，极力地把官做大一点，把钱找多一点，并且找的钱应该全部送回家来，使得家里的人都享受一点清福，使乡里的人个个都要恭维我家的人。这样，我才能稍稍尽一点忠孝，这样，才不算忘恩负义。但是我竟不这样做，不这样做就算没有尽着责任。……
>
> 我时常想以这样的态度对待家庭是不对的，但是一想到大多数的穷苦民众，他们人数是这样的多，他们痛苦是这样的大，我家庭中的人虽然也受有一点儿痛苦，哪能及得他们？①

当代青年同样不缺少舍家为国的基因。刘铖在大学毕业后，入职中建装饰集团深圳装饰有限公司。凭着扎实的专业技术和吃苦耐劳精神，不到10年，

---

① 《冷少农致母亲书：把我的孝移去 孝顺大多数痛苦的人类》，人民网，2019年6月26日，http://dangshi.people.com.cn/n1/2018/0615/c85037—30060660.html。

刘铖与同事们奋战在火神山医院建设前线（来源：《战"疫"先锋彰显大国青年力量——第24届"中国青年五四奖章"获得者刘铖侧记》，环球网，2020年5月4日，https://3w.huanqiu.com/a/c36dc8/3y69W99GO0m?p=3&agt=46）

他就从一名一线管理人员做到武汉分公司总经理，成为最年轻的分公司负责人。2020年1月30日上午刘铖接到上级电话，要求他迅速组织人员前往雷神山负责医院的内部装饰工作。身在武汉的刘铖，尽管之前有过心理准备，但心里还是"咯噔"了一下——6天后就是妻子的预产期。他后来在接受记者采访时谈到，听闻要建火神山、雷神山医院时，就下定决心：如果组织需要，一定服从安排。

但是，挂了电话后，刘铖考虑的不是如何施工、如何危险，更多的是怎么跟父母和妻子解释，让他们理解。"咱家情况这么特殊，单位那么多人，就缺你一个？你真要走就别认这个孩子了！"面对妻子的不理解，刘铖反复解释无果，最后只留下一句话："没有国，哪有家！"

含泪告别父母和待产的妻子，刘铖在开车去往现场的路上百感交集。但到了现场，所有的牵挂都抛在了脑后：没有人员、没有物资，唯一可以确定的就是2月5日前完成内装，确保交付。刘铖带领的团队承担了火神山医院交付前的"最后一棒"，他们饿了就在工地吃盒饭，累了就裹上军大衣在地上躺一会儿，省下往返酒店的时间。2月5日，雷神山医院顺利交付，刘铖团队最终用三天时间完成了往常数个月才能完成的内装任务。刘铖笑称："那段时间每天走三四万步，吃得也不多，成功帮我减掉了18斤。"2月2日凌晨4时，儿子出生，母子平安。因为儿子的出生和火神山医院的交付在同一天，又带着希望

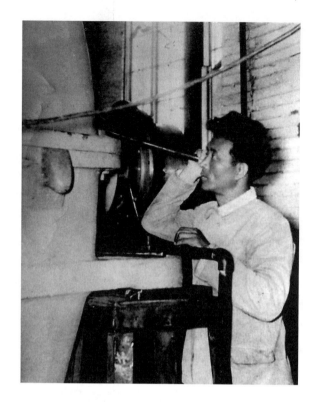

焦裕禄在兰考领导人民群众遏制"三害"、改变贫困面貌时展现的迎难而上、艰苦奋斗精神在青年时期就已显现。青年焦裕禄在洛阳矿山机器厂参加工业建设时,作为车间主任的他连续50多天吃住在车间,在没有技术援助的情况下,和同事们研制出了新中国自主研制的第一台2.5米双筒卷扬机(来源:《拉二胡讲政策睡板凳守机器 原来你是这样的焦裕禄》,中国青年网,2018年2月7日,http://news.youth.cn/gn/201802/t20180207_11391677.htm)

和信心的美好寓意,网友亲切称刘铖的孩子为"火神山宝宝"。①

人皆有情,对于与自己有血缘家族关系或故交亲朋关系的人持有一种更加亲近的情感更是人之常情。对于这种特殊感情,共产党人不仅不否认,而且对于传统的家庭美德、交往品德加以巩固和弘扬。共产党人从不否认个人对家人、亲人、朋友的诚挚之爱,但从来不应因为个人之爱而牺牲集体主义原则和人民立场。说到底,共产党人讲的"人情"是对最广大人民的无限热爱、对劳苦大众的无限热爱,而绝非帮亲帮故、扶助亲戚升官发财、"一人得道,鸡犬升天"的"人情"。

中国共产党人始终视广大人民为自己的亲人。曾任河南兰考县委书记的焦裕禄在一个大雪封门的冬夜推开柴门访问双目失明的张晴老大娘时,她用

---

① 《五四奖章获得者刘铖:用行动诠释时代担当》,党建网,2020年5月9日,http://www.wenming.cn/djw/djw2016sy/2016djwsyznlrw/202005/t20200509_5564655.shtml。

颤抖的双手上上下下摸着焦裕禄，问："你是谁？"焦裕禄说："我是你的儿子！"20世纪80年代，邓小平也曾深情表示："我是中国人民的儿子，我深情地爱着我的祖国和人民。"①

共产党人不是铁打的，是有血有肉、活生生的人，他们也有亲情友谊，也有儿女情长。列宁曾说，没有"人的感情"就没有对真理的追求。正是出于对现实的人、而非抽象的"人"的无限深情，推动着无数对大众抱有深切情感、苦苦找寻解除大众疾苦的"药方"的有志之士、有情之士最终选择了马克思主义。哪里会有不惜生命、不爱家人的共产党员，无非是在生命与信仰、"小家"与"大家"的抉择中选择了后者。马克思主义信仰是对美好道德的集成，人类历史上最崇高的美德莫过于为了全人类的解放和幸福而奋斗。

信仰的生成是一个长期的过程，对于马克思主义信仰而言更是如此。爱国亲民、勤学实践、舍家为国等品格特质，良好的家庭熏陶、教育塑造、职业选择等生活滋养，可以说是一个人成长为马克思主义者的起点基础和有益条件。但是，具备这些基础和条件绝不意味着一个人就能树立起马克思主义信仰。实际上，在历史的长河中具备上述特质的人绝不在少数，但这样的人并非每一个都能成为马克思主义者。这表明，在具备了一定的主体特质的条件基础上，马克思主义信仰的生成还需要许多其他因素。而百年前的中国青年中能涌现一大批杰出的马克思主义者，与当时的历史时代背景、国家和民族境遇是紧密相连的。

---

① 穆青、冯健、周原：《人民呼唤焦裕禄》，《瞭望周刊》，1990年第28期。

【哲思】人的信仰起点在哪里？

"从上海石库门到嘉兴南湖，一艘小小红船承载着人民的重托、民族的希望，越过急流险滩，穿过惊涛骇浪，成为领航中国行稳致远的巍巍巨轮。"① 在2021年新年贺词中，习近平总书记满怀深情地回顾了我们党走过的百年光辉历程。

中国共产党自成立以来，就将马克思主义作为自己的政治信仰，一路走来。中国共产党正确把握中国社会的主要矛盾，将马克思主义信仰与中国各个阶段的革命任务、人民需求相结合，积极探索适合中国发展的革命理论和道路，并因此形成中国化的马克思主义信仰，带领中国人民成功推翻帝国主义、封建主义和官僚资本主义三座大山，取得中国革命的巨大胜利，继而顺势开启中国特色社会主义建设新征程。

百年航路，筚路蓝缕，马克思主义信仰一直指引着我们破浪前行。今天，我们将目光回溯到100年前，去探寻信仰的起点。

1840年，鸦片战争爆发，开启了中国屈辱的近代史，在帝国主义的坚船利炮下，中华大地战乱频仍、山河破碎、民不聊生。自此，无数仁人志士走上了救亡图存之路。太平天国运动、洋务运动、戊戌变法、辛亥革命，都没能改变旧中国的社会性质和人民的悲惨命运。此后，北京、上海等地先后出现过大大小小300多个政党和政治团体。但它们因阶级和历史的局限，没有也不可能把争取民族独立和国家富强的历史重任担当起来。

几十年的探索与努力，无一例外都没有能够挽救中国，先进的知识分子陷入了极度彷徨和苦闷之中。封建主义的那一套无疑是过时了的，学习西方资本

---

① 《国家主席习近平发表二〇二一年新年贺词》，《人民日报》，2021年1月1日，第1版。

主义又在现实中一次次碰壁，究竟什么才是适合中国的？又究竟什么才能拯救中华民族于危难之中？

在经历政治改良和变革的失败后，中国先进知识分子认识到革命性的文化引领对于民族解放的重要性。只有从根本上触动旧中国的文化价值体系，并构建起能够凝聚人心的信仰追求，才能为中国找到一条新的出路。陈独秀、李大钊等人倡导的新文化运动，开始了对封建专制主义、帝国主义的有力抨击和对中国社会解放进程的新探索。

宗教信仰救国论者将希望寄托在宗教信仰上，主张用佛教或基督教等宗教来改变国民思想，并以此推动中国社会的进步，但五四时期的先进知识分子大多主张无神论，宗教信仰救国论在当时并没有得到普遍的响应；无政府主义曾经成为一些先进知识分子早期的政治信仰，但它主张绝对个体自由，在中国当时的社会环境下根本没有实现的可能。相反，马克思主义却有一整套改造社会的具体办法，一些无政府主义者便慢慢转向了马克思主义……其他各种社会主义信仰形式如空想社会主义、基尔特社会主义、新村主义等也在中国先进的知识分子的选择和比较中被抛弃。

就在一次次的尝试与失败后，十月革命的一声炮响为中国送来了马克思主义。十月革命的成功将马克思主义从理论变为实践，让世人看到了马克思主义改造世界的伟大力量，也让中国先进知识分子看到了救亡中国的新希望。十月革命后，以李大钊、陈独秀为代表的中国先进知识分子成为马克思主义的最初信仰者和传播者，李大钊先后发表多篇介绍十月革命成果的文章，陈独秀主编的《新青年》也成为介绍马克思主义和社会主义革命、传播马克思主义信仰的阵地。随着马克思主义在中国的传播，越来越多的仁人志士加入研究和宣传马克思主义的队伍，并坚定不移地将其作为一生的信仰。

1920年8月，陈望道翻译的《共产党宣言》在上海正式出版，使中国人民第一次看到了这一伟大文献的全貌。随后，一批高质量宣传马克思主义的刊物应运而生，毛泽东主编的《湘江评论》、周恩来创办的《觉悟》、瞿秋白创办的《新社会》等，对马克思主义的广泛传播起到了重要作用。

在这些早期马克思主义者的努力下，马克思主义开始与工人运动相结合。起先，青年学生掀起了一场轰轰烈烈的五四爱国运动，随即工人举行声援学生的罢工，成为运动后期的主力军，这让这些马克思主义者看到了工人阶级中蕴藏的巨大力量。他们迅速在各地成立共产主义小组，深入工农中广泛传播马克思主义，并积极发动和组织工人运动。在这一过程中，这些早期的马克思主义者更加了解工人群众的疾苦，同他们建立了深厚的感情，从而使自己的立足点真正转到工人阶级一边。与此同时，许多工人在同知识分子的交流中，也大大提升了眼界和阶级觉悟，参加革命运动的热情日益高涨。从此，工人阶级逐步走上历史的舞台，发挥着其改变社会的巨大能量。

1921年7月，中国共产党正式成立。中国共产党高举马克思主义伟大旗帜，正式确立了党的政治信仰。毛泽东明确指出："自从中国人学会了马克思列宁主义以后，中国人在精神上就由被动转入主动。从这时起，近代世界历史上那种看不起中国人，看不起中国文化的时代应当完结了。"①

对于中国共产党来说，马克思主义不仅是科学的理论，而且是根本的价值追求，也是其精神支柱和行为准则。"一个不为马克思主义理想而奋斗，不为社会主义和共产主义理想而奋斗的共产党，只是徒有其名的'共产党'；一个不为马克思主义理想而奋斗的人，最多可成为马克思主义的研究者，而不是信仰者；可成为学者，而不是马克思主义者。"②

回望最初的起点，我们会发现中国共产党将马克思主义作为自身政治信仰的根本内容，有四个原因。一是因为马克思主义是科学的理论。马克思主义创造的唯物史观和剩余价值学说深刻揭示了人类历史的发展规律，揭示了资本主义运行的基本规律，不光为全人类指明了实现共产主义的美好社会愿景，更为无产阶级实现这个终极理想提供了科学的立场、观点和方法。二是因为马克思主义是人民的理论。马克思主义同以往任何占统治地位的理论的最大区别就在于它不是为统治阶级服务的，它根植于人民之中，是为广大人民求解放的思想体系，指出了建立一个没有压迫、没有剥削、人人平等、人人自由的理想社会的具体道路。三是因为马克思主义是实践的理论。马克思主义并不是书斋里的东西，它创立的初衷便是为了彻底改变人类历史命运，它不仅在为人类求解放

---

① 《毛泽东选集》第四卷，人民出版社1991年版，第1516页。
② 陈先达：《理论自信——做坚定的马克思主义信仰者》，吉林人民出版社2016年版，第5页。

的实践中一步步形成，更在这一进程中逐步丰富和发展，为人们认识世界、改造世界提供了强大的精神动力。四是因为马克思主义是不断发展的开放的理论。我们今天所处的时代同马克思、恩格斯所生活的时代相比，已经发生了翻天覆地的变化，但马克思主义却没有过时，也永远不会过时。它本身所具备的强烈的批判意识让马克思主义坚持与时俱进，不断吸收人类历史上一切优秀文化成果，始终保持自我更新、自我完善的状态，继而能够不断探索时代发展提出的新课题、回应人类社会面临的新挑战。中国共产党在马克思主义的指引下，带领中国人民一次次取得成功的实践也再次证明，马克思主义是极具生命力的，是最符合社会发展规律及人类良知的科学思想体系。时至今日，马克思依然被公认为"千年第一思想家"。

《中国共产党章程》指出："党的最高理想是实现共产主义。"① 在马克思、恩格斯描绘的共产主义社会的美好愿景里，物质产品极大丰富，实行各尽所能、按需分配的原则，一切财富归全社会所有。这种社会制度是理想的、美好的，但并不是缥缈的，共产主义从不驰于空想。马克思、恩格斯并不是凭空得出的，是从人们的物质实践出发，同人们在社会生活中的利益紧密联系，它指导人民一步步向高处攀登。正如陈先达所说："共产主义的高级阶段并非是在某个清晨一觉醒来就会出现，它是有一个不断累积的过程，是一种连续性的运动过程，是共产主义因素在社会主义发展过程中不断增长的过程。"②

100年前，中国的社会生产力落后，旧社会的残余并未完全消失，人民的生活穷困潦倒。在这样一个历史前提下，中国共产党想要带领中国人民冲破重重阻碍，向社会主义、共产主义过渡，必然不是一蹴而就的，一定会经历革命、建设和改革等多个历史阶段，并不断将自身信仰投射于革命建设实践中，才能最终到达理想的终点。事实上，中国共产党也是这样做的。革命和建设时期，在马克思主义中国化理论成果指引下，中国取得了新民主主义革命和社会主义革命的胜利，建立了新中国和社会主义基本制度，实现了中华民族站起来的伟大飞跃；改革开放以来，中国共产党进一步将马克思主义理论同改革开放

---

① 《中国共产党章程》，人民出版社2017年版，第1页。
② 陈先达：《做坚定的马克思主义理论工作者》，《光明日报》，2016年3月2日，第6版。

具体实践相结合，开创了中国特色社会主义新的伟大实践，实现了中华民族从站起来到富起来的伟大飞跃；进入新时代，在马克思主义中国化的最新理论成果——习近平新时代中国特色社会主义思想的指引下，中国共产党团结带领人民推动党和国家事业取得全方位、开创性历史成就，中华民族迎来了从富起来到强起来的伟大飞跃。当下，为中国人民谋幸福、为中华民族谋复兴便是中国共产党政治信仰建设具有阶段性的现实目标，我们的重心便是在共产主义远大理想的指引下，为尽快实现这个目标而努力奋斗。

实践证明，马克思主义的命运早已同中国共产党的命运、同中华民族的命运、同中国人民的命运紧密联系在一起。100年前，中国共产党选择了共产主义作为远大理想，这个理想指引了中国共产党过去的一百年，也必将指引着中国共产党和中国的未来。

【延伸阅读】

思想之旗

自然本身给动物规定了它应该遵循的活动范围,动物也就安分地在这个范围内活动,而不试图越出这个范围,甚至不考虑有其他范围存在。神也给人指定了共同的目标——使人类和他自己趋于高尚,但是,神要人自己去寻找可以达到这个目标的手段;神让人在社会上选择一个最适合于他、最能使他和社会变得高尚的地位。这种选择是人比其他创造物远为优越的地方,但同时也是可能毁灭人的一生、破坏他的一切计划并使他陷于不幸的行为。因此,认真地权衡这种选择,无疑是开始走上生活道路而又不愿在最重要的事情上听天由命的青年的首要责任。

……

那些主要不是干预生活本身,而是从事抽象真理的研究的职业,对于还没有确立坚定的原则和牢固的、不可动摇的信念的青年是最危险的,当然,如果这些职业在我们心里深深地扎下了根,如果我们能够为它们的主导思想而牺牲生命、竭尽全力,这些职业看来还是最高尚的。

……

在选择职业时,我们应该遵循的主要指针是人类的幸福和我们自身的完美。不应认为,这两种利益会彼此敌对、互相冲突,一种利益必定消灭另一种利益;相反,人的本性是这样的:人只有为同时代人的完美、为他们的幸福而工作,自己才能达到完美。如果一个人只为自己劳动,他也许能够成为著名的学者、伟大的哲人、卓越的诗人,然而他永远不能成为完美的、真正伟大的人物。历史把那些为共同目标工作因而自己变得高尚的人称为最伟大的人物；经验赞美那些为大多数人带来幸福的人是最幸福的人；宗教本身也教诲我们，人人敬仰的典范，就曾为人类而牺牲自己——有谁敢否定这类教诲呢？

如果我们选择了最能为人类而工作的职业，那么，重担就不能把我们压倒，因为这是为大家作出的牺牲；那时我们所享受的就不是可怜的、有限的、自私的乐趣，我们的幸福将属于千百万人，我们的事业将悄然无声地存在下去，但是它会永远发挥作用，而面对我们的骨灰，高尚的人们将洒下热泪。

——马克思中学考试德语作文《青年在选择职业时的考虑》，载《马克思恩格斯全集》第1卷，人民出版社1995年版，第455、458—460页

非第强筋骨也，又足以增知识。近人有言曰：文明其精神，野蛮其体魄。此言是也。欲文明其精神，先自野蛮其体魄；苟野蛮其体魄矣，则文明之精神随之。夫知识之事，认识世间之事物而判断其理也，于此有须于体者焉。直观则赖乎耳目，思索则赖乎脑筋，耳目脑筋之谓体，体全而知识之事以全，故可谓间接从体育以得知识。今世百科之学，无论学校独修，总须力能胜任。力能胜任者，体之强者也；不能胜任者，其弱者也。强弱分，而所任之区域以殊矣。

非第增知识也，又足以调感情。感情之于人，其力极大。古人以理性制之，故曰"主人翁常惺惺否"，又曰"以理制心"。然理性出于心，心存乎体。常观罢弱之人往往为感情所役，而无力以自拔；五官不全及肢体有缺者多因于一偏之情，而理性不足以救之。故身体健全，感情斯正，可谓不易之理。以例言之：吾人遇某种不快之事，受其刺激，心神震荡，难于制止，苟加以严急之运动，立可汰去陈旧之观念，而复使脑筋清明，效盖可立而待也。

非第调感情也，又足以强意志。体育之大效盖尤在此矣。夫体育之主旨，武勇也。武勇之目，若猛烈，若不畏，若敢为，若耐久，皆意志之事。取例明之，如冷水浴足以练习猛烈与不畏，又足以练习敢为。凡各种之运动持续不改，皆有练习耐久之益，若长距离之赛跑，于耐久之练习尤著。夫力拔山气盖世，猛烈而已；不斩楼兰誓不还，不畏而已；化家为国，敢为而已；八年于外，三过其门而不入，耐久而已。要皆可于日常体育之小基之。意志也者，固

人生事业之先驱也。

——毛泽东:《体育之研究》,载《毛泽东早期文稿》,湖南人民出版社1990年版,第70—72页

世界是你们的,也是我们的,但是归根结底是你们的。你们青年人朝气蓬勃,正在兴旺时期,好像早晨八九点钟的太阳。希望寄托在你们身上。……青年人应具备两点,一是朝气蓬勃,二是谦虚谨慎。……世界上怕就怕认真二字,共产党就最讲认真。

——1957年11月17日毛泽东同志在莫斯科会见我国留学生、实习生时的讲话

我们提倡中国人和外国人发展正常交往,这对于加强我国和各国人民的了解和友谊是必要的,对于引进国外技术和资金也是必要的,今后这种交往还会日益增多。但是由于对少数青少年的教育和管理不够,也出现了一些不健康的现象。一些青年男女盲目地美慕资本主义国家,有些人在同外国人交往中甚至不顾自己的国格和人格。这种情况必须引起我们的认真注意。我们一定要教育好我们的后一代,一定要从各方面采取有效的措施,搞好我们的社会风气。

——邓小平:《坚持四项基本原则》,载《邓小平文选》第二卷,人民出版社1994年版,第177页

我们的人民生活水平和文化水平还不高,这也不能靠谈论人的价值和人道主义来解决,主要地只能靠积极建设物质文明和精神文明来解决。离开了这些具体情况和具体任务而谈人,这就不是谈现实的人而是谈抽象的人,就不是马克思主义的态度,就会把青年引入歧途。

——邓小平:《党在组织战线和思想战线上的迫切任务》,载《邓小平文选》第三卷,人民出版社1993年版,第41页

我们在建设具有中国特色的社会主义社会时,一定要坚持发展物质文明和精神文明,坚持五讲四美三热爱,教育全国人民做到有理想、有道德、有文化、有纪律。这四条里面,理想和纪律特别重要。我们一定要经常教育我们的

人民，尤其是我们的青年，要有理想。为什么我们过去能在非常困难的情况下奋斗出来，战胜千难万险使革命胜利呢？就是因为我们有理想，有马克思主义信念，有共产主义信念。我们干的是社会主义事业，最终目的是实现共产主义。

——邓小平：《一靠团结二靠纪律才能团结起来》，载《邓小平文选》第三卷，人民出版社1993年版，第110页

革命战争年代，革命先烈在生死考验面前所以能够赴汤蹈火、视死如归，就是因为他们对崇高的理想信念坚贞不渝、矢志不移。毛主席一家为革命牺牲6位亲人，徐海东大将家族牺牲70多人，贺龙元帅的贺氏宗亲中有名有姓的烈士就有2 050人。革命前辈们为什么能够无私无畏地英勇献身？就是为了实现崇高的革命理想，为了坚守崇高的政治信仰，为了在中国彻底推翻黑暗的旧制度，为了实现民族独立和人民解放。我多次读方志敏烈士在狱中写下的《清贫》。那里面表达了老一辈共产党人的爱和憎，回答了什么是真正的穷和富，什么是人生最大的快乐，什么是革命者的伟大信仰，人到底怎样活着才有价值，每次读都受到启示、受到教育、受到鼓舞。

——2010年9月1日习近平在中央党校2010年秋季学期开学典礼上的讲话

当代青年是同新时代共同前进的一代。我们面临的新时代，既是近代以来中华民族发展的最好时代，也是实现中华民族伟大复兴的最关键时代。广大青年既拥有广阔发展空间，也承载着伟大时代使命。青年是国家的希望、民族的未来。我衷心希望每一个青年都成为社会主义建设者和接班人，不辱时代使命，不负人民期望。对广大青年来说，这是最大的人生际遇，也是最大的人生考验。2014年我来北大同师生代表座谈时对广大青年提出了具有执着的信念、优良的品德、丰富的知识、过硬的本领这4点要求。借此机会，我再给广大青年提几点希望。

一是要爱国，忠于祖国，忠于人民。爱国，是人世间最深层、最持久的情感，是一个人立德之源、立功之本。孙中山先生说，做人最大的事情，"就是要知道怎么样爱国"。我们常讲，做人要有气节、要有人格。气节也好，人格

也好，爱国是第一位的。我们是中华儿女，要了解中华民族历史，秉承中华文化基因，有民族自豪感和文化自信心。要时时想到国家，处处想到人民，做到"利于国者爱之，害于国者恶之"。爱国，不能停留在口号上，而是要把自己的理想同祖国的前途、把自己的人生同民族的命运紧密联系在一起，扎根人民，奉献国家。

二是要励志，立鸿鹄志，做奋斗者。苏轼说："古之立大事者，不惟有超世之才，亦必有坚忍不拔之志。"王守仁说："志不立，天下无可成之事。"可见，立志对一个人的一生具有多么重要的意义。广大青年要培养奋斗精神，做到理想坚定，信念执着，不怕困难，勇于开拓，顽强拼搏，永不气馁。幸福都是奋斗出来的，奋斗本身就是一种幸福。1939年5月，毛泽东同志在延安庆贺模范青年大会上说："中国的青年运动有很好的革命传统，这个传统就是'永久奋斗'。我们共产党是继承这个传统的，现在传下来了，以后更要继续传下去。"为实现中华民族伟大复兴的中国梦而奋斗，是我们人生难得的际遇。每个青年都应该珍惜这个伟大时代，做新时代的奋斗者。

三是要求真，求真学问，练真本领。"玉不琢，不成器；人不学，不知道。"知识是每个人成才的基石，在学习阶段一定要把基石打深、打牢。学习就必须求真学问，求真理、悟道理、明事理，不能满足于碎片化的信息、快餐化的知识。要通过学习知识，掌握事物发展规律，通晓天下道理，丰富学识，增长见识。人的潜力是无限的，只有在不断学习、不断实践中才能充分发掘出来。建设社会主义现代化强国，发展是第一要务，创新是第一动力，人才是第一资源。希望广大青年珍惜大好学习时光，求真学问，练真本领，更好为国争光、为民造福。

四是要力行，知行合一，做实干家。"纸上得来终觉浅，绝知此事要躬行。"学到的东西，不能停留在书本上，不能只装在脑袋里，而应该落实到行动上，做到知行合一、以知促行、以行求知，正所谓"知者行之始，行者知之成"。每一项事业，不论大小，都是靠脚踏实地、一点一滴干出来的。"道虽迩，不行不至；事虽小，不为不成。"这是永恒的道理。做人做事，最怕的就是只说不做，眼高手低。不论学习还是工作，都要面向实际、深入实践，实践出真知；都要严谨务实，一分耕耘一分收获，苦干实干。广大青年要努力成为有理想、有学问、有才干的实干家，在新时代干出一番事业。我在长期工作中最深切的体会就是：社会主义是干出来的。

——2018年5月2日习近平在北京大学师生座谈会上的讲话

自古英雄出少年。在漫漫历史长河中，人类社会青年英雄辈出，中华民族青年英雄辈出。《共产党宣言》发表时马克思是30岁，恩格斯是28岁。列宁最初参加革命活动时只有17岁。牛顿和莱布尼茨发现微积分时分别是22岁和28岁，达尔文开始环球航行时是22岁，爱因斯坦提出狭义相对论时是26岁。贾谊写出"西汉一代最好的政论"时不到30岁，王勃写下千古名篇《滕王阁序》时才20多岁。在我们党领导人民进行革命、建设、改革的伟大历史进程中更是青年英雄辈出。中共一大召开时毛泽东是28岁，周恩来参加中国共产党时是23岁，邓小平参加旅欧中国少年共产党时是18岁。杨靖宇牺牲时是35岁，赵一曼牺牲时是31岁，江姐牺牲时是29岁，红三十四师师长陈树湘牺牲时是29岁，邱少云牺牲时是26岁，雷锋牺牲时是22岁，黄继光牺牲时是21岁，刘胡兰牺牲时只有15岁。守岛32年的王继才第一次登上开山岛时是26岁，航天报国的嫦娥团队、神舟团队平均年龄是33岁，北斗团队平均年龄是35岁。这样的青年英杰数不胜数！我们要用欣赏和赞许的眼光看待青年的创新创造，积极支持他们在人生中出彩，为青年取得的成就和成绩点赞、喝彩，让青春成为中华民族生气勃发、高歌猛进的持久风景，让青年英雄成为驱动中华民族加速迈向伟大复兴的蓬勃力量！

——2019年4月30日习近平在纪念五四运动100周年大会上的讲话

北京大学援鄂医疗队全体"90后"党员：

来信收悉。在新冠肺炎疫情防控斗争中，你们青年人同在一线英勇奋战的广大疫情防控人员一道，不畏艰险、冲锋在前、舍生忘死，彰显了青春的蓬勃力量，交出了合格答卷。广大青年用行动证明，新时代的中国青年是好样的，是堪当大任的！我向你们、向奋斗在疫情防控各条战线上的广大青年，致以诚挚的问候！

青年一代有理想、有本领、有担当，国家就有前途，民族就有希望。希望你们努力在为人民服务中茁壮成长、在艰苦奋斗中砥砺意志品质、在实践中增长工作本领，继续在救死扶伤的岗位上拼搏奋战，带动广大青年不惧风雨、勇挑重担，让青春在党和人民最需要的地方绽放绚丽之花。

——2020年3月15日习近平给北京大学援鄂医疗队全体"90后"党员的回信

【萃语句集】

嗟吾青年可爱之学子乎！彼美之青春，念子之任重而道远也，子之内美而修能也，怜子之劳，爱子之才也，故而经年一度，展其怡和之颜，饯子于长征迈往之途，冀有以慰子之心也。纵子为尽瘁于子之高尚之理想，圣神之使命，远大之事业，艰巨之责任，而夙兴夜寐，不遑启处，亦当于千忙万迫之中，偷隙一盼，霁颜相向，领彼恋子之殷情，赠子之韶华，俾以青年纯洁之躬，饫尝青春之甘美，浃浴青春之恩泽，永续青春之生涯，致我为青春之我，我之家庭为青春之家庭，我之国家为青春之国家，我之民族为青春之民族。斯青春之我，乃不枉于遥遥百千万劫中，为此一大因缘，与此多情多爱之青春，相邂逅于无尽青春中之一部分空间与时间也。

……

青年锐进之子，尘尘刹刹，立于旋转簸扬循环无端之大洪流中，宜有江流不转之精神，屹然独立之气魄，冲荡其潮流，抵拒其势力，以其不变应其变，以其同操其异，以其周执其易，以其无持其有，以其绝对统其相对，以其空驭其色，以其平等律其差别，故能以宇宙之生涯为自我之生涯，以宇宙之青春为自我之青春。宇宙无尽，即青春无尽，即自我无尽。此之精神，即生死肉骨、回天再造之精神也。此之气魄，即慷慨悲壮、拔山盖世之气魄也。惟真知爱青春者，乃能识宇宙有无尽之青春。惟真能识宇宙有无尽之青春者，乃能具此种精神与气魄。惟真有此种精神与气魄者，乃能永享宇宙无尽之青春。

……

人类之成一民族一国家者，亦各有其生命焉。有青春之民族，斯有白首之民族，有青春之国家，斯有白首之国家。吾之民族若国家，果为青春之民族、青春之国家欤，抑为白首之民族、白首之国家欤？苟已成白首之民族、白首之国家焉，吾辈青年之谋所以致之回春为之再造者，又应以何等信力与愿力从事，而克以著效。此则系乎青年之自觉何如耳！

……

白首中华者，青春中华本以胚孕之实也。青春中华者，白首中华托以再生之华也。白首中华者，渐即废落之中华也。青春中华者，方复开敷之中华也。有渐即废落之中华，所以有方复开敷之中华。有前之废落以供今之开敷，斯有后之开敷以续今之废落，即废落，即开敷，即开敷，即废落，终竟如是废落，终竟如是开敷。宇宙有无尽之青春，斯宇宙有不落之华，而栽之、培之、灌之、溉之、赏玩之、享爱之者，舍青春中华之青年，更谁与归矣？青年乎，勿徒发愿，愿春常在华常好也，愿华常得青春，青春常在于华也。宜有即华不得青春，青春不在于华，亦必奋其回春再造之努力，使废落者复为开敷，开敷者终不废落，使华不能不得青春，青春不能不在于华之决心也。

……

青年之于社会，殆犹此种草木之于田亩也。从此广植根蒂，深固不可复拔，不数年间，将见青春中华之参天蓊郁，错节盘根，树于世界，而神州之域，还其丰壤，复其膏腴矣。则谓此菁菁茁茁之青年，即此方复开敷之青春中华可也。

——李大钊：《青春》，载《李大钊全集》第一卷，人民出版社2013年版，第307—315页

……我们抱着改造宏愿的青年，对于这不良的现在的环境，不消说的，不满意到万分。但只是不满意的在这里烦闷，不去研究打破的方法，来创造新环境，那环境的压迫，总有一天高似一天，筑起竖壁垒来，断不会天从人愿的，给我们一个愿意。我们当这青年有为的时候，在这环境压迫的当中，要超出旧环境，加入新环境，着着实实做去，别要空中起楼阁，讲几句新名词，读几册

新思潮书籍，戴着空谈主义的假面具，就算了事。我对于这个问题——青年创造环境，以为必有一种创造的工具，这工具是准备实行的，所以提出来和大家讨论讨论。

一，判断……

二，进取……

三，负责……

四，朴实……

五，奋斗……

六，牺牲……

总之，我们做青年，是想做好的青年，为新社会的健儿，为主义的实行家，也许甘愿为旧社会恶环境的破坏者，坚忍卓绝，来破坏挡住新社会进行的障碍物。那么，我们已有快活的前途，也不能无有中道的危险，去掉危险，得着幸福，也许有创作的工夫，"工欲善其事必先利其器"。青年创造环境的工具，是应该注意的。

——阮啸仙：《青年创造环境的工具》，载《信仰：先驱的心声》，人民出版社2013年版，第61—66页。

苍儿：

时代的车轮不息的旋转，你生在中产的家庭，得饱食暖衣的读书写字，这种机会是非常难得的，希望你好好的努力，以期无负于家庭，无负于社会。同时你要时常留心到远的或近的人们，有许多是没有法子读书写字，有些更是没有法解决衣食。你就要想到你读书写字的目的，是要为这一批人求一个适当的解决。这一层我更望你朝斯夕斯的不要轻轻放过。

一个人除解决自身的问题而外，还须顾及到社会人类，而且个人问题须在解决社会人类整个的问题中去求解决。你除好好的努力读书写字，养成能力而外，还须健全你的身体，每天除读书写字而外，还须作有计划，有益健康之运动与游戏，使知识与体力同时并进，预备着肩负将来之艰巨。

你的祖母、伯父、母亲是十分钟爱你。我虽然离开得远，不能向你作切实的表示，但是也不能说我不爱你。我之爱你，是望你将来为一极平凡而有能力为一般劳苦民众解决不能解决之各项问题，铲除社会上一切不平等之人物。苍儿，社会之新光在照耀着你，希望你猛进。

至于你对我所说的一切，我当然能领会的，我既以这样的远大期许你，我为完成我的期许，我为一般被压榨穷苦无靠的人们而期许你。对于你的要求，我将尽力的站在正确的立场而允许你，而设法为你实现。苍儿再会。

在新年的晨光中为你祝福
农　元月八日

——1931年1月冷少农给儿子冷德昌的信，翁宏业、赵瑱：《冷少农写给儿子的家书》，人民网，2018年6月15日，http://dangshi.people.com.cn/n1/2018/0615/c85037-30060660.html

大姐为我坐监牢，外甥为我受株连，我们没有罪，我们要斗争，人该怎样做，路该怎样走，要有正确的答案。我一生无遗憾，认定了共产主义这个为人类翻身解放造幸福的真理，就刀山敢上，火海敢闯，甘愿抛头颅，洒热血！

——1928年3月夏明翰在狱中给姐姐夏明玮等的信，载《百年红色家书品读》，人民出版社2021年版，第14页

弟不意现在尚在人间，被押在大庾粤军第一军军部，以后结果怎样，尚不可知，弟准备牺牲，生是为中国，死是为中国，一切听之而已。

我为中国革命没有一文钱的私产，三个幼儿的养育都要累着诸兄嫂，我四川的家听说久已破产又被抄没过，人口死亡殆尽，我已八年不通信了。为着中国民族就为不了家和个人，诸兄嫂明达当能了解，不致说弟这一生穷苦，是没有用处。

——1935年3月刘伯坚致妻嫂凤笙等的信，载《百年红色家书品读》，人民出版社2021年版，第45—46页

父亲，我的志愿早已决定了：我之决志进军队是由于目睹各处工人被军阀无理的压迫，我要救中国最大多数的劳苦群众，我不能不首先打倒劳苦群众的仇敌——其实是全中国人的仇敌——便是军阀。进军队学军事知识，就是打倒

军阀的准备工作。这里面的同事大都抱着升官的目的，他们常常以此告人，再无别种抱负了！做官是现在人所最羡慕最希望的，其实做官是现在最容易的事，然而中国的国事便断送在这般人的手中！我将要率同我们最神圣最勇敢的赤卫军扫除这般祸国殃民的国妖！做官？我永不曾有这个念头！

——1923年俞秀松致父母的信，载《百年红色家书品读》，人民出版社2021年版，第59页

1960年1月8日。

这天是我永远不能忘记的日子，这天是我最大的荣幸和光荣的日子。我走上了新的战斗岗位，穿上了黄军服，光荣的参加了中国人民解放军。我好几年来的愿望在今天已实现了，真感到万分的高兴和喜悦，这是我一生最大的幸福。我在党的正确领导下，在革命的大家庭里，我一定要好好地锻炼自己，在入伍的这一天，我并提出如下保证：

一、听党的话，服从命令听指挥，党指向那里，我就冲向那里。

二、加强政治学习，多看报纸和政治书籍，按时参加部队各种会议和学习，积极宣传党的政策，密切靠近组织，及时向组织反映各种情况，不断提高自己的政治思想觉悟。

三、尊敬领导，团结同志，互帮互爱互学习。

四、严格遵守部队一切纪律，做到虚心向老战士学习，刻苦钻研，加强军事学习，随时准备打击敌人。

五、克服一切困难，发扬长辈优良的革命传统。我要坚决做到头可断，血可流，在敌人面前决不屈服、投降。我一定要向董存瑞、黄继光、安业民等英雄的战士学习。

六、我要努力学习政治、军事、文化，我要好好的锻炼身体，我一定要在部队争取立功当英雄，我一定要做一个毛泽东时代的好战士，我要把我可爱的青春献给祖国最壮丽的事业。

以上六条是我努力的方向和我的奋斗目标。

——《雷锋日记选》，人民出版社1973年版，第8页

【信仰故事】

清贫正是革命者能够战胜许多困难的地方

我从事革命斗争，已经十余年了。在这长期的奋斗中，我一向是过着朴素的生活，从没有奢侈过。经手的款项，总在数百万元；但为革命而筹集的金钱，是一点一滴地用之于革命事业。这在国方[①]的伟人们看来，颇似奇迹，或认为夸张；而矜持不苟，舍己为公，却是每个共产党员具备的美德。所以，如果有人问我身边有没有一些积蓄，那我可以告诉你一桩趣事：

就在我被俘的那一天——一个最不幸的日子，有两个国方兵士，在树林中发现了我，而且猜到我是什么人的时候，他们满肚子热望在我身上搜出一千或八百大洋，或者搜出一些金镯金戒指一类的东西，发个意外之财。哪知道从我上身摸到下身，从袄领捏到袜底，除了一只时表和一支自来水笔之外，一个铜板都没有搜出。他们于是激怒起来了，猜疑我是把钱藏在哪里，不肯拿出来。他们之中有一个，左手拿着一个木柄榴弹，右手拉出榴弹中的引线，双脚拉开一步，作出要抛掷的姿势，用凶恶的眼光盯住我，威吓地吼道：

"赶快将钱拿出来，不然就是一炸弹，把你炸死去！"

"哼！你不要作出那难看的样子来吧！我确实一个铜板都没有存；想从我这里发洋财，是想错了。"我微笑淡淡地说。

"你骗谁！像你当大官的人会没有钱！"拿榴弹的兵士坚不相信。

[①] 指国民党方面。

"决不会没有钱的,一定是藏在哪里,我是老出门的,骗不得我。"另一个兵士一面说,一面弓着背重来一次将我的衣角裤裆过细地捏,总企望着有新的发现。

"你们要相信我的话,不要瞎忙吧!我不比你们国民党当官的,个个都有钱,我今天确实是一个铜板也没有,我们革命不是为着发财啦!"我再向他们解释。

等他们确知在我身上搜不出什么的时候,也就停手不搜了;又在我藏躲地方的周围,低头注目搜寻了一番,也毫无所得,他们是多么地失望呵!那个持弹欲放的兵士,也将拉着的引线,仍旧塞进榴弹的木柄里,转过来抢夺我的表和水笔。后彼此说定表和笔卖出钱来平分,才算无话。他们用怀疑而又惊异的目光,对我自上而下地望了几遍,就同声命令地说:"走吧!"

是不是还要问问我家里有没有一些财产?请等一下,让我想一想,啊,记起来了,有的有的,但不算多。去年暑天我穿的几套旧的汗褂裤,与几双缝上底的线袜,已交给我的妻放在深山坞里保藏着——怕国军进攻时,被人抢了去,准备今年暑天拿出来再穿;那些就算是我唯一的财产了。但我说出那几件"传世宝"来,岂不要叫那些富翁们齿冷三天?!

清贫,洁白朴素的生活,正是我们革命者能够战胜许多困难的地方!

——方志敏:《清贫》,载《方志敏全集》,人民出版社2012年版,第162—164页

大众的利益应该放在第一位

毛岸英的童年是在外祖母家度过的。外祖父杨昌济家里人口不多,外祖母向家人口较多,毛岸英、毛岸青兄弟在向家生活了很长时间,并得到了悉心的照顾,因此兄弟俩与外祖母家感情很深。在杨开慧牺牲后,向家对毛岸英兄弟及外婆也提供了很大帮助。1949年10月,新中国成立伊始,表舅向三立来信"要求照顾",并提出舅父杨开智当官的希望。10月24日,毛岸英在给表舅向三立的回信中,阐发了共产党人为广大人民群众谋利益的思想,坚持原则,理直气壮地拒绝了舅舅的不正当要求,同时也对表舅也作了一番开导与教育。他

写道：

"新中国之所以不同于旧中国，共产党之所以不同于国民党，毛泽东之所以不同于蒋介石，毛泽东的子女妻舅之所以不同于蒋介石的子女妻舅，除了其他更基本的原因以外，正在于此：皇亲贵戚仗势发财，少数人统治多数人的时代已经一去不复返了。靠自己的劳动和才能吃饭的时代已经来临了。……

翻身是广大群众的翻身，而不是几个特殊人物的翻身。生活问题要整个解决，而不可个别解决。大众的利益应该首先顾及，放在第一位。个人主义是不成的。……

反动派常骂共产党没有人情，不讲人情，如果他们所指的是这种帮助亲戚朋友、同乡同事做官发财的人情的话，那么我们共产党正是没有这种'人情'，不讲这种'人情'。共产党有的是另一种人情，那便是对人民的无限热爱，对劳苦大众的无限热爱，其中也包括自己的父母子女亲戚在内。当然，对于自己的近亲，对于自己的父、母、子、女、妻、舅、兄、弟、姨、叔是有一层特别感情的，一种与血统、家族有关的人的深厚感情的。这种特别感情，共产党不仅不否认，而且加以巩固并努力于倡导它走向正确的与人民利益相符合的有利于人民的途径。但如果这种特别感情超出了私人范围并与人民利益相抵触时，共产党是坚决站在后者方面的，即'大义灭亲'亦在所不惜。

我爱我的外祖母，我对她有深厚的描写不出的感情，但她也许现在在骂我'不孝'，骂我不照顾杨家，不照顾向家，我得忍受这种骂，我决不能也决不愿违背原则做事。我本人是一部伟大机器的一个极普通平凡的小螺丝钉，同时也没有'权力'，没有'本钱'，更没有'志向'，来做这些扶助亲戚高升的事。至于父亲，他是这种做法最坚决的反对者，因为这种做法是与共产主义思想、毛泽东思想水火不相容的，是与人民大众的利益水火不相容的，是极不公平，极不合理的。无产阶级的集体主义——群众观点与资产阶级的个人主义——个人观点之间的矛盾正是我们与舅父他们意见分歧的本质所在。这两种思想即在我们脑子里也还在尖锐斗争着，只不过前者占了优势罢了。而在舅父的脑子里，在许多其他类似舅父的人的脑子里，则还是后者占着绝对优势，或者全部占据，虽然他本人的本质可能不一定是坏的。"

——1949年10月毛岸英给表舅向三立的回信，载《百年红色家书品读》，人民出版

社 2021 年版，第 90—91 页

他心里装着全体人民，唯独没有他自己

县委一位副书记在乡下患感冒，焦裕禄几次打电话，要他回来休息；组织部一位同志有慢性病，焦裕禄不给他分配工作，要他安心疗养；财委一位同志患病，焦裕禄多次催他到医院检查……焦裕禄心里，装着全体党员和全体人民，唯独没有他自己。

一九六四年春天，正当党领导着兰考人民同涝、沙、碱斗争胜利前进的时候，焦裕禄的肝病也越来越重了。很多人都发现。无论开会、作报告，他经常把右脚踩在椅子上，用右膝顶住肝部。他棉袄上的第二和第三个扣子是不扣的，左手经常揣在怀里。人们留心观察，原来他越来越多地用左手按着时时作痛的肝部，或者用一根硬东西顶在右边的椅靠上。日子久了，他办公坐的藤椅上，右边被顶出了一个大窟窿。他对自己的病，是从来不在意的。同志们问起来，他才说他对肝痛采取了一种压迫止痛法。县委的同志劝他疗养，他笑着说："病是个欺软怕硬的东西，你压住他，他就不欺侮你了。"焦裕禄暗中忍受了多大痛苦，连他的亲人也不清楚。他真是全心全意投到改变兰考面貌的斗争中去了。

焦裕禄到地委开会，地委负责同志劝他住院治疗，他说："春天要安排一年的工作，离不开！"没有住。地委给他请来一位有名的中医诊断病情，开了药方，因为药费很贵，他不肯买。他说："灾区群众生活很困难，花这么多钱买药，我能吃得下吗？"县委的同志背着他去买来三剂，强让他服了，但他执意不再服第四剂。

那天，县委办公室的干部张思义和他一同骑自行车到三义寨公社去。走到半路，焦裕禄的肝痛发作，疼得蹬不动车，两个人只好推着自行车慢慢走。刚到公社，大家看他气色不好，就猜出是他又发病了。公社的同志说："休息一下吧。"他说："谈你们的情况吧，我不是来休息的。"

公社的同志一边汇报情况，一边看着焦裕禄强按着肝区在作笔记。显然，他的肝痛得使手指发抖，钢笔几次从手指间掉了下来。汇报的同志看到这情形，忍住泪，连话都说不出来了，而他，看来还是神情自若的样子，说：

"说，往下说吧。"

一九六四年的三月，兰考人民的除"三害"斗争达到高潮，焦裕禄的肝病也到了严重关头。躺在病床上，他的心潮汹涌澎湃，奔向那正在被改造着的大地。他满腔激情地坐在桌前。想动手写一篇文章，题目是：《兰考人民多奇志，敢教日月换新天》。他铺开稿纸，拟好了四个小题目：一、设想不等于现实。二、一个落后地区的改变，首先是领导思想的改变。领导思想不改变，外地的经验学不进，本地的经验总结不起来。三、榜样的力量是无穷的。四、精神原子弹——物质变精神，精神变物质。

充满了革命乐观主义的焦裕禄，从兰考人民在抗灾斗争中表现出来的英雄气概，从兰考人民一步一个脚印的实干精神中，已经预见到新兰考美好的未来。但是，文章只开了个头，病魔就逼他放下了手中的笔，县委决定送他到医院治病去了。

临行那一天，由于肝痛得厉害，他是弯着腰走向车站的。他是多么舍不得离开兰考呵！一年多来，全县一百四十九个大队，他已经跑遍了一百二十多个。他把整个身心，都交给了兰考的群众，兰考的斗争。正像一位指挥员在战斗最紧张的时刻，离开炮火纷飞的前沿阵地一样，他从心底感到痛苦、内疚和不安。他不时深情地回顾着兰考城内的一切，他多么希望能很快地治好肝病，带着旺盛的精力回来和群众一块战斗呵！他几次向送行的同志们说，不久他就会回来的。在火车开动前的几分钟，他还郑重地布置了最后一项工作，要县委的同志好好准备材料，等他回来时，向他详细汇报抗灾斗争的战果。

——穆青、冯健、周原：《县委书记的榜样——焦裕禄》，载《跟焦裕禄学做县委书记》，人民出版社2015年版，第156—158页

和我们吃了一样的苦，把心留在了这里

陕西延安60多公里之外，陕北高原的山岭脚下，有一个小村子，名叫梁家河。1969年初，不满16岁的习近平，与14名北京八一中学的知青一起，徒步来到梁家河，在那里开始了他7年的插队岁月。黄土地的生活很艰苦。那时的梁家河晚上没有电，习近平与另外5个知青一起住窑洞、睡土炕。窑洞里跳蚤很多，他被咬得浑身都是包，只能在炕席下面撒农药粉灭蚤。一开始，他连掏地、种玉米、割麦子都不会，只能跟着学，村子里的农民咋做，他就咋做。从种地到拉煤，从打坝到挑粪，插队那些年，习近平几乎没歇过，几乎什么活都干过。村民张卫庞回忆道，"习近平是吃了苦的，跟我们一般苦"。黄土地的生活也很充实。梁家河的插队生活，不仅让习近平锻炼了"挑一二百斤麦子走10里山路长时间不换肩"的毅力，学会了"擀面条、蒸团子、腌酸菜，样样都行"的技能，还让他有了一个施展才干的舞台。在梁家河，习近平"干活不惜力"，被认为"有知识、点子多"，是个"吃苦耐劳的好后生"，逐渐赢得了乡亲们的信任，先后入团入党，还担任了大队党支部书记。一次，习近平在报纸上看到四川一些农村在搞沼气，便自费前往四川取经，回村后带领村民修建了陕北第一口沼气池，解决了村民做饭和照明的困难。为了增加农田面积，寒冬时节，他带着乡亲们一起修筑淤地坝，每次都主动带头赤脚站在冰水里凿冰清理坝基。此外，习近平还帮着村里建起了磨坊、裁缝铺、铁业社等，改善了大家的生活。

1975年，习近平离开梁家河村前往清华大学读书。临行前，大家排起了长队为他送行，很多人都不舍地哭了。乡亲们还送给了他一个镶着"贫下中农的好书记"的镜框，以此表达大家的敬意。2015年2月春节前夕，已成为13亿中国人民领路人的习近平，重回梁家河。看到曾一起生活、战斗过的乡亲，习近平动情地说："当年，我人走了，但我把心留在了这里。"

——人民日报评论部：《习近平讲故事》（少年版），中国少年儿童出版社2018年版，第158页

第二章
信仰的选择：
马克思主义信仰的确立

在庆祝中国共产党成立100周年大会上，习近平总书记指出："中国共产党为什么能，中国特色社会主义为什么好，归根到底是因为马克思主义行！"[①] 回顾中华民族的近代历史，特别是中国共产党在马克思主义的指导下团结带领全国各族人民实现古老中国旧貌换新颜的恢弘历史，马克思主义所蕴藏的无穷真理力量便跃然纸上，对习近平总书记的真知灼见就会有更加深刻的理解和深切的认同。马克思主义改变中国的历史可谓波澜壮阔、高歌猛进，中国接触、接受、运用马克思主义的历史同样能给予中国人民乃至世界各国人民以深刻的启发。作为被寄予"接力推进实现中华民族伟大复兴中国梦"厚望的当代青年，尤其要循着历

---

① 习近平：《在庆祝中国共产党成立100周年大会上的讲话》，人民出版社2021年版，第13页。

史的足迹,感悟百年前"再造中国"的一代青年确立马克思主义信仰的心路历程,从中强化对马克思主义真理性的理论认知,强化对"归根到底是因为马克思主义行"的思想认同,从而为更好肩负起推进实现中华民族伟大复兴中国梦奠定坚实的思想基础、深厚的理论储备,锤炼起坚定的人民立场、科学的世界观、强大的方法论。

一、绝境求真理:探寻那个召唤真理的时代

"不谋万世者,不足谋一时;不谋全局者,不足谋一域。"对中国这个世界大国要形成正确的认识,要获得较为准确的认知,必须在横向的空间上以整个世界为参照,在纵向的时间轴上以历史上的不同时代为参考。1840年以后,一系列不平等条约、一连串战败割地赔偿的屈辱、几亿人民一声声哀嚎哭泣串接起了近代中国的历史。20世纪初期,帝国主义列强更是掀起瓜分中国的狂潮,中华民族到了最危险的时候,拯救民族于危难之际、挽救黎民于灾难之时的责任历史地落到了百年前那一代青年的身上。对于那个时代的中国青年而言,责任重大不可怕,使命艰巨不可畏,流血牺牲不足惧,唯一感到无助和迷茫的是没有找到照亮前行之路的真理之光,不知中华民族路在何方。然而,黑暗终将过去,黎明必将到来。在中国历史最为黯然的时候,马克思主义的真理之光划破中华民族的夜空,为千千万万以天下为己任、立志救国救民的华夏儿女指明了前进之路,中华民族迎来了从落后挨打到走向复兴的伟大转折。

(一)中华民族的绝地重生

历史是一条奔流不息的江河,它像长江黄河一样,有其行进的缘起,有漫长积淀而逐渐蓄积的势能。当人类历史推进到17世纪,长达千年长夜漫漫的中世纪历经万般艰苦沉淀起的工业文明的势能开始爆发,历史带着兴奋与血腥、残暴与无情、文明与野蛮,以及数千年人类文明蓄积的一切存在冲向一个全新的世界。

在人类进入资本主义文明以前的中国北宋王朝时期,当王安石变法的成果

逐渐生效，北宋王朝逐步建立起一个以皇权朝贡体系为核心的世界体系，南海贸易圈的发展推动形成了中西之间资本流通的格局。而这个故事的书写者并非始于北宋，可由此上溯千年之久，古希腊的先哲就曾怀揣着"到东方去！"的共同信条推进西方文明的发展。用大历史观追溯人类文明发展的进程，甚至可以清晰地发现这样一个事实：东方农业文明的物力之艰孕育了西方的资本主义文明。虽然后来所谓的西方"文明人"对农业文明不屑一顾，但作为四大文明中唯一没有中断过的中华文明却孕育了一个对自己的文化无比自豪、对自己的历史无比珍爱的中华民族，这个民族的子孙们始终怀揣着一个复兴的梦想。

当17世纪的西方诸国在机器的轰鸣声中做大做强资本主义的时候，也正是它们对着世界东方磨刀霍霍的前兆。辩证法大师黑格尔曾轻蔑地认为"中国两千多年封建文明的历史是凝固的"，这个错误论断也并不符合其辩证法的思想，但这个论断直观地反映了中国2 000多年封建社会变革缓慢的状态，道出了华夏民族男耕女织的浪漫主义被几百年后资本主义文明的坚船利炮所无情摧毁的直接原因。

历史之河浩浩荡荡，始终以无可阻挡的力量冲向前方，长江可以被人类工业文明的力量拦截在三峡，历史之河同样也有曲折甚至倒转的时候，但却永远不可能被彻底阻挡。

中华民族没能在17世纪进入近代史，进入世界史，但历史只允许其拖延至18世纪。中华民族"凝固了的历史"终于被更加磅礴的力量彻底击碎，农耕文明温情脉脉的大门终究被强盗般的资本主义文明砸得粉碎。

事物存在的周期律都有其相似的地方，中国道家哲学阐述的"万道归一"的哲理将历史运行的规律总结得非常深刻。历史是任何人都无法阻挡的存在，历史又是由每一个人累计的合力组成。在一定程度上，农业文明的中国用2 000多年的时间塑造了世界，男耕女织的中国劳动人民为17世纪西方资本主义文明的发展奠基，在原初的意义上"孕育"了西方资本主义文明。

然而这一切都只是历史发展的一个阶段。由于生产力发展水平的限制，根本上导致了一个民族的进步和革新缺乏主动引领的历史条件和主观意识，最终这场前无古人的资本主义变革的力量不会对东方的农耕民族感恩戴德，而是以一种洪水猛兽般的无情打碎了中华民族延续2 000多年的"你耕田、我织布"

的浪漫，无情的历史没有给这个古老民族捶胸顿足的时间与空间，3 000年未有之大变局仓促而至，中华文明遭遇前所未有的迷失。

> 中华民族是世界上伟大的民族，有着5 000多年源远流长的文明历史，为人类文明进步作出了不可磨灭的贡献。1840年鸦片战争以后，中国逐步成为半殖民地半封建社会，国家蒙辱、人民蒙难、文明蒙尘，中华民族遭受了前所未有的劫难。从那时起，实现中华民族伟大复兴，就成为中国人民和中华民族最伟大的梦想。①

1840年，对中华民族是一个永远无法忘记的时间节点，因为那是一个拥有5 000多年灿烂文明的伟大民族至痛的开始，同时也是这个民族走向新生的开始。这就好似一个刚走出大学校门就踏上工作岗位的青年，一开始的"惊奇"迅速转而为"惊吓"，一开始的不适应在时间的延续中夹杂着痛苦滚滚而来。

痛苦，同时也是新的成长，快速的成长总是伴随着极端的痛苦。

那时的中国，前路之所以无比艰难，没有坚船利炮应对列强的欺凌是痛苦的直接原因。但整个民族的迷茫，连续几代人不知路在何方才是绝望的根源。对那时的中国人来说，探求真理就是找寻生存之路、发展之路、进步之路。

一个人找到自己的路也许只需"听君一席话"，但是中华民族找到自己的路却足足耗费了将近一个世纪，这可是一个比较长寿的人一生的时间，中国人找到民族复兴的正确方向就要耗尽一代人一生的时间。

> 历史好像是首先要麻醉这个国家的人民，然后才能把他们从世代相传的愚昧状态中唤醒似的。②

历史是很复杂的，要始终做到站在历史正确的一边就更加艰难。中国在长

---

① 习近平：《在庆祝中国共产党成立100周年大会上的讲话》，人民出版社2021年版，第2页。

② 《马克思恩格斯选集》第一卷，人民出版社2012年版，第779—780页。

达1700多年的历史长河中领先世界，同时也在骄傲自满中埋下了落后挨打的祸根。时代的尘埃落到每个人身上都是一座山。然而，鸦片战争以后的中国可谓漫天尘土，中国人民长期被压在三座大山下苦苦支撑。

……庶几吾民于颠沛困苦之时，不至再受迫乎迫切之累。①

一个人口几乎占人类三分之一的大帝国，不顾时势，安于现状，人为地隔绝于世并因此竭力以天朝尽善尽美的幻想自欺。这样一个帝国注定最后要在一场殊死的决斗中被打垮：在这场决斗中，陈腐世界的代表是激于道义，而最现代的社会的代表却是为了获得贱买贵卖的特权——这真是任何诗人想也不敢想的一种奇异的对联式悲歌。②

当封建统治的捍卫者惊叹"三千年未有之大变局"的时候，他们装满了儒家伦理和诗词歌赋的大脑就在苦苦思索中华民族重回汉唐盛世的救世之道，年迈的老官僚时而向东看看，时而向西看看，时而向后看看，时而向前看看。

向后看的那几代人熬干了心血，至此也没能盼来民族颓势触底反弹的黎明，迎来的只是一次比一次变本加厉的掠夺和欺凌。

向西看的那几代人，将中国人民男耕女织滴水穿石般挣得的散碎银子一点一滴积攒起来买了洋枪洋炮，添置了轰鸣的机器，把小木船变成了小火轮和铁甲战舰。当他们中的代表，如曾国藩、左宗棠、李鸿章等站在东海之滨看着自己半生心血的成就，或许会产生民族已经强大的错觉。可当东边那个岛国毫无悬念地将大清帝国的北洋水师打得全军覆没的时候，他们那苍老的内心感受到的失望也会更大，同时也应该感受到了四万万同胞的椎心泣血之痛。

当一个人被他曾经看不上的人战胜的时候，他一定会重新校订曾经的偏见，正视对手。一个民族也会是这样。当东海上的岛国让大清水师全军覆没的时候，也开启了一心只为救亡图存的中国人向东看的时代。

---

①〔清〕《大清文宗显皇帝实录》第77卷，第18页。
②《马克思恩格斯选集》第一卷，人民出版社2012年版，第804页。

可当戊戌六君子在北京菜市口慷慨就义的时候，当满怀着雄心壮志的光绪皇帝谜一般地死在涵元殿的时候，中国人终于明白，他们又把这条路走到了尽头。

一个打不倒的人终究会站起来征服世界，一个打不倒的民族也终究能站起来，并昂扬屹立于世界民族之林。

> 中国的南方人在反对外国侵略势力的斗争中所表现的那种狂热本身，似乎表明他们已觉悟到旧中国遇到的极大的危险；过不了多少年，我们就会亲眼看到世界上最古老的帝国的垂死挣扎，看到整个亚洲新纪元的曙光。①

资本主义给中华民族带来了最深的痛，但资本主义也始终没能阻止历史给中华民族带来拯救的智慧，勤劳勇敢的中国人民在积累了百年的痛苦中逐渐探求到走出黑暗、走向光明的道路。资本主义列强打得一代又一代中国的老人们含恨离去，却一次又一次激发起中国青年人反抗与奋进的激情。

1840年以后的中国是一个"年纪轻轻就干大事，年纪轻轻就丢性命"的时代，是一个黄泉路上无老少的时代。几代年轻人或是熬成白发老者，最后注视着满目疮痍的中国含恨离去，或是年纪轻轻就无怨无悔流干最后一滴血，只为焕发他们深爱着的古老民族再次迎来青春的朝气。

"各国变法，无不因流血而成，今中国未有因变法而流血者，此国所以不昌也。"当一个时代的年轻人敢于用自己的鲜血去浇灌他们热爱的民族的时候，这个民族就在逐渐觉醒；当一代又一代年轻人为了拯救一个国家而前赴后继，即使马革裹尸也无所畏惧的时候，拥有这样青年的国家就必将崛起。1921年，一群这样的中国青年组建了一个伟大的政党——中国共产党。自那时起，指引民族复兴的灯塔再也没有熄灭。

中国人自古以来就把气节看得比生命还珍贵。在民族受到欺凌之际，在国家蒙难、人民蒙辱、文明蒙尘之时，华夏好儿女总是舍生忘死，冲锋在前。在

---

① 《马克思恩格斯选集》第一卷，人民出版社2012年版，第800页。

中国共产党领导人民革命、建设、改革的不同时期，都有这样的好儿女。2001年，年仅33岁的飞行员王伟驾驶战机拦截侵犯我国南海领空的美军侦察机，再也没有返航。英雄的王伟飞行员，开着并不先进的飞机，以生命为代价喝退来犯之敌，年轻的他用行动告诉世界，在捍卫领土主权完整和民族尊严面前，中国人从来没有"退一步海阔天空"。

（二）一群年轻人因为真理而蜕变

> 一百年前，一群新青年高举马克思主义思想火炬，在风雨如晦的中国苦苦探寻民族复兴的前途。①

自鸦片战争以来，在中国探求崛起之路的百年历程中，接连不断的年轻人登上历史的舞台，在"路漫漫其修远兮"的求索进程中成为民族脊梁。其中就有一批年轻人因为一种"主义"而与众不同，而获得光明，而充满力量，这种"主义"叫马克思主义，这批年轻人是百年前的"90后""00后"，他们叫"五四的一代"。

当今天建设新时代中国特色社会主义的生力军和主力军的青年一代回到百年前，走近"五四"的这一代，去认识一下他们之中的杰出代表，定会获益无穷。比如，那时的周恩来、邓小平、赵世炎、蔡和森、李富春、向警予、蔡畅、陈乔年、陈延年等在法国勤工俭学，他们都在为救国而储备思想、经验、智慧、力量。

那一代青年知识分子中有一批走在最前列的精英，他们是最先和马克思主义打上交道的一群人。比如，在中国传播马克思主义的先驱李大钊、陈独秀，虽然那时都已是北大的教授，但也仅仅30多岁。他们是中国最早接触、研究和信仰马克思主义的先行者，也是最早为中国培养马克思主义革命者的大师。毛泽东就是他们的学生中的杰出代表。

---

① 习近平：《在庆祝中国共产党成立100周年大会上的讲话》，人民出版社2021年版，第21页。

毛泽东在北京大学图书馆做助理员的时候，与当时北大图书馆馆长的李大钊可谓朝夕相处，那种状态类似于现代大学中研究生和自己导师的关系。导师的思想对学生影响会非常之大。坊间有一种说法：做学问，宁为牛后，不做鸡头；做事业，则宁为鸡头，不做牛后。毛泽东在北大图书馆埋头苦读找寻救国道路时，有中国最早传播马克思主义的先驱李大钊先生做"导师"，"学术"水平的提升可谓一日千里，这一点在延安时期他也明白无误地认为"在李大钊手下当图书馆助理员的时候，就迅速地朝着马克思主义的方向发展"①。毛泽东不仅受到李大钊的深刻影响，同一时期，在他和陈独秀不多的接触中，也深受其影响，特别是在走向马克思主义的道路中，陈独秀那种极有感染力的人格魅力对青年时期的毛泽东产生了无可替代的影响，他后来认为"陈独秀谈他自己信仰的那些话"②，在关键性的时期，对其产生了深刻的印象。

　　五四时期的那一批年轻人几乎都有激进的特点，这种激进是那个时代特有的产物，对于后来走上共产主义道路的年轻人起到一种原动力的作用，但这并不标志着他们就已经接受了马克思主义，更不能说他们已经是马克思主义者了。

　　那个时代青年人的激进主要是一种直接的现实力量，是对政治产生浓厚兴趣表现出来的激进。但是真正对中国国情有着深刻认识，并且能够提出明确的有效的解决中国问题的方案，指明中国前进道路的人是微乎其微的。后来已经成为职业革命家，并担任中国共产党最高领袖的毛泽东在回忆那个时期自己的状态时，对此有着十分清晰的阐述：

> 　　我对政治的兴趣继续增长，我的思想越来越激进。可是就在这个时候，我的思想还是混乱的，用我们的话说，我正在找寻出路。③

　　那时的毛泽东甚至"读了一些关于无政府主义的小册子"，并且他对这些书的印象是"很受影响"，还常常和他人讨论"无政府主义和它在中国的前

---

① ［美］埃德加·斯诺：《西行漫记》，董乐山译，东方出版社 2010 年版，第 148 页。
② 同上。
③ 同上书，第 143 页。

景",毛泽东坦率地承认自己在那个时候"赞同许多无政府主义的主张"。

了解毛泽东、蔡和森、彭湃、刘少奇等青年在求学求知、初入人类思想史的心路历程,我们应该都会有相似的体会。这亦如在今天的大学中,为学生开设了很多的课程,不仅有马克思主义的,还有中西方的各种学说,这些学说只要逻辑上能够自洽都会在一定程度上影响到学生思想的成长。其中的很多思想学说也许没有马克思主义那样对人类社会的发展有着十分科学和深刻的阐释,能够正确地打开这个世界,但丝毫不能否定它们存在的价值,这正如毛泽东在新中国成立后的一次会议上的一段十分精辟的论述:

> 我劝在座的同志,你们如果懂得唯物主义和辩证法,那就还需要补学一点它的对立面唯心主义和形而上学。康德和黑格尔的书,孔子和蒋介石的书,这些反面的东西,需要读一读。不懂得唯心主义和形而上学,没有同这些反面的东西作过斗争,你那个唯物主义和辩证法是不巩固的。我们有些共产党员、共产党的知识分子的缺点,恰恰是对于反面的东西知道得太少。读了几本马克思的书,就那么照着讲,比较单调。讲话,写文章,缺乏说服力。你们不研究反面的东西,就驳不倒它。①

马克思主义有着辨识并且校正各种错误思想的能力,我们在接触和学习马克思主义的过程中要发现这种能力,就必须和错误的东西打交道,否则就无法认识唯物辩证法的这种威力。此外,对这一代青年人产生直接影响的还有他们对政治力量的直观认识,并且在此基础上产生的对参与政治的渴望,甚至是掌握政治工具进行社会改造的趋向。比如,毛泽东回忆在长沙求学期间,就有这么一件事值得思考。19岁的毛泽东在那时曾经就剪辫子的问题同"一个在法政学堂的朋友发生争论",双方就是否剪辫子的问题提出了相反的观点。尽管"法政学生引经据典来论证自己的看法,说身体发肤受之父母,不可毁伤"②,

---

① 《毛泽东文集》第七卷,人民出版社1999年版,第193页。
② [美]埃德加·斯诺:《西行漫记》,董乐山译,东方出版社2010年版,第130页。

但是毛泽东仍然能够站在正确的政治立场上，提出"一种相反的理论"，并起到"驳得他哑口无言"的效果。

马克思主义正是站在人民的立场上为全世界受压迫人民的解放而具有存在的价值并不断得到传播的理论。以毛泽东为代表的一大批共产党人，在从事革命事业的伟大实践中认识到了马克思主义的力量，并且能够熟练地运用马克思主义指导自己的一切行动，确保中国共产党始终站在历史正确一边。当面对国民党反动派一次比一次更加残酷的"围剿"，面对日本侵略者的疯狂"扫荡"，甚至是后来面对世界头号军事强国的美帝国主义时，以毛泽东为代表的中国共产党人都能取得一次又一次胜利。

追溯历史，我们会发现马克思主义的信念早在童年时期便深深地烙印在了以毛泽东为代表的那一代青年人的意识之中。

报纸作为传播媒介在中国有100多年的历史，早已与时尚失去关系。可在100年前的中国，读报纸却是很潮的时尚，一点也不亚于今天的抖音、快手等自媒体。百年前思想最活跃的那一代年轻人始终是各种报纸的最忠实的朋友。

那时的知识分子，尤其是知识分子中的青年一代，不求吃得好、穿得好、玩得好，更不会把大部分开支用在物质享受方面，他们相当一部分的开销就是用于买报纸。毛泽东就是这大批青年中的典型代表，他后来说自己"在长沙师范学校的几年，总共只用了160块钱"①，而这笔钱中竟有三分之一花在报纸上。这样花钱甚至被父亲责骂浪费。毛泽东的父亲认为这是把钱挥霍在废纸上。可读报成了毛泽东工作生活中不可或缺的内容，在最艰难的土地革命时期，他都"从来没有中断过阅读北京、上海和湖南的日报"②。

毛泽东在参加革命军队时，从自己每个月7元的军饷中仅留两元用作生活费，其余的便是买水和买报纸，在当时鼓吹革命的《湘江日报》中他第一次知道了"社会主义"这个名词，在读了江亢虎写的一些关于社会主义及其原理的小册子之后，他还热情地写信给同班几个同学。

董必武在回忆自己跟陈潭秋的交往时也曾说："由于志同道合，我们一见

---

① ［美］埃德加·斯诺：《西行漫记》，董乐山译，东方出版社2010年版，第141页。
② 同上。

如故,在上海期间,相互交流学习马克思主义的心得,畅谈改造中国和世界的抱负,同时商定用办报纸、办学校的方式传播马克思主义,开展革命活动。"①在那个时候,报纸是青年人认识国家、世界和社会的最有力的工具,一天又一天的报纸不断帮助他们在头脑中勾勒出中国的实际情况和前途命运。

毛泽东对中国的国情有着非同一般的了解和认识,很多人把原因归结为毛泽东来自中国社会最底层的经历,其实这是不全面的。如果把毛泽东读过的报纸收集起来再读一遍,就会知道,因为来自底层所以了解中国的说法是很站不住脚的。因为仅仅依靠直接的生活经验,比较全面和深刻了解超大人口规模和超广地域分布的中国是不可能的。要了解中国,必须有"放大镜"和"显微镜",甚至还需要"望远镜"等多种工具的综合作用。而报纸,就兼具这多种功能。

> 1920年冬天,我第一次在政治上把工人们组织起来了,在这项工作中我开始受到马克思主义理论和俄国革命历史的影响和指引。我第二次到北京期间,读了许多关于俄国情况的书。我热心地搜寻那时候能找到的为数不多的用中文写的共产主义书籍。有三本书特别深刻地铭刻在我的心中,建立起我对马克思主义的信仰。我一旦接受了马克思主义对历史的正确解释以后,我对马克思主义的信仰就没有动摇过。这三本书:《共产党宣言》,陈望道译,这是用中文出版的第一本马克思主义的书;《阶级斗争》,考茨基著;《社会主义史》,柯卡普著。到了1920年夏天,在理论上,而且在某种程度的行动上,我已经成为一个马克思主义者了,而且从此我也认为自己是一个马克思主义者了。②

这是1936年美国著名记者斯诺在陕北延安采访当时中国共产党的领袖毛泽东主席时的一段回忆。有一个问题值得追问:一个民族的觉醒意味着什么?

---

① 唐振南:《谁主沉浮——五四时期至秋收起义时期的毛泽东》,中央文献出版社2013年版,第78页。
② [美]埃德加·斯诺:《西行漫记》,董乐山译,东方出版社2010年版,第147页。

又会有什么样的表现？古老的中华民族在1840年似乎一夜之间进入近代社会，但是19世纪40年代的中国之所以只有痛苦的呻吟声，只有一次次刀起头落的惨烈景象，根本原因就在于那时候四万万中国人没有一个能说出上面这一番话。当这个古老民族的鲜血流了80年后，终于在秦始皇巡游过的地方，汉武帝规划过的地方，唐宗宋祖战斗过的地方，大江南北、长城内外以及那许多人类历史中最古老的地方，孕育出了时代伟人。

毛泽东在回忆中提到，从20世纪20年代起，才开始在政治上把工人组织起来，并且在这个过程中"开始受到马克思主义理论和俄国革命历史的影响和指引"①，这就清楚地指出在资本主义社会发展的过程中催生了新的革命——俄国革命。那么，俄国革命又是一种什么样的革命呢？在这段回忆中，毛泽东将马克思主义和俄国革命并列，揭示了马克思主义和俄国革命之间所存在着的一种十分紧密的联系。

马克思主义的主要创始人之一马克思是一名德国人，在成长和受教育的过程中，马克思既认识到资本主义相较于农耕文明在解放生产力方面的绝对优势地位，又在德国辩证法思维的视野中洞见了资本主义的腐朽和必然灭亡的历史宿命。

中国作为一个农耕文明的国家，工业文明远远落后于如德国等西方国家，所以在缺乏这种时代背景和经济基础的情况下，要理解马克思主义并且用这种主义指引着改变落后挨打的面貌是必然要经过一段痛苦的经历的，这一点和俄国的差距比较悬殊。俄国虽然也是农业大国，但是因为其政治和经济中心皆在欧洲资本主义比较发达的地区，工业基础比中国要雄厚得多，这样的工业基础便伴随着一个庞大的工人阶级，而这促使俄国能够迅速在马克思主义的指引下通过阶级斗争的形式夺取政权，并建立起世界上第一个苏维埃政权。

当时的中国处在远离世界资本主义中心地带的远东地区，加之悠久的农耕历史的影响，中国受到资本主义变革的影响就会晚得多，工业发展也会滞后于俄国，因而接受资本主义经济基础上产生的马克思主义理论就会存在明显的延迟现象。

---

① ［美］埃德加·斯诺：《西行漫记》，董乐山译，东方出版社2010年版，第147页。

这段延迟在漫长历史发展过程中用沧海一粟形容已是夸大其词，但对于走进近代世界、融入近代世界的中国来说却可以造成沧海桑田般的巨变。19世纪末20世纪初的中国，在山河破碎的外表之下已经发生了根本性的变革。这个变革中最具有标志性意义的就是马克思主义在资本主义席卷全世界的过程中进入中国，直接推动着中国开始走出低谷、逐渐迈开上升的步伐。人类文明创造的主义何止千千万，为何马克思主义这样一种主义能有如此这般的磅礴伟力？回答这个问题就要回答何为真理。

（三）真理改变了一代人，拯救了一个民族

真理是什么？这个问题很简单，但也极难回答。在今天，新时代青年走在一百年前的年轻人指引的民族复兴的光辉大道上，在马克思主义始终鲜活的真理力量的指引下加速前进。当此之时，探求真理似乎仅仅是学术的使命。走进20世纪20年代的中国，尤其与那一代心里只有国家民族，而完全没有自己的年轻人推心置腹地交流的时候，他们的思想和行动都会无可争辩地告诉当代青年：寻找真理不仅仅是学术的使命，有时候就是有些人的人生终极追求，这就像求学是为什么的问题一样，每个人都会有自己的答案。

青年人求学，大多喜欢谈立志，诸如将来要当军事家、政治家、教育家等。而100年前的青年毛泽东则认为，离开真理来谈立志，只是对前人中有成就者的简单模仿。真正的立志，首先是寻找真理，然后按它去做，若"十年未得真理，即十年无志；终身未得，即终身无志"。

可见，求索真理对于一百年前的"90后""00后"来说就是"路漫漫其修远兮"。当年参与筹备中共一大的李达曾抱着"实业救国"的愿望考取湖南留日官费生，去日本学习理工科。在日本时他和其他留日学生一样有着十分矛盾的心态，一方面感到耻辱，一方面滋长着反日情绪。他们忍耐着学习，希望将来回国后建设自己的国家。可看到国内糟糕的情势，又找不到中国的未来出路，内心痛苦的他们就像漫漫长夜里摸索道路的行人一样，眼前是黑暗的，内心是极度苦闷的。

因为找不到光明的出路而感到苦闷和忧郁是那个年代的知识青年的整体特点，这种迷茫直接推动着他们不知疲倦地探求前进之路。在这个过程中，李大

钊、陈独秀等逐渐接触到马克思主义，在洞察到马克思主义的真理力量之后，他们借助新文化运动的力量，积极传播马克思主义。《新青年》《星期评论》《湘江评论》等一批进步杂志成为在中国传播马克思主义的主阵地，使得马克思主义的影响迅速推向全中国。随着中国工人运动的不断掀起，并且接受和认同马克思主义思想，认同十月革命道路的人越来越多，逐渐在中国形成了一股强大的力量。一大批怀着强烈家国情怀的知识青年，在反复比较与实际行动中确立了马克思主义信仰，不少人在这个过程中将自己"实业救国""改良救国"的志向转变成了"革命救国"。

马克思主义进入中国的历程也是曲折的，这段历程极有必要作详细的说明，因为这个过程能让我们感受到真理的力量，认识到历史的真相。近代中国的先进知识分子在探求国家救亡之道时曾向日本学习。1840 年中国被西方列强的坚船利炮打开了封闭已久的大门，日本也同样挨打。在这次惨痛的教训面前，日本开始向西方学习，并很快见到成效，从 1860 年开始进行明治维新到 1895 年打败比自己体量大得多的中国，日本仅仅花了 30 多年的时间。

中国也是一个学习大国，且是胸襟极宽极广的学习大国，被当了自己1 000 多年"学生"的日本打败，很快就表现出了不耻下问的高尚品质。从朝廷官僚到工商业者，再到普通青年学生，大批为了救国的学习者从广袤的中国大地漂洋过海奔赴日本学习先进思想、技术和经验。日本在近代化的过程中，与西方资本主义国家进行了大规模的交往，西方的资本主义文明也在这个交往的过程中进入日本，日本在历史上又是那么长期地与中国发生着思想、文化、物质的交往，因此自然而然成了一个中西文明融通汇集的地区，其中就有从德国、英国、俄国等国家传过来的人类历史上的崭新学说——马克思主义。

那时候的日本是一个得天独厚的学习之地，这样的条件十分便于在日本学习的中国人快速学到西方文明的成果。果然，历史就是按照这样的逻辑运行的。在日本的中国留学生李大钊、陈独秀等在纷繁复杂、各式各样的主义中发现了马克思主义这一独树一帜且具有强大说服力、解释力、指导力和真理力的主义。了解并在一定程度上掌握了马克思主义的中国学习者在回到自己的祖国之后，迅速将这一真理结合着中国的国情进行传播。首先是李大钊、陈独秀、陈望道等留日学生成了中国最早的一批马克思主义者，紧接着是更加年轻一些的毛泽东、蔡和森、周恩来等。毛泽东当时是一个20多岁的青年，思想十分活跃且怀揣着强烈的救国情怀，他还是湖南学生运动的领导人之一。1920年冬，毛泽东第一次在政治上把工人们组织起来，并在这项工作中开始受马克思主义理论和俄国革命历史影响的指引。①

1920年12月，毛泽东在给蔡和森的信中，明确指出：

> 俄国式的革命，是无可如何的山穷水尽诸路皆走不通了的一个变计，并不是有更好的方法弃而不采。……历史上凡是专制主义者，或帝国主义者，或军国主义者，非等到人家来推倒，决没有自己肯收场的。②

蔡和森给毛泽东回信，主张"明目张胆正式成立一个中国共产党"。1921年1月，毛泽东复信说"唯物史观是吾党哲学的根据"，"你这一封信见地极当，我没有一个字不赞成"。③青年毛泽东给青年蔡和森的回复，态度鲜明地表达了他对马克思主义、共产主义的信仰。在表明这种态度时，毛泽东刚过完27岁的生日，与他共同走在这条追求马克思主义信仰大道上的还有那些暗夜中探寻前路的千千万万青年人。

毛泽东还提到《共产党宣言》等3本书对他的影响。此外，一部分原中国同盟会会员、辛亥革命时期的活动家，如董必武等也加入到信仰马克思主义的队伍中。这支信仰者的队伍一旦形成并逐渐扩大，就彻底抛弃资本主义的救国方案，走上马克思主义所指引的社会主义道路。

在马克思主义快速传播的20世纪20年代，中国的变化更是一日千里。到了1921年，马克思主义之于中国就不仅仅是一种停留在书斋中的学说，而是在与中国工人运动相结合的过程中催生出的政治的甚至是军事上的强大物质力量。1921年7月，中国共产党第一次代表大会在上海开幕，这是一次小规模的会议，参会者有13名中国青年和2名共产国际的代表，共计15人，这是一

---

① [美]埃德加·斯诺：《西行漫记》，董乐山译，东方出版社2010年版，第147页。
② 《毛泽东书信选集》，人民出版社2003年版，第4—5页。
③ 《毛泽东年谱（1893—1949）》修订本上册，中央文献出版社2013年版，第78页。

群平均年龄只有28岁的年轻人的会议。而这次会议在5 000多年的中华民族历史上却有着开天辟地的巨大作用，以后改变整个中国面貌的中国共产党，就是在这次会议上宣布成立的，就是由这样一些年轻人成立起来的。

人类历史在资本主义革命的推进下逐渐进入世界历史时代，20世纪20年代的中国，已经很大程度上被卷进了世界历史、世界市场之中，资本主义有了一定程度的发展，也在曲折之中有了工业文明的积淀。古老中国在缓慢的工业化进程中逐渐产生了新的文化，在世界经济交往的过程中接受到新的思想，国民也在这个过程中接受到新式教育。而此时的毛泽东已经具备了从报纸中认识世界，从书籍中接受马克思主义的视野和自觉。

回顾那段已经载入中华民族甚至是世界历史的20世纪初的几十年，不难感知那群20多岁的年轻人注定会被历史的巨手推到时代的聚光灯下，古老的中华民族由此焕发新生，从此有尊严地屹立于世界民族之林。作为承上启下的一代，历史的接力棒也必定会交到这代"90后""00后"的手中，继续推进中华民族伟大复兴的历史伟业。

100年后，当年他们为之流血牺牲的中华民族已经前所未有走近世界舞台中央，前所未有接近伟大复兴的时候，同样是20多岁的当代青年对他们内心的答案有了更加深刻的理解和认同。面对国家和民族的生死存亡，始终会有大批中国青年满怀对祖国和人民的赤子之心，积极投身中国共产党领导的革命、建设、改革的伟大事业，为人民战斗、为祖国献身、为幸福生活奋进，把最美好的青春献给祖国和人民，谱写一曲又一曲壮丽的青春之歌。

在今天的祖国边疆，来自全国各地的年轻战士们发扬红军精神，听党的话，以热血青春和爱国赤诚守卫千家万户的和平安宁。来自天南海北的一批批官兵，扎进茫茫群山，挺立冰峰雪谷，用热血和青春筑起巍峨界碑：

　　　　我站立的地方是中国
　　　　我用生命捍卫守候
　　　　哪怕风似刀来山如铁
　　　　祖国山河一寸不能丢

革命战争年代，党的战士为信仰而流血牺牲。和平年代的今天，牺牲仍然还在，年轻人的鲜血仍旧在浸染着鲜艳的五星红旗。

100年前后的两代青年，前者面对苦难深重的中华民族而矢志不渝地拯救黎民，后者接过历史的接力棒，担当起民族复兴的艰巨使命，毅然前行！

> 同人民一起奋斗，青春才能亮丽；
> 同人民一起前进，青春才能昂扬；
> 同人民一起梦想，青春才能无悔。①

2020年抗疫期间，一句青春的嘱托曾经感动中国："2003年非典的时候你们保护了我们，今天轮到我们来保护你们了。"在这场生死攸关的斗争中，无数"90后""00后"逆行出征、冲锋陷阵，用年轻的肩膀扛起时代的责任，他们用行动证明了新时代的中国青年是好样的，是堪当大任的。

他们火线入党，用一往无前的英勇无畏昭示着信仰的力量！

二、风雨中启航："南湖红船"载着民族的希望出发

不忘初心，方得始终。历史愈是进入到纵深处，中国共产党成立的历史意义和世界意义愈是更加凸显。1921年7月23日至31日，仅仅一周的时间，从上海法租界望志路106号的石库房到浙江嘉兴南湖的一艘小船，中国"改换了方向"。习近平总书记在庆祝中国共产党成立100周年大会上的讲话中首次提出了中国共产党的伟大建党精神，即坚持真理、坚守理想，践行初心、担当使命，不怕牺牲、英勇斗争，对党忠诚、不负人民。这32个字回答了"中国共产党为什么出发，在什么的指引下前进，依靠什么力量从胜利走向更大胜利"。

---

① 《习近平关于青少年和共青团工作论述摘编》，人民出版社2017年版，第17页。

（一）风雨飘摇中的启航

1921年7月，中国共产党第一次全国代表大会在上海法租界望志路106号（今兴业路76号）开幕，因斗争形势严峻，最后一天的会议转移到浙江嘉兴南湖的游船上举行。上海的一大会址，嘉兴的南湖红船，是中国共产党的"产床"，是党梦想启航的地方。年轻的中国共产党，就像那艘小小的游船一样，雨打浮萍般在多灾多难的20世纪20年代乘风启航。

"没有共产党就没有新中国。"历史的结论被几代人传唱了几十载，建党百年，经过几代中国共产党人前赴后继的奋斗与牺牲的漫长积累，今日之中国已沧桑巨变。在当代青年可以平视这个世界的时候，回顾这百年来的艰辛历程，我们仍然要继续追问："历史为什么选择了中国共产党？"回答这个问题，需要走进历史的深处，用唯物辩证的眼光洞察历史的因果。20世纪初的中国社会流传着一张时局图，图中的列强被刻画为一个又一个的"禽兽"，其中有寓意着俄国的熊、英国的犬、法国的蛤蟆、美国的鹰、日本的毒蛇，时局图两侧写着一副对联："不言而喻，一目了然。"当时中国的处境就是这两句话所形象描述的那样：人为刀俎，我为鱼肉。

其实，从鸦片战争开始，甚至更早的时期，中国就已经像案板上的鱼肉一样任人宰割了。这是近代中国100多年最真实的图景，要军力没军力，要经济没经济，要科技没科技，要地位没地位，腐败的晚清政府已经卑微到"量中华之物力，结与国之欢心"的尘埃里。面对这样的"三千年未有之大变局"，面对前所未有的大浪淘沙，有的人卑躬屈膝，甘做亡国奴，有的人充耳不闻，唱着后庭遗曲。但堂堂中华始终有一批民族的脊梁在苦心探索着中华民族的命运。

那时候的中国人一次次地试探却一次次地失败。林则徐、魏源失败了；洪秀全的太平天国如黄粱一梦；晚清重臣曾国藩、李鸿章等耗尽心血掀起的洋务运动彻底湮灭在北洋水师全军覆没的悲哀之中；康有为、梁启超试图将中国变成如君主立宪国家的规划走向失败；孙中山先生穷毕生之力领导的辛亥革命，最终还是被袁世凯窃取了胜利果实。

近代中国，可谓城头变幻大王旗，你方唱罢我登场。国家蒙辱、人民蒙难、文明蒙尘，中华民族遭受了前所未有的劫难。为了拯救民族危亡，无数仁人志士进行了不懈探索，纷纷开出救国救民之药方。可面对病入膏肓的中国社会，无论是太平天国运动、戊戌变法、义和团运动、辛亥革命的"接踵而至"，还是自由主义、无政府主义、实用主义等各种各样的主义和思想的"粉墨登场"，抑或是君主立宪制、议会制、多党制、总统制等各种制度的"轮番亮相"，都没能完成中华民族救亡图存和反帝反封建的历史任务，都以失败而告终。

这段试探、试探再试探，失败、失败还是失败的路子走了近百年，越到后来摸着石头过河的探路者逐渐获得了一种共识：要救中国，必须知道中国到底怎么了？找不到病根，什么药都无济于事。可要找到病根谈何容易，没有足够开阔的眼界、足够深邃的观察能力以及足够强大的分析工具都是不可能的。为了找到这样的工具，中国人开启了思想方法的探索。于是，有的人开始把目光从列强的坚船利炮投向西方的主义、思想、学说、制度甚至生活习惯；有的人认为是中国的文明出了问题，于是就有了文明优劣论一说，他们质疑中国孔孟之道的合理性，夸大儒释道思想的落后性，强调中国要全盘西化，鼓励四万万华夏儿女不要怕变成别人。比如，新文化运动的先驱胡适就说过："我们必须承认我们自己百事不如人。不但物质机械上不如人，不但政治制度不如人，并且道德不如人，知识不如人，文学不如人，音乐不如人，艺术不如人，身体不如人。"胡适的声音在那个年代竟然成了不少人的共识。

这一系列的"不如人"就是他们为中国找到的病根，找到病根就要开始"对症下药"，于是新文化运动在华夏大地兴起，这场运动的领袖们创办杂志报纸宣传西方思想，高擎着"民主""科学"的旗帜改造中国，旨在能够从思想上彻底清除统治了中国2000多年的封建文化的遗迹，转而打上西方资产阶级文化的烙印。

可这场运动终究是"时运不济"。第一次世界大战期间，西方列强赤裸裸的野蛮行径将西方资本主义侵略文明的贪婪与虚伪展露无遗，这直接给将"民主""科学"当作灵丹妙药的新文化斗士们一种强烈的被欺骗感。第一次世界大战结束，中国作为战胜国一方得到了一个极其荒谬的结果——"德国在山东的特权转让给日本"，巴黎和会的消息犹如一颗炸弹彻底激怒了四万万中国人民那颗被压抑已久、激情火热的心。于是，对中国近代史甚至是对中华民族史、世界历史的发展进程产生深远影响的五四运动爆发了。

随着历史越发走向纵深处，五四运动的历史地位愈发清晰，也愈加重要。对中国来说，五四运动直接助推中国知识分子，尤其是年轻的知识分子开始寻找真正能拯救中国、改造中国的可能。这种可能就是马克思主义，进而是中国共产党的诞生，红船的启航。

2019年，在纪念五四运动100周年大会上，习近平总书记指出，五四运动为中国共产党的成立做了思想上和干部上的准备。时势造就英雄。五四时期的时势尤其呼唤英雄，呼唤与马克思主义相识、相知进而相爱、相守的先进知识分子，呼唤立志救亡图存、开出新药方的共产主义先进分子，呼唤那些中国共产党最初的缔造者。

于是，在1921年的时局维艰、危机四伏中，中国共产党在嘉兴南湖的红船扬帆启航。

（二）掌握了真理并且发现了人民的力量

认识到人民的力量，并且信仰这种力量是百年前的年轻人在接受马克思主义思想武装的重要成果之一。走进百年前的毛泽东、蔡和森、周恩来、彭湃、邓恩铭、王若飞等一大批青年的思想认识之中，我们能够清楚地发现，他们之所以能成为职业革命家，成为拯救民族于危难中的领导人物，就在于他们在读书求知求学的过程中确立了马克思主义在思想上的指导地位，就在于他们在长期的探索实践中发现了普罗大众的力量。一则理论，一则实践，两者如鸟之两翼、车之双轮，共同促进这批年轻人获得改造中国和世界的自信、力量和方法。

20世纪20年代的这批年轻人虽只有二十几岁，但已经有长期的读书求学经历和丰富的社会实践经验，而正是这两种要素的有机融合，塑造了一批既掌握马克思主义的方法论又对人民的力量有着深刻认识的政党的理性自觉行为。

回顾中国共产党整整100年的峥嵘历程，就正像毛泽东所形象比喻的那样："我们共产党人好比种子，人民好比土地。我们到了一个地方，就要同那里的人民结合起来，在人民中间生根、开花。"[①] 发现人民的力量对共产党人来

[①]《毛泽东选集》第四卷，人民出版社1991年版，第1162页。

说就像爱因斯坦发现了原子的力量一般，中国共产党人在马克思主义的指引下，不断组织、凝聚起这蕴藏于民众之中的伟力。而这也正是中国共产党即便在十分弱小的时期，也无惧任何强大敌对势力的绞杀，并且能在人民群众的肥沃土壤中生根发芽、枝繁叶茂，最后成长壮大为"为中国人民谋幸福、为中华民族谋复兴"的主心骨和顶梁柱的根本原因。

今天，有的青年似乎无法客观地认识到人民的力量，甚至觉得这种力量很抽象。但也正是这种时候，恰恰需要回到历史，尤其是回到中国共产党百年党史之中去解疑释惑。比如，解放战争全面爆发之际，国民党军的总兵力为430万人，其中正规军248个旅；解放军的总兵力只有127万人，其中野战军只有120万人。国民党统治区有3亿人民，解放区只有1亿人民。从表面看，国民党在各个方面都占有绝对领先的优势。可当用马克思主义的分析工具透视那个时代，就会发现中国共产党有一个巨大的优势，那就是自1921年成立到1946年解放战争爆发，不管在多么艰苦卓绝的条件下，都没有忘记要紧紧依靠人民，团结一切可以团结的力量。

100年后的今天，中国共产党已经拥有近1亿名党员，深深地扎根于14亿多人民之中。党的十八大以来，中国共产党再一次发挥了强大的组织优势，团结带领全国各族人民打响了脱贫攻坚战，300多万年轻党员多了一个响亮的名字——驻村干部。

他们中有黄文秀那样的杰出代表，在党组织的帮助下走出贫困山区，到大城市接受高等教育，毕业后毅然决然放弃在大城市工作的机会，再次回到贫困山区，一心一意帮助贫困村摆脱贫困。他们始终牢记为人民谋幸福、为民族谋复兴的初心使命，积极投身这场大战之中，在无数革命先辈们挥洒青春热血的地方一如既往地与广大老百姓一起并肩战斗，把青春的热血洒在了这片挚爱的土地上。

新时代青年的奋斗、付出、流汗、流血、牺牲，稳稳地扛起了百年后青年一代的历史责任。他们团结一心且毫无保留的奉献，既解决了困扰中华民族千百年的贫困问题，又锤炼了自身，为百年恰是风华正茂的中国共产党储备了一支年轻而有着极强战斗力的干部队伍，为推进中华民族实现伟大复兴的宏伟目标奠定了基础，提供了坚实的保障。

三、到中流击水：为了崇高信仰而冲锋不止

自产生政党以来，世界上没有一个政党能像中国共产党那样，仅仅用100年的时间，党员数量就从最初的50多名发展到9 500多万。这100年间，几代中国共产党人为实现国家富强、民族振兴、人民幸福而流血牺牲者数以百万计，而前赴后继、艰苦奋斗者数以亿计。从倾心向往这个伟大的政党，到成为一名正式的中国共产党党员，要经过党组织的考察和培养，自身要不断学习党的理论、路线、方针、政策，将"不忘初心、牢记使命"作为永恒课题和终身课题。

入党之路、成为合格党员之路、终身做共产主义战士之路都要一以贯之坚定对马克思主义的信仰、对中国特色社会主义的信念、对实现中华民族伟大复兴中国梦的信心。

（一）"读经典"与"找信仰"

百年前的青年尤其是选择了马克思主义作为自己信仰的那一批青年知识分子，他们找到自己人生灯塔的经历对肩负中华民族不断继往开来使命的当代年轻人来说永远是一座取之不尽的富矿，探求他们思想认识的成长之路和心路历程的每一个转变，都能不断地启发每一代青年，读书对于确立信仰的重要作用。

比如毛泽东，通过大量的阅读和比较找到了自己终其一生为之不懈奋斗的"改造中国和世界"的伟大目标，阅读成为他为实现这个宏伟目标中最重要也是最有力的工具。习近平总书记在主持文艺工作座谈会时列出的自己年轻时尤其是在陕北当知青时读过的书单，其长度足可以印证他也正是在自己阅读万卷书与在陕北七年多的知青岁月中不断实践，不断思考，与人民群众产生了深厚的鱼水之情之后才找到了自己的信仰，坚定了一辈子全心全意为人民服务的理想信念的。由此我们可以得出这样一个结论，那就是大量阅读人类文明主干道上的经典著作，深学细研马克思主义的经典书籍，是帮助青少年找到信仰，进

而确立信仰的有效路径之一。阅读马克思主义的经典著作可以帮助青少年群体更好地明白马克思主义的科学逻辑，从而在更深层次的理性上确立对马克思主义的信仰。

思想和智慧必须通过阅读之后方可获得。拿破仑有一句名言："世界上只有两种力量，一种是剑，一种是思想。需要补充的是，剑从来都是由思想来指挥的。"因此，只有在正确思想指导下的实践，才能科学有效地改造世界。这一点正如毛泽东所言：只有先改造主观世界，才能改造客观世界。

只有把书读活的人，才能真正发挥读书在改造主观世界后改造客观世界的最大功用。对于把书读活，在20世纪的中国，毛泽东可为典范。他从中国传统读书人中走来，又都走出了传统，开创了一片为学、创业、立功的新天地。毛泽东用所读之书获得的力量改变了中国和世界。

埃德加·斯诺在《西行漫记》中也谈到了彭德怀确立马克思主义信仰的过程，其中阅读经典著作的促进作用是一个有力的论证。

> 到1926年彭德怀已读了《共产党宣言》《资本论》简介、《新社会》、考茨基的《阶级斗争》以及许多对中国革命作了唯物主义解释的文章的小册子。彭德怀说，"以前我只是对社会不满，看不到有什么进行根本改革的希望。在读了《共产党宣言》以后，我不再悲观，开始怀着社会是可以改造的新信念而工作"。①

研究显示，在1921年建党初期的全国50多名党员中，有18位是留学生，有15位有北大求学经历。这样一批社会精英，如果仅仅为个人打算，那是无论如何也没必要走上革命道路的。

但是这群高级知识分子正因为在读书求学和社会实践中深刻认识到中国问题的根源、社会问题的根源，并且在求知进步的过程中逐渐培养了家国情怀、人类情怀，才激发出了他们对实现更高层次人生价值的追求，同时找到了马克思主义。正是在品读书本与社会的过程中，这样一批有志青年实现了价值观、

---

① ［美］埃德加·斯诺：《西行漫记》，董乐山译，东方出版社2010年版，第277页。

人生观、世界观的塑造和升华，获得了带领全国各族人民走向民族复兴的"船和桥"。

中国最早接触马克思主义，建立中国共产党的那一批年轻人在探求真理的过程中找到了马克思主义信仰。在中国共产党成立之后不断被吸收入党的先进分子中，除了在传播马克思主义的经典书籍中找到思想的出路外，还有一大批青年人是因为受到走在时代前列的共产党人的影响和教育，以及中国共产党在改造中国社会中的一系列实际行动的影响而选择加入了中国共产党，并认识到马克思主义的真理魅力，通过革命实践的锻炼而成长为合格的、优秀的、卓越的共产党人，坚定的马克思主义信仰者，为共产主义而奋斗终生的战士。

党的十八大以来，加强对大中小学生进行思想政治教育成为一项重要任务，青年马克思主义者培养工程在高校、企业、农村、社会组织等不同领域大力开展。高校在培养学生科学的世界观、价值观、人生观方面也打出组合拳，取得突出成效。越来越多的青少年把马克思主义的经典著作作为自己成长的指南，并以马克思主义的强大逻辑和人民立场辨析社会思潮中出现的一些错误思想，增强了对党的认同和对祖国的热爱，坚定了对中国特色社会主义的道路自信、理论自信、制度自信、文化自信。

（二）信仰是生生不息的传承

自从马克思主义的种子播撒在中国的土地上，一代代致力于中华民族伟大复兴的奋斗者就坚定了对马克思主义科学理论的信仰，并将为实现共产主义远大理想而奋斗不息的精神代代相传。

1921年中共一大召开，中国迎来了开天辟地的大事变，共产党人前赴后继、牺牲奋斗的光辉事迹不胜枚举。1927年，大革命失败，中国共产党遭到了第一次空前严峻的考验，举国上下笼罩在白色恐怖之中，中国共产党人成为反动派的眼中钉、肉中刺。同年4月，中国最早传播马克思主义的先驱、党的创始人之一李大钊被北洋军阀残忍杀害。

作为20世纪初在中国播撒马克思主义火种的先驱者，李大钊率先在中国介绍十月革命的成功经验，坚决顶住北洋军阀统治之下的压力，以开拓者的无畏姿态，付出极其艰辛的努力，影响着大批先进青年接受马克思主义而走上革命的道路，推动马克思主义与中国工人的密切结合，促进中国工人阶级发展成为用马克思主义的先进科学理论武装起来的自为阶级，为成立中国共产党立下汗马功劳，为中国新民主主义革命的胜利打下坚实基础。

1927年7月，另一位共产党的杰出领导人赵世炎在上海被杀害。赵世炎在北京读中学时深受李大钊思想的影响，开始接受并信仰马克思主义。后赴法勤工俭学，1922年在法国筹备建立旅欧中国少年共产党，并被推选为书记。1924年回国后，赵世炎与周恩来等一起领导中国工人运动，在白色恐怖中坚持斗争。因叛徒出卖而被捕的赵世炎在敌人的种种酷刑面前，始终表现出共产党人的坚贞气节。

陈延年是中国共产党早期主要领导人陈独秀的长子。1927年6月，身为中共江苏省委书记的陈延年被捕。在狱中他的身份暴露后，敌人一开始许以各种好处，妄图收买他，但却一无所获，于是转而施以重刑。陈延年被打得几次昏死过去，仍坚贞不屈。敌人无计可施，决定将其秘密处决。7月4日，反动军警将他押赴刑场。面对敌人的屠刀，他昂首挺胸，视死如归。敌人喝令他跪下，他毫不畏惧，高声回应：革命者光明磊落、视死如归，只有站着死，绝不跪下。敌人最后将他活活砍死，牺牲时年仅29岁。

恽代英是党的早期领导人，曾担任黄埔军校政治教官，参加过南昌起义和广州起义，1930年在上海被捕，蒋介石得知他被捕的消息急令军法司司长王震南到狱中劝降，遭到恽代英严厉斥责。1931年4月，惨遭杀害。

思政课上专心致志听讲的青年大学生（来源：《高质量构建高校思想政治工作体系》，人民日报评论平台，2021年12月3日，https://view.inews.qq.com/a/20211203A0809D00）

从 1921 年建党到 1949 年中华人民共和国成立，党的队伍始终在不断壮大，加入中国共产党的先进分子越来越多。他们中有蜚声中外的科学家、艺术家、文学家，有白发苍苍的老者，有工人、农民、士兵、知识分子，等等。

　　2021 年，百年恰是风华正茂的中国共产党已经拥有党员 9 500 多万名，新时代的年轻人越来越多地加入到中国共产党的队伍中，面对鲜红的党旗庄严宣誓为共产主义事业奋斗终生。

　　不管是百年前从一个个共产主义小组中加入中国共产党的年轻人，还是白色恐怖下仍然坚定地选择马克思主义信仰的战士，抑或在抗美援朝的火线上、改革开放的大潮中、脱贫攻坚的第一线、知识殿堂的校园里，加入中国共产党队伍的积极分子，都有着各自精彩的入党故事。

　　在中国现代地理学、气象学领域具有开创性影响的科学家竺可桢，在看到中国共产党领导新中国国民经济和科技事业迅速恢复并取得较大发展后，经过认真思考，毅然决然选择加入中国共产党。他在入党申请书中写道："要把自己的一切力量贡献给祖国的社会主义事业。"加入中国共产党时，竺可桢担任着中国科学院副院长，在接收他为中共预备党员的支部大会上，时任中国科学院院长的郭沫若特地将事先填好的一首词《西江月》赠与竺可桢。

　　　　雪里送来炭火，
　　　　炭红浑似熔钢，
　　　　老当益壮高山仰，
　　　　独立更生榜样。
　　　　四海东风骀荡，
　　　　红旗三面辉煌，
　　　　后来自古要居上，
　　　　能不奋发图强？

　　朱德不远万里赴欧洲寻找党组织，贺龙在南昌起义的枪声中入党，还有在抗美援朝、抗击疫情一线的火线入党，等等，他们选择马克思主义信仰，选择加入中国共产党的事迹激励了无数热爱祖国和人民的中华儿女，感召着他们不断向着马克思主义的真理、向着党的组织靠拢。

黄继光、邱少云、雷锋、焦裕禄、杨善洲、孔繁森、任长霞、黄文秀、杜富国……一代代共产党人为了信仰而流血牺牲的故事激励着一代代的后来者，这不禁让人感慨：信仰的力量何其伟大！"信仰是火，点燃希望的灯；信仰是灯，照亮前行的路。"对于那些始终不懈追求真理的先驱们来说，被马克思主义的真理照亮的一生才称得上有意义的一生；向着马克思主义真理所指引的方向前进，是实现人生价值的唯一之路。马克思主义信仰的力量支撑着他们在为党、为国家、为人民冲锋陷阵、流血牺牲、艰苦奋斗的道路上始终保持着冲锋的姿态，书写最为壮美的人生画卷。

（三）人民领袖的榜样引领

中国共产党在长期的革命、建设、改革实践中，创造了天翻地覆的历史奇迹，形成了延绵不绝的优良传统，造就了一代又一代信仰马克思主义、愿为共产主义事业而奋斗终生的年轻人。

习近平青年时期的成长离不开党的培养，离不开人民群众的帮助，也离不开他读过的书籍。1969年，年仅15岁的习近平作为知青来到陕北农村。当火车从北京出发时，他的姐姐来送他，姐弟俩百感交集，离别的心情可想而知，姐姐把一包水果交给他，嘱咐他一路小心，自己照顾好自己。年轻的习近平点头答应着，长时间地凝视着姐姐。到了陕北后，陕北的老乡对他没有任何偏见，公社的书记一次次找他促膝谈心，态度热情和蔼，鼓励他解放思想、放手工作。

习近平在延安的七年知青岁月，就是在父辈们长期战斗过的黄土地上劳动生活。这七年中，他无数次到宝塔山、延河边流连沉思，瞻仰当年革命先辈办公和居住的窑洞等革命旧址，聆听当年参加革命的老红军、老八路讲述父辈们的青春往事，这样的点点滴滴，这样的所见所闻使他对父辈们创业的艰难有了实际的了解，对自力更生艰苦奋斗的延安精神有了直观的理解，对从小接受的共产主义人生观、世界观和革命理想教育增强了感性认识，对延安这片养育了中国革命的黄土地产生了特殊感情。这种精神上的滋养，心灵上的洗礼，思想上的升华，不仅奠定了他接受插队生活艰苦磨炼的思想基础，更坚定了他信仰和追随中国共产党的信念,他先后写了八份入团申请书、十份入党申请书。执着的追求、艰苦的磨炼、群众的信服,终于使他入党的愿望得到批准,而且还担任了大队党支部书记,他后来说:

> 15 岁来到黄土地,我感到迷茫彷徨,22 岁离开黄土地时,已经有了坚定的人生目标,充满自信,作为人民公仆,陕北高原是我的根,因为这里培养出了我不变的信念,要为人民做实事,无论我走到哪里,永远都是黄土地的儿子。
>
> ……
>
> 我不到 16 岁就从北京来到了中国陕北的一个小村子当农民,在那里度过了七年青春时光……年轻的我,在当年陕北贫瘠的黄土地上,不断思考着"生存还是毁灭"的问题,最后我立下为祖国、为人民奉献自己的信念。①

习近平在知青岁月中刻苦读书的经历对新时代广大青年群体产生了强烈的震撼效果和榜样作用。陕北七年,他不废分秒,读了古今中外大量经典,其中包括中国古今名著、俄罗斯文学、法国文学、英国文学、美国文学,以及其他许许多多的世界文明的优秀成果。在这些人类文明的精华中,习近平开阔了视野,提高了站位,也正是这些古今中外的思想精华让他拥有了海纳百川的胸怀和远大抱负。数年如一日,他始终保持着刻苦学习的良好习惯,肯读书善学习也让他找到了力量,认识到学习对一个人成长的作用以及对一个国家、一个政党的作用。

《习近平的七年知青岁月》出版以来,在全社会尤其是青年群体中产生了巨大的反响,一大批青年人因此找到了人生的方向,彻底摆脱了青春的迷茫和彷徨,收获了奋进的无穷力量。当代青年要更好传承中国共产党的优良传统,就需要在这样的书籍中找到人生价值的答案,在榜样作用的引领下坚定不移做共产主义事业的建设者和接班人。

---

① 人民日报评论部:《习近平讲故事》,人民出版社、中国盲文出版社 2017 年版,第 324 页。

四、理想高于天：革命精神代代传

100年前那群20多岁的年轻人怀揣着为"为中国人民谋幸福，为中华民族谋复兴"的初心使命在上海的租界、在法国的工厂、在长沙的橘子洲头、在武汉的东湖边上建立起党的组织，也铸就了中国共产党的精神之源——伟大建党精神。80多年前，也是一群20多岁的年轻人，在飞机大炮围追堵截的生死考验中饿着肚子、穿着单衣、踩着草鞋行程25 000里，胜利完成了一场史无前例的战略大转移，铸就了伟大长征精神。60多年前，又是一群20多岁的年轻人，在冰天雪地的北大荒以北，在凛冽的寒风中用冻僵的双手把中国贫油国的帽子彻底扔到太平洋，铸就了改天换地的大庆精神、铁人精神。20多年前，"天河泄漏"，大雨下得昏天黑地，百姓家园被毁，都说"兵来将挡，水来土掩"，但那一次的大洪水"土也吃不完"，却被一群20多岁的年轻人，用自己的血肉之躯挡住了，铸就了伟大的抗洪精神。一年前，新冠肺炎疫情肆虐全球，还是一群20多岁的年轻人，白衣执甲，逆行出征，让"'90后'是垮掉的一代"的伪命题不攻自破，他们是铸就伟大抗疫精神的重要参与者。

青年的面貌，决定未来中国的样子。中华民族伟大复兴何以成为历史的必然？密码就是：我们的革命理想高于天，革命精神代代传。

（一）理想信念带给灵魂深刻的快乐

风雨侵衣骨更硬，革命理想高于天。理解100年前那群选择了马克思主义信仰的年轻人，我们需要对那个风雨如晦的时代有深刻的洞察。理解80多年前那群顶着饥饿严寒、冒着枪林弹雨、靠着一双脚板走完25 000里长征的年轻人，我们同样需要对信仰和理想有更加深刻的体会。

80年前的那群青年有个世界为之敬仰的名字——红军。谈起红军，每个人脑海中都会出现很多画面：坚毅的眼神，茫茫的雪山草地和老瘦的马，暗夜之中带着的革命浪漫主义，但这些似乎给后代人传递不了这场远征的极端残酷。

长征途中的红军战士（来源：《三大主力红军胜利会师》，人民网，2016年9月9日，http://dangshi.people.com.cn/n1/2016/0909/c406330-28705133.html?utm_source=ufqinews）

走进红军战士的灵魂深处，体会革命理想塑造之下的灵魂，我们也许会发现，红军是快乐的，他们在精神上是那样的富足，革命理想给他们带来深刻的幸福和高尚的快乐，也给了他们战胜一切艰难困苦的内在力量。这一点，埃德加·斯诺也深以为然："我对美、英、法、日、意、德的军队都比较熟悉，但是我相信只有最优秀的军队才能吃得消红军战士这样紧张艰苦的日常条件"，"红军指挥员们都是忠诚的马克思主义者……他们是社会主义的自觉战士，他们知道自己要的是什么，相信自己是一个世界性运动的一部分"。①

红军战士的灵魂是革命英雄主义和革命浪漫主义相交相融的产物，他们体会到的精神愉悦超脱了一切物质，是那么纯粹、那么美好、那么令人向往。"雄关漫道真如铁，而今迈步从头越"，"不到长城非好汉，屈指行程二万"，"谁敢横刀立马，唯我彭大将军"，"红军不怕远征难，万水千山只等闲"……可以毫不夸张地说，这些震古烁今的诗词名句都是长征的精神成果，雄辩地证明着高于天的革命理想给予红军战士的永远是革命理想支撑下的深刻的快乐。

在红军的各支队伍里，几乎中国各省的人都有。在这个意义上，红军或许是中国惟一的真正全国性军队了。它也是征途最辽阔的军队！老兵们走过18个省份。他们也许比其他任何军队更加熟悉中国的地理。②

---

① ［美］埃德加·斯诺：《西行漫记》，董乐山译，东方出版社2010年版，第287页。
② 同上书，第265页。

共产党人的精神品格,既有李大钊的"试看将来的环球,必是赤旗的世界",夏明翰的"砍头不要紧,只要主义真",方志敏的"敌人只能砍下我们的头颅,绝不能动摇我们的信仰"这样的铮铮铁骨、豪迈誓言的革命英雄主义精神,也有长征途中的《草地之夜》,篝火旁边红军将士用法语演唱的《马赛曲》,用德语朗诵的《共产党宣言》和跳起风风火火俄罗斯舞蹈的《水兵舞》。这如诗如画的革命浪漫主义精神,是中国共产党人克服一切困难、战胜一切敌人的重要力量。

> 我幸亏接受了他的劝告。我要是没有接受他的劝告,我在离开保安时仍旧不明白红军不可战胜的声誉从何而来,仍旧不相信正规红军的年轻、精神、训练、纪律、出色的装备、特别是高度的政治觉悟,仍旧不了解红军是中国唯一的一支从政治上来说是铁打的军队。①

共产党人既讲"物质的力量只能靠物质力量来摧毁",也强调"理论一经掌握群众,也会变成物质力量",这句话也可以理解为群众一旦被理想精神所武装,同样会焕发出强大的能量。而这种精神不但是时代的武器,更具有历史的穿透力。

在中华民族走向伟大复兴的历史进程中,今天的中国早已物阜民丰,物质力量前所未有的强大。但是这个民族已经行进到"人到半山路更陡、船到中流浪更急"的时候,14亿中国人民,尤其是青年一代只有在中国共产党的领导下,从百年党史中汲取精神伟力,继承革命先辈的遗志,才能不辜负流血牺牲的革命先烈,不辜负14亿人民的期盼。

(二)马克思主义的党与马克思主义的"新青年"

革命人永远是年轻。100年前建立中国共产党的年轻人是那个风雨如晦年代的新青年,100年来,一代代跟着中国共产党的青年也都是各自时代的新青

---

① [美]埃德加·斯诺:《西行漫记》,董乐山译,东方出版社2010年版,第262页。

年。中国共产党的最高理想是实现共产主义，紧密团结在党的周围的每一代青年都有着共同的使命——为共产主义事业而奋斗。因此，每一代紧跟着党的新青年都是马克思主义的坚定信仰者和忠实实践者，都是青年马克思主义者。

> 我们是未来的党，而未来是属于青年的。我们是革新者的党，而青年总是更乐于跟着革新者走的。①

在人类历史上轰轰烈烈的共产主义运动进程中，注重培养青年人对马克思主义的信仰至关重要。列宁作为国际共产主义运动中最杰出的领导人之一，在青年时期就逐步地把自己锻造成为青年马克思主义者。十月革命胜利后，列宁更加注重培养青年马克思主义者。

> 必须更广泛和更大胆地、更大胆和更广泛地、再更广泛和再大胆地把青年组织起来。②

"中国共产党成立后，在一百年的时间里，历经磨难而生生不息，将党和人民的事业不断推向前进，其关键原因在于培养了一代又一代具有马克思主义素养的建设者和接班人。这既体现了一个成熟的马克思主义政党的历史和未来视野，也体现了一个成熟的马克思主义政党吸引和凝聚青年的战略眼光与政治策略。"③对青年工作始终高度重视是中国共产党的一大优势，也是光荣传统。

毛泽东强调组织和动员青年必须以共产主义的伟大理想来影响他们，用最先进的思想去武装他们。

> 青年团要紧密配合党的中心工作，但在配合党的中心工作的过程中，也要有自己的独立工作，要照顾青年的特点。党和团的各级领导机关，都要学会领导团的工作，善于围绕党的中心任务，照顾青年的

---

① 《列宁全集》第 14 卷，人民出版社 2017 年版，第 161 页。
② 《列宁全集》第 9 卷，人民出版社 2017 年版，第 228 页。
③ 倪邦文：《新时代青年马克思主义者培养论纲》，中国青年出版社 2020 年版，第 44—45 页。

特点，组织和教育广大青年群众。①

邓小平十分关心青年发展状况与成长环境，重视培养和教育青年的工作，特别是在改革开放新时期，他高瞻远瞩地提出了一系列有关青年工作和青年教育的思想观点，发展了马克思主义青年观。

成功不成功，就看我们能不能够发现一批年轻人。②

要选好人，人选好，帮助培养，让更多的年轻人成长起来。③

江泽民在新世纪生产方式和科技发展出现大变革的时期，就如何使青年一代树立起共产主义信仰，造就一批又一批青年马克思主义者，确保社会主义中国在激烈的国际竞争中立于不败之地提出了许多思想方法和工作方法。

青年兴则国家兴，
青年强则国家强，
青年有希望，
*未来的发展就有希望。*④

胡锦涛把青年工作放到事关国家和民族前途命运的战略高度，高度重视对青年开展马克思主义教育和思想政治工作。

要在深入学习中国特色社会主义理论体系上狠下功夫，努力用马克思主义中国化最新成果武装头脑，牢固树立科学的世界观、人生

---

① 《毛泽东文集》第六卷，人民出版社1999年版，第276页。
② 《邓小平文选》第三卷，人民出版社1993年版，第92页。
③ 同上书，第381页。
④ 《毛泽东 邓小平 江泽民论青少年和青少年工作》，中央文献出版社、中国青年出版社2000年版，第324页。

观、价值观，牢牢把握人生的正确航向。①

党的十八大以来，以习近平同志为核心的党中央高度重视青年工作，深切关怀青年马克思主义者的培养，推动新时代青年工作取得了卓越成效。

> 青年工作，抓住的是当下，传承的是根脉，面向的是未来，攸关党和国家前途命运。②

马克思主义永不过时，新青年永远跟党走，革命人永远是年轻。中国共产党致力于中华民族千秋伟业，百年恰是风华正茂。在建党百年的庆祝大会上，天安门广场"请党放心，强国有我"的青春誓言响彻神州大地，这是紧跟党走的青年人的青春共鸣。新的百年征程已经开启，新的青年青春正好，建功立业正当其时。

百年来，几代青年人集聚在马克思主义的旗帜之下，在中国共产党的团结带领下，创造了新民主主义革命的伟大成就，创造了社会主义革命和建设的伟大成就，创造了改革开放和社会主义现代化建设的伟大成就，创造了新时代中国特色社会主义的伟大成就。

未来已来，中华民族的伟大复兴、14亿人民的美好生活、人类命运共同体的推动构建，前所未有地需要更加广泛的青年一代树立马克思主义坚定信仰，齐聚在党的旗帜之下，以大团结的力量胜利前进。

---

① 胡锦涛：《在北京大学师生代表座谈会上的讲话》，人民出版社2008年版，第5页。
② 《代表广大青年赢得广大青年依靠广大青年 让广大青年敢于有梦勇于追梦勤于圆梦》，《人民日报》，2018年7月3日，第1版。

【问心】我为什么加入中国共产党

当年,一笔一画写下入党申请书的你,党旗前举起手臂郑重宣誓的你,心中是怎样想的?为什么入党?对每一个共产党员来说,这是终其一生的灵魂叩问和内心自省。

为什么加入中国共产党?在回答这个问题之前,我们首先要知道中国共产党是什么?从哪里来?又将走向何方?

中国共产党成立至今,已经走过了100年的光辉历程。100年前的7月,中国共产党第一次全国代表大会在上海开幕。大会通过了中国共产党第一个纲领,只有短短15条900字,虽然不是正式的党章,但包含了党章的内容,规定了党的名称、性质、任务、纲领、组织和纪律,实际上起到了党章的作用。纲领第一条开宗明义写道:本党定名为"中国共产党"。中国共产党之所以叫共产党,就是因为从成立之日起我们党就把共产主义确立为远大理想。

理想信念之火一经点燃,就永远不会熄灭。中国共产党自成立以来,一路披荆斩棘,由一个最初只有50多人的政党,发展成为拥有9500多万名党员的世界第一大党,带领中国人民一步步取得民族独立、人民解放,消除贫困、实现全面小康,现在正昂首阔步向着中华民族伟大复兴的中国梦进发。

回望这段波澜壮阔的历史,许多人会问:中国近代史各方都有登台亮相的机会,北洋军阀、国民政府,为何偏偏是一个最初只有50多人的共产党走到了舞台中央?干革命是有风险的,是会掉脑袋的,但那些早期的代表许多都衣食无忧,是什么让他们能够抛弃优渥的家庭生活条件而义无反顾地加入革命队伍?这个命运多舛的政党一路走来面临各种围剿追击,面临各种逃离、掉队、背叛,又是靠什么坚持到最后的胜利?新中国成立后,面对一穷二白的国内环境,共产党是怎样带领中国人民在短短几十年之内实现经济腾飞,GDP跃居全球第二的？7亿多贫困人口全部脱贫，历史性消除了绝对贫困和区域性整体贫困，这一令全世界刮目相看的重大胜利又是如何取得的？

历史始终在观看，人民始终在判断，是什么让人民选择了共产党，而不是其他政党？

答案只能是两个字：信仰。

只有选择了正确的信仰，有了正确的追求，事业上才能充满斗志、充满动力。习近平总书记在中央政治局第二十六次集体学习时强调："我们共产党人的根本，就是对马克思主义的信仰，对共产主义和社会主义的信念，对党和人民的忠诚。立根固本，就是要坚定这份信仰、坚定这份信念、坚定这份忠诚，只有在立根固本上下足了功夫，才会有强大的免疫力和抵抗力。"

马克思主义信仰以维护广大劳动人民的利益为根本指向，其主旨是实现共产主义的理想社会目标和人的自由全面发展。中国共产党将马克思主义信仰作为自身的政治信仰，始终坚持全心全意为人民服务的根本宗旨，始终保持同人民群众的血肉联系，把为人民谋幸福作为根本使命。我们入党，其实就是选择了这种信仰，选择了最有意义的事业，这种信仰将伴随着我们，把有限的生命投入到无限的为人民服务当中去，这样的人生才是有意义的人生。

坚定的信仰，如脊梁，泰山压顶不弯腰；似灯塔，风吹浪打不迷航。1935年8月6日，江西南昌城外的一口水井边传来几声枪响，时年36岁的方志敏永远地倒下了，牺牲前，他说："敌人只能砍下我们的头颅，决不能动摇我们的信仰，因为我们信仰的主义，乃是宇宙的真理！"方志敏之所以能够在生死面前从容淡定，视死如归，正是因为他对马克思主义无比坚定的信仰，他第一次看到了有一种理论，站在人民的立场，为人类最终建立一个没有压迫、没有剥削、人人平等、人人自由的理想社会指明了方向。这种为人类求解放、为民族谋复兴的使命感激励无数有为之士选择加入中国共产党，并为着共产主义的远大理想目标矢志奋斗。

伟大的信仰催生不竭动力，入党是实现人生价值的指路明灯。1932年的秋天，伟大的爱国将领吉鸿昌选择加入了中国共产党。两年后被捕，就义当天，他给妻子写了一封诀别信，信中写道："我是共产党员，由于党的教育，我摆脱了旧军阀的生活，转到工农劳苦大众的阵营里头来。我能够加入革命队伍，能够成为共产党的一员，能够为我们党的主义、为人类的解放而奋斗，这正是我毕生的最大光荣！"吉鸿昌在对国民党失望至极转而加入共产党后，生命燃起了新的希望，在马克思主义信仰的指引下，实现了自己的人生价值。

如果说老一辈革命家之所以入党，是面对那山河破碎、亡国灭种的危局而奔涌出的救国救民的奋争与理想，那么，和平建设年代的今天，这一问题似乎变得更加直击人心。我们究竟为什么要加入中国共产党？有好处，随大流，还是为了信仰？

2020年初，一场新冠肺炎疫情席卷神州大地，武汉成了疫情暴发的中心，支援武汉、抗击疫情的战役随之打响，广州医科大学附属第一医院驰援武汉的内分泌科护士李颖贤积极响应医院号召，1月24日除夕夜参加医院组建的医疗队援助武汉，逆向而行到武汉市汉口医院支援救治工作。抵达武汉第二天，她便向组织递交了入党申请书："疫情就是命令，防控就是责任。在这场没有硝烟的战争中，我愿意接受党对我的考验！"

从荆州到武汉，距离300公里，当武汉市江夏区金口卫生院范湖分院医生甘如意出现在医院大门口时，领导和同事们先是惊讶，后是心疼。甘如意说："办法总比问题多，经历了骑自行车、搭车、步行，当时膝盖都肿了，但我从没想过退缩。看到身边的党员冲锋在前，我对党组织更加充满了向往。"返岗第一天，甘如意便在工作间隙写好了入党申请书。

"水有源，故其流不穷；木有根，故其生不穷。""我为什么入党"的答案只有一个，那就是信仰。革命战争年代，选择入党，就是选择生与死的考验、血与火的洗礼；和平建设时期，选择入党，就是选择为党和人民勤恳工作、多做贡献。方志敏、吉鸿昌等革命先烈舍生取义，誓死捍卫马克思主义信仰，展现了共产党员"志向所趋，海浪风波在所难阻"的无畏本色；李颖贤、甘如意等当代青年在危急时刻挺身而出，困难面前冲锋在前，紧急关头迎难而上，同样具备共产党员该有的责任担当。党员是一面旗帜，更是一块发光的金字招牌，尽管大家可能身份年龄各异、岗位分工有别，但却因为一个共同的信仰而聚到一起，为着同一个理想目标而奋斗，他们都有一个共同的名字：共产党员！

当下，我们正处在一个多样多变的社会环境中，并不是所有的共产党员都能始终如一，面对各种各样的诱惑，极少数人慢慢变得无所适从、迷失方向。从落马贪官的成长轨迹中可以发现，他们虽然曾经也志存高远、满怀理想，曾经也都是亲朋好友、邻里乡舍的骄傲，许多甚至为我们党的事业做出过不小的贡献，但却因一步踏错，在朝夕之间从先进榜样变成了负面典型，究其原因，就是理想信念这根弦松动了。思想上一旦放松约束，灵魂上一旦放弃拷问，腐化堕落便是迟早的事。

习近平总书记指出："一切向前走，都不能忘记走过的路；走得再远、走到再光辉的未来，也不能忘记走过的过去，不能忘记为什么出发。"① 中国共产党之所以能历经百年而长盛不衰，正是因为时刻牢记自己的初心与使命，始终坚持和发展马克思主义，并将之融入党的血液，化为党的信仰，一心一意为中国人民谋幸福、为中华民族谋复兴。

不忘初心，方得始终。每个党员都应当时常问问自己"我为什么入党"，经常对照党组织的要求和先进典型找差距，经常结合自己的工作多自省，看看自己的路走得正不正，当初入党的誓言有没有忘记和背离，通过一次次的查找差距、加油鼓劲，来扫除思想上的"灰尘"，进一步坚定自身的理想信念，做到在任何考验面前都能头脑清醒、立定脚跟、不为所惑，永葆共产党人的政治本色。

---

① 《习近平总书记系列重要讲话读本》，人民出版社2014年版，第31页。

【延伸阅读】

思想之旗

　　灾难深重的中华民族，一百年来，其优秀人物奋斗牺牲，前仆后继，摸索救国救民的真理，是可歌可泣的。但是直到第一次世界大战和俄国十月革命之后，才找到马克思列宁主义这个最好的真理，作为解放我们民族的最好的武器，而中国共产党则是拿起这个武器的倡导者、宣传者和组织者。马克思列宁主义的普遍真理一经和中国革命的具体实践相结合，就使中国革命的面目为之一新。

　　——《毛泽东选集》第三卷，人民出版社1991年版，第796页

　　马克思列宁主义来到中国之所以发生这样大的作用，是因为中国的社会条件有了这种需要，是因为同中国人民革命的实践发生了联系，是因为被中国人民所掌握了。任何思想，如果不和客观的实际的事物相联系，如果没有客观存在的需要，如果不为人民群众所掌握，即使是最好的东西，即使是马克思列宁主义，也是不起作用的。我们是反对历史唯心论的历史唯物主义者。

　　——《毛泽东选集》第四卷，人民出版社1991年版，第1515页

　　中国共产党不仅是工人阶级的先锋队，而且是以马列主义武装起来的党。党在未成立之前就有许多马列主义小组，如毛泽东同志等就是当时这些小组中的一员。这说明创办我们党的同志一开始就用马列主义武装自己、创造自己，抛弃了小资产阶级的个人主义与自由主义；这也说明中国共产党一走上中国的

政治舞台就担当了领导中国人民革命的责任，就以马列主义来教育培养自己，结合中国革命的实际规定了革命的战略、策略和工作方法。只有这样的党才能领导我们前进。

——《永远记取党的斗争经验和教训》，载《邓小平文集（一九四九——一九七四年）》上卷，人民出版社2014年版，第251页

我坚信，世界上赞成马克思主义的人会多起来的，因为马克思主义是科学。它运用历史唯物主义揭示了人类社会发展规律。

——《邓小平文选》第三卷，人民出版社2008年版，第382页

马克思主义继承了以往哲学关于人的思想的积极成果，科学地揭示了社会的本质，为以人为本思想的确立奠定了科学基础。在马克思主义看来，历史进步是社会发展和人的发展相统一的过程，"每个人的自由发展是一切人的自由发展的条件"，未来的新社会是"以每个人的全面而自由的发展为基本原则的社会形式"。

——2004年7月29日时任浙江省委书记的习近平在浙江省委牢固树立和认真落实科学发展观、推动浙江经济社会全面协调可持续发展专题学习会上的讲话

马克思、恩格斯创立了马克思主义建党学说，为无产阶级政党建设奠定了理论基础。列宁领导俄国十月革命取得胜利，使社会主义从理论变为现实，也使马克思主义建党学说在实践中得到检验、丰富和发展。马克思主义建党学说内容十分丰富，其中最基本、最核心的思想是：无产阶级和人民大众的解放事业必须有一个以科学理论为指导的先进政党来领导；这个党必须是无产阶级先锋队，由无产阶级和其他革命群众中的先进分子所组成；这个党必须把建立、巩固和发展社会主义，最终实现共产主义作为自己的政治纲领；这个党的理论和路线方针政策，必须坚持从实际出发，符合本国国情和时代发展要求，体现最广大人民的根本利益；这个党必须把实行民主集中制作为自己的根本组织原则，始终保持党的团结统一和生机活力；这个党必须通过党的各级组织在无产阶级革命实践中的实际表现和作用，通过全体党员高度的思想觉悟和奉献精神

来保持和发展党的先进性，等等。这些基本思想，经过实践证明是正确的，为我们加强和改进党的建设提供了理论指南。

——2008年9月1日时任中共中央政治局常委、中央书记处书记、中央党校校长的习近平在中央党校2008年秋季学期开学典礼上的讲话

革命理想高于天。没有远大理想，不是合格的共产党员；离开现实工作而空谈远大理想，也不是合格的共产党员。在我们党九十多年的历史中，一代又一代共产党人为了追求民族独立和人民解放，不惜流血牺牲，靠的就是一种信仰，为的就是一个理想。

——2013年1月5日习近平在新进中央委员会的委员、候补委员学习贯彻党的十八大精神研讨班上的讲话

北京大学考古文博学院2009级本科团支部全体同学：

来信收悉。得知你们近一年来不仅校园学习取得新的进步，而且在野外考古实习中很有收获，甚为欣慰。从字里行间，我感受到了你们立志为实现中华民族伟大复兴的中国梦而奋斗的决心和信心。

你们在信中写到，中国梦让你们感受到了一份同心奋进的深沉力量，让你们更加懂得了当代青年所肩负的历史责任。说得很好。中国梦是国家的梦、民族的梦，也是包括广大青年在内的每个中国人的梦。"得其大者可以兼其小。"只有把人生理想融入国家和民族的事业中，才能最终成就一番事业。希望你们珍惜韶华、奋发有为，勇做走在时代前面的奋进者、开拓者、奉献者，努力使自己成为祖国建设的有用之才、栋梁之材，为实现中国梦奉献智慧和力量。

五四青年节即将来临，我向你们致以节日的问候。

——2013年5月2日习近平给北京大学学生的回信

毛泽东同志在青年时期就立下拯救民族于危难的远大志向。1919年，毛泽东同志在《〈湘江评论〉创刊宣言》中写道："时机到了！世界的大潮卷得更急了！洞庭湖的闸门动了，且开了！浩浩荡荡的新思潮业已奔腾澎湃于湘江两岸了！顺他的生，逆他的死。"年轻的毛泽东同志，"书生意气，挥斥方遒。指

点江山，激扬文字"，既有"问苍茫大地，谁主沉浮"的仰天长问，又有"到中流击水，浪遏飞舟"的浩然壮气。

十月革命一声炮响，给中国送来了马克思列宁主义。从纷然杂陈的各种观点和路径中，经过反复比较和鉴别，毛泽东同志毅然选择了马克思列宁主义，选择了为实现共产主义而奋斗的崇高理想。在此后的革命生涯中，不管是"倒海翻江卷巨澜"，还是"雄关漫道真如铁"，毛泽东同志始终都矢志不移、执着追求。

——2013年12月26日习近平在纪念毛泽东同志诞辰120周年座谈会上的讲话

我们纪念邓小平同志，就要学习他对共产主义远大理想和中国特色社会主义信念无比坚定的崇高品格。信念坚定，是邓小平同志一生最鲜明的政治品格，也永远是中国共产党人应该挺起的精神脊梁。

早在苏联求学期间，邓小平同志就立志"更坚决的把我的身子交给我们的党，交给本阶级"。在此后70多年的革命生涯中，无论个人处境如何艰难，无论革命道路如何坎坷，邓小平同志都坚信马克思主义的科学性和真理性，坚信社会主义、共产主义的光明前景。他说："对马克思主义的信仰，是中国革命胜利的一种精神动力。"面对革命战争的枪林弹雨，他浴血奋战、视死如归；面对新中国建设的艰难局面，他励精图治、百折不挠；面对"文化大革命"的十年内乱，他信念执着、从不消沉；面对国际国内政治风波，他冷静观察、从容应对，坚信马克思主义、坚守共产主义理想，坚持在社会主义道路上推进我国现代化事业。

1992年，88岁高龄的邓小平同志在南方谈话中说："我坚信，世界上赞成马克思主义的人会多起来的，因为马克思主义是科学。它运用历史唯物主义揭示了人类社会发展的规律。""不要惊慌失措，不要认为马克思主义就消失了，没用了，失败了。哪有这回事！"

邓小平同志对理想信念的重要性具有深刻认识，他说："我认为，最重要的是人的团结，要团结就要有共同的理想和坚定的信念。我们过去几十年艰苦奋斗，就是靠用坚定的信念把人民团结起来，为人民自己的利益而奋斗。"

革命理想高于天。没有一大批具有坚定共产主义理想的中华儿女，就没有中国共产党,也就没有新中国,更没有今天我国的发展进步。要把我国发展得更好,离不开理想信念的力量。我们共产党人锤炼党性,首要的就是坚定共产主义远大理想和中国特色社会主义共同理想。我们要学习邓小平同志矢志不渝为社会主义、共产主义而奋斗的执着精神,坚定中国特色社会主义道路自信、理论自信、制度自信,坚忍不拔、风雨无阻朝着我们的目标奋勇前进。

——2014年8月20日习近平在纪念邓小平同志诞辰110周年座谈会上的讲话

  学习马克思主义基本理论是共产党人的必修课。我们重温《共产党宣言》,就是要深刻感悟和把握马克思主义真理力量,坚定马克思主义信仰,追溯马克思主义政党保持先进性和纯洁性的理论源头,提高全党运用马克思主义基本原理解决当代中国实际问题的能力和水平,把《共产党宣言》蕴含的科学原理和科学精神运用到统揽伟大斗争、伟大工程、伟大事业、伟大梦想的实践中去,不断谱写新时代坚持和发展中国特色社会主义新篇章。

  ……

  《共产党宣言》的问世是人类思想史上的一个伟大事件。《共产党宣言》是第一次全面阐述科学社会主义原理的伟大著作。《共产党宣言》深刻阐述了马克思主义的科学世界观,深刻阐述了马克思主义政党的先进品格,深刻阐述了马克思主义政党的政治立场,深刻阐述了马克思主义政党的崇高理想,深刻阐述了马克思主义的革命纲领,深刻阐述了马克思主义政党的国际主义精神。《共产党宣言》是一部科学洞见人类社会发展规律的经典著作,是一部充满斗争精神、批判精神、革命精神的经典著作,是一部秉持人民立场、为人民大众谋利益、为全人类谋解放的经典著作。马克思主义理论的科学性和革命性源于辩证唯物主义和历史唯物主义的科学世界观和方法论,为我们认识世界、改造世界提供了强大思想武器,为世界社会主义指明了正确前进方向。《共产党宣言》是一个内容丰富的理论宝库,值得我们反复学习、深入研究,不断从中汲取思想营养。

  ……

  《共产党宣言》揭示的人类社会最终走向共产主义的必然趋势,奠定了共产党人坚定理想信念、坚守精神家园的理论基础。我们要把共产主义远大理想同中国特色社会主义共同理想统一起来、同我们正在做的事情统一起来，坚定道路自信、理论自信、制度自信、文化自信，不为任何风险所惧，不为任何干扰所惑，始终坚守共产党人的理想信念，不负共产党人的光荣称号。

——2018年4月23日习近平主持中共中央政治局就《共产党宣言》及其时代意义第五次集体学习时的讲话

黄文秀同志生前是广西壮族自治区百色市委宣传部干部。2016年她从北京师范大学研究生毕业后，回到家乡百色工作。2018年3月，黄文秀同志积极响应组织号召，到乐业县百坭村担任驻村第一书记，埋头苦干，带领88户418名贫困群众脱贫，全村贫困发生率下降20%以上。2019年6月17日凌晨，她在从百色返回乐业途中遭遇山洪不幸遇难，献出了年仅30岁的宝贵生命。

——2019年7月1日习近平讲述黄文秀同志谱写新时代的青春之歌的故事

未来属于青年，希望寄予青年。一百年前，一群新青年高举马克思主义思想火炬，在风雨如晦的中国苦苦探寻民族复兴的前途。一百年来，在中国共产党的旗帜下，一代代中国青年把青春奋斗融入党和人民事业，成为实现中华民族伟大复兴的先锋力量。新时代的中国青年要以实现中华民族伟大复兴为己任，增强做中国人的志气、骨气、底气，不负时代，不负韶华，不负党和人民的殷切期望。

——2021年7月1日习近平在庆祝中国共产党成立100周年大会上的讲话

【萃语句集】

吾人何人，非即负将来国家责任之国民耶？此地何地，非即造就，吾完全国民之学校耶？圣贤书籍，各种科学，何为为吾深究而悉讨？师之口讲指画，友之朝观夕摩。何为为吾相切而相劘？非即欲吾受完全教育，成伟大人物。克负乎国家将来艰巨之责任耶？以将来如许之重负，基础于小学校三四年中。同学，同学，宜如何奋勉，始对之而不愧哉！一物不知，学者之耻。同学其博学乎？好问则裕，自用则小。同学其审问乎？思之思之，鬼神通之；差之毫厘，谬之千里。同学其慎思而明辨乎？学矣，问矣，思辨矣，而犹或浅尝辄止，见异思迁，躐等以求进，自是而非人焉。吾恐同学之智识亦无由新，道德亦无由固，而欲从人才、蔚国器，难矣。如是，则书不将虚此读，业不将虚此习，师不将虚此教诲，友不将虚此切磋，吾模范学校不将虚此造就，而两周年之光阴不又将虚此度过也哉，惟望吾全校诸同学惕然自警而已矣！

——周恩来：《奉天东关模范学校第二周年纪念日感言》

我们绝大多数同志都是奋不顾身、日以继夜地工作，他们一心一意地为着党的事业和人民的事业，不避艰险，任劳任怨，并且有几千个共产党员和革命战士光荣牺牲。他们诚心诚意地为人民办好事而不计较个人的享受；他们在工作中难免发生错误，但是他们善于接受别人的批评和运用自我批评的武器，勇敢地改正错误；他们对于中央和上级的指示采取精心学习的态度，以便于正确地运用到实际工作中去；他们无愧于人民。斯大林说过，共产党员是用特种材料构成的新型的人物，我们绝大多数共产党员是符合这种新型人物的称号的。没有他们，党的任何正确领导都会归于无用，任何工作计划都会变成一纸空文，人民翻身就会成为不可能的事情。

——《在西南局、西南军区纪念中国共产党成立二十九周年大会上的讲话》，载《邓小平文集（一九四九——一九七四年）》上卷，人民出版社2014年版，第99—100页

列宁说："没有革命的理论，就不会有革命的运动。"中国共产党三十年来的历史证明了这一点。党的第二次代表大会就正确地确定了革命的性质、动力与任务，以后又一次一次地完备起来，这是因为吸取了世界革命特别是苏联革命的经验，有了马克思列宁主义的思想指导。列宁又说，只有以先进理论为指导的党，才能实现先进战士的作用。中国共产党三十年的历史同样证明了这一点，假若没有先进理论武装起来的中国共产党，就不可能使中国人民团结起来

走向胜利。党是名副其实的接受先进理论指导的,所以才能起着先进战士的作用。马克思说,理论一旦被群众掌握,就变成了物质的力量。这就是说马列主义、毛泽东思想深入人心,与人民群众结合起来的时候,党就密切联系了群众,表现了高度的统一集中,就形成了不可战胜的力量。

中国共产党不仅从建立那天起就用马列主义的理论指导中国革命,而且总结中国革命的经验,在革命斗争中,毛泽东同志发展了马列主义,把马列主义与中国革命的实际结合起来了,这就形成为无比的力量。毛泽东同志说,马列主义是放之四海而皆准的普遍真理,假若不与各国实际结合起来就会变成教条主义。毛泽东同志首先是把这个放之四海而皆准的理论变成为中国人民自己的东西,变成为行动的指南。

——《永远记取党的斗争经验和教训》,载《邓小平文集(一九四九——一九七四年)》上卷,人民出版社2014年版,第252—253页

【信仰故事】

万古青春

这是朝鲜停战后的一个春天。去年一冬,飘风扬雪的,忽然从残冰剩雪里冒出碧绿的马醉草,接着刮上几阵东风,漫山漫坡绣满了鲜红娇艳的天竺花。晚上,要是月亮好,你会听见布谷鸟用怪清脆的嗓子不断叫着:"快快播谷!快快播谷!"

正赶上这样一个好春天,我出发到金城前线去看轿岩山阵地。轿岩山上原本有敌人的强固工事,去年七月停战前十几天,被我们攻下来。

汽车司机是个久经战斗的老手,人挺爽快,干起活来,像阵风。他总好开飞车,据说有一回他带着露水出车,老远望见前面路上有只野鸡。那野鸡还来

不及飞,一眨眼早碾到他车轮子底下。车子一过北汉江,司机抖擞起精神,一会告诉我这是我们的反坦克阵地,一会又说那是敌人的炮火封锁区,样样事,熟得很。他带着惊奇的口气说:"哎呀,盖了多少房子呀!原先这一带哪见个人?"

应该说原先有人、有田园,都毁了,现时人民重新建立起家业来了。房顶上盖着新稻草,恍惚闻得见一股类似焖饭的稻草香味。有的房子正面墙上还用云母石嵌着大字:"和平万岁",像绣花绣得一样精致。我知道,这是志愿军帮助朝鲜人民盖的。稻田都灌满水,拉上线,正准备比着线插秧。远处有个人头上戴满了红的黄的白的野花,用唱歌的调子大声吆着牛翻地。到底是青年人,喜欢风情。车子转眼赶到跟前,我回头一望,不想是个胡子花白的老人了。在一家门旁,我见到棵杏树,差不多叫炮弹打枯了,不知几时又抽出嫩枝,满枝开着白花。

司机一路不住嘴地说:"变了!变了!都变了样了!"

春天并不能完全改变轿岩山的面貌。山势挺陡,到处是打塌的地堡坑道,还可以清清楚楚看出敌人的环形工事:围着山是一圈又一圈的壕沟,沟顶上纠缠着打烂的铁丝网,说是盖上这些玩意,可以叫你冲锋时跳不进壕沟去。四面山坡上布满了铁丝网,紧贴着地皮,叫个蛇腹形,名字挺吓人的,可惜经不住炮火劈,都滚成球了。

我一直爬到最高主峰的石崖上,朝南一望,金城川漫着好大的春雾。那就是军事分界线,川南山连着山,从望远镜里望过去,空虚荒凉,全是敌人盘踞的阵地了。

陪我同去的一位参谋指点着说:"军事分界线原本顺着轿岩山以北划的,一拿下这座山把敌人平推出去十几里路,推到金城川南,分界线就划到金城川了。这一打,板门店的敌人慌了,赶紧要求签字停战。"

我听了,默默无言地望着四外的形势。山险,工事又强,这要有一定的好战士拿出自己的生命血汗,才能换到这个胜利,换得今天。

那参谋也许猜透我的心事,指着下边问:"你看见那个山包了吗?"那山包比起来矮多了,都是黄焦泥,稀稀落落长着点青草,开着几丛野花,飞着几只蝴蝶。当时是敌人阵地的门户,也是我们夺取主峰的起点。

那参谋接着又说:"就是在那儿,我们牺牲了个挺好挺好的同志。他死得真壮烈啊!拿性命给这次胜利开辟出道路来。"

他指的是黄继光式的一级英雄李家发。这个来自安徽南陵贫苦农家的孩子只有十九岁,都说他的心是水晶做的,透明透明,一点不懂得自私,连自己的生命也不自私。心灵加上嘴巧,手脚麻利,凡是认识李家发的人都这样评论他:"那孩子,真欢!一见面就逗人喜爱。"不管他走到哪儿,你听吧,四面八方总有人喊他:"李家发,你唱个歌。""李家发,你跳个托辣桔(桔梗)舞。"李家发把衣服一抢,就唱歌跳舞。

他并不想故意引人笑,他那欢乐的性格却常常引得人发笑。反细菌战那当儿,有一回,班长听见李家发一个人在青枫树底下自言自语地骂:"你这个杜鲁门,再叫你祸害人!"跑去一看,原来李家发捉到一只耗子,倒吊在树上,手里握着根藤条,抽一下,骂一句。又有一回,一个战士听见掩蔽部里有条狗呜呜噜着鼻子,吓得一只猫没好声地叫。那战士大声吆呼说:"出!出!怎么猫狗都跑到屋里去了?"一发觉是李家发装的,那战士忍不住笑:"你是从哪来的鬼聪明?学龙像龙,学虎像虎。可就有一宗你不懂,你大概自小不懂得苦。"

这话错了。李家发自小也像所有劳苦人民一样,受过折磨,懂得愁苦。只有经过愁苦的人,才更懂得今天的欢乐。他自己乐,也愿意旁人乐。见到谁愁眉不展的,他就会亲亲热热抱住你,像马撒欢似的。用牙啃啃你的肩膀,又要跟人跳"青年战士"舞。人家不会,他说:"不会我教你。"就搬着人家的腿,叫你先出这条,再出那条。

谁要以为李家发是个嬉皮笑脸的顽皮孩子,那又错了。别看他人小,心胸可大,做什么事都认真要强。一次,连长派他到阵地前沿去送信,正巧前沿包饺子,战士们见他来了,喜欢地非拉住他吃不可,回来晚了。连长批评他说:"你准是贪玩,误了事怎么办?"李家发背着人悄悄哭了。隔一天,连长跟一位友军谈话,又派他去送信。正谈着,李家发走进来。

连长生气了:"上次批评的是谁?你怎么磨磨蹭蹭的,还不去送信?"

李家发说:"我回来了。"那位友军睁大眼道:"好快的腿呀!我这支烟还没抽完,你就回来了。"走后还写信来说:"我就是想你们那个爱说爱笑的铁腿通讯员。"

李家发走路一蹦一跳的，会几句朝鲜歌子，整天挂在嘴上。

有人笑他说："瞧你像个雀似的，嘴不会闲着，你变个雀得了。"

李家发笑嘻嘻地说："我不想变个雀，我想变个别的。"人家问他："你想变个什么？"李家发说："我想变个歌子，让你们大家都唱我。"

打轿岩山时，李家发被编到排里当联络员，管信号弹。他心里有点不舒服。人家都打完了，我从后边上去了，算个什么？

排长说："没有联络员，耳目眼睛都没有了，你别马虎大意。"

李家发脸一红，笑了，也就专心专意学信号，还把信号编成几句快板，一天到晚哼哼着，这样好记。临出发，青年团分别开小组会，李家发坐在旁边，眼望着地，一个人偷偷笑了。

小组长问道："你笑什么？"李家发不好意思说："没什么。"实际上他心里想起件事。他记起前次开五四青年节大会，都叫穿上新衣服，戴上功臣章。李家发扣上风纪扣，前后理理军衣说："班长啊，我的衣服倒是新的，就是没有功臣章。"班长说："你借一个好了。"笑话，功臣章也好借么？你瞅着吧，等我自己得一个。可是他不愿意说出口。话一说到嘴巴外边就是人家的了，做不到，岂不是空话。

开完会，几个青年团员最后握了一次手，一时都露出留恋不舍的样子，手握得特别紧，嘴里说："我们到山头上，下来再见。"可总舍不得撒开手。

这天是一九五三年七月十二日。天一黑，部队便往预定的潜伏地带移动。头上下着雨，挺密的。战士们泥呀水的，走了一宿，弄得浑身净泥，天明藏到一条小沟里，隔一个岭便是那个黄山包——敌人主阵地的门户。

敌人紧自打冷炮。李家发临时挖了个猫耳洞，招呼一个叫小罗的新战士躲进去，自己蹲在洞口，淋着雨。昨儿晚间半路上，敌机投弹，他的腿崩伤了。不过啃块皮去，叫卫生员缠了缠，管它呢。往常李家发的话最多，现时也不玩闹了，望见人，光是笑笑，也不说什么。他见小罗的干粮袋子带断了，摸出针线帮着缝上，又替小罗擦了擦枪。

小罗望了他半天说："你有照片没有？给我一张好不好？"

李家发悄悄笑着问道："你要我的照片做什么？"

小罗低着头说:"将来几时想起你,我好看看你。你太好了,不管活到几十年后,我也不会忘了你。"

李家发小声说:"可惜我没有,有就给你了。我父亲母亲也是来信要照片,说是离家两年多了,不知长成什么样了,又盼望我有工夫能回家看看。只怕将来我们回去,连家门口都不认识了。"

小罗说:"那怎么会呢?闭着眼我也能摸到家去。"

李家发摆着头笑道:"不对,不对。你没听说,祖国的建设一天一个样,我父亲去修淮河,还当了水利模范。也不知我们家乡建设得怎样了?"

团小组长踩着泥泞走过来,低声说:"李家发,你饿不饿?饿就吃干粮。"

李家发掏出压缩饼干,回头问小罗道:"你吃不吃?"

小罗不想吃。李家发说:"我的干粮还没淋坏,你吃点吧。我也吃一点。一打起来,想吃也顾不到了。"

一时间,战士们都嚼着湿干粮,一面擦枪,一面看天。

天还是飞着蒙蒙细雨,满山都是云雾。到夜晚九点钟,只听头顶像刮大风似的,轿岩山上立时燃烧起来,冒起一片火光。我们的炮火开始袭击了。炮一响,战士们都讲起话来。黑糊影里,谁都听见李家发又嫩又脆的童子音在喊:"眼看轿岩山就成我们的了——山顶上见哪!"

敌人打起照明弹来,一个挨一个,半天空都打严了,照得四下清清亮亮的,像白天一样。李家发跟着排长从沟底翻上了山岭。路太滑,只怕掉队,索性坐下,身子往后一仰,转眼冲到那个黄山包根底,顺着山腿子往上挺。

一上山就是道铁丝网,有人上去炸开了。不多高又是第二道铁丝网,李家发从排长讨到爆破的任务。敌人满山埋的地雷差不多都叫炮火打翻。李家发顺着地雷窝往上爬,还对班长说:"烟一起,你们就上。"

烟起了,部队冲过第二道铁丝网,一气冲上个棱坎,看看离那个黄山包顶不远了,这时一股机枪火盖头盖脑喷下来,把部队压到地面上。排长挂花了,班长代替指挥,高声喊:"谁上去爆了它?"

只听见李家发的清亮的童音应道:"我去!"

半空的照明弹灭了,夜晚一下子变得漆黑,四围是无边的风、雨、雾。

李家发离开了他的同志,身边带着两颗炸药手榴弹,闪开正面的枪火,纵身跳起来，蹿上去了。一溜火线从他左侧射过来，又一挺机枪开了火。谁也看不见李家发，谁也觉得出李家发跌倒了，不动弹了。他准是受了伤，也许牺牲了！蓦然间，左侧那挺机枪红光一爆，不出声了，李家发正在行动着吗？

先头那挺机枪打得更凶，枪火四外乱喷，战士们伏在风雨里，抬不起头，透不出气，都急地想："李家发呢？"

风雨黑夜，谁知李家发哪去了？那挺机枪却咯咯咯咯，不住嘴叫着，得意透了。大家正自焦急，只听一声爆炸，黑地里又扬起了那个熟悉的可亲可爱的童子音："同志们，跟我来呀！"

战士们跳起来，跑上去几步，那挺机枪又活了，又叫起来，把大家又按到地上去。谁都知道，李家发的弹药已经完了。战士们吼着，一上，顶回来；一上，又顶回来，就是上不去。正在这当儿，那机枪就像一个人正叫着，突然叫人塞住嘴似的，咯噔一下，一点声音没有了。

战士们冲上山包，奔着主峰打上去。

天明，轿岩山上飘起面红旗。出征以前，李家发曾经在这面旗上签过名，对着红旗宣过誓。他跟同志们约好，要在山顶上见。他并没能来到山顶上。他躺在那个黄山包上，右胳臂向前，左胳臂向后伸着，身子斜扑在个大碉堡的射口上。他的左脚也打穿了。他是先受了伤，拖着伤脚炸掉左侧一个小地堡，才扑到大碉堡上。他的嘴张着，好像在笑。活着的时候，他爱唱，他本身就是支最美丽的歌子。

这是个多么难得的好战士啊！我们宝贵黄继光，更应该宝贵这种黄继光的精神。李家发死了，他并没死，他的生命充满了这个世界。一枝花，一棵庄稼，一个生物，都有他活在里面。是他，是数不尽像他这样的人，给了我们今天这样的生活。

在轿岩山顶上，一丛天竺花开得正艳。有位同伴见了赞叹说："多美呀！"

这是烈士的血浇出来的。青春不会老，李家发也不会老。历史可以数到一万年、十万年，李家发却将永远是十九岁，永远像春天一样，万古常青——亲爱的同志啊，愿你永生！

——原载《杨朔散文》，人民文学出版社 2005 年版

人民的"樵夫"

仲夏时节,烈日炎炎,福建省南平市政和县铁山镇东涧村的一座六角亭成为村民们纳凉的去处。

这座亭名为"思波亭",是南平原市委常委、常务副市长廖俊波因公殉职的消息传到村里后,村民们"你两百我三百",自发捐款盖起来的。

2017年3月18日,星期六。忙了一天的廖俊波匆匆回家扒了几口饭,从一百多公里外乘车赶往武夷新区,准备主持召开晚上8点的协调会。途中他不幸遭遇车祸,走完了年仅48岁的一生。

正如微信昵称"樵夫"一样,廖俊波勇挑重担,勇于担当,他常说"有困难,让我来试试"。

2011年6月,廖俊波来到了彼时困难重重的政和县任县委书记。政和县是福建省贫困县,经济发展水平长期居全省之尾。但"省尾书记"廖俊波认为,党组织"把我放在哪里都是信任,让我做更多的事就是重用"。

走马上任后,廖俊波在政和的乡镇奔走调研两个多月,又把全县副科级以上干部召集起来,热烈讨论了三天,发展思路渐渐明晰——突破工业、城市、旅游、回归等"四大经济"。

4年间,廖俊波带领政和疾驰在发展之路:2012年县域经济发展指数提升35位;2013、2014年蝉联全省"县域经济发展十佳县";2014年财政收入由2011年的1.6亿元增长到4.9亿元。

——原载《福建日报》,2017年5月3日

第三章
信仰的考验：马克思主义信仰是"根本"和"灵魂"

每一段历史都记录着一代人的青春。穿越时光的大江大河，有太多的青年用坚定填满心灵，寰宇世界的飞速迭代也阻挡不了他们心中熊熊燃烧的信仰之火。一代人有一代人的使命，一代人有一代人的担当，共产党人对信仰的追求一脉相承。百年来，即便是在信仰面临考验的危急关头，这份忠诚和坚定也指引着一代又一代青年人无畏向前。

青年作为最有生机活力、最积极有为的社会群体，其思想观念和信仰取向，好比反映时代变迁的晴雨表，关乎着民众的思想启蒙状态与社会的发展变化情况。青年人的信仰状况，不仅关乎一代人的精神状态，更关乎"中国梦"的最终实现。青年正处于活跃的思维和理性的思考逐渐成熟的关键时期，青年个体在与社会接触、互动的过程中，较为容易出现信仰的困惑与觉醒相互交织的状态，也因而可能上升为部分青年群体的信仰困惑。青年信仰的生成活动，既是知识、意志、感情相统一的精神活动，又是在社会反映、社会熏陶、社会实践相统一下的实践活动。而社会的急速变化和更新就会伴随着产生一些信仰困惑现象。

青年群体中出现的信仰困惑是青年自我批判、自我否定、自我觉醒的过程，是青年信仰最终确立的一个环节。而青年信仰困惑的动态生成、重构和消解，正是青年信仰发展变化中一个具有建设意义的动态过程。

一、百炼始成钢：真正的信仰能经受住任何考验

古今中外，面临考验而为信仰献身的人不胜枚举。

苏格拉底宁可喝下毒药，也要捍卫自己毕生追逐的信仰；布鲁诺走向火刑架，烧死在广场中央，为人们通往宇宙打开了一扇窗；在中国，战国时期的墨家成员，孜孜不倦践行"兼爱非攻"，为了捍卫信仰而赴火蹈刃，死不旋踵；清末义士谭嗣同面对维新失败，留下遗言，慷慨赴死："各国变法，无不从流血而成，今中国未闻有因变法而流血者，此国之所以不昌。有之，请自嗣同始！"

对于这些信仰的守护者而言，信仰就是考验来临时的责任、奉献和牺牲；正确的信仰，就是时代前行的惊雷和世界进步的钟声。

诗为心声。青年马克思曾经写下一首名为《感想》的诗篇，表达了作为一名革命青年的信仰坚守：

> 在不可遏制的运动中
> 太空
> 把一切吞并
> 从毁灭的废墟里一个新世界正喷薄诞生
> 好吧！现在就让我们踏上
> 艰苦而漫长的路程
> 为了让别人享受到

远离战斗呐喊的欢欣

我的命运

就是投入斗争。①

透过这首诗歌,我们可以感受到青年马克思身上那股对于信仰的冲动和不渝,而这样的一种冲动,往往是考验关头对信仰坚守的开端,也是无数令我们动容的青年榜样身上共同的闪光夺目之处。

《论语》里有一段"子贡问政"。子贡请孔子说出治理国家三个最重要的东西。孔子的回答是"足食,足兵,民信",而且把民信放在最重要的位置。人民有信仰,民族有希望,国家有力量。中国共产党立党为公、执政为民,其宗旨是全心全意为人民服务。在战争年代,他们为了中华民族的真正独立而不懈奋斗着——这正是共产党人为深得民心不懈努力的真实写照。中国共产党何以深得民心,发展壮大?其中一个重要原因便是一代代共产党人在危难关头不惧牺牲,坚守马克思主义信仰不动摇。

百年风华犹未老,世纪一往正青春。如果将中国共产党百年的创业史、奋斗史比作激流澎湃的大江大河,其间必然有曲折,但"青山遮不住,毕竟东流去",蜿蜒逶迤的巨流始终坚定向前,朝着中华民族复兴的伟业浩浩荡荡前进。在百年长河里,一代又一代青年人前赴后继,他们始终是鲜艳、昂扬、催人振奋的排头兵,在笃定的征程中感受着几许时间的厚重、历史的分量。

对于信仰的坚守一直在传承。跨越百年,青年解放军战士们用生命捍卫信仰,用忠诚守卫使命。2020年6月,某国军队公然违背与我国达成的共识,悍然越线挑衅,某边防团团长祁发宝本着谈判解决问题的诚意,仅带几名官兵前出交涉,却遭到对方蓄谋已久的攻击。他们与数倍于己的外军展开殊死搏斗,团长祁发宝身先士卒,身负重伤。营长陈红军、战士陈祥榕突入重围营救,奋力反击,英勇牺牲。战士肖思远,突围后义无反顾返回营救战友,战斗至生命最后一刻。王焯冉在渡河前去支援途中,因救助战友而淹没于冰河中。陈祥榕牺牲时还不到19岁,王焯冉年仅23岁,肖思远年仅24岁。面对生死

---

① 转引自韩毓海:《属于年轻人的马克思》,《光明日报》,2015年1月27日,第11版。

考验，毋改英雄意气，青年战士们用鲜血竖起信仰的旗帜。

"观乎天文以察时变，观乎人文以化成天下。"如果把时光长河以百年的维度回溯，一定会发现这历史中最动人的奋斗史诗——长征的洗礼、抗日的激流、开放的探索、改革的跋涉——那悠悠岁月里暗夜行路的点点星火、发光发热、用力闪烁，终于汇聚成闪耀神州的璀璨星河。山峦起伏，史诗壮阔。从现实图景到未来愿景，每一份骄傲和笃定的背后离不开信仰光芒的指引。在信仰的战场上，要继续克服各种考验，有效化解少数青年群体中出现的信仰困惑现象。

（一）信仰内核："共产党人经受住任何考验的精神支柱"

关于信仰和使命的内涵，马克思和恩格斯在《德意志意识形态》中说过：

> 作为确定的人，现实的人，你就有规定，就有使命，就有任务，至于你是否意识到这一点，那是无所谓的。这个任务是由于你的需要及其与现存世界的联系而产生的。①

马克思主义信仰一词可以追溯到列宁的《马克思和恩格斯通信集》一文。马克思主义信仰体现了人们对马克思主义理论、学说和实现共产主义的崇高理想，体现了对马克思主义证明的社会前途的信奉和坚守。毋庸置疑，马克思主义信仰是擘画未来社会蓝图的科学信仰，是可以使人不断完善、不断解放的崇高理想。马克思主义信仰建立在科学论证与理性分析的前提下，因而其属于构建现代自然科学基础上的哲学信仰；它以理性的观点来认知和解释人类社会的发展规律，从人的现实需要出发，用科学的理论体系总结人类社会的发展演变规律，属于建立在传统哲学理论之上的价值体系。

马克思主义科学揭示了人类社会发展规律，指明了人类寻求自身解放的道路，推进了人类文明进程，是青年认识世界、改造世界的强大思想武器。中国共产党所代表的无产阶级的"信仰自由"和资产阶级的"信仰自由"有本质差别。马克思曾在《哥达纲领批判》中明确指出："资产阶级的'信仰自由'不

---

①《马克思恩格斯全集》第3卷，人民出版社1960年版，第329页。

过是容忍各种各样的宗教自由而已，工人党则力求信仰从宗教的妖术中解放出来。"①正是由于马克思主义科学关注现实中占人口最多数的无产阶级的解放事业，以改造世界为己任，它才具有持久的生命力，并不断激励后来者前仆后继、舍生忘死地实践。

德语翻译家宋书声可以说是其中优秀的代表。他用一生践行了马克思主义信仰，一辈子都没有离开过马克思主义。他17岁参加工作，21岁加入中国共产党，从1951年担任斯大林全集翻译室的翻译开始，到2005年从中央编译局离休，宋书声从事了整整55年编译马恩列斯著作的工作，为编译马克思主义经典著作作出突出贡献。

宋书声从旧中国走来，坚定地选择了马克思主义，坚定地选择了中国共产党。他亲眼目睹过、亲身感受过旧社会的苦难，也看到了马克思主义对历史大潮中苦苦求索的中国人民的指引，中华民族的命运从而被改变。因此，他从心中深刻认识到马克思主义是科学的信仰，由此而为推动马克思主义大众化笔耕不辍、躬身一生。

马克思主义信仰属于人类社会发展历史上最具科学性、最进步的信仰，它完美地结合了科学性、崇高性和对人的现实关怀。在价值追求上超越个人层面的狭义价值，而追求广义的人类和社会层面的终极价值，是马克思主义信仰的根本特征。在形式上，马克思主义信仰的内涵其实就是马克思主义理论的内涵，对马克思主义信仰的认同和坚信就是对马克思主义理论的认同和坚信，从内心彻底接受、维护马克思主义理论，在行动上将马克思主义理论作为自己的行动指南。

信仰并非以个体利益、物质需求为追求方向，其所追求的对象主要为精神、意识形态层面的目标，具有崇高的精神价值与社会意义。信仰，是人类社会特有的精神现象，是人类文明发展过程中产生与积累的宝贵财富。信仰一词，在希伯来语中，意思是"确信"。它是一种不管付出多大的代价都要实现的一种价值理想和价值承诺。信仰是指向未来的，它不局限于眼前的境遇，是对更美好的世界抱有期待，而这个世界则反映了社会成员的整体利益。

---

①《马克思恩格斯选集》第三卷，人民出版社2012年版，第376—377页。

"对马克思主义的信仰，对社会主义和共产主义的信念，是共产党人的政治灵魂，是共产党人经受住各种考验的精神支柱。"①革命青年一旦拥有了这样的精神支柱，即使面对挑战甚至是生死抉择，也会不改其志、至死不渝。

杨殷出生于广东省香山县，自幼受孙中山革命思想的影响，发誓"为了振奋中国，压倒帝国主义，虽毁家纾难，粉身碎骨，亦在所不计"②。1927年广州起义后，起义军占领了广州大部分地区，杨殷任广州苏维埃政府代理主席，他开展"肃反"工作，负责维持革命秩序、控制交通，在起义中发挥了重要作用。

不久，在敌我力量愈发悬殊的情况下，为了保存力量，起义军决定撤出广州。杨殷鼓励同志们说："起义是失败了，但血是不会白流的。现在已是腊月残冬，春天不是就要到来的吗！"③后来，由于叛徒告密，杨殷在开会时被反动派逮捕入狱，最终被残忍杀害。粉身碎骨浑不怕，英雄正气留人间，正是对于马克思主义的坚定信仰支撑了他的革命理想。④

斗转星移，时光不老，这种无畏的精神支柱不会因为时光的流淌而消逝，反而会被不断传承和坚守。

2020年夏天，安徽庐江县遭受百年一遇的洪灾。7月22日，庐江县石大圩漫堤决口，约6 500人被洪水围困，情况危急。当天，县消防救援大队政治教导员陈陆带领大队辗转5个乡镇，连续奋战，成功转移群众2 665人。在营救过程中，决口突然扩大，救援队员所乘橡皮艇被卷入激流漩涡侧翻，年仅36岁的陈陆英勇牺牲。

"放心，我会守好庐江"，这是陈陆出发前对父亲的承诺，也是他对信仰坚守的生动写照。⑤

---

① 习近平：《习近平谈治国理政》，外文出版社2014年版，第15页。
② 《革命烈士传》三，人民出版社1988年版，第56页。
③ 同上书，第60页。
④ 同上。
⑤ 《陈陆获颁感动中国年度人物："最先出发，最快抵达"》，江西网，http://pc.yun.jkntv.cn/p/399100.com，2021年2月18日。

（二）信仰困惑："各种思想都会'争夺'青年"

青年是党和国家的未来，各种社会思潮会影响青年，都会"争夺"青年。在日益复杂的国际国内环境中，如果青年一代不能坚定马克思主义信仰，无数革命先辈换来的幸福生活就可能付诸东流。因此，用马克思主义信仰引领青年，用中国梦和社会主义核心价值观凝聚共识的任务尤为紧迫。

不驰空想，不骛虚声。青年人用行动践行着"勤学、修德、明辨、笃实"的八字箴言。在山西省临汾市大宁县徐家垛乡乐堂村，有一个小伙子每天都在商路上驮着药箱，骑着摩托车飞驰，他就是乡村医生贺星龙。贺星龙的家乡在一个大山沟里，艰苦偏僻，交通闭塞，乡亲们外出看病困难重重，十分不便，作为党员的贺星龙在大学读书时就立志要为乡亲们做点实事。

贺星龙卫校毕业后，放弃了留在大城市的机会，选择回到自己的家乡，成为一名乡村医生。回到家乡后，贺星龙不怕苦、不怕累，全心全意做好守护乡亲们身体健康的工作。他向乡亲们承诺，自己将不分昼夜，24 小时上门服务，乡亲们身体上只要有不适，都可以随时联系他，他随叫随到！

多年来，贺星龙一心奉献，不求回报。自从回到家乡做乡村医生以来，贺星龙已经累计为乡亲们免去了三四十万元的医药费和出诊费。更令人动容的是，他一把火烧掉了村子里的行医账本，从没想过要乡亲们回报些什么。

乡村的医疗条件艰苦，他用烂过 12 个行医包，骑坏过 7 辆摩托车。他回村行医近 20 年，累计出诊超过 17 万次。村里的老人对他说："星龙，你走了我们就活不成了。"听着乡亲们这些掏心窝子的话，他心里比任何人都清楚和坚定。他说："我会一辈子选择扎根乡村，为乡亲们发光发热。"①

信仰困惑是指由于受怀疑和不确定性因素的驱使，人们对原本坚信的东西持怀疑和否定态度，以至于人们无从确立信仰；或者信仰已经确立，受怀疑机制的驱使而走向困惑、迷茫，最终导致原有信仰的失落和崩溃。随着经济全球化、社会信息化、文化多样化的深入推进，青年思想意识多样多变的特征更加明显，有些青年出现了信仰困惑。从社会的角度来看，信仰困惑是个人或者社

---

① 《贺星龙：17 年守护 28 村百姓报恩情》，新华网，http://www.sx.xinhuanet.com/2017x-hpt/yshxl.htm，2017 年 10 月 17 日。

会群体的信仰体系相对于当下社会现状中因出现了不相容和不适应而缺失。在信仰出现困惑的状态下，主体的思想并非停止了对信仰的诉求，而是仍然会寻找精神上的寄托，如果有机会面对或接触可以作为信仰的其他思想，便可能在此状态之下做出盲目的选择。

而在新时代中国青年中，因受自身原因、社会因素、文化冲击等多种影响，有的青年出现了信仰动摇的现象。"志不立，天下无可成之事。"理想信念的动摇是最危险的动摇，理想信念的滑坡是最危险的滑坡。面对有的青年出现的马克思主义信仰困惑，我们绝不能掉以轻心，必须严肃对待并认真分析。

（三）捍卫信仰："青年总是投身到忘我斗争中"

中国特色社会主义伟大事业离不开广大青年，需要一代又一代有志青年接续奋斗。马克思曾经深刻地指出："最先进的工人完全了解，他们阶级的未来，从而也是人类的未来，完全取决于正在成长的工人一代的教育。"① 他还说："我们应当训练好在我死后继续共产主义宣传的人。"② 列宁在1906年《孟什维主义的危机》中对拉林"我们党内青年工人占优势，成家的工人却很少，并且存在离开党"的错误观点进行了深刻批判。他指出：

> 在我们革命政党中青年占优势，这难道不是很自然的吗？我们是未来的党，而未来是属于青年的。我们是革新的党，而青年总是更乐于跟着革新者走的。我们是跟旧的腐朽事物进行忘我斗争的党，而青年总是首先投身到忘我斗争中去的。③

在这里，列宁不但充分肯定青年的积极作用，而且明确指出青年对无产阶级政党存在和发展的特殊意义，强调布尔什维克"永远是先进阶级的青年人的党"。正如列宁所言："只有把青年的训练、组织和培养这一事业加以根本改造，我们才能做到青年一代努力的结果将建立一个与旧社会完全不同的社会，

---

① 《马克思恩格斯全集》第16卷，人民出版社1964年版，第217页。
② [法]保尔·法拉格：《回忆马克思恩格斯》，马集译，人民出版社1973年版，第68页。
③ 《马克思主义著作青年读本导读》，人民出版社1992年版，第360页。

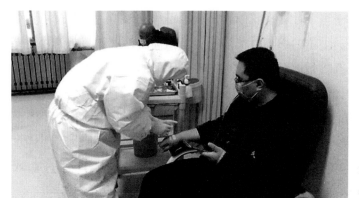

李洪波在疫情重灾区湖北工作（来源：《滨州李洪波荣获"中国好医生、中国好护士"抗疫特别人物荣誉称号》，齐鲁晚报齐鲁壹点，2020年10月27日，https://baijiahao.baidu.com/s?id=1681693765970690419）

即共产主义社会。"①

2019年底，面对突如其来的新冠肺炎疫情，青年党员李洪波医生坚守信仰，选择成为一名冲在抗疫一线的逆行者。听闻山东组建第一支援鄂医疗队时，李洪波毫不犹豫，他坚定地说："我是共产党员，专业对口，我要报名！"作为山东省第一批到达武汉的援鄂医疗队队员，他主动申请到高风险的隔离病区工作。

面对严峻的任务，李洪波以专业的知识素养和顽强的意志品质坚持着。2020年1月28日，李洪波上了第一个夜班，进入隔离病区需要做好防护工作，持续性的工作加上密封的防护服、勒紧的护目镜和沉重的靴子，很快，李洪波和同事们就开始流汗，身体的不适感持续考验着他们的毅力。由于李洪波是第一批援鄂医疗队队员，医院的设施还不完善，医院还没有接通热源，寒冬时节的病房温度一直偏低，着凉和感冒也在不断侵袭着李洪波。

就在这种困难的环境下，李洪波不吃、不喝、不上厕所在隔离区连轴转了七个半小时。工作结束后，他才发现自己的身体已经完全湿透，四肢也都抬不起来了，连更换防护服都变得十分艰难。

不仅有身体上的疲惫，心理上也在默默接受着考验。援鄂期间，最让李洪波放心不下的，是他正在接受结肠癌中晚期治疗的父亲。身为医生的他，为了在最需要他的前线救治更多的病人，而只能把照顾父亲的重担交给家人，把最

---

① 《列宁选集》第四卷，人民出版社2012年版，第282页。

深的担忧埋藏在心里。①

中国共产党是中国工人阶级的先锋队,也是中国人民和中华民族的先锋队,一代代革命先辈对马克思主义信仰的忠诚彪炳史册。殷夫视反动派的爵禄为"薄纸糊成的高帽",为革命信仰不惜舍生取义。蒋先云面对蒋介石"只要退出共产党,就委任你为黄埔军校中将教育长"的许诺,决然回答:"别的可以牺牲,唯共产党的党籍不可以牺牲。"②

新时代青年群体应确立马克思主义信仰,树立共产主义远大理想和中国特色社会主义共同理想。习近平总书记在党史学习教育动员大会上指出:"一代人有一代人的责任,中华民族伟大复兴曙光在前、前途光明。同时,我们必须清醒认识到,中华民族伟大复兴绝不是轻轻松松、敲锣打鼓就能实现的。青年面临着难得机遇,也面临着严峻挑战。只有确立马克思主义的科学信仰,才能真正确立崇高的理想信念,在错综复杂的社会现象中看清本质、明确方向,为服务人民、奉献社会做出更大的贡献。在这个关键当口,容不得任何停留、迟疑、观望,必须不忘初心、牢记使命,一鼓作气、继续奋斗。"③

唯其艰难,方显勇毅。扎根西藏的青年干部格勒巴桑这样说道:"作为新青年,我们要常怀感恩之心,要把情怀融入奋斗中,把责任扛在肩膀上,把理想落实在行动里,做务实的、情怀与能力兼备的好青年。"④

从清华大学毕业之后,格勒巴桑作为拉萨市的引进人才来到西藏这片热土,负责西藏的第三产业开发建设工作。从来到西藏接手工作开始,格勒巴桑就潜心研究、深入调研,站在西藏自治区的全局视角,为当地经济产业的发展量身制定策略。为促进西藏第三产业的发展,他不仅邀请众多的专家为产业聚集和产业发展建言献策,还亲自带领团队在多地开展实地调研,本着实事求是和因地制宜的原则,努力谋求一条适用于西藏发展的道路。

---

① 《随山东首批援鄂医疗队出征李洪波在黄冈的第一个夜班这样度过》,齐鲁网,http://sdxw.iqilu.com/share/YSQyMSQ3MzEQMTAy.html,2020年12月10日。
② 转引自冀苏杭:《信仰如磐,百年大党的精神密码》,《解放军报》,2021年2月1日,第6版。
③ 习近平:《在党史学习教育动员会上的讲话》,人民出版社2021年版,第7页。
④ 《青年创业,在西藏这片热土上》,人民画报,2021年7月5日,http://www.rmhb.com.cn/rw/202107/t20210705_800252205.html。

格勒巴桑到公司职工家慰问，询问生活情况（来源：《人民画报－【本刊专稿】青年创业，在西藏这片热土》，人民画报，2021年7月5日，http://www.rmhb.com.cn/rw/202107/t20210705_800252205.html）

为了帮助极高海拔地区的农民和牧民，格勒巴桑还推出了共同创业模式，和易地搬迁的农牧民开展合作、共同创业。与此同时，他还推出优惠政策吸引大学生来当地就业。这些举措提高了当地百姓的知识文化水平，带动了当地农牧民增收致富，助力了西藏乡村振兴，推动了当地经济产业的高质量发展。

"看似寻常最奇崛，成如容易却艰辛。"格勒巴桑真正做到了将青春信仰践行于边疆热土。

二、立根在岩中："没有理想信念，就会导致精神上'缺钙'"

习近平总书记在2012年第十八届中央政治局第一次集体学习时强调："坚定理想信念，坚守共产党人精神追求，始终是共产党人安身立命的根本。对马克思主义的信仰，对社会主义和共产主义的信念，是共产党人的政治灵魂，是共产党人经受住任何考验的精神支柱。形象地说，理想信念就是共产党人精神上的'钙'，没有理想信念，理想信念不坚定，精神上就会'缺钙'，就会得'软骨病'。"①

---

① 习近平：《习近平谈治国理政》，外文出版社2014年版，第15页。

1919年5月4日参加五四运动的青年们（来源：《一场伟大的反帝反封建运动——五四运动》，腾讯网，2021年5月4日，https://new.qq.com/rain/a/20210504a02ue700）

只要人民在心中确立了坚定的马克思主义信仰，就会显示出足够的勇气。近代以来，中国面临着各种各样的危机。俄国十月革命一声炮响，给中国送来了马克思主义。一大批先进的知识分子充分学习马克思主义理论并将其应用到中国的革命事业中，新中国才得以诞生；在新中国建设的过程中，也正是由于马克思主义的正确指导，才使得中华民族沿着正确的方向前进，不断走向伟大复兴。

在五四运动前后，上海成为中国工人运动的发源地、新文化运动的发祥地、留法勤工俭学运动的启航地、中国共产党的诞生地、远东共产主义运动的中心城、革命书籍报刊的中心出版地，一群最先进的青年知识分子离开家庭和学校，在上海相聚。五四爱国运动推动了马克思主义在我国的传播，一大批青年纷纷用马克思主义武装自己，生动展现了中国青年对马克思主义信仰的不懈追求。

而今天，有的青年却不能将百年前的那份坚守和无畏传承下来，他们所产生的一些信仰困惑在许多方面都有所体现，采用多种方式开展马克思主义信仰教育尤为必要和关键。

（一）进一步增强明辨是非的能力

"凭借在技术和经济上的优势地位充分利用其掌握的信息传播的控制力和影响力，极力向世界特别是社会主义国家传播西方资产阶级的意识形态、政治制度、价值观念、文化思想。这种意识形态的渗透,将淡化本国传统文化的影响,使青年的政治观产生倾斜。"①

理想信念是战胜各种考验的"胜利之钥",初心使命是磨砺青春的"精神之钙"。新时代中国青年肩负着传承中华传统文化、建设社会主义的重任,是社会主义意识形态忠诚的守护人。但是,新时代中国青年也是这个时代思想最活跃的群体之一,他们对社会思潮和意识形态最为敏感,他们的思维方式还在成长之中。因涉世未深,社会经验不足,又受到五花八门的不正确社会思潮的影响,有的青年可能会出现信仰不坚定的现象。心中有了信仰,脚下才有力量。广大青年要坚持用习近平新时代中国特色社会主义思想武装头脑,坚定对马克思主义的信仰、对社会主义和共产主义的信念,用一生来践行跟党走的理想追求。

(二)大力加强对非科学信仰的辨识

在人类信仰所有的表现形式中,宗教信仰带有浓厚的非理性色彩。马克思在《黑格尔哲学批判导言》中指出:"宗教是被压迫生灵的叹息,是无情世界的情感,正像它是无精神活力的制度的精神一样。宗教是人民的鸦片。"②随着人类社会越来越向现代文明发展,自然科学基础的建立使得人类可以运用自己掌握的知识更加深入地解释自然界和物质领域的很多现象,认知掌握有关现象的原理与规律,现代化的生产方式也使人类在文化交流与沟通上越来越频繁,多元文化与思想的融合使得人类在理性发展上进入一个新的历史时期。

人类以科学和理性证明了很多以往宗教中存在的错误和盲信,从而使得人的信仰从宗教的束缚中解放出来。而从理性角度构建形成的人类社会科学体系逐渐占据精神与文化领域的主导地位,因而形成以哲学思想和科学思想为核心的新的信仰。

青年群体精力充沛,处于接受各种知识和影响的快速成长期,易于接受社会发展进程中对传统的怀疑、批判和否定,也非常主动积极地加入其中。改革

---

① 共青团中央办公厅:《全团优秀调研成果汇编》,中国青年出版社2009年版,第171页。
② 《马克思恩格斯选集》第一卷,人民出版社2012年版,第2页。

开放以来,随着国外各种思潮的涌入,各种新观念、新事物不断出现,马克思主义信仰和其他非科学信仰的交织存在,要求新时代青年要不断加强对非科学信仰的辨识,坚定马克思主义信仰。

(三)树立远大的共产主义理想

马克思和恩格斯在《共产党宣言》中把"人的自由而全面发展"理论阐述为:"代替那存在着阶级和阶级对立的资产阶级旧社会的,将是这样一个联合体,在那里,每个人的自由发展是一切人的自由发展的条件。"① 因而马克思主义对于人类社会发展规律的阐释是以追求个体的充分自由发展为终极目的。马克思主义理论深刻揭示社会发展的本质规律性,从而可以找到人类社会中阶级矛盾与冲突产生的根源,使被压迫阶级拥有了对抗强权与剥削的强大思想武器,通过为广大人民争取权利、自由和解放,从而形成了真正为全人类的自由和福祉而服务的科学理论。追求全人类解放,建设共产主义社会的崇高理想与反压迫、反奴役、追求平等自由的进步思想,是马克思主义理论能够上升为信仰的根本保障。新时代青年必须树立远大的共产主义理想,为全社会的发展进步贡献自己的青春力量。以青春之心与奋斗约定,不要在安逸中迟疑、迷茫、蹉跎,而要在磨砺中愈发坚定、愈发律动、愈发精彩,与青春为伴,与奋斗同行。

退役军人滕兆敏正是这样的青年。他始终把中国共产党全心全意为人民服务的宗旨放在心中,专注从事公益近20年,努力援助贫困儿童和孤寡老人。滕兆敏说,"认定了远大目标之后,就只管往前去实现目标"。

2016年,滕兆敏在山东省日照市莒县龙山镇为村里的孤寡残障老人开设了第一家爱心食堂。这样的爱心食堂是为了减轻老人们生活压力而开设的,每天中午都会为有需要的老人提供免费午餐。

滕兆敏投身于公益事业,毫不吝啬,从来都是自掏腰包。爱心食堂的启动资金来源于他早年做生意积攒下的积蓄。在滕兆敏的带领下,爱心食堂蓬勃发展,在短短五年的时间里,滕兆敏和他的团队已经开办了15家爱心食堂。

---

① 《马克思恩格斯文集》第二卷,人民出版社2009年版,第53页。

在爱心食堂为贫困老人服务的滕兆敏（来源：《滕兆敏：让723名老人吃上了免费饭！》，澎湃网，2021年10月21日，https://m.thepaper.cn/baijiahao_15005957）

滕兆敏的志愿服务范围也在不断拓展。考虑到有些老人丧失了行动能力，不能到爱心食堂就餐，滕兆敏和团队就在2020年推出了连锁爱心配餐的新行动——由志愿者免费为老人配餐上门，让越来越多的老人不出门就能吃到爱心餐。爱心食堂不仅为老人们提供了切实的帮助，还激发了城市的公益热情，得到社会各界越来越多的认可和支持，越来越多的人自发投入志愿活动，市民们为老人捐赠米面粮油和生活用品，村委会为爱心食堂提供活动场地，爱心企业为爱心行动进行物资捐赠等。①

三、扪心之探源：马克思主义信仰困惑因何产生

马克思在《人生》中感叹："转眼即逝的人生，正是一次激情的战斗！"②恩格斯在《咏印刷术的发明》中咏颂："凝视着真理，同它形影不离，我既不

---

① 《"山东好人"2020年度人物滕兆敏："我愿意做这个幸福的摆渡人"》，大众网，http://sd.dzwww.com/sdnews/202105/t20210525_8533394.html，2021年5月25日。

② ［德］卡尔·马克思：《马克思青年时代诗选》，陈玉刚、陈玢译，文化艺术出版社1984年版，第5页。

怕烈火,也不怕死亡,难道我还要受到质疑?"① 他们坚定的信仰固然为世人所敬仰,但马克思主义信仰也不是那么容易确立的,更不是一蹴而就的,而是需要经历长期的学习、研究与思考,辩论、实践与革命。而对马克思主义信仰的不坚定,是有多种多样原因的,既有个人原因也有外界原因。个人认知不足、理想信念不坚定等原因是马克思主义信仰困惑产生的重要原因,而外界因素的变化也影响着青年群体的马克思主义信仰。只有从这两方面进行思考,才能发现马克思主义信仰困惑的问题所在,才能采取有效措施化解困惑。

其实,在百年前,马克思主义信仰困惑也存在于部分青年群体中。而寻找出其中原因,并且探寻化解困惑的方法,能帮助青年更加深刻理解我国新民主主义革命由胜利走向胜利的历程。出现信仰困惑并不可怕,可怕的是对其处理不当,对信仰困惑视而不见,最终导致严重后果。1928年,在井冈山革命根据地,革命遭到了三月和八月两次失败。不少人感到革命前途渺茫,南昌起义

井冈山毛泽东居住和办公的八角楼旧居(来源:《这道光,照亮前行之路——井冈山精神述评》,中华网,2021年7月22日,https://news.china.com.cn/zw/news/13000776/20210722/39786328.html)

---

① 《马克思恩格斯全集》第41卷,人民出版社1982年版,第47页。

失败了,秋收起义失败了,广州起义也失败了……井冈山能待下去吗?"红旗到底打得多久"的疑问不断出现。为彻底回答"红旗到底打得多久"的疑惑,从理论上阐明中国革命发展的道路,毛泽东审时度势、总结经验,开始深入研究思考红色政权理论。

山沟沟里的夜晚,八角楼上亮起了一盏灯,毛泽东坐在油灯前通宵达旦奋笔疾书,写下《中国的红色政权为什么能够存在?》《井冈山的斗争》两篇光辉著作,回答了当时"红旗到底打得多久"的疑问,从革命乐观主义的高度回应了人们对于信仰的动摇情绪。①在总结井冈山革命斗争经验的基础上,1930年1月,毛泽东在《星星之火,可以燎原》中充满诗意地豪迈指出,中国革命高潮快要到来,"它是站在海岸遥望海中已经看得见桅杆尖头了的一只航船,它是立于高山之巅远看东方已见光芒四射喷薄欲出的一轮朝日,它是躁动于母腹中的快要成熟了的一个婴儿"。②

在百年后的今天,造成我国少数青年群体产生信仰困惑的原因也有多种,应该对其加以分析并找出解决方法,化解困惑。

(一)马克思离青年太远了吗

今天的青年被形形色色的互联网名词"轰炸"着,被五光十色的信息网覆盖着,仿佛被推着冲进新的信息时代,有的青年失去了奋斗的方向,踟蹰不前。当代青年格外需要马克思主义信仰,来洞穿这个时代的秘密。

马克思、恩格斯指出,共产党人的最终目的是"使无产阶级形成为阶级,推翻资产阶级的统治,由无产阶级夺取政权"。③共产党人的最高目标是实现共产主义,即"代替那存在着阶

青年时期的马克思画像(来源:《走进马克思(人物简介)》,搜狐网,2020年4月4日,https://www.sohu.com/picture/385436562)

---

① 海华:《八角楼里一盏灯,照亮革命万里程》,《求是》,2021年第4期。
②《毛泽东选集》第一卷,人民出版社1991年版,第106页。
③《马克思恩格斯文集》第二卷,人民出版社2009年版,第44页。

级和阶级对立的资产阶级旧社会的,将是这样一个联合体,在那里,每个人的自由发展是一切人的自由发展的条件"①。

新时代中国青年普遍比较注重实践的检验,愿意接受和相信自己亲身经历和检验过的理论,较难理解抽象的传统马克思主义信仰教育。如果新时代青年在学习过程中缺少正确的指导,即将步入社会的他们所受到的影响可能就会导致内心发生一系列变化,所接触到的事物也可能在潜移默化中对他们的信仰产生影响,最终导致部分青年产生马克思主义信仰困惑。

习近平总书记在纪念马克思诞辰200周年大会上指出:"马克思是顶天立地的伟人,也是有血有肉的常人。"②他同时指出:"马克思一生饱尝颠沛流离的艰辛、贫病交加的煎熬,但他初心不改、矢志不渝,为人类解放的崇高理想而不懈奋斗,成就了伟大人生。"③马克思也有关于理想、友谊和爱情的执着与热忱,也有对于衣食住行的迷茫和焦虑,他在青年时代和当代的青年一样,也是一个激情四射的有志青年。

马克思在青年时代所具有的稚嫩和困惑,并不会掩盖马克思主义信仰的光芒,反而在某种意义上绘就了马克思主义的完整图景。青年马克思离当代中国青年很近,具有强大的解释力。因此,马克思主义信仰始终富有青春朝气,在青年迷茫不前之时,在郁郁不得志之时,它始终给予青年温暖与力量,帮助青年化解信仰的困惑。

习近平总书记称赞"90后""00后"的青年人是"可爱、可信、可为的一代","青年兴则国家兴,青年强则国家强"。马克思主义信仰是青年成长成才途中,陪伴青年度过可能存在的种种艰难险阻和焦虑困惑的思想利器。马克思毕其一生所探寻研究的那个时代并没有离青年远去,其信仰的火炬会随着时代发展而愈发耀眼。

(二)外来文化会冲击青年的思想吗

习近平总书记深刻指出:"国内外敌对势力往往就是拿中国革命史、新中

---

① 《马克思恩格斯文集》第二卷,人民出版社2009年版,第53页。
② 习近平:《在纪念马克思诞辰200周年大会上的讲话》,人民出版社2018年版,第5页。
③ 同上书,第3页。

国历史来做文章,竭尽攻击、丑化、污蔑之能事","历史虚无主义的要害,就是从根本上否定马克思主义的指导地位和中国走向社会主义的历史必然性,否定中国共产党的领导"①。当代青年要认清历史虚无主义的本质和危害,"更加自觉地坚持党的领导和我国社会主义制度,坚决反对一切削弱、歪曲、否定党的领导和我国社会主义制度的言行"②,与历史虚无主义做坚决的斗争。

多元文化冲击是马克思主义信仰困惑产生的重要原因之一。在互联网不断发展的今天,青年群体更容易接触到各种各样的文化思潮。各种各样的媒体所发表的言论有所不同,所传递的价值观念也会有一定的区别,在学习的过程中利用辩证唯物主义思想去思考问题,取其精华、去其糟粕应当是一种重要的理念,而辨别、剔除错误的思想言论更需要有强大的辨识能力。

百年之前,尽管中国的先进分子对马克思主义的了解还不深入,但他们通过对马克思主义著作的认真学习和研究,对国际共产主义运动中存在着的社会民主主义、修正主义采取了明确的批判态度。

陈独秀说,马克思修正派的学说"是我大不赞成的","像这样与虎谋皮为虎所噬还要来替虎噬人的方法,我们应该当作前车之鉴"③。毛泽东说,"社会民主主义,借议会为改造工具,但事实上议会的立法总是保护有产阶级的"④。蔡和森也表示,自己对修正派社会主义"一律排斥批评,不留余地"⑤。

百年前,中国的马克思主义运动经历种种考验,一大批青年革命者逐步走向马克思主义革命正确方向。而相较之下,新时代部分中国青年没有经过充分的社会历练,思想上较为纯粹,好奇心强,鉴别能力还不够,容易接受新鲜事物,对由西方流传而来的思潮比较感兴趣,很容易受到多元、复杂的时代背景影响。而在发展的过程中,个人主义、功利主义、世俗主义信仰的产生也使得部分青年思想发生了一定的变化,这些会引发他们对马克思主义信仰的淡化,

---

① 习近平:《在中央政治局第七次集体学习时的讲话》,《人民日报》,2018年7月31日,第1版。
②《决胜全面建成小康社会,夺取新时代中国特色社会主义伟大胜利——在中国共产党第十九次全国代表大会上的报告》,人民出版社2017年版,第15页。
③《陈独秀文章选编》中,生活·读书·新知三联书店1984年版,第8页。
④《毛泽东年谱(一八九三——一九四九)》修订本上册,中央文献出版社1993年版,第78页。
⑤《蔡和森文集》上,人民出版社2013年版,第78页。

逐步偏离正确信仰的轨道。

（三）书本的知识入脑入心了吗

1931年11月，中华苏维埃共和国临时政府成立，毛泽东当选为主席。通过在中央根据地创办马克思共产主义学校、列宁师范学校、中央农业学校、高尔基戏剧学院等，加强马克思主义教育，着力培养各方面的干部和专门人才，体现了当时的中华苏维埃政府对马克思主义教育的重视。

当前的马克思主义信仰教育还存在一些薄弱环节。首先，在马克思主义信仰培养的过程中，有的高校存在着相关课程设置不完善、教学内容不生动等问题，导致少数青年在学习过程中对马克思主义信仰树立认识不足。其次，马克思主义的基本观点是对人类思想成果和社会实践经验的科学总结，其基本方法建立在辩证唯物主义和历史唯物主义世界观和方法论基础上，其本身不易理解。若在课堂教授的过程中不能深入浅出，很有可能使学生产生一定抵触心理，对马克思主义的认识也只停留在浅显的记忆状态，无法真正理解马克思主义的内涵和精髓。最后，从事马克思主义信仰教育的教师，如果不能及时为学生解疑释惑，就无法运用马克思主义理论对这些问题进行深刻正确地剖析。

习近平总书记强调指出，在高校的培养过程中，要坚持马克思主义指导地位，全面贯彻党的教育方针，坚持社会主义办学方向，抓住历史机遇，紧扣时代脉搏，立足新发展阶段、贯彻新发展理念、服务构建新发展格局，把发展科技第一生产力、培养人才第一资源、增强创新第一动力更好结合起来，更好为改革开放和社会主义现代化建设服务。这为深入开展马克思主义信仰教育指明了方向，提供了根本遵循。

（四）面对种种诱惑怎么办

青年正处在人生成长的关键时期，知识体系搭建尚未完成，价值观塑造尚未成型，情感心理尚未成熟，难免会受到外界各种思想的诱惑和干扰，也会因遇到的现实困难而产生不良的倾向，这就会让他们在思想上产生困惑和摇摆。面对社会生活中的种种诱惑，马克思曾在《青年在选择职业时的考虑》一文中给出过这样的深刻思考：

伟大的东西是光辉的，光辉则引起虚荣心，而虚荣心容易给人鼓舞或者是一种我们觉得是鼓舞的东西；但是，被名利弄得鬼迷心窍的人，理智已无法支配他，于是他一头栽进那不可抗拒的欲念驱使他去的地方；他已经不再自己选择他在社会上的地位，而听任偶然机会和幻想去决定它。……历史承认那些为共同目标劳动因而自己变得高尚的人是伟大人物；经验赞美那些为大多数人带来幸福的人是最幸福的人；宗教本身也教诲我们，人人敬仰的理想人物，就曾为人类牺牲了自己——有谁敢否定这类教诲呢？①

习近平总书记指出："人生的道路要靠自己来选择，如何选择一条正确的道路，关键是要有坚定的理想信念。否则，环境再好照样会走错路。"②用马克思主义信仰感召行动，涉世未深、社会经验不足的青年就能在物质纷繁诱惑、多元文化侵袭中保持清醒和明辨，不会迷失成长成才的方向。从马克思主义信仰出发，当代青年就不会囿于现实的种种诱惑，不会陷于外来的杂芜思潮，而是能汲取到一种审视和批判现实的力量。

四、守精神家园：信仰困惑的化解路径探索

青年人只有完全化解生活中遇到的信仰困惑，加深对马克思主义的理解，才能坚定马克思主义信仰，正确运用辩证唯物主义的武器。有了理想，才有活的灵魂；丧失信仰，堤坝就会崩溃。习近平总书记强调："全党同志一定要坚守共产党人精神家园，把改造客观世界和改造主观世界结合起来，切实解决好世界观、人生观、价值观问题，练就共产党人的钢筋铁骨，铸牢坚守信仰的铜墙铁壁。"③

---

① 《马克思恩格斯全集》第40卷，人民出版社1982年版，第4—7页。
② 习近平：《我是黄土地的儿子》，《全国新书目》，2002年第12期。
③ 习近平：《在纪念陈云同志诞辰110周年座谈会上的讲话》，人民出版社2015年版，第6页。

熊亨瀚（1894—1928），本名骥才，湖南省桃江县人，早年参加民主革命运动，1926年加入中国共产党，并利用在国民党内的身份，在湖南省国民党内部开展了艰苦曲折的工作。1927年，他写下《观涛》一诗，表达了革命者的坚韧不拔和壮志豪情：

> 大江东去，浩荡谁能拒！
> 吾道终当行九域，慷慨以身相许。
> 大孤山下停桡，小孤山上观涛。
> 热血也如潮涌，时时滚滚滔滔。

长沙"马日事变"后，他由省委委派组织衡山县军事委员会，扩大农民自卫军。10万农军反攻长沙的计划失败后，他潜回故乡。1928年11月被捕，28日英勇就义。

回顾100年前中国共产党的创建，在当时那批最早的中共党员身上，可以看到他们对民族、对国家的历史担当。这批最早的中共党员大都工作体面、衣食无忧，如果为了个人利益，根本不用冒风险去干革命。但是，以陈独秀、李大钊等为代表的共产党人选择义无反顾地投身革命，甚至不惜牺牲生命。

1935年中央红军一渡赤水时，朱德向全体指战员讲了这样一番话："一个共产党员、革命战士，要做到'三个不要'：一不要命，二不要钱，三不要家。自己不要命，是为了千千万万的劳苦大众能很好地生存；自己不要钱，是为了天下的穷人过上富裕的日子；自己不要家，是为了全国每个家庭都能幸福地团聚和生活。"① 罗有荣将军把这番话铭记在心，时隔53年，仍然清楚地记得每一个字，并将其整理在笔记本中，传承给今天的青年人。

人们今天总说，"苦不苦，想想长征两万五"。长征已经成为苦难的象征，但同时，长征也是以信仰的力量战胜苦难的象征。今时今日，当代青年应该从马克思主义信仰的角度解读朱德元帅的这番话："不要命"是让青年铭记，今天的美好生活都是革命先烈用鲜血换来的，青年必须全力工作，担负起时代赋

---

① 黄娴：《泛黄笔记本中的信仰力量》，《人民日报》，2021年1月29日，第5版。

予青年的光荣使命;"不要钱"为的是实现共同富裕,全面建成小康社会,为中华民族的伟大复兴而奋斗;"不要家"告诉青年要"舍小家,为大家",始终不忘为人民服务的初心,牢记"江山就是人民,人民就是江山"。理解这些后,当代青年便能明白,中国共产党带领中国人民之所以取得如此辉煌的成就,正是因为一代代共产党人怀抱信仰,勠力前行。战争年代如此,今天亦然。

化解青年人的马克思主义信仰困惑是青年群体向优秀的共产党员和真正的共产主义者过渡的重要一步。习近平总书记指出:"理想因其远大而为理想,信念因其执着而为信念。"① 当代青年"绝不能因为实现共产主义理想是一个漫长的过程,就认为那是虚无缥缈的海市蜃楼,就不去做一个忠诚的共产党员"②。

缅怀革命先烈,赓续共产党人的精神血脉,就要坚定理想信念,砥砺革命意志。抚今追昔,新时代中国青年才能明白为什么革命理想高于天,为什么理想信念之火一经点燃就会产生巨大的精神力量。红军战士视死如归,向死而生,一往无前,敢于压倒一切困难而不被任何困难所压倒的崇高精神,永远值得青年铭记和发扬。在实现第二个百年奋斗目标的新长征路上,当代青年更要抱定必胜信念,勇于战胜来自国内外的各种信仰考验,朝着实现中华民族伟大复兴的目标奋勇前进。

(一)自身修为:提高青年群体马克思主义涵养

人的每一种本质活动特征,每一种生活本能,都会成为人的一种需要。青年信仰生成基于信仰需要,具有特殊的表现。一是青年信仰形成的根本需要是超越有限的生命。这是人克服生命有限性,实现人生意义无限性的根本需要。在这个过程中,信仰便成为一种精神慰藉、思想指引和永恒追求。二是青年信仰形成的精神需要是实现人生价值。在个体自身发展和社会发展相统一的过程中产生了青年信仰,在实现自我价值和生命意义的目标下促使青年去构建自己的信仰体系。三是青年信仰形成的利益需要是化解现实问题。现实生活中的问

---

① 习近平:《在纪念万里同志诞辰100周年座谈会上的讲话》,人民出版社2016年版,第7页。
② 高岸起:《进步观》,人民出版社2018年版,第507页。

题是青年群体亟须解决的,而信仰可以作为协调这些现实问题的精神手段。在周围环境、生活习惯、文化习俗的影响下,青年获得对社会道德的认识和道德情感的体验,然后根据个人去构建自己的信仰模式。

确立信仰对象是信仰形成的第一步,这是对一定理论观点的信服和对其价值追求的信奉。然后在对信仰对象笃信的基础上产生信仰情感,为青年的信仰行动注入动力。

共产党员印春荣的信仰确立为青年成长提供了一面镜子。他始终恪守初心、忠于使命,坚持共产党人全心全意为人民服务的宗旨,把自己的人生追求奉献给党和人民的事业。

印春荣出生在滇西的一个边城,那里毒品交易众多,他从小就目睹了毒品是怎样毁灭人生、危害社会的,立志长大后做一名缉毒战士,与毒品抗争到底。高中毕业后,一心想当缉毒战士的他却成了一名卫生员。但他并没有因为现实与理想的差别而失望,他潜心研究自己的专业,提高专业技术素养,在自己的岗位上积极热情奉献。在如愿成为一名缉毒战士后,他依旧苦心钻研业务本领,学习和研究缉毒工作的战法,成为一名缉毒尖兵。

在30年的缉毒生涯中,印春荣时常在生与死的边缘游走着,他是公安边防部队中参与缉毒量最多的人之一,曾5次直面生与死、7次远赴境外执行卧底任务、31次打入贩毒集团的内部进行调查。印春荣奋战在情况最复杂的边境地区,一次次面临生死考验,一次次把毒贩绳之以法,真正做到了铁心向

印春荣在澜沧边境检查站糯扎渡执勤(来源:《印春荣:出生入死擒毒枭》,文汇网,2019年6月5日,https://wenhui.whb.cn/third/baidu/201906/05/268106.html)

党，初心不改。①

习近平总书记指出："要加强思想道德修养，坚定理想信念，严格要求自己，自觉践行社会主义核心价值观，自觉践行'三严三实'，自觉抵制和纠正'四风'问题，带头尊法学法守法用法，慎始慎初、慎微慎独，把好权力关、金钱关、美色关，做到心有所畏、言有所戒、行有所止。"②青年人要通过认真开展理论学习、积极关注社会时事和主动进行实践锻炼，进一步提高自身马克思主义修养，正确认识马克思主义理论对中国特色社会主义道路及对自身科学价值观形成的指导意义，从而坚定马克思主义信仰。

2018年5月，在北京大学考察时，习近平总书记饶有兴致地向在场的青年学子分享了他的读书心得："那时候，我读了一些马列著作。15岁的我已经有了独立思考能力，在读书过程中通过不断重新审视，达到否定之否定、温故而知新，慢慢觉得马克思主义确实是真理，中国共产党领导确实是人民的选择、历史的选择，我们走的社会主义道路确实是一条必由之路。这种通过自己思考、认识得出的结论，就会坚定不移。"③

提高青年群体马克思主义修养有多种途径。首先，广大青年要认真学习马克思主义理论著作，在认真研读理论著作的基础上消除对马克思主义的片面理解和心理困惑，从而对马克思主义形成一个客观理性的认识。其次，在社会实践活动中亲身体会马克思主义的真理性，将理论与实际相结合，更好地理解抽象复杂的理论知识，在学习与实践中不断增强理论修养，实现实践、认识、再实践、再认识的无穷辩证发展过程，坚定马克思主义信仰。最后，提升政治敏锐力和辨别力，自觉运用马克思主义理论正确地认识和看待事物，坚决抵制错误思想，坚定理想信仰。

---

① 《榜样故事⑤印春荣："缉毒神探"》，共产党员网，http://www.12371.cn/2018/11/08/ARII1541666046196589.shtml，2018年11月8日。
② 中共中央文献研究室：《习近平关于青少年和共青团工作论述摘编》，中央文献出版社2017年版，第86页。
③ 《习近平与青年的故事》，载《人民日报》，2021年5月3日，第1版。

（二）社会滋养：构建马克思主义意识形态的社会大环境

党的十九大报告强调，要加强党对意识形态工作的领导，"落实意识形态工作责任制，加强阵地建设和管理，注意区分政治原则问题、思想认识问题、学术观点问题，旗帜鲜明反对和抵制各种错误观点"①。社会背景、环境和主流意识形态是影响青年确立信仰的几个主要因素。需要加大力度在思政课堂上宣传马克思主义的主流意识形态，让马克思主义信仰成为众之所向。

首先，要了解青年思想动态，掌握青年舆论走向和关注热点，利用新媒体，如主流网站、自媒体平台、短视频应用等，积极宣传和推进马克思主义信仰教育，占领移动互联网高地，更好传播马克思主义意识形态。要着力强阵地、建队伍、发声音，团结带领广大青年依法上网、文明上网、理性上网，旗帜鲜明地弘扬主旋律、传播正能量。其次，要加强先进文化建设，提高文化领域的文明程度，加强社会主义核心价值观对社会环境的熏陶，以正确的思潮引导新时代中国青年，营造积极向上的文化氛围。最后，要加强对文化市场的监管力度，为青年坚定马克思主义信仰提供风清气正的良好环境。

（三）理论教学：广泛开展理想信念教育

习近平总书记指出："共产党员特别是党员领导干部，要做共产主义远大理想和中国特色社会主义共同理想的坚定信仰者和忠实践行者。"② 中国特色社会主义已经进入新时代，马克思主义信仰教育也要与时俱进，要与国内外最新的马克思主义理论教育成果相结合，切实提高马克思主义信仰教育的时效性。

中国共产党的历史，就是一部不断推进马克思主义中国化的历史，就是一部不断推进理论创新、实践创新的历史。百年前，青年毛泽东在大量阅读西方著作后，也接受了进化论和民主思想。当时，改良主义、自由主义、无政府主义等思潮甚嚣尘上，也不可避免地影响着青年毛泽东。他在斗争实践中对不同思潮进行了研究和比较，各种主义主张处处碰壁的现实，使他的思想迅速地朝着马克思主义的方向发展。1918 年的北京之行，则是他的思想从民主主义向

---

① 习近平：《习近平谈治国理政》第三卷，外文出版社 2020 年版，第 33 页。
② 习近平：《习近平谈治国理政》，外文出版社 2014 年版，第 23 页。

马克思主义发生转变的转折点。在研究、比较和检验了各种主义学说之后，他的宇宙观、社会观和人生观发生了根本的转变，接受了马克思主义对历史的正确解释，从此建立起对马克思主义的信仰。1936年，毛泽东与美国记者斯诺谈话时这样说道：

> 正是《共产党宣言》这部马克思主义著作，使我树立起对马克思主义的信仰。我接受了马克思主义，认为它是对历史的正确解释，以后，就一直没有动摇过。①

1939年底，他又说"《共产党宣言》我读了不下一百遍"，后来的几十年里，"每年都把《共产党宣言》读几遍"。毛泽东同志不但研读中文版的《共产党宣言》，而且对英文版的《共产党宣言》也颇有兴趣。他当年的秘书林克同志回忆说："从1954年秋天起，毛主席重新开始学英语。毛主席想学一些马列主义经典著作的英文本，第一本选的就是《共产党宣言》。"②

新时代青年要充分学习理论思想，感悟马克思主义的真理力量和实践力量。要从党的非凡历程中领会马克思主义是如何与中国具体实际相结合进而深刻改变中国的，要深化对马克思主义中国化既一脉相承又与时俱进的理论品质的认识，特别是要结合党的十八大以来，党中央团结带领全党全军全国各族人民取得的历史性成就、发生的历史性变革，深刻学习领会新时代党的创新理论。抚今思昔，方知时局之变；鉴往知来，更觉天地之新。历史感是一个人对于历史的感知能力，没有历史感，就很难有深邃的见地和深刻的思想。青年一代要胸怀中华民族伟大复兴的战略全局和世界百年未有之大变局，树立大历史观，从历史长河、时代大势与全球风云中分析演变机理、探究历史规律。

广泛开展马克思主义信仰教育是化解信仰困惑的重要抓手之一。首先，从事马克思主义信仰教育的教师队伍要在课堂中创新教学的方式方法，坚持输入与启发相统一。在向学生传授马克思主义理论的同时，也要进行启发性教育，

---

① ［美］埃德加·斯诺：《西行漫记》，董乐山译，东方出版社2005年版，第147页。
② 徐中远：《毛泽东晚年读书纪实》，中央文献出版社2012年版，第14页。

并注重双向互动,引导学生主动发现问题、分析问题、思考问题,在不断启发中让学生水到渠成地得出结论,从内心深处肯定马克思主义信仰的正确性。其次,在对青年开展马克思主义信仰教育的同时,应充分利用好中国特色社会主义理论思想对青年进行教育,通过讲授马克思主义中国化的理论成果来提高广大青年的理论水平,通过中国特色社会主义建设的伟大成就来说明马克思主义理论对中国特色社会主义事业的指导作用,促进广大青年形成马克思主义信仰。最后,抓好青年入党培育环节,有计划、有针对性地对青年人进行党性修养培育和宣传教育,严格入党选拔标准,进一步树立入党积极分子、预备党员的马克思主义信仰。

(四)职业选择:让信仰在社会中扎根生长

马克思在中学毕业的作文中写道:"人与动物不同,动物完全依赖自然的生活条件,只能在自然提供的一定范围内活动,而人却能掌握自己的命运,有选择的自由。这正是人比动物优越的地方。"① 但是,如果认为生活在社会中的人们能够不受任何限制,随心所欲地自由选择职业,那就完全错了。人们在选择职业时,正如在社会上的其他活动一样,并不完全取决于自己的希望和志愿,而是要受到社会关系的限制。马克思说:"我们并不总是能够选择我们自认为适合的职业;我们在社会上的关系,还在我们有能力对它们起决定性影响以前就已经在某种程度上开始确立了。"②

青年人在提升自身修养的同时,要将自身的职业选择与人们在社会上的关系联系起来,真正让信仰在社会中扎根生长。方向是行动的先导,导向是成功的指南。青年毛泽东曾发出"丈夫何事足萦怀,要将宇宙看稊米"③ 的感慨。新时代青年人要始终怀揣"胸中日月常新美"的抱负,把握时代脉搏,用青年人的创造力于变局中开新局。

牛德成就是在工作岗位中善于创新创造的青年榜样。他是山东省电力公司成武县供电公司的一名普通职工,在工作中取得了多项发明创造,人称"发明

---

① 《马克思恩格斯全集》第 1 卷,人民出版社 1995 年版,第 455 页。
② 《马克思恩格斯全集》第 40 卷,人民出版社 1982 年版,第 5 页。
③ 郭永文、徐永军:《毛泽东诗词故事》,中央文献出版社 2013 年版,第 200 页。

牛人"。他有 7 项创新产品获得国家发明专利，2 项成果获山东省科技创新二等奖和三等奖，还有 29 项成果获得实用新型专利。

牛德成的创新思路大都来自日常工作，每当在工作中遇到实际难题的时候，他都会运用创新思维来解决问题。在线路改造时，他创新解决了许多人和设备穿过农民田地损毁农作物的问题；在农网升级改造时，他创新解决了挖掘机施工造成房子和地面被大规模破坏的问题；在城区线路改造时，他创新解决了挖掘机施工破坏绿化带以及带来大量施工垃圾的问题。牛德成还将这些创新经验在全公司、全市进行推广，解决了同事们的共同难题。

牛德成遇到难题从来不推诿，不妥协，不退缩。他的创新动力来自对工作的奉献和敬业精神，他总是能从实际出发，开动创新思维，想到解决办法。在他的创新背后是巨大的艰辛付出，因身体长期透支，他的心脏安装了 3 个动脉支架，可他依旧孜孜不倦，在实际工作上创新创造并乐在其中。

（五）实践引领："不在太空遨游，多问街头巷尾"

马克思终其一生，并不喜欢在"太空遨游"，他更关注发生在街头巷尾的事，更关心田间地头和工厂车间的事，更关注人民的呐喊和呼唤：

> 康德和费希特喜欢在太空遨游，
> 寻找一个遥远的未知国度；
> 而我只求能真正领悟
> 在街头巷尾遇到的日常事物！ ①

马克思不会无视被现实的物质利益所入侵的德国社会，不会无视大机器生产给人们带来的苦难。对于当时的德国而言，经济研究也绝非学界研究的主流。当人们还在关注道德和宗教的形而上学时，马克思已经摒弃"在睡帽中闹革命"，开始深入街头巷尾与工人群众融为一体了。

马克思在《关于费尔巴哈的提纲》中指出："全部社会生活在本质上是实

---

① 《马克思恩格斯全集》第 1 卷，人民出版社 1995 年版，第 736 页。

青年突击队员在协助官兵搬运砂石装袋,加固堤坝(来源:《用青春和热血筑牢防汛堤坝》,江西应用科技学院新闻网,2020年7月18日,http://www.jxcsedu.com/news/info/1078/7169.htm)

践的。凡是把理论引向神秘主义的神秘东西,都能在人的实践中以及对这个实践的理解中得到合理的解决。"① 这一思想不仅科学地揭示了社会的本质,而且进一步说明了实践在人和人类社会生活中的重要地位。实践是人类存在的基本方式。从人类生存的前提来看,人类正是在积极改造自然的实践过程中维持着自己的生存和发展,成为社会的主体。

"一切历史都是当代史",意大利史学家、哲学家克罗奇这样来表述历史与现实的联系。青年一代在思接千载、视通万里的同时,更需立足现实、脚踏实地,把青春汗水挥洒在祖国大地,把理想信念镌刻于实干的征途。

创立于1993年的"中国青年志愿者"行动覆盖西部开发、社区服务、大型赛会、抢险救灾等多个领域,培育了中国青年志愿服务交流会等工作项目。截至2020年,全国经过规范注册的青年志愿者总数已达到6 770万人,每年向社会提供约7亿小时的志愿服务。各类志愿服务活动的持续深入开展,也推动了正确的世界观、人生观、价值观在新一代青少年中不断落地生根。

2021年7月,河南多地降水量打破历史纪录,灾情严重,急需各地人力和物资帮助。各地青年志愿者不怕苦、不怕累,积极响应号召,紧急驰援战斗在救灾一线,以实际行动践行着"请党放心、强国有我"的青春誓言。出于安

---

① 《马克思恩格斯全集》第1卷,人民出版社1995年版,第135—136页。

全等方面的考虑，一些"00后"未能成为抗洪救灾一线的志愿者，但他们并没有就此停住志愿服务的脚步，而是以多种形式，尽己所能，投入志愿服务第一线。

"后之视今，亦犹今之视昔。"广大青年始终牢记习近平总书记所说的"江山就是人民、人民就是江山"[①]，赓续历史的接力棒，在一茬接着一茬干的奋斗中建功立业。

五、气正朗乾坤：应对挑战重塑信仰

青年信仰困惑是在信仰的生成发展过程中不断否定旧我、扬弃小我、追求大我的精神演进过程。在当今中国，化解对马克思主义信仰的困惑对新时代青年具有重要的意义。对青年马克思主义信仰困惑的消解过程本质上就是马克思主义信仰重塑和科学化的有机过程。正如习近平总书记指出："一代人有一代人的责任。中华民族伟大复兴曙光在前、前途光明。同时，我们必须清醒认识到，中华民族伟大复兴绝不是轻轻松松、敲锣打鼓就能实现的。我们面临着难得机遇，也面临着严峻挑战。在这个关键当口，容不得任何停留、迟疑、观望，必须不忘初心、牢记使命、一鼓作气、继续奋斗。"[②]

马克思主义作为一种社会科学理论，不仅为人类认知自身、社会和历史提供了强大的理论武器，而且也赋予了人类在文明发展上需要承担的伟大使命，给予了人类精神指引与前进的方向。一个国家的进步，印刻着青年的足迹；一个民族的未来，寄望于青春的力量。坚定不移推进中国特色社会主义伟大事业是广大青年坚定马克思主义信仰、成长成才的必由之路。

---

① 习近平：《在庆祝中国共产党成立100周年大会上的讲话》，人民出版社2021年版，第11页。

② 习近平：《在党史学习教育动员大会上的讲话》，人民出版社2021年版，第7页。

(一)拨开迷雾现真章

习近平总书记指出:"信仰信念任何时候都至关重要。"① 信仰困惑既是由于信仰本身未能适应历史条件的变化而导致的,也是由于忽视了信仰主体的变迁及信仰传播方式的转变而造成的。马克思主义信仰的建立、形成和传播过程,实质上就是马克思主义政治社会化的过程。政治社会化是社会成员在政治实践活动中逐步获取政治知识和能力,形成政治意识和政治立场的过程。西方思想家卢梭曾说,一个称职的公民应该遵守公意,将个人利益等同于公共利益,这并非自发形成,而必须借助国家和社会的力量才能实现。

张南一(1878—1927),又名香奎,湖北省红安县(原黄安县)七里坪镇柳林河人。他经常乔装成打鼓说书的艺人,到各村宣传革命思想。他身着蓝色长衫,走乡串户,以鼓书艺人的身份为掩护,从事革命宣传活动,发动贫苦农民起来革命,打倒土豪劣绅,反帝反封建。乡亲们亲切地称他为"蓝衣先生"。他亲自编写了这样一段鼓词:

> 有贫农,坐田埂,自思自叹;叹只叹,我穷人,无吃少穿。大地间,都是人,应该平等;为什么,富与贵,贫富不均?天地间,人都是,父母所养;为什么,他该富,我该受贫?那富人,他说是,积阴功坟山所荫;又说是,阳宅好,风水凑成。我穷人,做苦工,日夜不睡;倒转来,衣食住,不如他人;劝大家,切不要,被人蒙哄;全都是,剥削我,一般穷人……②

1927年12月,国民党进占红安,张南一被悬赏通缉。敌人得到了确凿的情报,知道他在村里,就把全村男女老少300多人集中在村头的禾场上,威胁说:"你们不交出张南一,就架起机枪把你们统统扫死。"在敌人准备开枪扫射群众的紧急关头,张南一挺身而出,挽救了群众。敌人抓住张南一,先是慷慨许诺,只要保证以后不闹革命,马上释放;要是肯为他们办事,还可以升官发

---

① 习近平:《在党史学习教育动员大会上的讲话》,人民出版社2021年版,第8页。
② 《烈士诗抄》,《党史天地》,2017年第11期。

财。张南一斩钉截铁地回答:"头可断,血可流,不革命是办不到的!"软的不行,敌人就撕下了伪善的嘴脸,对张南一施以重刑,但同样一无所获。无计可施的敌人在七里坪西门外挖了一个坑,用铁丝把他的肩胛骨和脚跟穿起来,推到坑旁。敌营长指着沙坑对张南一说:"看你还革不革命?"张南一视死如归,愤怒地回答:"老子生是革命人,死是革命鬼,再过20年,老子还是要革命!"敌人用刀割掉了他的耳朵和鼻子,并狂叫:"还革命吗?"这时张南一的鲜血从面部流满了全身,昏倒在地。当他醒来时,仍用因鼻子被割去而模糊不清的声音说:"老子还要革命!"凶残的敌人又将他的嘴撬开,割掉了他的舌头,问他还要革命吗?不能说话的张南一用口中的血水喷向敌人,表达坚定的信仰和不屈的意志。恼羞成怒的敌人将张南一推入沙坑,埋几锹土,用铁锹在他身上狠狠砸了几下,再问:"还要革命吗?"张南一全身不能动弹,就用坚毅的点头作为无声的回答。就这样,他被敌人一锹一锹地活埋,壮烈牺牲。①

马克思主义是中国共产党和中国特色社会主义理论的根本指导思想,马克思主义信仰之光引领着中国人民历经革命、建设和改革,实现了中国人民从站起来到富起来再到强起来的历史飞跃,迎来实现中华民族伟大复兴的光明前景。

(二)坚守信仰再出发

习近平总书记说:"马克思主义是科学的理论,创造性地揭示了人类社会发展规律;马克思主义是人民的理论,第一次创立了人民实现自身解放的思想体系;马克思主义是实践的理论,指引着人民改造世界的行动;马克思主义是不断发展的开放的理论,始终站在时代前沿。"②中国特色社会主义进入新时代,广大青年是与新时代共进的一代,将全程参与民族伟大复兴的历史进程,广大青年能否坚守马克思主义信仰,能否坚定理想信念,不仅关系到自身的成长发展,还关系到中国特色社会主义事业的兴衰成败,关系到国家和民族的未来。

陈然于1939年加入中国共产党,曾任中共重庆地下党主办的《挺进报》

---

① 《[人物研究]黄麻起义宣传员张南一》,黄冈史志网,http://www.hgszw.cn/art/2020/511/art_14710_923948.html,2020年5月1日。

② 习近平:《在纪念马克思诞辰200周年大会上的讲话》,《人民日报》,2018年5月5日,第2版。

特别支部书记并负责《挺进报》的秘密印刷工作,在因印刷《挺进报》被捕入狱后,他受尽种种屈辱。特务们威胁利诱要他写自白书,陈然拿起笔,写下了惊天动地的诗篇《我的"自白"书》:

> 任脚下响着沉重的铁镣,
> 任你把皮鞭举得高高,
> 我不需要什么"自白",
> 哪怕胸口对着带血的刺刀!
> 人,不能低下高贵的头,
> 只有怕死鬼才乞求"自由";
> 毒刑拷打算得了什么?
> 死亡也无法叫我开口!
> 对着死亡我放声大笑,
> 魔鬼的宫殿在笑声中动摇;
> 这就是我——一个共产党员的"自白",
> 高唱凯歌埋葬蒋家王朝。①

这就是一个坚守马克思主义信仰的中国共产党员的自白!他以浩然正气,抒发了对国民党反动派的仇恨,对无耻叛徒的蔑视,昭示着革命者视死如归的精神。1949年10月28日,陈然在大坪刑场被枪杀,牺牲时年仅26岁。

新时代中国青年和百年前的先辈一样,会有年轻人的迷茫和踌躇,也会有为生活而忙碌的焦虑;既在时代的浪潮中经历着生活的琐碎,却也在时代的浮沉中创造着青春的人生。"90后"北大毕业生卓丝娜以一首rap《马克思是个九零后》②表达了新时代中国青年对马克思主义信仰的向往与追求:

---

① 中共中央宣传部新闻局、中共中央党史研究室宣传办公室:《永远的丰碑(四)》,学习出版社2005年版,第49页。
② 蒲清平:《新时代大学生马克思主义信仰教育研究》,人民出版社2018年版,第247页。

看到我的信仰别再问 why
别再看 magazine（杂志）我在看马克思
我出生在 1990s
我就是你的 BrunoMars（布洛诺马尔斯）
但你是我的维纳斯（Venus）
我亲爱的马克思（Marx）
统治者说着乌托邦
却不知自由该怎么写
你站出来说无产阶级的力量永远正不畏邪
不为了权不为了钱
但是为了信仰我们一往无前
（前进进前进进）
……
像叶孤舟行在山丘
那样的为真理争斗
像他一样嫉恶如仇
像他一样不屑权谋
像叶孤舟行在山丘
那样的为真理争斗
像他一样嫉恶如仇
像他一样不屑权谋
马克思是个九零后

  100 年前，正是一群有血有肉、慷慨激昂的"90 后""00 后"，以青春信仰叩开了历史的大门。100 年后的今天，新时代中国青年更要坚守信仰阔步复兴伟业征程。身处"百年未有之大变局"的时代，青年人既要将目光投向干事创业、经国大业、复兴伟业的大境界，也要推开门、迈开步，事作于细、躬身实践、知行合一。"常思奋不顾身，而殉国家之急。"同人民一道拼搏，同祖国一道前进，服务人民、奉献社会，这是广大中国青年坚守信仰、矢志奋斗的青春誓言。立足新时代、站在新起点、争取新作为，广大青年要不忘跟党初心，以青春之我、奉献之我到祖国和人民最需要的地方去建功立业、实现人生理想。青春洒边关，便为祖国安宁铸就长城；青春献基层，便为乡村振兴添砖加瓦；青春勤志愿，便为社会前行汇聚温暖。奉献的种子会发芽，奉献的青春最美丽，青春与奉献相遇，便会多了无数个"始终在为别人、为社会、为时代做事"的青春故事。

【回看】危难关头共产党人将何去何从

一场生与死的较量，一个没有硝烟的战场，两条必须决战决胜的并行战线……面对抗击新冠肺炎疫情和决战决胜脱贫攻坚的双重任务，无数共产党员冲锋在前、无私奉献，敢于担当、不怕牺牲。

越是艰险越向前，这是共产党人与生俱来的政治本色。回首百年历程，中国共产党在内忧外患中诞生，在磨难挫折中逐步成长，在攻坚克难中一步步壮大。中国共产党之所以能够经受一次次挫折而又一次次奋起，归根到底是因为有远大理想和崇高追求。在每一次的危难关头，都是理想信念带领共产党人挣脱泥淖，向着更高的山头发起冲锋。

1927年4月，蒋介石发动反革命政变，大革命归于失败，这次失败导致一大批党的优秀分子被杀害，革命力量受到削弱，党内出现了思想分歧，革命信念出现了一定程度的动摇。危急关头，许多优秀的共产党员依旧坚定革命信仰，没有表现出丝毫的畏惧和退缩，形成了巨大的革命英雄的模范引领力量。与此同时，贺龙、彭德怀、叶剑英等一大批追求进步的革命人士，在危难时刻义无反顾地加入到革命队伍中，极大振奋了党员的革命信仰和群众的抗争信念。

无产阶级革命家夏明翰，1921年加入中国共产党后，便积极投身工农运动和革命工作。1928年，由于叛徒的出卖，他在汉口被捕。在狱中，夏明翰用半截铅笔写下三封诀别信。一封写给姐姐："我一生无遗憾，认定了共产主义这个为人类翻身解放造幸福的真理，就刀山敢上，火海敢闯，甘愿抛头颅，洒热血。"①一封写给妻子，让妻女"坚持革命继吾志，誓将真理传人寰"②。还

---

① 《百年红色家书品读》，人民出版社2021年版，第14页。
② 同上书，第16页。

有一封写给母亲："相信你会看到我们举过的红旗飘扬在祖国的蓝天。"①两天后，年仅28岁的夏明翰慷慨就义，临行前从容写下"砍头不要紧，只要主义真。杀了夏明翰，还有后来人"②的铮铮誓言，表达了共产党人对远大理想的坚贞，对为之而献身的无惧无畏。

土地革命时期，中国革命经历了三次"左"倾错误，这三次革命路线上的失误，使党和军队遭受了一次比一次严重的挫折。1934年10月，第五次反"围剿"失败后，中央主力红军为摆脱国民党军队的围追堵截，被迫实行战略性转移，开始了25 000里的长征。漫漫征途洒满了共产党人的鲜血。很多烈士临终前表示"为革命而死，死而无憾"。他们与夏明翰一样，坚信"不论我们自己能否到达胜利的彼岸，我们的红旗一定能到达"。

在纪念红军长征胜利30周年之际，肖华根据自己参加长征的亲身经历创作了诗歌《过雪山草地》："雪皑皑，野茫茫，高原寒，炊断粮。红军都是钢铁汉，千锤百炼不怕难。雪山低头迎远客，草毯泥毡扎营盘。风雨侵衣骨更硬，野菜充饥志越坚。官兵一致同甘苦，革命理想高于天。"正是崇高的理想信念，让我们党经受住了生与死、血与火的考验，愈挫愈勇，从一个胜利走向另一个胜利，直至把胜利的旗帜插遍全中国。

抗日战争时期，面对日本帝国主义和国民党反动派的双面夹击，中国共产党一时间面临着严峻的考验和挑战，党内出现了以王明为首的右倾投降主义。党应该坚持什么样的思想方向？中国又该往何处去？这些问题再一次摆在中国共产党的面前。

从1941年开始，中国共产党在延安开展了一次深入的整风运动。这次整风运动对党内存在的宗派主义、主观主义、党八股等错误思想与作风进行了整顿，有效肃清了教条主义的思想残余，确立了毛泽东倡导的实事求是的思想路线。随后，中共七大将毛泽东思想正式确立为党的指导思想，统一和坚定了全党的政治信仰。

七大闭幕会议上，毛泽东讲述了愚公移山的故事，要"下定决心，不怕牺

---

① 《百年红色家书品读》，人民出版社2021年版，第11页。
② 《初心：红色书信品读》，人民出版社2018年版，第9页。

牲,排除万难,去争取胜利",这既是多年来中国共产党人勇于奋斗、敢于牺牲精神的写照,也成为共产党人战胜一切艰难险阻的精神动员令。

张学云,四川越西县人,13 岁便投身于革命活动,于 1947 年参加中共地下党,后因叛徒出卖入狱。他在狱中写给妻子的信里说,"理想是人生最有价值、最具吸引力的东西,是生活的源泉动力"。敌人在渣滓洞进行大屠杀时,张学云义无反顾地用胸膛堵住敌人的枪筒,用生命践行了为共产主义献身的诺言,为后人树立了信仰的丰碑。

今天,战争年代那种血与火的生死考验少了,但危险并没有离青年远去。"四大危险"更加尖锐地摆在了全党面前,进行具有许多新的历史特点的伟大斗争仍然无时无刻不在考验着青年的理想信念。

2020 年初,新冠肺炎疫情席卷全国,这次重大突发公共卫生事件再次成为中国共产党面临的一场大考。疫情面前,无数党员冲锋在前、勇挑重担。无论是治病救人的医院,还是科技攻关的研究所,又或者是联防联控的街头巷口,哪里有需要,哪里就有党员的身影。党员干部靠前指挥,用责任与担当筑起防止疫情扩散的铜墙铁壁;党员医护人员不计报酬、无畏生死,以生命守护生命;党员志愿者甘于奉献、主动作为,以点点星光汇聚成战疫的磅礴力量。一个党员就是一面旗帜,广大党员在危难关头用生命书写忠诚,用忠诚擦亮党徽,成为这次疫情防控狙击战中的中流砥柱。

疫情这道试题我们答得出色,脱贫这张答卷我们同样做得出彩。

黄文秀,广西百色市乐业县新化镇百坭村第一书记。2019 年 6 月 17 日凌晨,黄文秀忍痛告别重病卧床的父亲,深夜冒雨奔向受灾群众,却不幸遭遇突如其来的山洪,30 岁的年轻生命永远定格在扶贫路上。

百坭村贫困户黄仕京曾经与黄文秀有过这么一段对话。黄仕京问:"你是大城市的研究生,怎么会想要来这么偏远的农村工作呢?"黄文秀思考了片刻对他说:"小康不小康,关键看老乡。百色是我的家乡,更是全国脱贫攻坚的主战场之一,作为一名党员,我有什么理由不回来呢?"

初心引领前行,使命催人奋进。党的十八大以来,中国共产党带领全国人民向贫困发起总攻,290 多万名第一书记或驻村干部挺上战场,至少有 770 多名扶贫干部倒在冲锋路上,他们以自己的青春、热血乃至生命兑现党旗下的誓言。历经 8 年，现行标准下近 1 亿农村贫困人口全部脱贫，832 个贫困县全部摘帽，决战脱贫攻坚取得决定性胜利。

"到祖国最需要的地方干事创业"，"党让我们去哪里，我们背上行囊就去哪里"……理想召唤着每一位坚定的共产主义者，把自己的人生融入党和国家事业的发展，与人民同呼吸、共命运、心连心。

理想信念坚定，是好干部第一位的标准，是不是好干部首先看这一条。我们为什么要把理想信念摆在如此重要的位置？就是因为，这是事关马克思主义政党、社会主义国家的精神力量和前途命运的根本问题。从我们党的历史角度看，坚定的理想信念是我们党取得革命、建设和改革伟大成就的重要法宝，我们这么大一个政党，如果没有共同的理想信念，是不可能组织得起来的，我们共产党人是靠理想信念打天下的，社会主义是靠理想信念创辉煌的。世界社会主义运动的历史和实践也反复证明，理想信念坚定，党就有无比巨大的力量，一旦背弃理想信念，党就会成为乌合之众、一吹就散，东欧剧变、苏共垮台便是最好的反面例证。从当下现实角度看，西方对我们"西化""分化"的势头不减，我们的改革发展稳定任务依旧艰巨，"四大挑战""四大危险"更加严峻，要实现中华民族伟大复兴，实现共产主义远大理想，就必须牢牢守住理想信念这个共产党人安身立命的"根"和"魂"。

时代始终在变化，今天的中国所处的时代已不是革命的战争年代，也不是新中国成立之初的创业初期；不需要随时抛头颅、洒热血，也不需要动辄毁家纾难。但是，面对艰难繁重的改革发展任务，共产党人仍然需要同亿万民众一块干、一起拼，"革命理想高于天"的理想信念永远不能松动。

进入新时代，坚定理想信念，首先要抓好思想理论建设。政治上的坚定、党性上的坚定，都离不开理论上的坚定。共产党人要努力学习党史、新中国史、改革开放史、社会主义发展史，从中国革命、建设、改革历史中不断汲取精神力量；要深入学习马克思主义经典著作，尤其是要学深悟透习近平新时代中国特色社会主义思想，学会运用贯穿其中的马克思主义立场、观点、方法观察和解决问题。其次要始终坚定政治忠诚。对党绝对忠诚，是对广大党员的最基本要求，这种忠诚是无条件的、彻底的、唯一的，不掺杂任何水分和杂质；要始终听党话、跟党走，带头为党分忧、为党尽责，从政治上看业务，从业务上看政治，不断提高政治敏锐性和政治鉴别力。再次要站稳人民立场。我们党的根基在人民、血脉在人民、力量在人民。共产党员要不断夯实自身的宗旨意识，想群众之所想、办群众之所盼、解群众之所忧，把人民放在心中的最高位置，始终做到为民造福、为民谋利。最后，要不断提高干事创业的本领。干部敢于担当作为，既是政治品格，也是从政本分。当前，我国改革发展事业正处于爬坡过坎的关键时期，共产党员要始终保持对事业的进取心，把困难踩在脚下、把责任扛在肩上，以功成不必在我的精神境界、功成必定有我的历史担当，带领人民群众为实现伟大的中国梦奋力前行。

  理想信念并不是虚无缥缈的东西。今天我们衡量一名党员干部理想信念是否坚定，就要看他是否能够树立牢固的宗旨意识，是否能在急难险重面前挺身而出，是否能对工作极端负责，是否能经得起权力、金钱、美色的诱惑。理想信念，是中国共产党永不忘本、永不变质、永远奋斗、永远革命的精神源泉。只有牢记初心使命，理想信念坚如磐石，我们才能以无往而不胜的革命意志不断赢得伟大斗争新胜利。

【延伸阅读】

思想之旗

全部社会生活在本质上是实践的。凡是把理论引向神秘主义的神秘东西，都能在人的实践中以及对这个实践的理解中得到合理的解决。

——马克思：《关于费尔巴哈的提纲》，载《马克思恩格斯选集》第一卷，人民出版社2012年版，第135—136页

如果我们选择了最能为人类而工作的职业，那么，重担就不能把我们压倒，因为这是为大家做出的牺牲；那时我们所享受的就不是可怜的、有限的、自私的乐趣，我们的幸福将属于千百万人，我们的事业将悄然无声地存在下去，但是它会永远发挥作用，而面对我们的骨灰，高尚的人们将洒下热泪。

——马克思：《青年在选择职业时的考虑》，载《马克思恩格斯全集》第40卷，人民出版社1982年版，第7页

代替那存在着阶级和阶级对立的资产阶级旧社会的，将是这样一个联合体，在那里，每个人的自由发展是一切人的自由发展的条件。

——马克思、恩格斯：《共产党宣言》，载《马克思恩格斯文集》第二卷，人民出版社2009年版，第53页

只有把青年的训练、组织和培养这一事业加以根本改造，我们才能做到青

年一代努力的结果将建立一个与旧社会完全不同的社会，即共产主义社会。

——《列宁选集》第四卷，人民出版社2012年版，第282页

国内外敌对势力往往就是拿中国革命史、新中国历史来做文章，竭尽攻击、丑化、污蔑之能事，就是从根本上否定马克思主义的指导地位和中国走向社会主义的历史必然性，否定中国共产党的领导。

——2013年1月5日习近平在新进中央委员会的委员、候补委员学习贯彻党的十八大精神研讨班开班式上的讲话

现在在高校学习的大学生都是20岁左右，到2020年全面建成小康社会时，很多人还不到30岁；到本世纪中叶基本实现现代化时，很多人还不到60岁。也就是说，实现"两个一百年"奋斗目标，你们和千千万万青年将全过程参与。有信念、有梦想、有奋斗、有奉献的人生，才是有意义的人生。当代青年建功立业的舞台空前广阔、梦想成真的前景空前光明，希望大家努力在实现中国梦的伟大实践中创造自己的精彩人生。

——2014年5月4日习近平在北京大学师生座谈会上的讲话

全党同志一定要坚守共产党人精神家园，把改造客观世界和改造主观世界结合起来，切实解决好世界观、人生观、价值观问题，练就共产党人的钢筋铁骨，铸牢坚守信仰的铜墙铁壁。

——2015年6月12日习近平在纪念陈云同志诞辰110周年座谈会上的讲话

做强网上正面宣传，培育积极健康、向上向善的网络文化，用社会主义核心价值观和人类优秀文明成果滋养人心、滋养社会，做到正能量充沛、主旋律高昂。

——2016年4月19日习近平在网络安全和信息化工作座谈会上的讲话

只有真正弄懂了马克思主义，才能在揭示共产党执政规律、社会主义建设规律、人类社会发展规律上不断有所发现、有所创造，才能更好识别各种唯心

主义观点、更好抵御各种历史虚无主义谬论。

——2016年5月17日习近平在哲学社会科学工作座谈会上的讲话

青年兴则国兴，青年强则国强，青年一代有理想有担当，国家民族就有希望。

——2017年10月18日习近平在中国共产党第十九次全国代表大会上的报告

马克思一生饱尝颠沛流离的艰辛、贫病交加的煎熬，但他初心不改、矢志不渝，为人类解放的崇高理想而不懈奋斗，成就了伟大人生。

——2018年5月4日习近平在纪念马克思诞辰200周年大会上的讲话

马克思主义第一次站在人民的立场探求人类自由解放的道路，以科学的理论为最终建立一个没有压迫、没有剥削、人人平等、人人自由的理想社会指明了方向。马克思主义之所以具有跨越国度、跨越时代的影响力，就是因为它植根人民之中，指明了依靠人民推动历史前进的人间正道。

——2018年5月4日习近平在纪念马克思诞辰200周年大会上的讲话

新时代中国青年运动的主题，新时代中国青年运动的方向，新时代中国青年的使命，就是坚持中国共产党领导，同人民一道，为实现"两个一百年"奋斗目标、实现中华民族伟大复兴的中国梦而奋斗。

——2019年4月30日习近平在纪念五四运动100周年大会上的讲话

回顾党的历史，为什么我们党在那么弱小的情况下能够逐步发展壮大起来，在腥风血雨中能够一次次绝境重生，在攻坚克难中能够不断从胜利走向胜利，根本原因就在于不管是处于顺境还是逆境，我们党始终坚守为中国人民谋幸福、为中华民族谋复兴这个初心和使命，义无反顾向着这个目标前进，从而赢得了人民衷心拥护和坚定支持。

——《习近平谈治国理政》第三卷，外文出版社2020年版，第530页中国特色社会主义是党和人民历经千辛万苦、付出巨大代价取得的根本成就，是实现中华民族伟大复兴的正确道路。

——2021年7月1日习近平在庆祝中国共产党成立100周年大会上的讲话

【萃语句集】

故今日之责任，不在他人，而全在我少年。少年智则国智，少年富则国富，少年强则国强，少年独立则国独立，少年自由则国自由，少年进步则国进步，少年胜于欧洲，则国胜于欧洲，少年雄于地球，则国雄于地球。红日初升，其道大光；河出伏流，一泻汪洋；潜龙腾渊，鳞爪飞扬；乳虎啸谷，百兽震惶；鹰隼试翼，风尘翕张；奇花初胎，矞矞皇皇；干将发硎，有作其芒；天戴其苍，地履其黄；纵有千古，横有八荒；前途似海，来日方长。美哉，我少年中国，与天不老！壮哉，我中国少年，与国无疆！

——梁启超：《少年中国说》

抛头颅、洒热血，
明翰早已视等闲。
"各取所需"终有日，
革命事业代代传。
红珠留作相思念，
赤云孤苦望成全。
坚持革命继吾志，
誓将真理传人寰。

——1928年3月夏明翰在狱中写给妻子郑家钧的信

人的理想是建筑在现社会的物质基础之上的东西，适合于人类社会发展的必然趋势，所以它是可以实现的。……抗日救国，实现民族独立、民权自由、民生幸福是我们今天的理想，共产主义社会是我们将来的理想。

——程中原：《张闻天传》，当代中国出版社 2016 年版，第 287 页

只有把个人的追求融入党的理想之中，理想才会更远大。一个人要活得有意义，生存得有价值，就不能光为自己而活，要用自己的力量为国家、为民族、为社会作出贡献。

——2019 年 6 月 17 日因公殉职的黄文秀的入党申请书

【信仰故事】

舍命报国方志敏

1916 年的一个夏天。江西弋阳的叠山书院里传出一阵阵清朗的读书声："雪中松柏愈青青，扶植纲常在此行。天下久无龚胜洁，人间何独伯夷清。义高便觉生堪舍，礼重方知死甚轻。南八男儿终不屈，皇天上帝眼分明。"这是南宋抗元英雄，一代大儒谢枋得的名句。一个白晰清瘦、眉眼俊朗的少年此时正在一边大声朗读先贤的诗句，一边紧锁眉头，他在思索着自己将来要做一个什么样的人，他是农民的儿子方志敏。

1840 年以来，外有列强欺侮凌虐，瓜分掠夺，内有贪官酷吏横征暴敛，巧取豪夺。到如今，中国早已是满目疮痍，沦为任人宰割的羔羊。是啊，国家已到了生死存亡的最后关头。

从小方志敏就爱听叠山先生毁家纾难，抗敌救国，不食元禄的故事。长大后做一个谢枋得那样的人就成为了他的必然选择。

爱国、救国，早就化作血液澎湃在他坚强的心灵里。就像方志敏自己说的："一个青年学生的爱国，真有如一个青年姑娘初恋时那样纯真入迷。"

……

多年以后，当方志敏骑着战马，腰挎双枪，指挥千军万马纵横沙场的时候，不知是否偶尔会想起这院子里的那棵古老的桂花树，它不正像我们这个古老的国家，虽然历经风霜雨雪，但只要春风还会吹起，还有一息尚存，就一定要在金秋时节香满乾坤。对于中国这棵老树，无数和方志敏一样的青年便是那一缕缕的春风。

投身革命后，方志敏就像一个斗志昂扬的勇士，义无反顾、勇往直前。为了挚爱的祖国，他甘愿抛头颅、洒热血。杀身成仁、舍生取义是他人生字典里最精彩的一页。

1935年1月29日下午的怀玉山就像它的名字一样，真正变成了长江和鄱阳湖怀抱中的一块洁白的美玉。半山腰的树林中坐着一个人，早已脏得看不出颜色的军大衣被荆棘撕扯得破烂不堪，两个月的艰苦战斗使他本就多病的身体显得愈发单薄，一头乱发和多日不刮的胡须遮住了他原本英俊的面庞。只有一双眼睛依然闪耀着坚定的光芒。他是红军北上抗日先遣队的领导人方志敏。搜山的国民党士兵说话的声音已经可以听得清清楚楚，原本密集的枪声也渐渐地稀了。13天前，他原本已经冲出了包围圈，可是他的队伍，他的2 000多名战士还在虎口之中。那是他一手创建的军队，他不但要救出他们，还要带着他们北上，去救他可爱的中国。

于是方志敏又回来了，虽然他明知道此去生的可能性几乎为零。敌军更近了，透过草丛已经可以看到他们枪口的刺刀放射出的寒光。他贪婪地望着这美丽的群山，他知道山的那边就是他再也回不去的故乡，他也知道再向那边就是他和同志们共同战斗了8年的苏区，他不知道的是，就在今天中央红军已经渡过了赤水河，中国的历史开始了新的一章。他艰难地从树林中站了起来，理了理头发，对两个惊呆了的敌军士兵从容地说道："不用找了，我就是方志敏。"他明白，他的另一场战斗已经开始了，是的，救国不一定要在战场。在生与死，国家与个人之间，他做出了和文天祥、谢枋得同样的选择。

——张玉：《方志敏：文山去后南朝月，又照秦淮一叶枫》，中国青年网，2021年1月

11 日，http://qclz.youth.cn/fzhm/wdld1/201201/t20120111_1916223.htm

抗日救亡的巾帼英雄

山东孟良崮烈士陵园里，有这样一座坟墓：青黑色的墓碑正面，遒劲的字体镌刻着"陈若克烈士之墓"；墓碑背后，是一方小小的坟茔。22 岁的陈若克与她未曾满月的孩子，已在沂蒙山长眠了 77 年。

陈若克，又名陈玉兰、陈雪明，祖籍广东顺德，1919 年出生在上海。她的家境并不宽裕。父亲是当地报馆的小职员，母亲是婢女出身的家庭妇女。陈若克 8 岁时，曾在小学就读过一年半的时间。因在学校寡言少语，被老师、同学喊作"小哑巴"。

随着父亲病故，陈若克不得不辍学，随母亲进工厂做工。15 岁的陈若克，白天在工厂做工，晚上到工人夜校读书。繁重的体力劳动，让她年纪轻轻便患上胃病、贫血、头痛、肺气肿等病痛。然而，正是这艰苦的生活，锤炼了她的意志与品格，让她投身到风起云涌的工人运动中。面对工厂主、资本家，陈若克直陈道理、毫无惧色，让她在工人群体中小有名气。

1936 年 8 月，陈若克加入中国共产党。随后，她辗转湖北、山西等地，并于 1937 年进入华北军政干部学校学习。其间，她不断汲取先进思想的养分，积极参加抗日救亡活动。

抗日战争全面爆发后，她历任中共中央山东分局妇委会委员，山东省临时参议会驻会议员，山东省妇女救国联合会常务委员、执行委员等职务。在革命工作中，陈若克收获了志同道合的爱人——随后担任中共中央山东分局书记的朱瑞。

如今，在山东沂蒙党性教育基地，人们可以看到这样一张泛黄的老照片。照片上，陈若克与丈夫朱瑞席地而坐，一同笑对镜头。陈若克轻轻靠向朱瑞的右肩，嘴角眉梢里都洋溢着暖暖的笑意。

抗日烽火燃遍神州大地，每一份救亡图存的力量都显得弥足珍贵。陈若克从事妇女工作时，发动妇女参加抗日救国会、识字班和姐妹剧团，唤醒广大妇女投身抗日事业。她组织编写妇女刊物，培养、选拔妇女干部，对当时山东妇女工作起到积极推动作用。

1941年深秋，日伪军大举进逼沂蒙山区。11月7日，在突围作战中，怀有8个多月身孕的陈若克不幸被俘。两天后，她在狱中产下一名婴儿。但这并未引起敌寇丝毫的怜悯。陈若克饱受身体上的摧残与精神上的折磨。她的孩子更被敌人当成要挟她的资本。

日本人知道陈若克身体虚弱、无力喂养孩子，于是便把一瓶牛奶送进牢房，希望以此击垮她的精神防线。陈若克没有屈服于敌人的威逼利诱，她毅然咬破自己的手指，用鲜血哺育自己幼小的孩子。恼羞成怒的日军最终举起了屠刀。11月26日，陈若克母女二人惨死在侵略者的刺刀之下。

陈若克牺牲后，一位老乡把她们的遗体偷偷运回了沂蒙红嫂王换于家。王换于变卖部分家产，购置了一大一小两口棺材，把她们隐蔽安葬在自家地里。下葬那天，匆匆赶来的朱瑞最后一次看到自己的妻女，悲痛万分。

今天，在孟良崮烈士陵园，在沂蒙红嫂纪念馆，陈若克的名字如雷贯耳，她的事迹被广为传颂。

——萧海川：《陈若克：抗日救亡的巾帼英雄》，《人民日报》，2019年1月22日，第7版

马石山的十勇士

1942年11月，侵华日军对山东胶东抗日根据地展开了惨无人道的"拉网扫荡"，企图一举将驻扎在胶东的八路军主力"吞噬"。

11月23日，侵华日军华北方面军司令官冈村宁次率两万日军从莱阳、栖霞、福山、海阳、牟平等地一起出动，向绵延数十里的马石山方向围拢。胶东八路军的领导机关和主力部队成功转移，丧心病狂的敌人将上千名群众围困在网内。

被围困的群众大多是手无寸铁的老人、妇女和孩子。面对在拉网式搜捕中"连鸟也要击毙"的残暴日军，群众在惊恐中从四面八方互相搀扶着退往马

石山寻找藏身之处。此时，随着日军不断地"收网"，包围圈也在慢慢地缩紧，被困群众都明白，这样下去的唯一结果就是被可恨的日寇凌辱和虐杀。

此时，一个由10名战士组成的战斗班正准备趁敌人短暂休整时突围，他们攀登上山岩后，回头看到了被困群众。"父老乡亲被困了，怎么办？"班长王殿元停下脚步问。"救不出被困的群众，我们算什么八路军？就是拼上性命也要带群众突围！"战士们几乎是异口同声。

"指望着你们打鬼子呢，赶紧突围，晚了就冲不出去了！"当10名战士折身来到被困的人群中时，群众也异口同声地说。一位姓宋的老大娘把两个七八岁的孩子送到班长王殿元面前说："别让俺们这些打仗使不上劲的人拖累你们，你们赶紧趁天擦黑走吧。把这两个孩子带上，他们是烈士的后代，绝不能落到日本鬼子手里。"

班长王殿元经过侦察判断，日军在明天一早"收网"的可能性极大，当天晚上是最后的突围时机。趁着天黑，和战友们蹲在石岩上研究出了带领群众突围的方案。王殿元摸黑前去探路，其他战士分头把群众带到一处隐蔽的小山沟里，做突围前的准备。

11月24日凌晨，山下的枪声停了下来，叫嚣了一天的日军在山下燃起一处处火堆，又困又乏的他们围火而坐，席地而睡，准备明天进行更加疯狂的"扫荡"。

这是最好的突围时机，王殿元立即带3名战士分别越过山脊，借着火光，以迅雷不及掩耳之势将几处哨兵干掉，并趁机用刺刀将零散的几处火堆旁的敌人刺死，在包围圈上撕开了几个口子。随后，他们带领紧跟上来的群众分别从这几条突围口有序地撤离，一个个黑影瞬间消失在茫茫夜幕中，奔向安全地带。

就在10名战士准备撤离的时候，一位老大爷跑上前说："俺老伴和儿媳妇带着孩子还在里面，估计是跟邻村的人还没撤出来！"还没等老大爷把话说完，王殿元就带领战士回头向马石山奔去。返回的路上，正好遇到100多名群众。王殿元把全班分成3组，两组继续搜救在围困中走散的群众，自己和两名战士带着100多名群众向刚刚打开的"突破口"方向撤离。群众成功突围后，王殿元带着战士第二次返回包围圈。

凌晨4点左右，大队敌人发现了正在撤离的群众，罪恶的子弹不断射过来。战士们借助一处小土堆,一起阻挡着敌人的火力,掩护群众撤离。经过近半个小时的交锋,天亮前搜集到的群众也都安全撤退。一名战士英勇牺牲,多名战士负伤。正当王殿元准备带着战士们撤离的时候,一个小女孩跑到他的跟前说:"西南面的山沟里还有好多人呢!"

王殿元带着8名战士第三次返回包围圈。刚和山沟里的群众会合,山腰上的日军就发觉了。气急败坏的敌人倾巢而动,几架飞机也在空中配合收网,又有3名战友牺牲。为了牵引敌人的兵力,使被围困的群众有更多的机会冲出虎口,王殿元带领5名战士相互搀扶着走向马石山主峰。6人依靠山体掩护,和敌人相持了一个上午,期间不断有战士受伤牺牲。在敌人冲到山顶的最后时刻,王殿元和坚持到最后的两名战士一起拉响了最后一颗手榴弹,与冲上来的日军同归于尽。

——彭辉:《马石山十勇士》,《大众日报》,2011年7月19日,第11版

平凡与光荣

"在北京劳动人民文化宫里,有一座3米多高的全身铜制塑像,他就是我的爷爷,全国劳动模范、掏粪工人——时传祥。为一个掏粪工人塑造铜像,这还是第一个。"5月7日,面对滨州市城市管理局150多名干部职工和环卫工人代表,时传祥的孙女,胜利油田滨南老年部退休职工时新春动情地讲述。

时新春说,"我这辈子,时刻牢记着爷爷的一句话:掏大粪看起来是个平凡的工作,做好了就不平凡,我们的工作尽管脏一点、臭一点,搞好了居民就不脏、不臭!我们要以宁愿一人脏,换来万家净!"

如今,我国的环卫事业发生了翻天覆地的变化,卫生方便的马桶厕所遍及城乡。但时传祥"宁愿一人脏,换来万家净"的崇高境界、"工作无贵贱、行业无尊卑"的为民服务思想并没有过时。

1915年,时传祥出生在山东省齐河县一个贫苦的农民家庭。15岁那年,家乡遭遇灾荒,时传祥一路逃荒要饭,走到了当时的北平,经人介绍当上了一名掏粪工。

从此以后,不管是刮风下雨还是烈日当头,时传祥每天都要推着几百斤重的粪车,从六部口走到广安门,来回三十里路,往返四趟。当时,时传祥等掏粪工人受"粪霸"压榨,辛苦一整天,只能吃窝头、喝稀汤。一次,时传祥推着粪车,因饥饿导致脚下不稳,不小心把粪便洒在了路上,遭到警察一阵毒打。

1949年,新中国成立,时传祥从一个旧社会人人都瞧不起的"粪花子",成为了一名新中国的清洁工人。他兴奋地走上街头贴标语,参加到庆祝队伍中欢呼、歌唱,感到无比幸福。

新中国让时传祥感到了尊重与平等,他带着对党和人民报恩的朴素感情,以主人翁的姿态投入到环卫工作当中。

当时,北京有许多汽车进不去的老胡同,需要掏粪工人一桶一桶地背出来。时传祥心思细腻,他总是避开户主吃饭、会客和休息日等团聚的时间,改在合适时候入户工作,尽量为群众营造方便。

工作带劲了,生活好转了,时传祥的妻子崔秀庭也带着孩子从老家来北京看他。看到妻子孩子从头到脚一身新,时传祥十分激动,立即到照相馆照了一张"全家福"。如今,这张洋溢着幸福的全家福,就张贴在齐河县的时传祥纪念馆中。

1952年,时传祥加入了北京市崇文区清洁队,被工友选为崇文区"粪业工人工会"委员。此时,有许多年轻的掏粪工人转行。在跟青年工人朝夕相处中时传祥慢慢摸索出了规律,他常跟年轻人讲,"你愿意去重工业,我也愿意去。可不行啊,总得有人清理粪便,再脏再累的活也得有人去干!","要先淘掉自己的旧思想、旧意识!"时传祥用这些在劳动实践中提炼总结出来的人生经验,融汇进他个人的感情,去感化锻造身边的年轻人。

1956年11月23日,时传祥光荣地加入了中国共产党。1963年,国家提倡粪业工人要大搞积肥支援农业生产,时传祥带领大家把人均背的桶数增加到93桶,大大加快了积肥速度,一年为农业贡献优质肥几十万公斤。

整天背粪桶,推着粪车走几十里坑洼洼的路,时传祥的左肩时常磨破出血,衣裳被血痂粘到肉上;长期下来,他的左膀和胯骨处早就磨出了一层厚厚的老茧,脚趾上还长了瘤子。医生建议他住院手术治疗,他总说,人手这么紧张，只要有一口气，就不能脱离工作岗位。1975年5月19日，因积劳成疾，时传祥在北京去世，年仅60岁。

在齐河县县城东北，有一座灰瓦白墙、朴素庄重的建筑，是记载时传祥生平事迹的"时传祥纪念馆"，时常有人来此瞻仰学习。为弘扬"宁愿一人脏，换来万家净"的时传祥精神，齐河编演了现代京剧《时传祥》，在德州、济南、北京等地演出近百场；齐河县城管局成立了"时传祥女子保洁班"，以时传祥精神激励环卫工人全心全意为人民服务……今年"七一"前，依托时传祥纪念馆建立的"劳模精神、劳动精神、工匠精神"教育基地，也将对公众开放。

——赵琳：《时传祥：宁愿一人脏，换来万家净》，《大众日报》，2021年5月30日，第1版

新时代的责任与担当

2020年1月21日12时18分许，新型冠状病毒感染的肺炎疫情防控期间，山东省泰安市民警李弦，在加班开展有关违法案件网络侦查工作时，突发脑溢血倒在了工作岗位上，经全力抢救无效，不幸牺牲，年仅37岁。

2019年12月，李弦在新加坡办案时，正赶上父亲生日，他错过了。1月21日，是他母亲的生日。难得这次没出差，他想给妈妈买件毛衣当礼物，可直到生日前一天也没买回来。他歉疚地跟妈妈"撒娇"："又吹牛了，要不来点实惠的，给您钱自己买吧，明天再请您吃顿大餐，行吗？"1月21日早晨，李弦带着对母亲的承诺回到了工作岗位，没想到却成了永远无法兑现的承诺，而他的衣兜里还揣着2张未来得及报销的火车票。

李弦，是泰安市公安局泰山分局网络安全保卫大队侦查中队指导员。从警17年来，李弦长期奋战在派出所、刑侦、网安工作第一线。李弦专业的素养、高超的本领，大家都由衷地敬佩。带过他的领导说，一年365天，李弦有200多天都奔波在出发的路途上，不管多么紧急的任务，一声令下，他总能在最短的时间赶到。侦查一线的兄弟们说，不论多晚，一个电话，他总能及时配合支持，毫无半点怨言。

兄弟单位的战友说，他从不"吝啬"，他的拿手绝活总是主动分享，毫无保留。李弦的一生是短暂而又华丽的，从来没有让人失望过。而这一次，他却让大家失望了！

"没有人是天生的工作狂，只是因为内心还有追求，于是就得努力工作。和遵循自己内心，无法停下步伐的兄弟姐妹们共勉！"在微信朋友圈中，李弦曾这样写到。

他的追求，便是对警察职业的付出。出差办案、加班加点，经常不着家，时间久了，家人也都慢慢习惯了。李弦的妻子患慢性疾病多年，需要常年服药，但她从不埋怨自己的丈夫。她说："虽然家里顾不上，但看到他屡破大案，还出国办案，就为他感到自豪，他就是自己和两个年幼女儿依靠的那座山。"

李弦曾说：人民警察的天职就是打击犯罪，保障群众的生命财产安全。

2011年1月4日，泰安市发生了"104"持枪杀人案件。在那场惊心动魄的殊死搏斗中，时任泰山分局刑侦大队侦查员的李弦，第一时间赶到现场，主动请缨驾车追击持枪歹徒。"当时，他只说了一句，'我开车快，我来开车！'就直接跳上了驾驶座。"时任泰山分局刑侦大队副大队长的李彬回忆说，"他不是不知道，当时的情况，驾驶员是最危险的，犯罪嫌疑人反抗开枪的首要目标就是追击车辆的司机，但他当时的信念就一个，追上去，'咬'住他、抓住他。"

经过80多分钟的惊险追击，李弦与战友一起将犯罪嫌疑人死死摁在了地上。事后发现，犯罪嫌疑人的猎枪已经上膛，一旦开枪后果不堪设想。后来，每每谈到在"104"案件中牺牲的战友，李弦都满含热泪：他们为了公安事业、人民群众的安全做出了最大牺牲，我还活着，就要接过英雄肩上重担，全力以赴，继续完成他们未竟的事业！

2019年5月12日，在接到举报"有人准备在全国春季高考中作弊"的重大敏感线索后，李弦主动请缨，迅速研判锁定3名犯罪嫌疑人，连夜奔赴济南、烟台等地将犯罪嫌疑人抓捕归案。就在大家感觉可以松口气的时候，李弦凭借多年的职业嗅觉，敏锐感觉到案件没有这么简单。他没有一丝懈怠，继续深挖，经过连续11天的分析研判，一场预谋在全国夏季高考中组织考试作弊的重大案件浮出水面。专案组立即赶往菏泽，经过2天2夜蹲守，终于在高考前夕成功抓获另外2名上线犯罪嫌疑人,确保了全国高考的顺利进行。

在此案中,李弦对网安大数据作战的熟练应用,为案件的深挖侦破提供了强大支撑,发挥了重要作用。2019年6月6日,山东省副省长、省公安厅厅长范华平对该案的成功侦破给予批示肯定。

在春节假期安保维稳的紧张节奏中,新型冠状病毒感染的肺炎疫情给全社会特别是公安机关带来了严峻的挑战。疫情就是命令。李弦主动作为、靠前作战,充分发挥个人业务优势,时刻坚守在违法犯罪案件网络侦查工作第一线。而此时,他已经明显感到身体不适,连续3天头痛,而且越来越强烈。领导、同事都劝他休息,可他说:"没事儿,可能要感冒,多喝点水就挺过去了。"就这样,他始终坚守在工作岗位上,一直到21日中午他倒下的那一刻!

蓝色的警服,头顶的国徽,是一名警察的荣耀!李弦始终把忠诚刻在心头,勤恳敬业、无私奉献,用生命诠释了新时代人民警察的责任和担当。

李弦的离去,让人悲痛!

——张代生:《母亲生日那一天,山东一名民警牺牲在"抗疫"一线》,人民网,2020年2月2日,http://sd.people.com.cn/n2/2020/0202/c166192-33756741.html

第四章
信仰的坚守：
用马克思主义改造世界

化解信仰困惑与坚守信仰追求是前后相继的动态过程。崇高的信仰，是战胜困难、取得胜利的力量源泉，是凝聚意志、引导方向的伟大旗帜。习近平总书记指出："英雄模范之所以能够赴汤蹈火、舍生忘死，之所以能够任劳任怨、鞠躬尽瘁，之所以能够洁身自好、光明磊落，最根本的就是他们对理想信念有执着追求和坚守。"[①]百年前中国青年身处"三千年未有之大变局"，有的抱定"人民至上"的信念，走上无产阶级革命道路，为民族解放勇于牺牲；也有的盲目追求一己私利，倒向资产阶级阵营，与反动政权同流合污。首先提出"五四运动"称谓的近代教育家罗家伦曾说，"最纯洁的信仰是对于高尚理想的信仰；它是超越个

---

① 《习近平关于"不忘初心、牢记使命"论述摘编》，中央文献出版社2019年版，第78页。

人的祸福观念的。生前的利害不足萦其心,生后的赏罚也不在其念"①。马克思主义信仰正是一种对于高尚理想的信仰。历史表明,没有对马克思主义信仰的坚守,就没有中国革命的辉煌。在当代,一大批志存高远的青年人作出了与前辈先贤们同样的选择。他们或聚集在"青年马克思主义培养工程""马克思主义理论研究会"中研读经典著作,或寻访老党员、老战士探源红色基因,或重走长征路、赶考路追溯初心使命,用致敬前辈的实际行动,把信仰的旗帜嵌入内心深处,谱写着青春中国的新传奇。

一、哪得清如许:青年坚守马克思主义信仰的时代价值

问渠那得清如许,为有源头活水来。厘清价值是推动青年坚守马克思主义信仰的重要基础。从个体、家庭、社会、国家、世界五个层面探讨青年坚守马克思主义信仰的时代价值,有助于对"青年为什么要坚守马克思主义信仰"的问题作出科学的回答。

(一) 培育个体理性、积极改造世界

马克思在《关于费尔巴哈的提纲》中指出:"哲学家们只是用不同的方式解释世界,问题在于改变世界。"②马克思主义从唯物史观与辩证法的角度去认识世界,把握世界的整体图景,进而推动信仰者在理性认识世界的基础上积极改造世界。

在马克思主义的引领下,百年前中国青年认识到革命是中国的出路,积极改造旧世界。1840年的鸦片战争,开启了西方列强侵略中国的历史,无数热血青年怀揣理想与希望,不断寻找救国之路。无论是洋务派的实业救国探索、维新派的变法图强尝试,还是资产阶级革命派的民主共和实践,都没有找到适合中国复兴的发展道路,"量中华之物力,结与国之欢心"成为国人心中挥之

---

① 罗家伦:《写给青年:我的新人生观演讲》,中国人民大学出版社2005年版,第165页。
② 《马克思恩格斯选集》第一卷,人民出版社2012年版,第136页。

不去的屈辱。九州生气恃风雷。马克思主义在中国的传播为身处黑暗中的人们带来了希望的曙光。

正是在马克思主义的引领下,谢觉哉实现了思想觉醒,从封建秀才转变为共产党人。谢觉哉,1884年出生于湖南省宁乡县一个富裕的农民家庭。他天资聪颖、勤奋刻苦,11岁时就读完了五经。1905年,21岁的谢觉哉参加科举考试,高中秀才。家中大摆筵席,谢觉哉却并不开心,赋诗一首表达了对科举制度造成读书人异化现象的不满:倒票何能赎出身／居然衣顶拜乡邻／未能冲破尘罗网／我亦《儒林外史》人。

1921年,在毛泽东、何叔衡等的介绍下,谢觉哉加入新民学会,从此走上马克思主义的道路。在新民学会学习氛围的影响下,谢觉哉阅读了《共产党宣言》《共产主义ABC》等马列著作,运用马克思主义观察世界形势、剖析社会问题与改造自身思想。此后,谢觉哉把在新民学会学到的马克思主义思想传播到他所任教的宁乡甲师,通过组织学生研究马列主义、宣传十月革命经验等方式,使学校发展成为当地重要的革命活动中心。

1925年,谢觉哉在何叔衡、姜梦周的介绍下加入中国共产党,他激动地写信告诉家人:"我国在这十年内若不振兴,必至亡国,说不定至于灭种,万不能在这要生不生要死不死的路上停滞。革命前途未可知,我已以身许党。"在后来的革命事业中,谢觉哉自觉运用马克思主义指导改造旧社会的实践活动,在司法、教育等诸多领域作出了卓越贡献。①

在马克思主义的引领下,中国青年认识到改革是中国的出路,积极建设新世界。新中国的成立,使中华民族摆脱了百年屈辱的历史,然而囿于冷战环境下资本主义国家的封锁,中国不得不关起门来搞建设。20世纪70年代末,世界格局发生了新的变化,中国与西方国家的关系逐渐好转,走出国门使党认识到与发达国家之间的差距,改革开放成为全党的共识。在改革开放40多年的历程中,青年自身的发展诉求与改革开放政策选择形成了相互促进的协调关系,成为推动改革不断深入与开放持续扩大的重要力量。

---

① 王相坤:《谢觉哉:"为党献身常汲汲,与民谋利更孜孜"》,《北京日报》,2021年2月1日,第10版。

"90后"青年彭思思出生于湖南中部地区的一个偏远农村。她刚上小学时，学校的教学设施非常简陋，每至大雨滂沱，雨水透过窗户与屋漏渗透进来，教师无法讲课，教室成为学生们的游乐场。三年级时，学校进行重建，彭思思和同学们得以在宽敞明亮的教室里学习。彭思思上中学时，在政府财政的支持下，当地道路、住房、通信等基础设施建设取得长足发展，教育、医疗等公共服务供给明显增加，乡村生活发生了天翻地覆的变化，农民的孩子有了更多的机会与选择。

　　2009年，彭思思离开湖南老家，前往北京求学，毕业后在北京工作、结婚、定居。彭思思这一代年轻人是幸运的，他们见证了改革开放以来，人民生活翻天覆地的变化，共享了教育、就业、医疗、住房、养老等事业迅速发展的成果，而取得这些成果的关键在于中国共产党人把马克思主义的普遍真理同中国的具体实践相结合，成功开辟了中国特色社会主义道路，让世界上最大的发展中国家在短短40多年里摆脱贫困全面建成了小康社会。

　　"吃水不忘挖井人"，彭思思表示要谨记革命前辈筚路蓝缕的创业艰辛，珍惜来之不易的幸福生活，将马克思主义信仰融入日常工作与生活中，转化为具体的行为实践，推动改革持续深化与发展。①

（二）开创新的家庭教育、传承红色家风

　　家庭，是信仰传播的重要场域。中国共产党人以马克思主义为引领，以中华传统美德为底蕴，以革命家庭为载体，形成了以爱党爱国、忠于理想、严守纪律、忠贞不渝、律己修身、廉洁奉公为内核的红色家风。

　　在马克思主义的引领下，百年前中国青年开创了红色家风。青年领袖群体在"齐家"实践中自觉以历史唯物主义为指导，将马克思主义家庭观与中国传统家庭文化进行有机结合，使家风与实现人类解放的崇高目标紧密联系起来，推动家风成为一种"被信仰的力量"。

　　在革命领袖毛泽东的家族中，有着谦虚谨慎、严于律己、乐于助人、勇于奉献、艰苦朴素、不搞特殊化的红色家风。

---

① 彭思思：《90后眼中的改革开放》，《中国青年报》，2018年12月20日，第7版。

1941年，在给毛岸英、毛岸青的书信中，毛泽东希望儿子们勇于探索属于自己的道路，"你们有你们的前程，或好或坏，决定于你们自己及你们的直接环境"①。

1947年，在给毛岸英的书信中，毛泽东希望他将学习工作与人民利益紧密联系在一起，"一个人无论学什么或者做什么，只要有热情，有恒心，不要那种无着落的与人民利益不相符合的个人主义虚荣心，总是会有进步的"②。

新中国成立后，杨开慧之兄杨开智曾写信提出到北京工作的想法，毛泽东回信写道："希望你在湘听候中共湖南省委分配合乎你能力的工作，不要有任何奢望，不要来京。湖南省委派你什么工作就做什么工作，一切按正常规矩办理，不要使政府为难。"③与此同时，毛泽东也给时任长沙军管会副主任的王首道写了一封信，告知"杨开智等不要来京，在湘按其能力分配适当工作，任何无理要求不应允许"④。

面对请求安排工作的其他亲戚，毛泽东嘱咐秘书以"四不原则"予以应对：不介绍、不推荐、不说话、不写信。在马克思主义的影响下，毛泽东家族先后有6位成员为实现革命目标而英勇牺牲，更多的成员化悲愤为力量，在革命与建设的各条战线上作出了重要贡献。⑤

在马克思主义的引领下，新时代中国青年传承红色家风。红色家风对当代青年的成长与成才具有十分重要的意义，其先进性集中体现为将家庭与社会紧密联系起来，促使家风传承与国家发展、社会进步的总体目标相一致，帮助青年形成积极向上的价值观，并在社会活动中予以践行。

党群是天津海关的一名工作人员。她出生于红色家庭，爷爷是一名经历过抗日战争、解放战争血与火洗礼的老兵，他给孙女取这个名字，是想让孩子永远铭记党与人民的恩情。

---

① 中共中央文献研究室：《毛泽东书信选集》，中央文献出版社2003年版，第152页。
② 中共中央文献研究室：《毛泽东思想年编（1921—1975）》，中央文献出版社2011年版，第537页。
③ 中共中央文献研究室：《毛泽东书信选集》，中央文献出版社2003年版，第316页。
④ 同上书，第315页。
⑤ 邢浩：《毛泽东的"四不主义"》，《人民日报》，2016年5月3日，第18版。

红色家风让党群家庭充满家国情怀。党群刚参加工作时,爷爷叮嘱她:"你是党员、人民公仆,党的事情怎么能马虎?海关把的是国门,做事要对国家负责!"党群谨记爷爷的教诲,勤勉工作,取得优异成绩,先后被评为天津市"新长征突击手""杰出青年卫士"。

红色家风让党群家庭和谐幸福。在党群的婚礼上,父亲祝福她婚后"互助互爱、彼此奉献,家庭幸福美满",而这同样也是爷爷对父母婚礼的祝福。在党群上初中时,奶奶做了髋关节手术,需要长期卧床静养,母亲承担起照顾家庭的重任,她对党群说:"重要的不是个人得失,而是整个家庭的和睦幸福。"长辈的言传身教,帮助党群树立了孝老爱亲、夫妻和睦、忠诚包容的美德。在奶奶去世后,党群夫妇主动选择与父母同住,共同照顾爷爷。

红色家风让党群家庭真情向善。党群的爷爷时常在家里说:"我的一切都是党和人民给的,我们要为国家做贡献,去帮助需要帮助的人。"爷爷一生简朴,将积蓄都捐给了灾区与困难群众,父亲长期从事公益服务,母亲也不定期参与各种形式的文化志愿活动。党群是天津"棒棒糖"志愿服务队的负责人,累计志愿服务超过 1 200 小时,她还积极参与无偿献血,向中华骨髓库捐献造血干细胞。在红色家风的熏陶下,党群的孩子把攒下的 700 多元钱全部捐给了武汉,支持抗击疫情。红色基因深深融入了党群家庭的血脉,铸就了红色家风,滋养着四世同堂的幸福生活。①

(三)凝聚社会共识、促进共同发展

从社会生活的视角来看,信仰既是凝聚共识的基础,也是促进和谐的基因。在中国革命、建设、改革的进程中,马克思主义发挥出巨大的吸引力与感召力,推动着信仰者在社会实践中增强互信、凝聚共识、共同发展。

在马克思主义的引领下,百年前中国青年深入基层,凝聚群众。马克思主义具有真理性,但这种真理并不是不言自明的。只有将马克思主义的宣传与普及工作扎根基层、深入群众,意识形态工作才能卓有成效。

黄负生深入工人阶级宣传马克思主义的事迹,对其进行了生动诠释。黄负

---

① 《红色家风培育家庭文明新风尚》,《中国妇女报》,2020 年 11 月 23 日,第 1 版。

生，1891年出生于湖北武昌。他年少时博览群书，有过目成诵的能力，写的文章、诗词为师友所赞赏。

1911年10月，武昌爆发了辛亥革命，黄负生投笔从戎加入新军，成为民主革命的实践者。1913年，黄负生受聘担任武昌私立中华大学国文教员。在这里，他结识了恽代英等志趣相投的好友，时常聚在一起针砭时弊，抒发忧国忧民的情思。五四运动爆发后，黄负生与恽代英共同创办了《学生周刊》，分析国际国内形势，指导学生运动发展。《学生周刊》的创办表明黄负生由民主主义者转化为具有共产主义思想的无产阶级先进分子。

1920年，黄负生参加了陈潭秋组织的马克思学说研究会，与其他成员一起致力于马克思主义的研究与宣传工作。1921年，黄负生实地调研了汉口码头劳动工人的生活状况，与刘之通、陈潭秋共同撰写《汉口苦力状况》，揭示了码头劳动工人"彼等所受之苦痛，实人生之最难堪者"的悲惨境遇。

1921年5月，在汉口租界人力车工人罢工期间，黄负生热情接待了工人代表，及时披露了罢工情况，为工人争取到了社会各界的广泛支持。1921年10月，中国劳动组合书记部武汉分部成立，黄负生积极参与分部工作，为京汉铁路工人罢工的成功开展奠定了基础。

黄负生宣传马克思主义，批判封建思想对民众的荼毒，遭到反动势力的仇视与迫害，身体每况愈下，患上了严重的肺痨。1922年4月，黄负生与世长辞。在有限的革命生涯里，黄负生深入基层、广泛宣传马克思主义，将工人、学生凝聚在党的周围，为无产阶级革命事业的发展作出了杰出贡献。①

在马克思主义的引领下，新时代中国青年守望相助，共同发展。马克思主义具有精神导向作用，可以涵养青年坚韧不拔的毅力、勇于担当的胆识、敢于拼搏的精神与家国天下的情怀。

"95后"刘仙是来自四川成都的一名党员。她从2017年起开始从事餐饮行业，在新冠肺炎疫情肆虐之际，她勇敢逆行、奔赴武汉。

2020年2月初，刘仙从武汉市应急办了解到，当地许多医护人员吃不上

---

① 充芳芳：《黄负生：无产阶级工人运动的宣传家》，《学习时报》，2021年1月22日，第5版。

在武汉抗疫期间,"雨衣妹妹"刘仙及其团队得到许多热心民众的支持与鼓励(来源:《雨衣妹妹:疫情不走,我不走》,中国妇女报微信公众号,2020年3月1日,https://mp.weixin.qq.com/s/jZauKBlC-arH5KXLnRQ_BA)

热饭,影响了工作效率。第二天,刘仙在公司内部发出倡议,号召全国门店免费为医护人员提供盒饭。由于武汉的公司门店在疫情的影响下无法正常运转,刘仙组建了10人的援助小队,在得到武汉市卫健委的允许后,于2月4日凌晨到达武汉。在短暂的休息后,刘仙立刻着手准备餐食,当天就将400多份盒饭送到武汉市汉阳医院。

在此后的40多天中,刘仙与她的团队往返奔波于武汉市各大医院,将2万余份蕴含关切与温度的盒饭送到医护人员手中。在送饭过程中,刘仙没有专业的防护服、护目镜,时常穿着雨衣、戴着滑雪眼镜和口罩四处奔走。因此,她也被亲切地称为"雨衣妹妹"。

有人问刘仙是否害怕被传染,她回答说:"我当然怕,但我是一名共产党员。尽管街道很空旷,但我遇到的人都很团结,这是一座英雄的城市。"3月20日,武汉的疫情得到有效控制,刘仙和团队成员告别了这座奋斗40余天的城市。

逆行归来后,刘仙发起成立了"雨衣公益",目前已有上万名爱心人士加入,组织成员遍布全国各地。在刘仙看来,"雨衣妹妹"不再是一个人的称号,而是一群人的符号,越来越多的青年人已经行动起来,为建设更美好的社会作出贡献。在疫情面前,刘仙迎难而上,用实际行动践行了初心使命,用平凡的双手温暖了人心。①

---

① 鲜敢:《"雨衣妹妹"义举暖心》,《人民日报》,2020年3月31日,第6版。

（四）增强国家实力、提升国际地位

从意识形态的视角来看，信仰会从道路选择、制度认同、发展进程等多重维度对国家建设产生广泛而持久的影响。作为社会主义国家精神旗帜的马克思主义信仰，是在批判资本主义的过程中发展起来的，其科学性在中国站起来、富起来、强起来的历史进程中得以充分彰显。

在马克思主义的引领下，百年前中国青年推动中国站起来。当国家与民族面临危亡之险时，广大青年走在救国图存的前沿，积极投身学生运动、工人运动、农民运动，踊跃加入革命队伍，为争取国家独立和民族解放作出了巨大努力与卓越贡献。

1950年，为了支援朝鲜人民抗击美国侵略，中国人民志愿军赴朝作战。在信仰的引领下，志愿军涌现出邱少云、黄继光等英雄人物，他们用年轻的生命谱写了感天动地的青春战歌，维护了祖国安宁与世界和平。

1952年10月，邱少云所在部队接到攻打由"联合国军"驻防的391高地的作战任务。为了增强突袭的隐蔽性，11日夜，500多名志愿军战士进入敌人阵地前沿的草丛中潜伏。第二天中午，美军向阵地前沿发射燃烧弹进行试探，其中一枚落在邱少云身边。附近的草丛开始剧烈燃烧，火势迅速蔓延到邱少云身上。不远处有一条水沟，只要他后退几步，顺势一翻就能扑灭火苗。但为了不暴露目标，确保战友顺利完成任务，邱少云咬紧牙关，在烈火中坚持了半个小时，直至壮烈牺牲，用实际行动践行了"为了世界革命，为了战斗胜利，我愿意献出自己的一切"的铮铮誓言。在邱少云牺牲精神的鼓舞下，战友们当晚胜利攻占了391高地。抗美援朝战争结束后，391高地筑立起一座石壁，上面镌刻着：为整体、为胜利而牺牲的伟大战士邱少云同志永垂不朽！①

1952年10月，上甘岭战役打响，黄继光所在部队接到命令：夺取上甘岭西侧597.9高地。在部队推进至半山腰时，遭遇山顶敌人火力点的阻击，连续多次组织爆破均未奏效。关键时刻，黄继光挺身而出，将早已写好的决心书交给参谋长，上面写着：坚决完成上级交给的一切任务，争取立功当英雄，争取

---

① 周闻韬：《邱少云：为了胜利 烈火中永生》，《人民日报》，2019年8月12日，第17版。

入党。参谋长同意了他的请求。黄继光与两名战友在距离敌人火力点50米的地方被发现，无数挺机枪喷射出火舌，一名战友牺牲，另一名战友身负重伤，黄继光左臂也被子弹击中。为了战斗的胜利，黄继光继续顽强地向火力点爬去，在成功靠近后，挺身跃起，用胸膛堵住了敌人的枪口，壮烈捐躯。战友们高喊着"为黄继光报仇"，冲锋向前，夺取了高地。战后，黄继光被追认为中共党员，追记特等功，追授"特级英雄"与"朝鲜民主主义人民共和国英雄"称号，遗体安息于沈阳抗美援朝志愿军烈士陵园。[①]

祖国和人民永远不会忘记志愿军的青年英烈，在他们身上体现了中国共产党和人民军队的革命精神，这种精神是中华民族生生不息、发展壮大的宝贵财富。

在马克思主义的引领下，新时代中国青年推动中国富起来、强起来。当国家与民族面临发展之困时，广大青年走在改革创新的前沿，运用聪慧才智推动技术创新、理论创新、制度创新与文化创新，积极投身全面建成小康社会、脱贫攻坚、防疫抗疫，为实现国家富强与民族复兴贡献了重要力量。

从"博士书记"成长为"硬汉书记"的俞贺楠，就是一个鲜活的例证。俞贺楠，1984年出生于辽宁沈阳。他天资聪颖、勤奋刻苦，2003年起先后就读于辽宁大学与中国人民大学，获得社会保障学博士学位。

2018年9月，时任人社部中国劳动和社会保障科学研究院博士、副研究员的俞贺楠主动请缨，前往山西省天镇县薛牛坊村担任第一书记。天镇县位于山西省最北端，是国家级贫困县、山西省级深度贫困县，薛牛坊村更是被戏称为"天无送丰雨，地无半寸金"。

2018年，俞贺楠刚到村里时，全村641人中有建档立卡贫困户461人，多数青壮年外出务工，劳动力严重匮乏。通过实地走访，俞贺楠找到了当地发展滞后的"病根"：党建工作薄弱、战斗堡垒不强。为了革除弊病，他提出"四驱联动"的工作模式：村两委带动，第一书记、工作队拉动，在村党员推动，全体村民联动；同时借助"三会一课"强化基层党组织的凝聚力与执行力。

以此为基础，俞贺楠进一步探索推动当地经济发展的有效路径。针对当地无霜期短、劳动力有限、草地较多的特点，俞贺楠积极推广适合当地情况的小

---

① 王永战：《黄继光：舍身忘我 英勇无畏》，《人民日报》，2021年5月26日，第6版。

微养殖业，同时将土特产品接入互联网平台进行销售，增加了贫困户的收入。在俞贺楠的带领下，薛牛坊村贫困发生率由2018年的70.04%下降到2020年的0.47%，实现整村脱贫。

俞贺楠的扶贫之路并非一帆风顺。2019年9月，俞贺楠在考察农作物收成时不慎摔倒，导致脚踝关节韧带撕裂，他拄着拐继续坚持工作。2020年春节期间，俞贺楠的母亲被确诊为肺癌晚期，他把母亲与患脑梗多年的父亲从沈阳接到天镇，继续开展扶贫工作。

在困境中的执着与坚持，为俞贺楠在当地百姓心中树立起"舍小家、为大家"的硬汉书记形象。在了解到俞贺楠的困难后，村民纷纷表示："俞书记爸妈就是我们的爸妈，大家一起给老人养老。"

2020年10月，俞贺楠荣获全国脱贫攻坚贡献奖。在接受采访时，他深情地说："两年的时间太短，我想再多做点事情，多帮帮乡亲们，为乡村振兴出一把力！"①

（五）推进人类命运共同体建设

信仰，既是观察世界的思想工具，也是改造世界的实践工具。从世界视角构建的马克思主义信仰体系主要包括唯物主义的世界图景、共产主义的远大理想、人民至上的根本信念、自由全面的价值追求等内容②，构建"自由人联合体"是其远景目标，构建"人类命运共同体"是其当代呈现，构建"反法西斯命运共同体"则是其过往样态。

在马克思主义的引领下，百年前中国青年通过参与世界革命的方式，推动反法西斯命运共同体的建设。革命的方式是多样的，无论是在战火纷飞的前线，还是在看不见硝烟的隐蔽战线，都活跃着青年革命者的身影，有"红色间谍"之称的阎宝航正是其中的一员。

阎宝航，1895年出生于辽宁省海城县的一个贫苦农民家庭。18岁时，阎宝航考入奉天两级师范学堂，因待人热情、诚挚笃厚，被同学戏称"阎老佛"。

---

① 刘娟：《俞贺楠：从"博士书记"到"硬汉书记"》，《党建》，2021年第2期，第53—54页。

② 刘建军：《论马克思主义信仰体系》，《求索》，2020年第4期，第5—13页。

毕业前夕，阎宝航和好友共同创办贫儿学校，帮助上千名贫穷儿童接受教育。

1925年，阎宝航在沈阳组织2万多名学生举行声势浩大的示威游行，声援五卅运动。九一八事变后，阎宝航在北平发起"东北民众抗日救国会"，为抗日救亡奔走呼吁。1937年抗日战争全面爆发后，经周恩来、刘澜波介绍，阎宝航秘密加入中国共产党，开展统战工作，收集重要情报。

1944年，阎宝航从国民党情报人员手中获取了日本关东军的材料，里面记录着关东军的兵力部署、防御计划、要塞地址等绝密内容。阎宝航在请示周恩来后，将材料交给苏联使馆。1945年，苏联红军进军东北，势如破竹地消灭了日本关东军，这份情报的作用居功至伟。阎宝航收集的重要情报，对反法西斯战争的胜利发挥了重要作用。李克农对他给予了高度评价："不但对中国革命有贡献，对世界革命也有贡献！"①

在马克思主义的引领下，新时代中国青年积极响应"一带一路"倡议，推动人类命运共同体的建设。"一带一路"是经济、政治、文化等跨领域、多层次、全方位的深度合作，面临着政治制度、地域文化、社会发展模式等多重差异带来的挑战，青年参与其中，既能推动命运共同体的建设，也能从中获得历练与成长。

2018年3月，由共青团中央宣传部和湖南广播电视台新闻中心联合摄制的主旋律纪录片《我的青春在丝路》上映，用青年奋斗者的鲜活故事，诠释了真正的"中国式青春"。

在纪录片第一季中，《我在巴基斯坦种水稻》的青年主人公蔡军是一名水稻种植专家，他将科学的种植方法传递给当地居民，帮助他们改变落后的耕种方式与理念，在蔡军和同事们的努力下，当地水稻的亩产量从500公斤提升到900公斤。在蔡军看来，"青春最重要的就是真诚，真诚地对待这份造福人类的事业"。

《尼泊尔的诗与远方》的青年主人公胡天然在尼泊尔巴瑞巴贝引水隧道工程担任项目经理。巴瑞巴贝引水隧道工程被称为尼泊尔的"南水北调"工程，

---

① 王诗敏：《阎宝航：不但对中国革命有贡献，对世界革命也有贡献》，《学习时报》，2020年12月7日，第5版。

需要在喜马拉雅山山脉上开挖出一条12公里长的隧道。隧道掘进技术的引进，会给当地居民的生活、经济和农业带来巨大改变。虽然隧道的修建可能需要5年时间，但是胡天然并不觉得辛苦，"在自己精力最旺盛、最吃得了苦、提升最快的阶段，我是拼过来的，而不是浑浑噩噩度过的"，这里就是他想要的诗和远方。

《哈萨克斯坦修井记》的青年主人公王金磊是一位修井工程师，连续多年在哈萨克斯坦的戈壁上建设油井。在一次深夜突发的油井事故中，王金磊火速赶到现场，仅花了1个多小时就确定了造成故障的油管的具体位置，经过5个小时的紧急打捞，成功排除故障，保证了油井的正常生产。王金磊的工作得到认可与赞誉，顺利融入异域生活，与当地人成为亲密的朋友。

《吴哥窟的拼图者》的青年主人公张念是一名文物保护工程师，在柬埔寨参与吴哥古迹茶胶寺的保护修复工作。吴哥古迹修复工程是中国第一次参与对域外文物古迹修复的项目，也是中国在"一带一路"沿线国家中投入时间最长、技术支持程度最高的文化遗产修复项目。张念需要从已经坍塌严重的古迹中，完整地找回所有原石，按1000多年前的样子进行拼接还原。作为"细节控"，他认为自己的每一项工作成果体现的都是"中国标准"，都要让外国友人看到中国的高标准、严要求。

《谈判在非洲》的青年主人公孙钦勇是中铁二局的一名商务经理，在埃塞俄比亚参与亚吉铁路的修建工作。亚吉铁路是非洲第一条电气化铁路，也是"一带一路"在非洲的里程碑式工程，被当地民众称为"黄金之轨"。由于文化理念等方面的差异，当地一些村民工作方式比较随意，对工程进度造成了不小的影响。孙钦勇总是在第一时间巧妙运用多种方式与工人谈判，积极寻求多方帮助，确保项目的顺利推进。

二、磨难中坚劲：在党的领导下推进共产主义事业

千磨万击还坚劲，任尔东西南北风。从拥护党的领导、为实现中国梦奋斗不息、为推进共产主义事业勇于牺牲三个维度探讨青年坚守马克思主义信仰的

行为要求,有助于对"何种行为是青年坚守马克思主义信仰的具体表现"的问题作出科学回答。

(一)百年大党、矢志追随

作为无产阶级的先锋队,共产党是马克思主义信仰的社会载体与政治载体,是这一信仰的社会现实与外部体现。[①] 在中国革命、建设与改革的历程中,拥护中国共产党的领导与坚定马克思主义信仰是密不可分的有机整体。

百年前中国青年紧跟党的步伐,矢志不渝。中国共产党对革命的执着与坚定,为身处困境的国人带来了希望,无数有志青年竞相奔赴。漆鲁鱼千里寻党的事迹,更是被时人传为佳话。

漆鲁鱼,1902 年出生于重庆江津。他 1 岁时,父亲早逝,15 岁时,母亲又不幸病故,年幼的漆鲁鱼一心"想操好自己的本领,好以后自谋衣食"。

1924 年,在四叔漆南薰的资助下,漆鲁鱼前往日本东京求学。留学期间,四叔惨遭重庆反动军阀杀害,这件事动摇了漆鲁鱼学好本领自谋生计的想法,成为其思想转变的契机。

在堂兄漆相衡的影响下,漆鲁鱼开始大量阅读马克思主义书籍,并与一批进步青年共同在东京组建了青年艺术家联盟,结合马克思主义文艺理论探寻救国救民的真理。漆鲁鱼后来在回忆中提到,"从 1927 年下半年起,我们已经是马克思主义的信仰者了。我当时认为只有马克思主义才是真理,也只有马克思主义才能救中国"。

1928 年,漆鲁鱼从日本回国。1929 年,经过组织考查,漆鲁鱼被批准加入中国共产党,义无反顾地走上了革命道路。此后,他积极投身党的活动,在上海、汕头、瑞金等地的多个岗位上出色完成了组织交给的各项任务。

1934 年,由于第五次反"围剿"失败,红军被迫长征,漆鲁鱼所在的部队留在苏区继续开展游击战。1935 年,漆鲁鱼在一次突围中与部队走散,不幸被俘。他机智地瞒过敌人的多次审问与考察,逃出虎口,踏上寻找党组织的漫漫征程。

[①] 刘建军:《马克思主义信仰论》,中国人民大学出版社 1998 年版,第 128 页。

漆鲁鱼从瑞金出发，一路依靠乞讨为生，辗转来到曾经工作过的汕头，然而当地的秘密交通站已经撤销。在一家慈善机构的帮助下，漆鲁鱼乘船北上前往上海。当时的上海被白色恐怖所笼罩，革命处于沉寂状态，漆鲁鱼一直无法联系到党组织。他不得已辗转回到江津老家，次年春又前往重庆继续寻找党组织。

在重庆期间，漆鲁鱼认识到："我必须行动起来，组织群众，宣传抗日救国。只有自己行动起来，才容易找到党。"1936年6月，漆鲁鱼与重庆各界爱国人士共同组建了"重庆各界救国联合会"。在他的领导下，这一组织发展成为重庆抗日救亡运动的核心力量。漆鲁鱼在组织活动中，有意识地传播马克思主义的理论知识，宣扬党的方针政策，帮助许多成员实现了由爱国主义者向共产主义者的转变。漆鲁鱼在重庆的活动引起了中共中央特派员张曙时的注意，他委派罗世文等人到重庆对漆鲁鱼与"重庆各界救国联合会"进行审查。通过审查后，恢复了漆鲁鱼的党籍，并任命他为重庆市工委书记。

漆鲁鱼不辱使命，分批输送了100多名"重庆各界救国联合会"成员前往延安学习，其中许多人成长为革命的中坚力量，在各条战线上为党的事业作出了重要贡献。漆鲁鱼与党组织失去联系后，怀着坚定的马克思主义信仰，在身无分文的窘境中，艰辛跋涉，辗转多地，一直没有放弃，最终如愿以偿重新回到党的怀抱，为后人留下了一段千里寻党的佳话。[①]

新时代中国青年投身党的事业，砥砺前行。青年是党的事业源源不断的生力军，优秀共青团干部丁雪是其中的杰出代表。2007年，已在高校工作4年的丁雪，来到南京市江宁区担任团委书记。在接受《中国青年》记者采访时，丁雪说："我学的是师范教育，和高校里的学生很熟悉。到了地方，要自己找青年。高校在围墙内，基层没有围墙，工作更繁杂。"

在困难面前，丁雪没有后退，她带领7个人的工作团队，紧跟党的步伐，顺应青年期待，积极改革创新，在凝聚新组织工作力量、借力新媒体工作抓手、全方位打造服务型团组织等方面开展了卓有成效的工作。根据团江苏省委开展的"走基层、听建议、转作风、办实事"活动精神，丁雪在江宁区积极实

[①] 吴文珑：《漆鲁鱼行乞千里寻党》，《人民日报》，2016年5月24日，第18版。

施"一走访三联系","在与青年的交流过程中,我了解到很多青年并不清楚共青团能够提供哪些具体服务,这件事情引发了我的思考"。为解决这一问题,江宁共青团列出"9.5项服务清单","9.5项是我们能够提供的服务,剩下的0.5项留给青年人填写,希望我们能提供什么服务"。

在走基层的过程中,丁雪及其团队成员与当地青年进行了细致的互动,不断提升共青团服务与青年需求的契合程度。"打造服务型团组织,是共青团一直未变的主线。"除了继续深化已有团属社会建设创新点的工作探索,主动承接政府公共服务项目,丰富与完善共青团协助政府管理青少年事务的有效机制外,江宁团区委还积极创建省市示范"青少年之家",吸引凝聚与服务引导社会组织,推动基层团组织的网络覆盖、工作力量、服务项目在青少年身边实现有形化、便利化和常态化。

当记者问道"是否会留意网络上关于共青团的争论"时,丁雪回答:"网络上的口水战,我不会看。得拿出时间多干实事,用行动证明。作为一名基层团干部,我会怀着饱满的热情继续服务下去。"[1]

拥护中国共产党的领导,是青年坚守马克思主义信仰的基本行为要求。在新时代,广大青年要紧密团结在以习近平同志为核心的党中央周围,自觉接受党的引领、培养与管理,增强"四个意识",坚定"四个自信",做到"两个维护",坚定不移听党话,矢志不渝跟党走。

(二)民族梦想、接续奋斗

中国梦,是中华儿女对国家富强、民族复兴、人民幸福的美好期盼,是当代中国理想信念与马克思主义信仰融合的集中体现,是国家梦想、民族梦想、个体梦想与共产主义梦想的统一。中国梦的实现之路,也是马克思主义信仰植入、融合、再生、发展的过程。

百年前中国青年为争取民族独立、人民解放奋斗不息。宋任穷咬牙渡难关

---

[1] 陈敏:《对自己的岗位要有担当——对话"全国优秀共青团干部"丁雪》,《中国青年》,2016年第12期,第52—53页。

的事迹，展现了革命青年的奋斗风貌与昂扬姿态。1922年，宋任穷进入金江高小读书，当时陈昌、夏明翰等共产党员也在此任教。他们将马克思主义与书本知识结合，对学生进行革命启蒙，其中一首修路歌广为流传：

> 修我们的马路，贯彻我们的精神，怕什么寒和暑，雨和风，拿起我们的锄头、铲子，快来做工。怕什么高和低，土和石，凡阻碍我们的，就要把它铲平。

在启蒙教育的影响下，宋任穷树立起马克思主义信仰，走上了革命的道路。宋任穷17岁入党，18岁参加秋收起义，三湾改编后，他跟随起义队伍上了井冈山。1928年冬天，国民党派重兵"围剿"井冈山根据地。为保存革命力量，彭德怀等决定撤离井冈山，开辟新的根据地，宋任穷带领特务连负责断后。由于兵力悬殊，特务连被打散。宋任穷以坚强的革命意志，历尽千辛万苦，于1930年2月重新找到队伍，继续坚持革命斗争。

1938年，宋任穷带领部队奔赴冀南，成功开辟平原抗日根据地。1942年至1943年，日军对根据地进行大规模"扫荡"，冀南地区又遭遇了百年不遇的自然灾害，根据地处于非常艰难的困境中。宋任穷安排党委、行署以及军区的后勤机关转入后方，自己带领不足200人的队伍坚守得之不易的根据地，同时积极动员群众开展自产自救。食盐短缺，宋任穷就带领大家把盐碱地上的硝盐刮起来，放在缸里加水熬了当盐吃；粮食短缺，宋任穷就与战士们一起拉犁，开垦荒地，优先保障群众的生活供给。正是凭着顽强的革命意志与奋斗精神，宋任穷与冀南根据地军民共同度过了最艰难的时期，当地老百姓亲切地称他为"咬牙干部"。①

新时代中国青年为实现国家富强、人民幸福奋斗不息。全身心投入乡村脱贫攻坚的"85后"藏族女干部张小娟，为当代青年树立了奋斗的榜样。张小娟出生于甘肃舟曲县的一个藏族农家。2003年，张小娟以全县文科第一名的成绩考入中央民族大学。在前往北京前，张小娟深情地说："我以后有本事了，

---

① 何成学：《宋任穷：咬牙渡难关》，《人民日报》，2018年8月14日，第17版。

张小娟向村民了解情况（来源：《追记殉职在决战脱贫路上的几位舟曲县干部职工》，中国青年网，2019 年 11 月 8 日，picture.youth.cn/qtdb/201911/t20191108_12113877_2.htm）

会回报家乡。"

2008 年汶川发生特大地震，舟曲县受灾较为严重。张小娟多次向家人打电话询问灾情，流露出对家乡的关切与思念。2008 年 9 月，张小娟放弃在北京的工作，回到家乡。面对旁人的不解，张小娟说："回到家乡，尽自己的力量让它更美，不是很好吗？"

从那时起，张小娟先后担任驻村干部、副乡长、乡纪委书记、县扶贫办副主任，辛勤奔波在脱贫攻坚一线，以实际行动书写对家乡的热爱，在当地群众心里留下了干部为民服务的良好形象。

2010 年 8 月，舟曲县发生特大山洪泥石流灾害。张小娟主动请缨，与突击队一道连夜赶到县城，她和男队员一样，始终冲在抗灾救援的最前线，挖淤泥、清废墟、搬运救灾物资，因为表现突出，她光荣地加入了中国共产党。

2016 年以来，张小娟带领扶贫办工作人员翻山越岭，跑遍了舟曲 200 多个自然村，成为全县扶贫情况的"移动数据库"和"活字典"。为了让广大群众对精准扶贫政策看得明白、心中有数，张小娟和同事在广泛查阅资料的基础上，制作了以漫画辅以简单文字说明的《舟曲县精准扶贫政策图解》，使政策推进情况一目了然，得到广泛赞誉。

2019年10月，张小娟在完成舟曲乡村脱贫攻坚抽样调查工作返程途中因交通事故不幸殉职。张小娟用平凡而短暂的一生，谱写了一名共产党员的英雄赞歌，兑现了"将全部时间都交给脱贫攻坚事业"的铮铮誓言。她虽然走了，但初心不因来路迢遥而改变，使命也不因风雨坎坷而淡忘。

2020年2月28日，舟曲县正式退出贫困县序列，张小娟的鲜活形象也会永远留在舟曲人民的心中。①

为实现中国梦奋斗不息，是青年坚守马克思主义信仰的关键行为要求。在新时代，广大青年要把个体梦想与中国梦紧密联系起来，厚植家国情怀、练就过硬本领、矢志艰苦奋斗，在推动实现中国梦的伟大进程中创造精彩人生。

（三）远大宏图、舍身以赴

共产主义，是马克思、恩格斯在深入考察与剖析19世纪资本主义经济、政治、社会状况的基础上所构想的社会发展的理想形态，是马克思主义者孜孜以求的奋斗目标。马克思在《哥达纲领批判》中将共产主义社会分为两个发展阶段：第一阶段与高级阶段。后来，列宁把前者称为社会主义社会，而把后者称为共产主义社会。鲜血、生命与信仰交织，铸就了共产主义前进道路上一座座不朽丰碑。

百年前中国青年为推动中国迈向社会主义社会勇于牺牲。东北抗联杨靖宇将军为了共产主义事业，棉絮果腹战斗至生命最后一刻。杨靖宇1905年出生于河南省确山县，早在1923年就加入了马克思主义研究会，是其早期成员之一。当时，北京大学马克思主义研究会的主要研究内容包括劳动运动研究、《共产党宣言》研究、远东问题研究等。在问题的交流与探讨过程中，杨靖宇走上了共产主义道路。

五卅运动期间，杨靖宇参加了开封的罢课斗争，后返乡组织了三所农民夜校，播下革命火种。1927年4月，杨靖宇等指挥当地农军，经过四天激战，解放了确山县城，建立了河南省第一个代表农工利益的革命政权——确山县临时治安委员会，并于同年加入中国共产党。

---

① 李白云：《爱在扶贫路上》，《甘肃日报》，2021年1月15日，第11版。

1929年7月，杨靖宇被党组织派往东北开展工作。1932年，他装扮成商人，几经周折，找到了磐石游击队。当时游击队只有500多人，士气低落。经过杨靖宇的细致工作，磐石游击队发展到6 500多人，成为东北地区重要的革命力量。

1937年卢沟桥事变后，杨靖宇指挥东北抗日联军第一路军积极开展游击战争，有力牵制了日军向关内的入侵。

1939年，敌人在杨靖宇活动的安东、奉天、通化三地加紧"归屯并户"，大搞"集团部落"，把散居在各个村屯的百姓强行驱赶到大屯子里居住，并派兵监管，切断了抗联与老百姓的联系。在经济封锁的同时，日伪当局悬赏万元巨金，捕杀杨靖宇。

1940年2月，杨靖宇身边的侍卫排长张秀峰携带近万元抗联经费及一些重要文件叛变投敌。由于张秀峰对抗日联军的行军路线十分熟悉，致使杨靖宇所带领的部队遭受了很大损失。杨靖宇将剩下的战士化整为零，分兵突围，他鼓励大家："革命就像一堆火，看起来很小，可燃烧起来能烧红了天，照亮黑夜。革命，不管遇多大困难总会胜利的！"

不久，杨靖宇身边仅有的两名战士在外出寻找食物时与敌人遭遇，英勇牺牲，他孤身一人到达江县保安村三道崴子。此时，他已经数日粒米未进，以皮带、棉絮充饥，身体虚弱到了极点。在江县城西南保安村的山坡上，杨靖宇被敌人层层围住。敌人妄想活捉杨靖宇，不断喊话诱劝他"归顺"，但得到的回答只有一颗颗仇恨的子弹。激战多时后，杨靖宇身中数弹，壮烈殉国。

杨靖宇为共产主义事业流尽了最后一滴鲜血，祖国和人民永远不会忘记他。1946年，濛江县正式更名为靖宇县。1949年，郭沫若为他题词：

> 头颅可断腹可剖，
> 烈忾难消志不磨，
> 碧血青蒿两千古，
> 于今赤旗满山河。

2009年，杨靖宇被评为100位为新中国成立作出突出贡献的英雄模范之一。①

新时代中国青年为推动中国迈向共产主义社会同样勇于牺牲。解放军战士杜富国在扫雷中遇到突发情况时，奋不顾身、扑向战友，谱写了一曲舍身救人的英雄赞歌。杜富国，1991年出生于贵州湄潭。2009年，杜富国报名参军，在他的人生字典中，好男儿就是要当兵。2010年入伍后，杜富国把热心与担当带到了军营。在训练结束后，他主动为所在部队修水电、修门窗、修设备，成为出色的"三小工"；外出训练时，他把自己的干粮分给饭量大的战友与山里的困难群众；战友遇到困难时，他倾囊相助给予帮助。

2015年，军分区组建扫雷大队，杜富国与1 400多名战友提交了请战书，他写道：

> 怎样的人生才是真正有意义有价值的，衡量的唯一标准是真正为国家做了些什么，为百姓做了些什么。这就是我的使命，一个声音告诉我，我要去扫雷。

这一年夏天，杜富国如愿来到扫雷大队，见到了雷区附近身体残缺的老乡，那一刻，他读懂了"为人民扫雷，为军旗增辉"的誓言，下定决心"一定要把这片雷场清除，还边境人民一片净土"。在扫雷大队有个不成文的规矩：新同志第一次进雷场，必须由党员干部走在前面带队，这后来成为杜富国的入党动机，他说："入了党，我就能走在雷场最前面，排除更危险的雷。"

在扫雷作战的三年中，杜富国出入雷场千余次，累计排除爆炸物2 400余枚。2018年10月11日下午，杜富国与战友艾岩一起执行排雷任务，在发现疑似雷窝后，杜富国告诉战友："你退后，让我来！"正当杜富国按照作业规程，小心翼翼清除周围浮土时，弹体突然爆炸，他下意识地倒向战友的一侧。飞起的弹片将杜富国炸成了血人，他因此失去了双眼与双手。正是由于他舍生忘死的一挡，两三米外的战友仅受了轻伤。

2019年5月16日，在全国自强模范表彰大会上，杜富国向习近平总书记

---

① 牟岱：《对党绝对忠诚的杨靖宇》，《学习时报》，2019年12月16日，第6版。

2019年5月22日,中共中央宣传部授予杜富国"时代楷模"称号(来源:《杜富国,归队!》,人民日报微信公众号,2019年5月24日,https://mp.weixin.qq.com/s/oj4M2W-zNEsSNKSTz-uHlQ)

敬上特殊军礼,总书记左手握住他的手肘,右手轻拍其肩膀,致以亲切的问候。这轻轻的一拍,是总书记对英雄杜富国的心灵慰藉,也是对所有共和国英雄们的褒奖。

展望未来,杜富国说:"我虽然失去了双手,但我还有健全的双腿,可以继续为梦想奔跑;我虽然失去了双眼,但我有信仰的明灯,可以继续照亮我前行。"①

为推进共产主义事业勇于牺牲,是青年坚守马克思主义信仰的最高行为要求。在新时代,广大青年要践行共产主义事业接班人的使命担当,在遇到困难与危险时,挺身而出,英勇斗争,不怕牺牲。

三、绝知要躬行:在知行合一中感悟政党之能、主义之行、制度之好

纸上得来终觉浅,绝知此事要躬行。从理论学习实化根基、现象思考深化理解、实践探索强化认同等多个视角探讨青年坚守马克思主义信仰的可行路径,有助于对"青年怎样坚守马克思主义信仰"的问题作出科学回答。

---

① 邱秋:《忠诚担当 敢于牺牲 向时代楷模杜富国学习》,《新湘评论》,2019年第15期,第38—39页。

（一）学党史，悟中国共产党为什么能

学习党史，有助于弄清楚中国共产党为什么能，进而在政党认同的基础上坚守马克思主义信仰。党的历史包括奋斗发展史、理论创新史与自身建设史三个有机组成部分。[①] 在党的百年征程中，既有风调雨顺、凯歌高奏，也有阴云密布、荆棘丛生，但无论身处何种境地，中国共产党从没想过放弃，也从未忘记自己的初心。正如 2021 年全国两会期间，人民日报新媒体推出的建党百年MV《少年》主题曲所表达的：

> 1921 壮丽篇章开启，自强不息一定能够创造奇迹，每次受挫都是一次收获，勇往直前是我的选择。昨日的成长都是印记，所有的成绩都值得被铭记，未来在即，梦想一定可期，乘风破浪，我们在一起。
>
> 探月问天，5G 领跑全球，科技创新，与时俱进绝不放手。2021 新的征程开启，不忘初心，我们在一起。过去的成绩都是底气，新时代一起打赢新的战役。未来已来，更加值得期待，砥砺前行，我们要一起。
>
> 远望金山上那光芒照耀着四方，把人们的生活一点一点变得闪亮，一步一脚印，撸起袖子加油干，实现中华民族的伟大复兴梦想。"十四五"期间将会面临新的挑战，相信下份成绩单会更加得好看。从不会空喊，梦想付诸实干，向前看，一起见证更多奇迹实现。
>
> 我还是从前那个少年，初心从未有改变，百年只不过是考验，美好生活目标不断实现。这个世纪少年，使命永远放心间，面前再多艰难不退却，Say never never give up like a fire。[②]

百年前中国青年结合革命历程，学习党的历史。邓小平善于从亲身经历中学习党史。八七会议时，23 岁的邓小平担任会议记录。1980 年，邓小平到武

[①] 桑林峰：《学党史读经典》，《中国社会科学报》，2011 年 6 月 30 日，第 8 版。

[②] 陈秋南、申宁：《建党百年主题 MV〈少年〉》，人民网，2021 年 3 月 10 日，http://tv.people.com.cn/n1/2021/0310/c61600-32047792.html。

汉视察工作，特地参观了八七会议旧址，当纪念馆的工作人员请他讲解八七会议与百色起义的关系时，邓小平强调："首先要讲八一南昌起义。会议是号召举行全国武装起义，会后在全国各地相继组织武装起义，虽然八一南昌起义在八七会议之前，但八一南昌起义也是体现八七会议方针的。"①

遵义会议时，31岁的邓小平以中共中央秘书长身份负责会议记录。1958年，邓小平参观了遵义会议会址，触景生情，他对身边的同志说："那个时候觉得走廊很宽，现在觉得窄了。"②1965年，邓小平再次参观了遵义会议纪念馆。在后来主持起草《关于建国以来党的若干历史问题的决议》时涉及对遵义会议的评价，邓小平表示"这个事我清楚"，根据他的建议，最终"决议"删除了草稿中"实际上"三个字，明确指出遵义会议"确立了毛泽东同志在红军和党中央的领导地位"。

邓小平重视从党史学习中汲取开创新事业的精神动力。有一次，他看了一份材料，上面说中共四大时只有900多名党员，就是依靠这些力量，实现了国共合作，推进了北伐战争，经过千难万苦的奋斗，最终建立了新中国。看完材料后，邓小平感慨地说："中国革命，没有中国共产党，能够成功吗？不可能的。不要小视我们的党。"③在新的历史条件下，他认为我们党同样"能够把全国人民的力量集合起来，干出轰轰烈烈的事业"④。

邓小平提出要用党的历史教育好青年。改革开放初期，有的青年对改革开放前的中国有一些不解与误会，邓小平指出：没有中国共产党，不进行新民主主义革命和社会主义革命，我们的国家还会是旧中国的样子。恰恰在这个问题上，我们的许多青年缺乏了解。因此，要注重运用党史中蕴含的宝贵革命精神教育一代又一代青年。

邓小平还着重强调了青年学习党史对抵制历史虚无主义的作用：历史虚无

---

① 中共中央文献研究室：《邓小平年谱（1975—1997）》上卷，中央文献出版社2004年版，第655页。
② 钟文、庚海啸：《百年小平》上卷，中央文献出版社2004年版，第278页。
③ 中共中央文献研究室：《邓小平关于建设有中国特色社会主义的论述专题摘编》，中央文献出版社1992年版，第243页。
④ 同上书，第244页。

主义否定唯物史观的基本观点，动摇了马克思主义信仰的根基。学习党史，有助于青年了解近代中国救亡图存的历程，深刻体悟"一旦中国抛弃社会主义，就要回到半殖民地半封建社会，不要说实现'小康'，就连温饱也没有保证"的道理，进而自觉抵制历史虚无主义的侵袭。①

新时代中国青年结合建设历程，学习党的历史。2018年9月14日，在一大会址优秀党员的照片墙前，澎湃新闻记者遇到了来自南京的"90后"姑娘陶莉蓉。陶莉蓉已有5年党龄，这次到上海培训，特地前来一大会址重温党的历史，汲取信仰力量。

她说，在照片墙上看到了很多熟悉的名字，有些人年纪轻轻为党献身，有些人为祖国建设奋斗终生，"虽然时代一直在改变，但是，在当代中国这些坚强无畏、勇于承担、甘于奉献的精神依然在闪闪发光"。

陶莉蓉的母亲与祖父母都是党员，她从小就在潜移默化的影响中期待成为一名共产党员，"记忆中，长辈们习惯性地天天看新闻、关注海峡两岸的消息、一家人吃饭时也会讨论社会热点，我觉得成为共产党员能多一份信念和坚守"，"从小党员给我的感觉就是自我要求严格、踏实朴素"。

在家人的影响下，陶莉蓉在高中就递交了入党申请书。这次来到中共一大会址，陶莉蓉学到了很多之前不曾了解的党史知识。"今天参观最直观的感受是，共产党成立初期，党员们自身的条件十分艰苦，面临的困难也特别多。了解到他们奋斗的历程后，更能体会共产党成立并发展壮大的不易。"

明晰中共一大在上海召开的原因是陶莉蓉此行的另一个重要收获："新思想在上海工人中广为传播；陈独秀的《新青年》也诞生在上海；在上海建立了中国共产党第一个早期组织；而且当时上海有众多的外来人口，再加上租界的有利条件，所以共产党员和共产国际的人可以隐匿其间；这些有利条件使上海成为共产党的诞生地。"

谈到未来规划时，陶莉蓉不好意思地笑了："我已经成为一名党员，虽然有些时候还会有些惰性，但每每想到宣誓那一刻的热血澎湃，想到那些让人久久触动的党员事迹，我对前景又充满了信心，希望在未来工作生活中，践行好

---

① 蒋永清：《邓小平谈学习党史》，《学习时报》，2021年2月19日，第1版。

党员的初心使命。"①

结合对党的历史的学习，弄清楚中国共产党为什么能，是推动青年坚守马克思主义信仰的重要路径。2021年5月4日，清华大学鄢一龙教授在共青团中央组织的"学党史、强信念、跟党走"主题云团课中，从党史视角阐释了"中国共产党为什么能"的五点原因：中国共产党是一种前所未有的新型政党；中国共产党是代表全体人民利益而非特定群体利益的政党；中国共产党建立了一整套与全社会高度同构的组织体系，具有高度的组织性；中国共产党是具有高度先锋性精神的政党，而不是精英党；中国共产党拥有中国人民这个不竭的力量来源。在新时代，广大青年要深入学习党的历史，重温中国共产党百年奋斗的辉煌历程、为国家和民族作出的伟大贡献、始终不渝为人民的初心宗旨，进一步坚定对党的信念、信任、信心。

（二）学经验，悟社会主义制度为什么好

学习社会主义实践经验，有助于弄清楚社会主义制度为什么好，进而在制度认同的基础上坚守马克思主义信仰。中国特色社会主义是21世纪社会主义发展的引领旗帜，其制度体系涵盖政治、经济、文化等多个领域。具体地说，中国特色社会主义政治制度包括工人阶级领导的、以工农联盟为基础的人民民主专政制度，中国共产党领导制度，人民代表大会制度，中国共产党领导的多党合作和政治协商制度，民族区域自治制度，基层群众自治制度，"一国两制"等。中国特色社会主义经济制度包括以公有制为主体、多种所有制经济共同发展的基本经济制度，按劳分配为主体、多种分配方式并存的分配制度，以及建立在基本经济制度基础上的经济体制等各项具体制度。中国特色社会主义文化制度包括坚持马克思主义在意识形态领域指导地位的根本文化制度，以社会主义核心价值观引领文化建设的基础性文化制度，健全人民文化权益保障、坚持正确导向的舆论引导等重要文化制度。②

---

① 李菁：《90后女生：学到了之前不曾了解的党史》，澎湃新闻，2018年9月14日，https://www.thepaper.cn/newsDetail_forward_2442536。
② 肖贵清、刘仓：《中国特色社会主义文化制度——战略意义、逻辑结构、构建路径》，《南开学报》（哲学社会科学版），2020年第6期，第1—10页。

百年前中国青年结合革命历程，学习社会主义实践的经验。学习经验，并不是简单移植或生搬硬套，而是要在结合本国具体国情的基础上，进行创造性转化。

新中国成立后，毛泽东基于对中国落后面貌与缺乏社会主义自主建设经验的认识，以苏联社会主义建设模式为样板开展中国的社会主义建设。

1949年至1953年，毛泽东对学好苏联经验有充分信心，他一方面要求各行各业全面学习苏联先进经验，派遣年轻干部和留学生前往苏联学习；另一方面要求充分发挥苏联专家、学者的作用，让他们进入大学、工厂进行指导。在政治方面，借鉴苏联模式规划中央机构；在经济方面，学习苏联优先发展重工业。

1953年，斯大林逝世后，接连发生的贝利亚事件以及苏联宣传中对斯大林评价的偏转，促使毛泽东觉察到苏联在社会主义建设中存在的问题，通过认真对比中苏两国的实际情况，深刻认识到苏联经验未必完全适用于中国。

此后，毛泽东对苏联经验的态度逐步由"全面学习"转变为"以苏为鉴"，即在借鉴先进经验的同时，也注意吸取苏联社会主义建设中的反面教训。毛泽东对待苏联经验的态度表明社会主义建设既要秉持开放包容的态度，学习一切有益于本国发展的先进经验；又要坚持民族主体性，反对盲目照搬照抄。①

新时代中国青年结合建设历程，学习社会主义实践的经验。

"90后"香港青年谢晓虹喜欢诵读习近平总书记的著作、热衷中国"新四大发明"，多次到内地交流学习。2007年，谢晓虹参加了"爱我中华"交流团，第一次来到内地参观交流。此后，她又积极参加各种交流活动，北京奥运会、上海世博会、广东学联换届都能见到她的身影。

2012年，谢晓虹因频繁参加与内地的互动交流活动，被"港独"批判是"洗脑团"的组织人。对此，谢晓虹没有惧怕，她发表文章大胆回击。通过这件事她认识到：在香港缺少为"一国两制"、为正能量勇敢发声的青年团体。

2016年，经过精心准备，谢晓虹创办"香港青贤智汇"，希望通过自己的

---

① 谷生秀、刘林元：《从"全盘学习"到"以苏为鉴"：建国初期毛泽东对苏联经验的学习与借鉴》，《中共南京市委党校学报》，2020年第4期，第16—22页。

2017年12月，谢晓虹在"'一国两制'实践中的青年思潮与青年工作"主题沙龙上发言（来源：《对话香港90后青年：爱读习近平的书，热衷"新四大发明"》，中国青年网，2017年12月16日，http://news.youth.cn/wztt/201712/t20171216_11160829.htm）

努力，和更多香港青年人一起为"一国两制"的落实发展作出贡献，"香港学生也是反对'港独'的，只是很多人不愿公开表达内心的真实想法，我们要做的就是提升凝聚力，让大家敢想敢言、发光发亮"。

在谢晓虹看来，自己的成长与祖国的发展是同频共振的。2017年，在接受中国青年网记者采访时，谢晓虹说："10年来内地变化很大，比如说深圳，每一次去都不一样。现在不是说我们国家有'新四大发明'吗？高铁、支付宝、网购、共享单车。这些都是最近几年才出现的，香港人都觉得很新鲜、很吃惊，大家都不用卡了，都是微信支付，也会参加双十一的疯狂购物。祖国的飞速发展，让我们在日常生活中享受了许多便利。"

在采访中，谢晓虹多次提到一本书——《习近平的七年知青岁月》，其中"奋斗的青春最美丽"的观念给她留下了深刻印象。"这本书展现了习近平主席的青春岁月是怎样度过的，他很喜欢看书学习，在很艰苦的环境下依然坚持不懈。他也在思考，年轻人应该为国家做一些什么事情。这些对于香港青年很有启发意义。现在我们的生活水平提升了，但是家国情怀有没有提升呢？这一点很值得我们反思，习近平的这本书就是一个榜样，告诉我们无论在什么环境下，都要有为国家奋斗的心。"①

---

① 陈琛、李永鹏：《对话香港90后青年爱读习近平的书，热衷"四大发明"》，中国青年网，2017年12月16日，http://news.youth.cn/wztt/201712/t20171216_11160829.html。

结合对社会主义实践经验的学习，弄清楚社会主义制度为什么好，是推动青年坚守马克思主义信仰的重要路径。在新时代，广大青年要深入学习社会主义实践的经验，既不能走封闭僵化的老路，也不能走改旗易帜的邪路，而是要坚定地沿着中国特色社会主义道路奋勇前进。

（三）学经典，悟马克思主义为什么行

学习马克思主义理论经典著作，有助于弄清楚马克思主义为什么行，进而在主义认同的基础上坚守马克思主义信仰。具体地说，马克思主义理论涵盖马克思主义哲学、政治经济学、科学社会主义三个组成部分，涉及辩证唯物主义的世界观和方法论、辩证唯物主义认识论、历史唯物论、劳动价值论、剩余价值论、社会主义历史趋势论、无产阶级历史使命论、无产阶级政党论、无产阶级革命论、无产阶级专政论、过渡阶段论、共产主义论等内容。从认识论层面看，马克思主义是科学的理论，为青年树立科学信仰提供了认识基础；从价值论层面看，马克思主义是人民的理论，为青年坚定正确信仰提供了价值动力；从实践论层面看，马克思主义是实践的理论，为青年将信仰转化为行为提供了思想引领。

百年前中国青年结合革命历程，学习马克思主义理论。朱德的一生与《共产党宣言》结下了不解之缘。1922年，朱德从周恩来手里接过陈望道翻译的《共产党宣言》。同年，他启程前往德国留学。在德国期间，他潜心阅读了《共产党宣言》《社会主义从空想到科学的发展》《帝国主义是资本主义的最高阶段》《共产主义ABC》等马列主义经典著作。1925年，朱德前往莫斯科东方劳动者共产主义大学系统学习辩证唯物主义与政治经济学，在提升理论水平的同时，逐步坚定了马克思主义信仰。

朱德在回忆这段经历时说："经过许多艰难困苦，我终于找到了一条道路，只有这一条唯一的道路，才能使中国走到真正的民主共和国，才能最后实现没有剥削，没有压迫的社会。这条道路就是马克思列宁主义的道路。"

1926年，朱德回国投身革命洪流，在长征路上、太行山的密林中、延安的窑洞里，都留下了刻苦研读《共产党宣言》的身影。新中国成立后，担负繁重领导工作的朱德对学习仍然没有丝毫放松。1967年前后，朱德认真诵读了

包括《共产党宣言》在内的 32 本马列著作，并写下多本读书笔记。

1976 年 5 月，朱德收到中共中央党校顾问成仿吾翻译的《共产党宣言》新译本，如获至宝。90 岁高龄的他用了一天时间，认真对照旧译本，重新读了一遍。第二天一大早，朱德来到中央党校，称赞成仿吾做了一件很有意义的工作："新译本通俗易懂，可以一口气读下来。有了好译本，才便于弄懂马克思主义。"临别时，朱德请成仿吾保重身体，表示之后会常来拜访。遗憾的是，一个多月以后，朱德因病情加重，与世长辞。

从 1922 年首次接过《共产党宣言》，到 1976 年再读成仿吾翻译的《共产党宣言》，在半个多世纪的革命征程中，朱德无论面对什么样的艰难险阻，始终都没有动摇对马克思主义的坚定信仰、对共产主义的执着信念。在生命的最后岁月中，他写下"革命到底"的横幅表明志向，学习到老、革命到底是朱德一生的真实写照！①

新时代中国青年结合建设历程，学习马克思主义理论。"90 后"排长王琨经历了从背记《共产党宣言》到对其学以致用的转变。2014 年 6 月，王琨从军校毕业后前往部队任职。谈起背记《共产党宣言》的初衷，王琨直言："纯属偶然，当初仅仅是为了给自己争口气。"原来，王琨刚到部队时，感到大学所学的知识没有用武之地，也难以融入军营生活，自信心受到严重打击。

2015 年初，王琨所在部队开展读经典、学哲学活动，倡导官兵阅读马克思主义、中国特色社会主义经典著作，并开展知识竞赛活动。王琨决定争口气，通过背记《共产党宣言》，力争在竞赛中取得佳绩。王琨利用业余时间很快背出近 2 万字的《共产党宣言》，在部队中引起了不小的轰动。

教导员听闻后，找到王琨，希望他在背记的基础上进一步深化理解，真正学深悟透，成长为部队理论学习骨干。教导员告诉王琨，体悟《共产党宣言》，一是要把它置身于当时的历史时空中进行学习，二是要结合党的创新理论特别是习近平总书记系列重要讲话精神进行学习，三是要结合身边典型人物事迹进行学习，并送给王琨两本书：《习近平谈治国理政》与《习近平国防和军队建设重要论述基层读本》。团政委也找王琨谈心，鼓励他带动连队官兵真学真信

---

① 毛胜：《朱德与〈共产党宣言〉》，《中国纪检监察报》，2018 年 3 月 13 日，第 7 版。

真用理论，努力实现自身的全面发展。

在大量阅读相关史料后，王琨重新翻开《共产党宣言》，脑海中浮现出老一辈无产阶级革命家为了共产主义信仰抛头颅、洒热血的情景。联想到初到军营的不适应，王琨有些惭愧，开始反思当初的困惑，决心扣好人生的扣子。

经过一段时间的精心准备，王琨走上讲台，为部队官兵辅导理论学习。他结合自身思想的变化轨迹，阐释信仰动摇对青年成长的潜在危害，获得广泛共鸣。战友们发现，王琨排长变了，训练更刻苦，精神更充沛，主动与大家打成一片，更有排长的范儿了！在王琨的带动下，不少官兵踊跃阅读马克思主义经典著作与党的创新理论，部队掀起了一股读经典、学理论、话信仰的热潮。[①]

结合对马克思主义理论的学习，弄清楚马克思主义为什么行，是推动青年坚守马克思主义信仰的重要路径。在新时代，广大青年要深入学习马克思主义理论，树立科学的世界观和方法论，正确认识人类历史的发展方向，运用马克思主义中国化的最新成果武装自身，不断提升思想觉悟与理论水平。

（四）躬身行，悟马克思主义信仰为什么管用

积极参与社会实践活动，对各类社会现象进行认真观察与理论思考，有助于弄清楚马克思主义信仰为什么管用，进而在实践认同的基础上坚守马克思主义信仰。评价一种信仰是否管用，一方面要看其是否有助于满足人们的物质需要，另一方面也要看其是否有助于满足人们的精神需要。在中国，马克思主义引领经济社会发展，推动国民财富增长，进而有助于满足人们的物质需要；马克思主义的宣传与普及，提升了人们的精神境界，升华了人们的精神追求，进而有助于满足人们的精神需要。

百年前中国青年在改造旧社会的实践活动中，体悟马克思主义信仰的务实管用。

在革命岁月中，邓中夏运用马克思主义信仰的力量，启发了工人阶级的政治觉悟。邓中夏出身于一个封建官僚地主家庭，但他年少时没有沉溺于安逸生

---

① 刘沛笈、杜康、赖文涌：《"90后"排长全文背记〈共产党宣言〉引热议》，中国军网，2015年12月16日，http://www.81.cn/jwzl/2015-12/16/content_6818595.htm。

活，而是积极关心国家大事，孙中山、黄兴等革命领袖的事迹在他心中留下了深刻印象。1917年，邓中夏以优异成绩考入北京大学国文系。这一时期，他受李大钊的影响，开始关注马克思主义，并很快成为坚定的马克思主义者。他积极参与创办《国民杂志》，组建平民教育宣讲团，投身学生运动，成为革命青年的代表人物。

1920年10月，邓中夏协助李大钊组建北京共产党早期组织，积极宣传马克思主义、发动工人运动。为了提升工人阶级的革命觉悟，邓中夏发起成立长辛店劳动补习学校，用通俗的语言与生动的事迹传播马克思主义信仰。他告诉工人："大家抱个团，五人团结是只虎，十人团结是条龙，百人团结像泰山，谁也搬不动。"

马克思主义信仰的凝聚作用在邓中夏参与领导的京汉铁路工人"二七"大罢工、省港工人大罢工中得到充分彰显，推动了中国革命向纵深发展。1933年，邓中夏在上海开展革命活动时，不幸被捕。在狱中，他以坚定的马克思主义信仰与钢铁般的意志，在国民党利禄引诱与严刑拷打面前，始终保守党的秘密。他写道：

> 一个人能为了最多数中国民众的利益，为了勤劳大众的利益而死，这是虽死犹生，比泰山还重。人只有一生一死，要死得有意义，死得有价值。

1933年9月，邓中夏带着对未竟事业的牵挂，在南京雨花台英勇就义。[①]

新时代中国青年在建设新社会的实践活动中，体悟马克思主义信仰的务实管用。

马克思主义信仰是解决"空心病"背后精神贫乏与苍白的良药，北京大学学生樊静蓉在马克思主义信仰的引领下逐步实现了"走得正、走得稳、走得远"的人生发展目标。樊静蓉是北京大学马克思主义学院2016级硕士研究生，

---

① 尤国珍：《邓中夏：从富家子弟到人民的公仆》，《北京日报》，2021年3月22日，第10版。

曾任北京大学马克思主义学院研究生会副主席,现任职于中共中央统战部。2018年5月14日,樊静蓉在全国学校共青团研究中心会议室接受了中国青年报记者的采访。

  2018年5月2日,习近平总书记莅临北京大学考察,我们13名同学正在老师的带领下,就"解读新时代"这一主题进行读书讨论会,就在讨论正酣时,总书记走了进来,与我们围绕马克思主义若干问题展开交流。

  在交流过程中,习近平总书记毫不讳言自己在特殊的历史时期里也曾陷入迷茫。虽然他在15岁时就已经阅读了不少马恩著作,奠定了研读马克思主义理论的基础,但在"文革"期间"怀疑一切、打倒一切"论调的影响下,他心中也困惑过、动摇过。后来,他通过在基层岁月中脚踏实地、身体力行地实践,深刻体悟到马克思主义能科学地解决许多实际问题,是一门以增进人民福祉、创造理想社会为己任的真学问,进而坚定了马克思主义信仰。

  总书记叮嘱我们,学习一定要联系实际,做到格物致知、知行合一、学以致用。他用自己的亲身经历告诉我们,打破怀疑、坚定信念最好的途径就是实践。

  与总书记的这次交流,给了我走出书斋、走向广阔天地的勇气。我下定决心要追随总书记的指引,到实践中去研读马克思主义中国化的"无字之书"。

  我在重庆市渝北区玉峰山镇挂职锻炼期间,可以生动地看到马克思主义的初心和使命如何与马克思主义的立场、观点、方法相结合,经由实干苦干,实实在在地为人民群众的生活带来改变。我相信,会有越来越多的大学生,带着理论赋予的信念与智慧走向五湖四海,成长为勇担民族复兴大任的青年马克思主义者。①

---

  ① 石新明、唐敬、秦涛、王丽莉:《习总书记问我们"为什么要学习马克思主义"》,《中国青年报》,2020年7月23日,第4版。

结合社会实践活动，弄清楚马克思主义信仰为什么管用，是推动青年坚守马克思主义信仰的重要路径。在新时代，广大青年要深入社会基层，在形式多样的社会实践活动中体悟马克思主义信仰的实际效用，努力增长才干、练就本领，以真才实学服务人民，以创新创造贡献国家。

【定论】中国共产党为什么能

2021年是中国共产党成立100周年。100年的风霜雨雪，100年的砥砺前行，中国共产党团结带领中国人民把一个备受列强凌辱的旧中国，发展成为独立自主、持续繁荣富强的新中国，中华民族迎来了从站起来、富起来到强起来的历史飞跃。当下，中国人民正以高度自信的精神在新时代中国特色社会主义的道路上阔步前进。中国共产党百年探索的成功绝非偶然，究竟中国共产党为什么能？

始终坚持马克思主义的理论指导，不断开创适合国情的发展道路。马克思主义深刻揭示了人类社会历史发展的客观规律，是内容科学、逻辑严密、结构严整的科学理论体系。同时，它也是指导全世界无产阶级和人民群众解放的世界观和方法论，能够为无产阶级在前进发展的道路上制定正确的斗争策略提供科学指引。中国共产党自成立起就把马克思主义作为自己的根本指导思想。在马克思主义的理论指导下，中国共产党结合中国社会发展现实，找到了适合中国国情的发展道路，取得一系列建设与改革的胜利，推动着社会主义国家不断迈向现代化国家的进程。

新民主主义革命时期，以毛泽东为代表的中国共产党人运用马克思主义深入分析中国的社会性质、现实国情和主要矛盾，开创了"农村包围城市，武装夺取政权"的革命道路，开启了马克思主义中国化的早期理论探索，实现了第一次历史性飞跃；改革开放后，以邓小平、江泽民和胡锦涛为代表的中国共产党人，在深化对共产党执政、社会主义建设和人类社会发展等现实规律认识的基础上，科学回答了"什么是社会主义、怎样建设社会主义""建设什么样的党、怎样建设党""实现什么样的发展、怎样发展"等核心问题，创立并完善了中国特色社会主义理论体系，推进了马克思主义中国化的理论跃迁，实现了第二次历史性飞跃；党的十八大以来，中国社会发展迈入了新时代，以习近平总书记为核心的党中央带领全国人民在总结历史经验的基础上，深刻分析当前世界格局与趋势，创造性地回答了"新时代坚持和发展什么样的中国特色社会主义，怎样坚持和发展中国特色社会主义"的重大时代课题，形成了习近平新时代中国特色社会主义思想，是马克思主义中国化在新时代的理论成果，实现了第三次历史性飞跃。这些马克思主义中国化的创新理论成果，保证了中国共产党带领中国人民始终沿着正确的方向开拓进取。

始终坚持实事求是的思想路线，制定适合中国实际的方针策略。实事求是，是马克思主义的精髓，集中体现了马克思主义的世界观和方法论。中国共产党人创造性地坚持和发展了马克思主义的世界观方法论，创立了"一切从实际出发，理论联系实际，实事求是，在实践中检验真理和发展真理"的思想路线，夯实了正确决策的思想基础。依靠实事求是的思想路线，在长期的革命、建设、改革实践中，科学把握中国的基本国情，制定出一系列符合中国实际的方针策略，坚持一切从实际出发的原则，构成了马克思主义中国化理论与实践的双向互动。

早在1930年，毛泽东便提出"没有调查，没有发言权"[①]的观点。他立足中国半殖民地半封建社会的实际，明确指出中国革命是无产阶级领导的、人民大众的、反帝反封建的新民主主义革命，革命对象是帝国主义、封建主义和官僚资本主义，革命道路是农村包围城市武装夺取政权，在对中国国情的正确认识基础上制定出正确的革命策略，最终带领中国取得新民主主义革命的胜利。改革开放后，邓小平坚持实事求是的思想路线，对中国基本国情和主要矛盾做出科学判断，即中国正处于社会主义初级阶段，人民日益增长的物质文化需要同落后的社会生产之间的矛盾是当时的主要矛盾，由此，发展生产力便成为此阶段中国发展的主要任务。基于此，中国共产党制定了"一个中心，两个基本点"的基本路线，引领社会主义现代化建设不断取得新胜利。党的十八大以来，中国共产党坚持实事求是的思想路线，认为随着中国特色社会主义进入新时代，中国社会的主要矛盾已经转化为人民日益增长的美好生活需要和不平衡

[①]《毛泽东选集》第一卷，人民出版社1991年版，第109页。

不充分的发展之间的矛盾。基于这样的基本国情，党中央明确提出新时代中国共产党人的历史使命，系统阐述了新时代坚持和发展中国特色社会主义的基本理论、基本路线和基本方略，让党和国家事业保持活力、不断迸发创新发展的源源动力。

始终坚定共产主义的理想信念，能够经受住各种风险考验。共产主义是人类获得自由而全面发展的理想社会，其作为一种社会运动具有现实性，作为一种社会制度具有理论性，为人类社会发展提供了行动指南。实现共产主义是一切马克思主义者的共同理想，中国共产党自诞生之日起就一直在为实现共产主义而不懈奋斗，但实现共产主义并非一蹴而就，而是一项长期的艰巨任务，需要一代又一代共产党人的接力奋斗。

在远大理想的激励和支撑下，中国共产党坚定理想信念，坚守初心使命，实现了从封建专制向人民民主的历史飞跃。新中国成立后，党团结带领全国各族人民，打破一穷二白的历史局面，创新与发展阶段相适应的各项规章制度，保障社会发展的平稳前进，在经济政治文化等社会建设各个方面取得了重大突破。改革开放以来，中国共产党始终坚定道路自信、理论自信、制度自信、文化自信，在改革开放新的伟大革命中不断推进中国特色社会主义伟大事业。当下，我们仍处于社会主义初级阶段的基本国情没有变，坚持和发展中国特色社会主义，就是要建立富强民主文明和谐美丽的社会主义现代化强国。当代中国共产党人就是要正确处理共产主义最高纲领和中国特色社会主义基本纲领的关系，脚踏实地，积极应对各种风险挑战，坚定不移走中国特色社会主义道路，为实现共产主义远大理想而不懈奋斗。

始终坚持以人民的利益为中心，从群众中获取强大的力量源泉。"中国共产党的百年发展始终紧紧围绕'人民'这个中心，树牢全心全意为人民服务这一根本宗旨。"① 坚持以人民为中心，体现了中国共产党的根本宗旨和政治立场。100年来，中国共产党始终践行全心全意为人民服务的根本宗旨，坚定不移站在中国最广大人民的立场上，为人民谋幸福，为民族谋复兴。在中国共产

---

① 燕连福，王丽莎：《中国共产党人民观探索的百年历程、基本经验和未来展望》，《思想战线》，2021年第4期，第12—20页。

党看来，人民群众是中国共产党能不断发展前进的根本动力，是抵抗一切敌对力量的铜墙铁壁。

自革命年代始，历经建设年代和改革开放时期，当今中国又进入中国特色社会主义新时代，中国共产党的百年发展始终把广大人民群众的利益置于核心地位。解决人民群众的生存与发展问题，开展精准扶贫工作，满足人民对美好生活的向往与期待，助力人民实现共同富裕等举措无不生动诠释了共产党员为人民谋幸福、为民族谋复兴的初心使命。在实践中，中国共产党始终坚持深入群众，真正了解群众的要求和意愿，并将其上升为党和国家的路线方针政策，再用这些路线方针政策来指导群众的实践，以此来实现人民意志和党的政策的统一，将党的根本宗旨切实落实在广大人民群众之中，使人民享有康宁安乐的生活。

马克思主义认为，自我否定是事物发展的根本动力，事物发展要经过否定之否定的过程，扬弃消极因素，保留积极因素，才能更加完善。勇于自我革命，敢于刀刃向内，在纠错中实现创新发展，一直以来就是中国共产党的鲜明品格和优良传统。百年来，中国共产党在发展中不断自我纠错，不掩饰缺点，不文过饰非，坚决同一切弱化党的先进性和纯洁性、危害党的肌体健康的现象作斗争，不断在自我纠错中实现创新发展。

八七会议上，中国共产党及时总结大革命失败的经验教训，确定了土地革命和武装反抗国民党反动派的总方针，给正处在思想混乱和组织涣散中的中国共产党指明了新的出路。遵义会议上，中国共产党批评了党的主要领导博古等人的严重错误，开始确立了以毛泽东为主要代表的马克思主义正确路线在党中央的领导地位，开始形成以毛泽东为核心的第一代中央领导集体，开启了党独立自主解决中国革命实际问题的新阶段，在最危急关头挽救了党、挽救了红军、挽救了中国革命，实现了关键的历史转折。党的十一届三中全会上，全会冲破长期"左"的错误的严重束缚，彻底否定"两个凡是"的错误方针，高度评价关于真理标准问题的讨论，重新确立了党的实事求是的思想路线。进入新时代，以习近平同志为核心的党中央大力推进全面从严治党，以刮骨疗毒的勇气深入开展自我革命，不断扫除政治灰尘，增强党的政治免疫力。勇于自我革命使我们党形成了自我净化、自我完善、自我革新、自我提高的能力和机制，确保中国特色社会主义沿着正确的方向前进。

"行之力则知愈进,知之深则行愈达。"回答好中国共产党为什么能,实际上也就回答了马克思主义为什么行,中国特色社会主义为什么好。百年党史证明,中国共产党之所以能,是因为历史选择了她,是因为人民选择了她,是因为她始终代表最广大人民的根本利益,不断在历史前进的逻辑中行稳致远、在时代发展大潮中健康发展。

【延伸阅读】

思想之旗

有些青年,仅仅在嘴上大讲其信仰三民主义,或者信仰马克思主义,这是不算数的。

——《毛泽东选集》第二卷,人民出版社1991年版,第566页

如果我们不是马克思主义者、没有对马克思主义的充分信仰,或者不是把马克思主义同中国自己的实际相结合,走自己的路,中国革命就搞不成功。

——《邓小平文选》第三卷,人民出版社1993年版,第63页

要坚定正确的理想和信念。我们共产党人的根本政治信仰是社会主义和共产主义,世界观是马克思主义的辩证唯物主义和历史唯物主义,这是任何时候都丝毫不能动摇的。

——1999年6月28日江泽民在纪念中国共产党成立七十八周年座谈会上的讲话

坚持和巩固马克思主义的指导地位,帮助人们树立正确的世界观、人生观和价值观,坚定对马克思主义的信仰、坚定对社会主义的信念、增强对改革开放和现代化建设的信心、增强对党和政府的信任,增强自立意识、竞争意识、效率意识、民主法制意识和开拓创新精神。

——2001年7月1日江泽民在庆祝中国共产党成立八十周年大会上的讲话

我们共产党人坚信马克思主义一定会取得最后胜利，资本主义制度最终要被社会主义制度取代。这是历史发展的必然规律。

　　——《江泽民文选》第一卷，人民出版社 2006 年版，第 337 页

　　我们要学习李先念同志信仰坚定、始终对党和人民无限忠诚的崇高品格。李先念同志对共产主义理想始终抱有必胜信念，无论遇到什么艰难险阻都毫不动摇、毫不退缩。他一生遭遇许多险境、逆境、挫折，始终坚韧不拔、乐观向上、英勇斗争。他说"革命军人要坚决与勇敢。对革命决不动摇，对敌人决不投降。头可断，真理不可丢，这是我们的美德"。"要保持和发扬革命气节，富贵不能淫，贫贱不能移，威武不能屈。"他用自己的行动告诉我们，只有具有对崇高信仰的坚定性，才能保持永久的热情和毅力，才能迸发出惊人的积极性和创造性，才能对党、对国家、对人民、对孕育和繁衍我们这个伟大民族的土地，产生无限的热爱和血肉相关的情感。

　　——2009 年 6 月 23 日胡锦涛在纪念李先念同志诞辰 100 周年座谈会上的讲话

　　崇高信仰始终是我们党的强大精神支柱，人民群众始终是我们党的坚实执政基础。只要我们永不动摇信仰、永不脱离群众，我们就能无往而不胜。

　　——2012 年 11 月 15 日习近平在党的十八届一中全会上的讲话

　　坚定理想信念，坚守共产党人精神追求，始终是共产党人安身立命的根本。对马克思主义的信仰，对社会主义和共产主义的信念，是共产党人的政治灵魂，是共产党人经受住任何考验的精神支柱。形象地说，理想信念就是共产党人精神上的"钙"，没有理想信念，理想信念不坚定，精神上就会"缺钙"，就会得"软骨病"。现实生活中，一些党员、干部出这样那样的问题，说到底是信仰迷茫、精神迷失。

　　——2012 年 11 月 17 日习近平在十八届中央政治局第一次集体学习时的讲话

　　要信仰法治、坚守法治，做知法、懂法、守法、护法的执法者，站稳脚

跟，挺直脊梁，只服从事实，只服从法律，铁面无私，秉公执法。

——2014年1月7日习近平在中央政法工作会议上的讲话

在20世纪中国苦难而辉煌的历史进程中，涌现出一大批用特殊材料制成的优秀共产党人。陈云同志身上表现出来的坚定理想信念、坚强党性原则、求真务实作风、朴素公仆情怀、勤奋学习精神，永远值得我们学习。我们纪念陈云同志，就要学习他坚守信仰的精神。无论处于顺境还是逆境，陈云同志始终坚守对马克思主义、共产主义的信仰不动摇。全党同志一定要坚守共产党人精神家园，把改造客观世界和改造主观世界结合起来，切实解决好世界观、人生观、价值观问题，练就共产党人的钢筋铁骨，铸牢坚守信仰的铜墙铁壁，矢志不渝为中国特色社会主义共同理想而奋斗。

——2015年6月12日习近平在纪念陈云同志诞辰110周年座谈会上的讲话

我们共产党人的根本，就是对马克思主义的信仰，对共产主义和社会主义的信念，对党和人民的忠诚。立根固本，就是要坚定这份信仰、坚定这份信念、坚定这份忠诚，只有在立根固本上下足了功夫，才会有强大的免疫力和抵抗力。

——2015年9月11日习近平在中共中央政治局第二十六次集体学习时的讲话

我们纪念胡耀邦同志，就是要学习他坚守信仰、献身理想的高尚品格。胡耀邦同志从青少年时期起就立志高远，要做新制度的建设者。自从树立共产主义远大理想之后，不论是严酷的战争环境，还是和平建设年代、改革开放时期，他都坚持理想信念，坚韧不拔奋斗、探索、前进。他说，理想是我们这个国家和民族的一个非常重要的精神支柱。我们已进入了社会主义历史阶段，我们的最高理想是共产主义，一定要讲基本原则、基本精神，不能离开这个最终目标。改革开放之初，针对一些错误思想和模糊认识，他旗帜鲜明指出："共产主义的思想和共产主义的实践早已存在于我们的现实生活中。那种认为'共产主义是渺茫的幻想'、'共产主义没有经过实践检验'的观点，是完全错误的。我们每天的生活都包含着共产主义，都离不了共产主义。"他强调："没有马克思的学说，就没有我们的今天。无论过去、现在和将来，我们都要向马克思请教，认真学习他的著作，从中汲取智慧和力量。"打铁还需自身硬，硬就硬在我们共产党人有着坚定的理想信念。全党同志要坚定理想信念，增强中国特色社会主义道路自信、理论自信、制度自信，真正做到虔诚而执着、至信而深厚。

——2015年11月20日习近平在纪念胡耀邦同志诞辰100周年座谈会上的讲话

马克思主义是我们党的指导思想，共产主义是我们党的远大理想。没有马克思主义信仰、共产主义理想，就没有中国共产党，就没有中国特色社会主义。……我们干事业不能忘本忘祖、忘记初心。我们共产党人的本，就是对马克思主义的信仰，对中国特色社会主义和共产主义的信念，对党和人民的忠诚。我们要固的本，就是坚定这份信仰、坚定这份信念、坚定这份忠诚。世界社会主义实践的曲折历程告诉我们，马克思主义政党一旦放弃马克思主义信仰、社会主义和共产主义信念，就会土崩瓦解。共产党人如果没有信仰、没有理想，或信仰、理想不坚定，精神上就会"缺钙"，就会得"软骨病"，就必然导致政治上变质、经济上贪婪、道德上堕落、生活上腐化。

——2015年12月11日习近平在全国党校工作会议上的讲话

要固本培元，把加强思想政治建设摆在首位，引导党员特别是领导干部筑牢信仰之基、补足精神之钙、把稳思想之舵，坚定中国特色社会主义道路自信、理论自信、制度自信、文化自信，增强党的意识、党员意识、宗旨意识，坚守真理、坚守正道、坚守原则、坚守规矩，做到以信念、人格、实干立身。

——2016年6月28日习近平在中共中央政治局第三十三次集体学习时的讲话

遵守政治纪律和政治规矩是遵守党的全部纪律的基础。各级党组织和广大党员要自觉遵守政治纪律和政治规矩，不断增强政治意识、大局意识、核心意识、看齐意识，做到坚守政治信仰、站稳政治立场、把准政治方向。

——2016年10月27日习近平在党的十八届六中全会第二次全体会议上的讲话

我们纪念万里同志,就是要学习他坚定理想、坚守信仰的崇高精神。万里同志从青年时代就志存高远,关心国家和民族前途命运,一心寻求救国救民的真理。经过深入思考和探索,他确立了对马克思主义的信仰,树立起共产主义远大理想,加入了中国共产党。在他革命和战斗的一生中,万里同志坚守马克思主义信仰、坚持共产主义理想信念,对中国特色社会主义充满信心。1994年,已经退出党和国家领导岗位的万里同志饱含深情地说:"萦回于我心中的,不是中国已有的成就和变化,而是下一个世纪的呼唤。我们一定要进一步提高综合国力和人民的生活水平,使新中国更加富裕、更加繁荣、更加强盛,成为具有高度物质文明、高度精神文明和高度民主、法制的社会主义现代化国家,从而对人类做出应有的较大的贡献。"理想因其远大而为理想,信念因其执着而为信念。我们要保持在理想追求上的政治定力,深入学习马克思列宁主义、毛泽东思想、邓小平理论、"三个代表"重要思想、科学发展观,深入学习党的十八大以来党中央治国理政新理念新思想新战略,以真理武装头脑、指引理想、坚定信仰,不断把为崇高理想奋斗的伟大实践推向前进。

——2016年12月5日习近平在纪念万里同志诞辰100周年座谈会上的讲话

周恩来同志是不忘初心、坚守信仰的杰出楷模。周恩来同志在确立共产主义信仰时就说过:"我认的主义一定是不变了,并且很坚决地要为他宣传奔走。"他还说过:"在任何艰难困苦的情况下,都要以誓死不变的精神为共产主义奋斗到底。"周恩来同志一生都遵奉自己的誓言。不论革命力量多么弱小,白色恐怖多么残酷,对敌斗争多么激烈,政治局势多么复杂,党和国家事业面临的挑战多么严峻,担负的责任多么艰巨,个人的处境多么困难,他都始终保持坚定的理想信念和旺盛的革命精神。正如他在自我解剖时说的那样:"我做工作,从来没有灰心过。"周恩来同志对党和人民事业发展、对社会主义中国的光明前途、对复兴中华民族的伟业始终充满必胜信心。在他心中,中国共产党人的初心、共产主义的信仰坚如磐石。

革命理想高于天。理想信念是中国共产党人的政治灵魂。中国共产党能够历经挫折而不断奋起,历尽苦难而淬火成钢,归根到底在于千千万万中国共产党人心中的远大理想和革命信念始终坚定执着,始终闪耀着火热的光芒。我们要向周恩来同志学习，不要忘记我们是共产党人，不要忘记我们是革命者，任何时候都不要丧失理想信念。理想信念决定着我们的方向和立场，也决定着我们的言论和行动。我们要用马克思列宁主义、毛泽东思想、邓小平理论、"三个代表"重要思想、科学发展观、新时代中国特色社会主义思想武装头脑，牢固树立道路自信、理论自信、制度自信、文化自信，做到知行合一、言行一致，用自己的实际行动坚持和发展中国特色社会主义，为实现共产主义远大理想而努力奋斗。

——2018年3月1日习近平在纪念周恩来同志诞辰120周年座谈会上的讲话

对马克思主义的信仰，对社会主义和共产主义的信念，是共产党人的政治灵魂，是共产党人经受住任何考验的精神支柱。

——《习近平谈治国理政》，外文出版社2014年版，第15页

复旦大学《共产党宣言》展示馆党员志愿服务队全体同志：

来信收悉。100年前，陈望道同志翻译了首个中文全译本《共产党宣言》，为引导大批有志之士树立共产主义远大理想、投身民族解放振兴事业发挥了重要作用。现在，你们积极宣讲老校长陈望道同志追寻真理的故事，传播马克思主义理论，是一件很有意义的事情。希望你们坚持做下去、做得更好。

心有所信，方能行远。面向未来，走好新时代的长征路，我们更需要坚定理想信念、矢志拼搏奋斗。希望广大党员特别是青年党员认真学习马克思主义理论，结合学习党史、新中国史、改革开放史、社会主义发展史，在学思践悟中坚定理想信念，在奋发有为中践行初心使命，努力为实现"两个一百年"奋斗目标、实现中华民族伟大复兴的中国梦贡献智慧和力量。

——2020年6月27日习近平给复旦大学《共产党宣言》展示馆党员志愿服务队全体队员的回信

坚定信念，就是坚持不忘初心、不移其志，以坚忍执着的理想信念，以对党和人民的赤胆忠心，把对党和人民的忠诚和热爱牢记在心目中、落实在行动上，为党和人民事业奉献自己的一切乃至宝贵生命，为党的理想信念顽强奋

斗、不懈奋斗。心中有信仰，脚下有力量。全党同志都要把对马克思主义的信仰、对中国特色社会主义的信念作为毕生追求，永远信党爱党为党，在各自岗位上顽强拼搏，不断把为崇高理想奋斗的实践推向前进。

——2021年6月29日习近平在庆祝中国共产党成立100周年"七一勋章"颁授仪式上的讲话

【萃语句集】

绝笔诗

周文雍

头可断，肢可折，
革命精神不可灭。
壮士头颅为党落，
好汉身躯为群裂。

——选自《信仰：先驱的心声》，人民出版社2013年版，第202页

带镣行

刘伯坚

带镣长街行，
蹒跚复蹒跚。
市人争瞩目，
我心无愧怍。

带镣长街行，

镣声何铿锵，

市人皆惊讶，

我心自安详。

带镣长街行，

志气愈轩昂，

拚作阶下囚，

工农齐解放。

——选自《信仰：先驱的心声》，人民出版社2013年版，第199页

囚　歌
叶挺

为人进出的门紧锁着，

为狗爬走的洞敞开着，

一个声音高叫着：

——爬出来啊，给你自由！

我渴望着自由，

但也深知道：

人的躯体哪能由狗的洞子爬出！

我只能期待着那一天：

地下的烈火冲腾，

把这活棺材和我一齐烧掉，

我应该在烈火和热血中得到永生。

——选自《信仰：先驱的心声》，人民出版社2013年版，第210页

前几天接到四号手谕，方知大人现已到省，身体健康，慰甚。千里得家

书，固属喜极，然想到大人来省跋涉的辛苦，不能说是非为衣食的奔走所致，若是，儿心不觉顿寒！捧读之余，泪随之下！连夜不安，寝即梦及我亲，悲愁交集，实不忍言。故儿每夜闲坐更觉无聊。常念大人奔走一世之劳，未稍闲心休养，而家境日趋窘迫，负担日益增加，儿虽时具分劳之心，苦于能力莫及，徒叫奈何。自后儿当努力前图，必使双亲稍得休闲度日，方足遂我一生之愿。但儿常自怨身体小弱，心思愚昧，口无化世之能，身无治事之才，前路亦茫茫多乖变，恐难成望。只以人生原出谋幸福，冒险奋勇男儿事，况现今社会存亡生死亦全赖我辈青年将来造成大福家世界，同天共乐，此亦我辈青年人的希望和责任，达此便算成功。惟祷双亲长寿康！来日当可得览大同世界，儿在外面心亦稍安。

——1921年5月任弼时赴莫斯科前写给父亲任裕道的信，《"冒险奋勇男儿事"——任弼时赴莫斯科前夕家书解读》，《湘潮》，2016年第6期，第45—47页

    恐怕诸君有时谓："社会主义固然甚善，但是极难做到。"试问：诸君这"极难做到"四字，从何经验而来呢？譬如筑舍，问于泥匠曰："何日可以造成呢？"泥匠必从脑中总合过去种种的经验，然后才能定个答案。我们今日，若将过去未曾经验之社会革命事业，判为"极难做到"，无乃过于凭空索漠。

    诸君！有志者事竟成！我们既承认社会之种种罪恶，种种缺陷，有不得不实行社会革命之决心，我们就应当赶快觉悟！互相研究！互相团结！互相联络！互相扶助而为之！盖社会者，社会人之社会也。社会革命，社会运动，合社会人而运动，而革命之谓也。非个人或少数人，所能成就者。即使之成就，必不是真正之社会运动，社会革命也。我们赶快觉悟！我们赶快结合！我们赶快进行！我们赶快将新社会现在我们的眼前！

——彭湃：《告同胞》，载《信仰：先驱的心声》，人民出版社2013年版，第49—50页

    我们绝不灰心！我们从事的是个很长远的战争，这回失败不过是我们开场的暂而且小的挫折罢，我们决然要继续这个战争，最后的胜利一定是我们的！

——高君宇：《工人们需要一个政党》，载《信仰：先驱的心声》，人民出版社2013年版，第85页

我们要晓得：一个人底内心没有信仰，就是那个人没有"人生观"。没有人生观的生活，等于没有甜味的蜜，没有香气的花。

我们可不问一问梭格拉底何以能那么从容而死，颜真卿、颜杲卿何以那么抗贼不屈么？文天祥怎么不怕死呢？史可法怎么不愿生呢？马丁路得何以有如此大胆？克林威尔何从得那样魄力。徐锡麟底手枪，何以放得那样快。秋瑾底血，何以流得那样红？黄花岗的烈士们何以死得那么齐整？五四朋友又何以打得那么高兴？

这岂有什么不可思议的奥妙！都只为伲们各人底内心，各有个充实其自我之意义的信仰而已！有所信仰，所以内心充实；内心充实，所以没有一隙可以为外来客气所乘——伲们的人格就成了一个勇气与决心相结合的结实物了！伲们底生命之前途，是无穷尽的；是光明的；伲们并不看见那些可怕的东西——于是他们大踏步地前进了！

——萧楚女：《革命的信仰》，载《信仰：先驱的心声》，人民出版社2013年版，第54—56页

伲此次之出也！族中邻里冷言嘲词，十六世纪以前的人，所不能免的，家中之忧愤，亦意中事，"儿行千里母担忧"之措词，形容父母之念儿女之情，至矣尽矣，非伲不能范领悟斯意，以慰父母之暮年，而亨（享）天伦之乐；奈国将不国，民将不民何？"天下兴亡，匹夫有责。"爰本斯义，愿终身奔波，竭能力于万一，救人民于屠（涂）炭，牺牲家庭，拼死力与国际帝国主义者，此伲素日所抱负，亦伲唯一之人生观也。

——1924年12月关向应赴苏联学习前写给叔父关成羽、关成顺的信，载《信仰：先驱的心声》，人民出版社2013年版，第167页

革命的方法是不能一定的、革命手段是时时变更的，而革命党员的任务更不只一个。我们不能说担任某项工作的是有牺牲精神，亦不能说担任某项工作的是没有牺牲精神！我们只看他是否恪守党的纪律，能否尽忠他的职务，便可以知道他有无牺牲的精神。

我们革命,是为要解放我们被压迫的民族,实现我们的主义,不是有意拿我们的头脑,去换个什么"烈士"的头衔的。总理曾经向我们说过,"要使本党成功,先要党员牺牲个人的自由,一举一动,听从党的指挥。"那么,我们若要做个忠实的党员,工作上只能听党的指挥,绝无选择的自由了。

——周逸群:《说牺牲》,载《信仰:先驱的心声》,人民出版社2013年版,第75—76页

亲爱的妈妈,我是在上海开火后五天离开那素称安逸的上海的,沿一条弯曲的苏州河向前进。一路上四处炮声,头上也都是敌机盘旋。同行十四人一样地不顾一切向前,为着踏上一条大路,竟没有顾到目前所坐的一只拖粪小船的臭味和肚里的饥饿。但妈妈,你得明白,我们并不是逃难,我们十四个都是救亡的勇士,虽然还没有实现预期的愿望,可是我们每一个人都明了自己对国家应负的责任。

从出发到今天已经是整整四个多月了,一百多天的旅程,一百多天的过去,国土又不知沦陷多少,同胞又不知被屠杀多少?!但我们并不悲观,也许我们失去的土地会被炸成一片焦土,但到最后胜利在我们手里的时候,我们还可以收复已失的土地,更可以重建一切新的建筑、新的社会。伟大的先驱告诉我们:"没有破坏便没有建设。"只有赶走了敌人才是我们唯一的出路!

——1937年12月31日冼星海在离开上海后写给母亲的信,载《信仰:先驱的心声》,人民出版社2013年版,第158页

我有必胜和必活的信心,自入狱日起(去年六月被捕),我就下了两年坐牢的决心,现在时局变化的情况,年底有出牢的可能。蒋王八的来渝,固然不是一件好事。但是不管他如何顽固,现在战事已近川边,这是事实,重庆再强也不能和平、京、穗相比,因此大方的给它三、四月的命运就会完蛋的。我们在牢里也不白坐,我们一直是不断的在学习,希望我俩见面时你更有惊人的进步。这点我们当然及不上外面的朋友。

话又得说回来,我们到底还是虎口里的人,生死未定。万一他作破坏到底的孤注一掷,一个炸弹两三百人的看守所就完了。这可能我们估计的确很少,

但是并不等于没有。假如不幸的话，云儿就送你了，盼教以踏着父母之足迹，以建设新中国为志，为共产主义革命事业奋斗到底。

——1949年8月27日江竹筠在狱中写给弟弟谭竹安的信，载《信仰：先驱的心声》，人民出版社2013年版，第143—144页

【信仰故事】

延安的窑洞有马列主义

延安时期，条件虽艰苦，但在山沟沟里的窑洞中，毛泽东领导全党学马列、用马列，创作了大量马克思主义中国化的著作，用以武装干部头脑，指导革命实践，最终完成了中国人民站起来的历史使命。

长征结束到陕北后，毛泽东特别注重学习马列主义著作。1938年，毛泽东在党的六届六中全会上向全党提出了"马克思主义中国化"的著名论断，推动全党掀起了学习马列主义的高潮。1940年底，毛泽东对从前线回来到中央党校学习的同志们说："不习惯蹲窑洞，这是要不得的。延安的窑洞是最革命的，延安的窑洞有马列主义，延安的窑洞能指挥全国的抗日战争。"在这次谈话中，毛泽东特别强调精通马列主义的重要性："没有大量的真正精通马克思列宁主义革命理论的干部，要完成无产阶级革命是不可能的。"

为了学习宣传马列主义，提高全党的马列主义水平，毛泽东带头学习马列、宣传马列，全党掀起了学习热潮，组建了许多学习团体与学习小组、举办了许多学习讲座、出版了许多马列著作。

毛泽东在凤凰山麓李家窑里夜以继日创作《辩证法唯物论（讲授提纲）》，其中的《实践论》《矛盾论》，用中国革命惨痛的教训论述了认识与实践之间的关系。在吴家大院的窑洞里七天七夜不出门，创作了《论持久战》，用辩证法

分析了中国与日本的基本特点，揭示了中国抗战的基本规律、发展过程，指明了中国抗日前途。在杨家岭的煤油灯下撰写《新民主主义论》，向全国人民说明了"怎么办，中国向何处去"的重大问题。以这些人们耳熟能详的作品为代表，《毛泽东选集》（1991年版）四卷共收录文章159篇，延安时期创作的就有112篇。

毛泽东的一篇篇光辉著作花去了他无数个日日夜夜：为了写《辩证法唯物论（讲授提纲）》，胳膊得了严重的关节炎；为了写《论持久战》，炭火烧着了棉鞋，焦糊味儿都没有打断他的思绪；为了写《新民主主义论》，熬干了多少盏油灯，让勤务员不禁落泪。

在毛泽东的带领下，许多中央领导同志也开始了马克思主义中国化的探索，创作了许多经典名篇。这些在延安的土窑洞中诞生的著作是把马克思主义的一般原理与中国革命的实际情况结合起来的光辉典范，指明了中国革命的方向，照亮了中华民族前进的道路。

——李国喜：《延安的窑洞有马列主义》，《人民日报》，2018年11月20日，第18版

真理在谁手里，就跟谁走

张闻天一生执着于追求马克思主义真理，青年学生时期即投身五四爱国民主运动，加入党组织后被送往莫斯科中山大学学习，打下了深厚的马克思主义理论基础。在革命职业生涯中，他以求实的精神、优良的作风和实际的行动，展示了一名马克思主义坚定信仰者的光辉形象，是共产党人学习的楷模。

张闻天1900年8月30日出生在江苏省南汇县六团乡的一个小村庄——北张家宅。他的父亲以勤劳能干闻名乡里，母亲是一个聪明果敢的女子，父母潜移默化的影响，使他养成了勤勉朴实、勇敢刚毅的品质。他尊重真理、服从真理，在真理面前始终坚持"说老实话"。长征途中，张闻天与毛泽东、王稼祥走在一起，他们经常讨论交换意见，对很多问题的看法、观点也都日趋一致，尤其是在第五次反"围剿"的军事指挥错误问题上。因此，在遵义会议生死攸关时刻，张闻天毅然选择站在以毛泽东为代表的正确路线一边。抵达陕北后，

日本企图独占中国的侵略政策和行动逐步升级，在这种情况下，他认为毛泽东结合政治形势提出的"把国内战争同民族战争结合起来"的战略方针以及"东渡黄河""开辟山西西部"部署是正确的，因此对于这一决策，张闻天也明确表示赞同与支持毛泽东，并及时改变了自己原来准备"北上宁夏"的方案。当时有人对张闻天支持毛泽东、凡事与毛泽东商量的一些做法不理解，认为他"老是跟着毛泽东跑"，而他总是十分坦然地说"真理在谁手里，就跟谁走"。

张闻天不但能做到服从真理，还常常以"不怕撤职、不怕离婚、不怕开除党籍、不怕坐牢、不怕杀头"的气概修正错误，生动诠释了一名马克思主义坚定信仰者的顽强意志。在担任中央宣传部部长兼任党报委员会书记和苏区委员会负责人期间，张闻天常常以"思美""斯勉""歌特"等为笔名，在《红旗周报》《群众日报》《实话》等党的报刊上，揭露帝国主义的罪行、抨击错误的思想观念。遵义会议后，他以党内"负总的责任"的身份，更是旗帜鲜明倾全力纠正"左"的军事路线错误，号召全党"以布尔什维克的坚定性"与之"开展最坚决的斗争"，坚决反对完全脱离群众"以背诵共产主义的真理或党的基本口号为满足"的错误做法。

——徐春辉：《张闻天：真理在谁手里，就跟谁走》，《学习时报》，2020年12月11日，第5版

从此解决了我政治上的苦闷

徐特立，原名徐懋恂，1877年2月1日出生在湖南省长沙县五美乡一个贫苦农民家庭。他1912年加入同盟会，1927年加入中国共产党，曾任中华苏维埃共和国教育部部长，中共七届、八届中央委员，是杰出的无产阶级教育家，我国教育事业的奠基人，在中共党内和我国教育界、思想界拥有很高的声望。中共中央曾称赞："他的道路，代表了中国革命知识分子的最优秀传统。"

徐特立小时候为了谋生，曾经学习过中医和卜卦、算命、堪舆。1905年是徐特立思想发生重大转折的一年。先是在科举考试与追求学问的选择面前，他毅然选择了"学问"，并将名字"懋恂"改为"特立"，以示特立独行、高洁

自守、不同流俗、出淤泥而不染的清高思想。之后，在政治学说方面，徐特立由追随康有为、梁启超，走上了相信孙中山的民主革命道路。徐特立对资产阶级民主革命的热忱，迎来了1911年辛亥革命，但胜利的果实很快被北洋军阀头子袁世凯窃取。人民刚刚看到的一丝希望旋又破灭，这时的徐特立称自己"我的精神忽然死了"。1919年5月，五四运动爆发，徐特立积极投身到长沙的运动之中。与他人共同发起成立健学会，走上街头，进行爱国反帝宣传，同军阀张敬尧进行坚决斗争。为了重新寻找救国之路，徐特立告别妻儿，走上赴法勤工俭学的旅程。

在法国留学期间，徐特立开始接触和学习马克思主义，并从共产党人身上看到中国的前途和希望。1924年回国后，中共一大代表何叔衡与他推心置腹地进行过一次长谈。何叔衡希望徐特立参加到国民党里去改造国民党。经过考虑，徐特立加入国民党，并担任湖南省立第一师范学校校长。

期间，有这样一件事促使徐特立彻底地坚定了跟共产党走的决心。1926年12月中旬，徐特立见到了他在省立第一师范时的学生毛泽东。根据毛泽东的意见，1927年春他回到老家五美乡仔细地调查了农民运动的情况。虽然在那里只住了一个星期，但徐特立却看到了过去落后的农村，在农民运动迅猛兴起以后，简直变成了另外一个世界。这次农村调查后不久，蒋介石就发动了"四一二"反革命政变，大肆屠杀共产党人和革命群众。在这革命斗争形势如此严峻的时刻，徐特立在第一师范的学生李维汉向他转达了中共湖南省委对他的关心，并表示愿意做他的入党介绍人。同年六七月间，徐特立光荣地加入了中国共产党。他认为"从此解决了我政治上的苦闷"。徐特立去世后，董必武曾赋诗"救亡存断指，入党在危时"，称赞他坚定的革命意志。

——王相坤：《徐特立："从此解决了我政治上的苦闷"》，《北京日报》，2021年2月8日，第10版

许光达：坚定选择彰显绝对忠诚

许光达，原名许德华，1908年11月出生在湖南省长沙县萝卜冲一个农民

家庭。1925年9月加入中国共产党,1926年考入黄埔军校,是中国人民解放军中少有的参加过北伐战争、土地革命战争、抗日战争、解放战争和抗美援朝战争的战将。新中国成立后,他奉命组建装甲兵部队,被誉为"中国装甲兵之父"。1955年被授予大将军衔,1969年6月3日在北京逝世,终年61岁。在长期的革命生涯中,许光达在特殊时刻的坚定选择,彰显了他对党的绝对忠诚。

1927年,蒋介石发动"四一二"反革命政变后,国民党以"清党"为名,大规模搜捕、屠杀共产党员和革命群众。白色恐怖之下,许光达坚定选择共产党。

国民党"清党"时,许光达正在黄埔军校武汉分校读书。有一天,他刚要走出教室,就被同学廖昂塞了一张"学员政治面貌登记表"。许光达一看便心知肚明,这是国民党反动派的"清党"伎俩。

许光达进入黄埔军校时,学校给每名学员发了一份国民党党员登记表,每人填写一份,就算是加入了国民党。当时,以个人名义加入国民党是允许的,许光达与很多共产党员一样,都具有双重党籍。由于国民党的"清党",学校已经无法正常上课了,一些人被"清"跑了,20多个教官只剩下五六个,学员人数也锐减,仅他所在的炮兵大队就被缩减为一个连。不过,也有一些人放弃了共产党党籍,选择了国民党。许光达也必须在国共两党之间作出选择。当时的情况非常明朗,选择国民党,意味着升官、发财、过好日子;选择共产党,意味着吃苦、流血,甚至牺牲。

许光达痛恨以蒋介石为代表的国民党反动派背叛革命屠杀共产党人和革命群众。如今革命遇到挫折,越是这个时候,越能考验一个人的党性。想到这里,许光达拿起那张"学员政治面貌登记表",毫不犹豫地写下"死也不退出中国共产党",毅然递给廖昂。廖昂非常吃惊地对他说:"都什么时候了,你还承认自己是共产党,真是不识时务。"廖昂还说:"国民党是孙总理三民主义的继承者……我们年轻人要想实现远大理想,就必须加入国民党才行……"不管廖昂怎么劝,许光达不为所动,最后两人吵了起来。廖昂气呼呼地说:"哼!死顽固,走着瞧!"许光达大笑一声,回敬道:"廖昂,我许某人奉陪到底!"

1927年7月15日,汪精卫控制的武汉国民政府也背叛了革命,公开与共产党决裂，黄埔军校武汉分校已无法上课，第五期学员提前毕业。随后，陈毅向许光达等传达党的指示："我们要积蓄力量，准备再战。""你们就要毕业了，面临新的革命工作。党派你们到张发奎的第二方面军去，积蓄军事力量，随时准备迎接新的战斗。"

毕业后，许光达被分配到张发奎的国民革命军第四军炮兵营任排长。面对大革命的失败，他可以在国民党和共产党之间作出选择的时候，他选择坚定地跟着共产党。

后来，许光达回忆说："因为我没有想过任何其他出路，所以也更加忠于共产党。"

——金庭碧：《许光达：坚定选择彰显绝对忠诚》，《湘潮》，2020年第7期，第30—33页

一位母亲的家国情怀

赵一曼，出生于四川宜宾的一个地主家庭。早年便深受马克思主义影响，积极从事革命工作。1926年加入中国共产党，并赴苏联学习。

"九一八事变"后，赵一曼被党组织派往东北从事抗战工作。赵一曼深知此一别，不知何年何月才能与家人再见。但是，为了国家和民族的需要，赵一曼毅然决然地抛下幼子，奔赴东北抗日前线。临行前，留下母子二人唯一合影。

1935年11月，在反日伪军"讨伐"战斗中，东北人民革命军第3军第2团政治委员赵一曼率部与日军激战，不幸受伤被俘。1936年8月2日，在黑龙江珠河县（今尚志县）英勇就义。在牺牲前，赵一曼给儿子写下了催人泪下的遗书：

> 宁儿，母亲对于你没有尽到教育的责任，实在是遗憾的事情，母亲因为坚决地做了反满抗日的斗争，今天已经到了牺牲的前夕了，母亲和你在生前是永久没有再见面的机会了，希望你，宁儿啊，赶快成人，安慰你地下的母亲，我最亲爱的孩子。母亲不用千言万语

来教育你,就用实行来教育你,在你长大成人之后,希望不要忘记你的母亲是为国而牺牲的。

你的母亲赵一曼于车中

一九三六年八月二日

——李锐:《赵一曼:一位母亲的家国情怀》,《光明日报》,2015年8月4日,第1版

用爱守护　用心传承

"八一"前夕,安徽省青阳县人武部、县退役军人事务局、共青团县委的同志和基干民兵、少先队员代表一行人来到杨田镇,为散葬烈士墓除草,并设立保护标识,受到社会各界好评。

池州地处皖南山区,战争年代由于条件艰苦,有许多烈士就地安葬。"英烈为了革命献出宝贵生命,我们不能让他们被遗忘,不能让零散烈士墓受冷落!我们要用爱守护,用心传承。"结合党史学习教育,该军分区组织民兵开展"红色守护"活动,派出以基干民兵为主要成员的"红色守护"小分队,定期到烈士墓地开展擦拭墓碑、拔除杂草等维护工作。

参加"红色守护"活动的贵池区八一村基干民兵汪锋深情地说:"烈士捐躯为华夏,盛世尤须慰忠魂。作为新时代的民兵,我们一定会用心用情守护红色资源,保护好每一座烈士墓。"

"守护就是最好的传承。"这个军分区领导介绍说,他们发动各县、区人武部主动对接地方退役军人事务部门,对散葬烈士墓逐一摸排梳理,核准烈士信息,建立守护档案,并通过"安徽池州·红色守护"微信群向社会发布每次守护活动的动态。

守护有形的纪念设施,传承无形的红色基因。东至县人武部民兵教练员陈寿春深有体会地说,线上线下同步展开守护活动,能让大家在深入学习先烈过程中,对红色文化遗存更加敬畏,保护行动更加自觉。

"和革命先烈牺牲宝贵生命比起来,这点高温算什么!"冒着酷暑参加守

护活动的石台县小河镇民兵吴云飞坦言，每一次参加活动，都会有发自内心的触动和感动。

青阳县人武部与共青团青阳县委联合发文，鼓励少先队员加入邻近的"红色守护"小分队，参与日常保护活动，通过讲好先烈故事、唱响主旋律歌曲，引导青年学生争做红色传人。

在"红色守护"活动现场，杨田小学501班学生刘缘告诉笔者："祖国的繁荣昌盛和我们的幸福生活，都是革命先烈用生命换来的，我们要珍惜今天的美好时光，努力学习来报答先烈、报效祖国。"

——李全有、鲍含：《用爱守护 用心传承——安徽省池州市军地常态化做好散葬烈士墓保护工作》，《中国国防报》，2021年8月10日，第2版

第五章
信仰的追问：
马克思主义与人类社会未来

历史长河百转千回而又马不停蹄地奔涌向前，百年前中国青年与新时代中国青年对个体、社会、政党、国家、世界之间的关系和未来发展进行跨时空对话，诉说着"路漫漫其修远兮，吾将上下而求索"的不懈探索。

回望百年，不同时代青年所面临的世情、国情、党情各有不同，所肩负的时代使命和历史任务也各有不同，但充满朝气蓬勃、敢于探索新事物的青春特质始终一致，对未来自身与人类社会将何去何从的好奇心和求知欲始终不变。

历史和现实充分证明，马克思主义是认识世界和改造世界的锐利思想武器，马克思主义信仰是中国青年跨越时空的情感共鸣和精神指引。习近平总书记深刻指出："马克思主义始终是我们党和国家的指导思想，是我们认识世界、把握规律、追求真理、改造世界的强大思想武器。"① 马克思主义信仰为中国青年提供归属感和意义系统,引领中国青年的价值目标、价值判断与价值选择,指引着中国青年朝着追求美好生活的方向不懈奋斗。

受启于马克思主义信仰和马克思主义中国化的洗礼与浸染,百年前中国青年饱含革命热情,在历史时空中勇担时代使命,为追求人的自由解放、践行党全心全意为人民服务的宗旨、探寻国家发展的出路、维护世界和平与发展谱写了一曲曲青春之歌,清晰展现出马克思主义信仰对人类历史发展的深刻影响。

受启于马克思主义信仰和马克思主义中国化的熏陶与培育,新时代中国青年可爱可敬,在百年未有之大变局中找准方位,为实现人的自由全面发展、秉持为人民谋幸福的理念、助力民族复兴征程、构建人类命运共同体积极发挥生力军和突击队作用,充分彰显了马克思主义信仰指导当下和未来青年发展的深远意蕴。

信仰在心中,未来在脚下。未来属于马克思主义,新时代中国青年需要秉持马克思主义信仰,胸怀中华民族伟大复兴战略全局和世界百年未有之大变局,接过历史的接力棒继续奔跑,推动人类文明永续发展。

一、何去又何从:个体对自由全面发展的终极诉求

历史与实践印证下,马克思主义信仰是人类文明迄今为止最科学、最合理的信仰,是超越性和现实性完美统一的、值得每一个青年人追求的信仰。这是为什么呢?从源头来看,人生如屋,信仰是柱。马克思、恩格斯在《共产党宣言》中指出:"代替那存在着阶级和阶级对立的资产阶级旧社会的,将是这样一个联合体,在那里,每个人的自由发展是一切人的自由发展的条件。"② 可见,马克思主义信仰以人的自由全面发展为终极目标,体现着对人的终极关怀。更聚焦来看,个体是独立的、自由的、全面的,个体的尊严和价值是得到

---

① 习近平:《在纪念马克思诞辰200周年大会上的讲话》,人民出版社2018年版,第15页。
②《马克思恩格斯文集》第二卷,人民出版社2009年版,第53页。

尊重和维护的。这也是马克思对历史时代发展和个体未来发展关系的重要探讨与阐释。

每一代青年都有自己的际遇和机缘，都要在自己所处的时代条件下谋划人生、创造历史。同时，每一代青年都有自己肩负的使命与担当，每一代青年也都有自身对未来发展的困惑。百年前中国青年和新时代中国青年都面临着个体从何处来、所在何处、到何处去的问题，即个体发展之问。

马克思主义信仰以关注人的自由全面发展为旨归，面向个体的生命存在本身，提供了洞悉历史远处和近处的望远镜和显微镜。直面个体生存发展现实，深度追问现实生活中的问题，透过现象看本质，坚持历史唯物主义和唯物辩证法，这是马克思主义给出的回答思路。

百年前中国青年在新思潮激荡中选择了马克思主义，并用一生去践行，不怕牺牲，以卓越的才华、高昂的热情和年轻的生命奉献于中国革命事业，彰显出其坚定人生选择以及崇高的共产主义理想。

新时代下，价值观和信仰多元化的存在是增强马克思主义信仰魅力的重要机遇，马克思主义信仰正是在与其他信仰的相互对话、交流与斗争过程中完善自己并彰显其强大的生命力。新时代中国青年开展马克思主义信仰普及和传播始终坚持理论理性与实践理性的高度统一，用自身的切实行动彰显出马克思主义信仰的价值魅力和精神魅力。

（一）寻找马克思主义信仰光源的满满正能量

以梦为马，不负韶华。在岁月的洗礼下，在与宗教等非马克思主义信仰的博弈中，马克思主义信仰胜出，成为社会主流信仰，从此在中国大地上生根发芽、开花结果。

更聚焦来看，马克思主义信仰是面向个体的生命存在本身，面向个体生活于其中的生活世界，即社会存在本身展开的信仰。马克思主义信仰不相信有一个超越于现实世界之外的神秘存在，所以必须拷问生命，明确生命存在的本质，突破西方传统理性思维二元对立的思维局限，转换个体行为的价值取向，确立主体安身立命的终极寄托。

对此，百年前的中国青年人在时代卷潮中苦苦追寻个体发展出路，终于在学习和实践中选定马克思主义信仰并笃信终生。

习近平总书记在纪念陈云同志诞辰 110 周年座谈会上的讲话中指出:"陈云同志是伟大的无产阶级革命家、政治家,杰出的马克思主义者,是中国社会主义经济建设的开创者和奠基人之一,党和国家久经考验的卓越领导人,是以毛泽东同志为核心的党的第一代中央领导集体和以邓小平同志为核心的党的第二代中央领导集体的重要成员,为党和人民事业发展作出了重大贡献。"[1]

陈云,出生于 1905 年,是个标准的"00 后",是什么使他从一个平凡的贫苦少年成长为卓越的领导人,又是什么让他从一个高小学历的懵懂青年脱颖为叱咤风云的共和国红色掌柜?

"挤"时间学习。陈云有个好习惯,他喜欢把书揣在身上,和干粮一起放在袋子里,方便随时随地拿出来研读。毛泽东曾经评价他,"陈云同志有'挤'的经验,他有法子'挤'出时间来看书、来开会"。来到上海通讯图书馆(中国共产党的一个外围组织)后,他更沉静用心,反复研读《共产党宣言》等马克思主义理论书籍。

在实践中学习,在实践中坚定信仰。陈云并不只满足于文字思想上的魅力,而是积极参加声援五卅运动并总结经验教训,善于观察思考,实践掌握到的城市社会现实状况逐渐解开了他对人生出路和社会出路的困惑。毛泽东在《中国革命战争的战略问题》中曾指出:"读书是学习,使用也是学习,而且是更重要的学习。"[2] 在不断学习和实践中,陈云追求真理,选定了自己的信仰。这一曲折过程,正如他自己所说:

> 我先是相信吴佩孚的,后来相信国家主义,后来又相信三民主义,最后才相信共产主义。因为经过比较,认识到共产主义是最好的主义。[3]

---

[1] 习近平:《在纪念陈云同志诞辰 110 周年座谈会上的讲话》,人民出版社 2015 年版,第 1 页。

[2] 中共中央文献研究室:《建国以来重要文献选编》第 6 册,中央文献出版社 1993 年版,第 307 页。

[3] 《陈云文选》第一卷,人民出版社 1995 年版,第 111 页。

择一信仰，以此信仰为指导，激励他自身不断向前。

是金子，总会发光！在罢工过程中，陈云坚定的革命意志和出色的组织才能引起了大家的注意。五卅运动爆发后，陈云和广大职工一起举行罢工和示威游行，反对帝国主义的血腥屠杀。为让广大市民了解五卅惨案的真相，他几乎天天都要走上街头，叫卖《公理日报》；为支援罢工工人，陈云不仅把自己辛苦积攒下来的工资捐了出来，还组织一批青年工人上街动员和宣传募捐。①

罢工胜利后，20岁的陈云经商务印书馆第一任党支部书记董亦湘和发行所第一位党员恽雨棠介绍，光荣加入了中国共产党。"此身已非昔比，今后不是做成家立业的一套，而要专干革命"②，这是入党后的陈云对自己的新认识，也是对自己提出的新发展要求。

马克思主义信仰作为共产党政治共同体的"精神气质"，统摄着百年前中国青年的政治思想、政治认同与政治价值取向。在70多年的革命生涯中，陈云经历了我国革命、建设和改革开放各个历史时期，不论身处顺境还是逆境，他始终坚定信仰，以党和国家大局为重，从不计较个人得失。他对自己选定的马克思主义信仰笃信终生，马克思主义信仰成为他生命存在的精神支柱。正如习近平总书记指出："无论处于顺境还是逆境，陈云同志始终坚守对马克思主义、共产主义的信仰不动摇。"③ 这是陈云身上一道耀眼的光芒。

在经济恢复时期，陈云不顾身体虚弱，一天只睡几个小时，领导中央财政经济委员会灵活运用政治和经济的手段，发展生产、统一财经、平抑物价，起草"一五"计划，提出和总结了社会主义经济建设和经济体制改革应该遵循经济建设和人民生活必须兼顾等若干指导思想。他曾说："把中国经济搞上去是大有希望的，社会主义中国是大有前途的！"④ 他在实践中所形成的这些经济思想被认为是"马克思主义与中国实践相结合的经济学，成为毛泽东思想和邓小

---

① 徐建平：《陈云与初心使命》，中国共产党新闻网，2018年7月18日，http://dangshi.people.com.cn/n1/2018/0718/c85037-30153880.html。

② 徐建平：《陈云的治学之道》，《学习时报》，2018年8月15日，第5版。

③ 习近平：《在纪念陈云同志诞辰110周年座谈会上的讲话》，人民出版社2015年版，第5页。

④ 《陈云文选》第三卷，人民出版社1995年版，第380页。

平理论的重要组成部分，成为中国共产党的珍贵财富"①。

正如陈云所言，"一个愿意献身共产主义事业的共产党员，不仅应该为党在各个时期的具体任务而奋斗，而且应该确定自己为共产主义的实现而奋斗到底的革命的人生观"②，这些都深刻诠释了共产党人终其一生都要践行马克思主义信仰的价值意蕴。

一个有信仰的人，生命才会更有意义。马克思主义信仰是人生的精神支柱，激励着百年前中国青年为信仰的实现而持续奋斗。

百年前中国青年在自我革命中坚定不移跟着真理走，为真理而斗争，发挥20世纪马克思主义的真理力量，在复杂的现象中把握本质、在艰巨的任务中凝聚力量、在严峻的挑战中坚定信心。为了理想能坚持、不懈怠，勇于创造无愧于时代的人生！

聚焦马克思主义信仰之光，点亮人生漫漫长路，在新时代下被赋予新内涵。陆游在《自嘲解嘲》中写道"世变真难料，吾痴只自嘲"。当今现实映照下，"房贷""车贷""教育贷""养老难"等生活现实问题给青年带来焦虑和压力，自嘲成为青年的一种生活方式选择。"神马都是浮云"被用来表达青年对自身现实处境的无奈和迷茫，"屌丝"和"土豪"蕴含着青年对阶层差异的现实失落，"佛系青年""失败青年""丧青年""躺平青年"安于现状甚至对未来发展感到绝望……归根结底，是没有形成或丢失了人生信仰和奋斗目标。放眼望去，在国家和社会发展的上升阶段，广大青年不能"躺平"，也不允许"躺平"。偶尔自嘲中的"躺平"是直面生活压力时哈哈一笑，是在"向下突破天花板"。作为新时代中国青年，面对个体发展方面要敢于对"躺平"说不，要敢于摒弃"网抑云"，要把握时代船舵，逐梦青春年华。

青年朋友圈掀起"凡尔赛文学大赛"，用代表自身的流行话语来塑造新一代青年的潮流。"打工人打工魂，打工都是人上人"，燃烧着自己炽热的"打工魂"，苦中作乐。"生而为人，我很快活""集美们，冲鸭"，一群"集美貌与才华于一身的女子"在油田中披荆斩棘，用自身的实力和努力撑起油田生产的

---

① 张伊丽：《论陈云的学习特质》，《红广角》，2013年第2期，第44—47页。
② 《陈云文选》第一卷，人民出版社1995年版，第137页。

湖北江岸区携手战疫，青年是人群中最鲜艳的那一抹志愿红（图片来源：《武汉青年志愿者、青年突击队战"疫"在一线！》，青春武汉，2020年2月10日，https://www.sohu.com/a/372034433_120207620）

"半边天"。

洞察行业人群分布，"90后""00后"青年敢于挑起时代重任，在中华大地上涌现了一批批年轻的工程师、医生、志愿者。在抗击新冠肺炎疫情中，一声声"我申请""我报名""我参加""我请战"不绝于耳，一支支青年突击队火速成立，在医疗救助、物资生产和保障、交通运输、应急保障、新闻采编、城乡防控等方面主动承担起急难险重的任务，展现出新时代中国青年的担当和风采。2020年，《中国青年报》专版《荆楚闪耀志愿红》，以《武汉：两万热血青年挺身而出》为题，点赞武汉疫情防控青年志愿者工作。

新冠肺炎疫情发生以来，千千万万的医护人员、人民警察舍小家顾大家，一直奋战在战疫最前线。按下请战书的手印，逆行出征、奔赴战场、昼夜奋战，在死神手中抢人，他们是"80后"青年、"90后"青年、"00后"青年，是医护人员、警察、基层干部、建筑工人、环卫工、志愿者……是千千万万的中国青年。

在吉林，青年文明号、青年突击队、青年讲师团、青年五四奖章获得者、吉林青年工匠、"十杰百优"青年等全部出列，扛起"先锋"旗帜，驰援防疫战场，凝聚了强大的青春力量。① 在这场没有硝烟的战争里，广大青年在共青

---

① 《吉林共青团：扛起"先锋"旗帜 驰援防疫战场》，《中国共青团》，2020年第4期，第26—28页。

团组织的带领下，响应党的号召，用坚毅和勇敢诠释了新时代中国青年的光荣形象，用责任和担当焕发出熠熠生辉的光芒！

无数的青年逆行者奔赴"前线"、义无反顾，在疫情防控一线、宣传排摸一线、物资生产一线，处处都有他们有序参与、冲锋在前的身影。他们信心坚定、同舟共济，与时间赛跑、与疫情决战，正是这股强大的逆行力量撑起抢救生命、守护生命的"保护伞"。

在21世纪的今天，青年人要把握时代发展中存在的机遇，在个体追逐梦想的过程中践行信仰。大数据和人工智能时代的到来，发弹幕、看直播、聊语音等各种便捷交流沟通方式为中国青年了解和秉持马克思主义信仰带来了更多途径和机遇，推动了马克思主义在广大青年中的广泛传播。

试想一下，如果在10年后、20年后，甚至50年后、100年后，将遇到一个什么样的自己？每个人都有自己的独特标志，更有机会在马克思描绘的共产主义社会下实现人的自由全面发展。也许，那时候的自由，是多元化、多领域、多方位的发展，是可以真正做斜杠青年，并将多个头衔揽入囊中。

新时代是奋斗者的时代，是中国青年能够大有作为的时代。新时代中国青年要以紧迫的时代感、勇于担当的责任感以及创新求变的信心决心，积极主动地适应新的环境、抓住新一轮科技革命迅速发展给社会带来的机遇，努力绘制马克思主义信仰的时代蓝图。

（二）马克思主义信仰集聚青年向上成长的增量

心有所信，方能行远。法国哲学家德里达给出了不能没有马克思的充足理由，即"没有马克思，没有对马克思的记忆，没有马克思的遗产，也就没有将来；无论如何得有某个马克思，得有他的才华，至少得有他的某种精神"[①]。

什么样的信仰是新时代中国青年需要秉持的呢？马克思主义既是揭示人类社会发展规律的理论知识，又是引导人类实现彻底解放和人的自由全面发展的科学信仰，是理论知识与理想信仰的统一。马克思说："人以一种全面的方

---

① [法]雅克·德里达：《马克思的幽灵——债务国家、哀悼活动和新国际》，何一译，中国人民大学出版社1999年版，第21页。

式，就是说，作为一个完整的人，占有自己的全面的本质。"① 马克思主义信仰表明，到了人的自由全面发展阶段，其信仰将是科学崇高的，人类就会致力于自然、社会、人三者的和谐发展。

盘点人生盘活自己，这是马克思主义信仰在个体层面实践的生动诠释。马克思主义信仰发端于人的现实生活状态及其对美好生活的追求，以人的自由全面发展和自由人联合体为内容，它始终强调人类从实然到应然的发展使命，强调自由解放超越中人的实践力量，展望了"最适合于和最无愧于时代""人类本性"的生活图景。它蕴含着在社会历史发展的必然趋势中，不断创造新历史，实现人自由全面发展的信仰追求，将理想愿景不断具象化为现实。

对此，百年前中国青年，勇于迎接时代挑战，在关键时刻勇于亮剑。

朱德就是这样一位典型代表。1886年朱德出生在四川省仪陇县一个贫苦佃农家庭，是个标准的"80后"。从一个佃户的儿子摸不到路到加入中国共产党，从旧军队的护国名将到新型人民军队的总司令，一路上他经历的艰苦卓绝的奋斗也是信仰征程的跨越。

第一次选择，选择加入中国共产党并信仰共产主义。朱德在十月革命和五四运动的影响下，逐渐建立了自己终生追求的信仰，并为了信仰毅然脱离了旧体制远渡欧洲寻找理想，结识了周恩来等志同道合的同志，加入了中国共产党。

早在青年时期，朱德就表达了"祖国安危人有责／冲天壮志付飞鹏"的远大志向。23岁时，他离开家乡远赴云南昆明陆军讲武堂求学前，又立下"志士恨无穷／孤身走西东／投笔从戎去／刷新旧国风"的誓言。②

在加入孙中山先生领导的同盟会后，朱德积极投身于推翻清朝封建统治的辛亥革命，参加了护国战争和护法战争，成为滇军名将。继承者唐继尧无法回答军队为何而战的问题，缺乏明确政治目标的军阀战事让朱德厌倦。他写诗挞伐时事："相争权利皆新法，竞窃功名胜昔时。"③

33岁的朱德奉命驻军泸州。这期间，经历了辛亥起义、讨袁战争、护法

---

① 《马克思恩格斯文集》第一卷，人民出版社2009年版，第189页。
② 习近平：《在纪念朱德同志诞辰130周年座谈会上的讲话》，《人民日报》，2016年11月30日，第2版。
③ 中共中央文献研究室：《朱德诗词集：新编本》上，中央文献出版社2007年，第40页。

战争的多次失败,"很多真正的革命者灰心了,有的被赶跑了",朱德"陷入一种怀疑和苦闷"。1922年9月,怀着绝望混乱的心情,朱德和孙炳文登上前往法国的邮轮。历经40多个日夜航行,穿越了东太平洋、印度洋,从非洲东海岸经红海进入地中海,朱德一行最后抵达巴黎。到了巴黎后他们被告知,中国共产党旅法组织负责人周恩来不久前去了德国。于是,他们决定赶往柏林。

同年10月22日,36岁却已饱经风霜的朱德终于站在了小他10岁的周恩来面前。朱德百感交集。事实上,他已不再年轻。36岁,对于中国人来说,是一个分水岭,意味着一个人从前半生走向后半生。但朱德却要把已取得的一切推倒重来。他急切地向周恩来提出加入中国共产党的请求,"派我做什么工作都行,只要不再回到旧的生活里去"。他特别提到那只站在旧秩序的脚——"脚下早已化作了尘埃"①。因此,在马克思的故乡德国,36岁的朱德加入中国共产党,从此走上革命道路,把自己的一切奉献给了共产主义崇高事业。②

第二次选择,抒写了用信仰缔造和巩固人民军队的奇迹。朱德在参加南昌起义之后,面临主力被打散、暂时失去组织联系的危急时刻,收拢残军,整军再战,在三河坝打败了敌人的进攻后转战湘南,最后与毛泽东带领的秋收起义队伍在井冈山会师。

1927年南昌起义爆发,揭开了中国共产党独立领导武装斗争和创建革命军队的序幕。朱德率部在三河坝经过三昼夜浴血奋战,顺利完成掩护任务,前去追赶主力。可是,一个意外的沉重打击到来:主力已在潮汕失败。这时,敌人大军压境,气势汹汹;起义军刚从各方面会合起来,又突遭失败,处于孤立无援的境地,随时都有被击溃的可能。关键时刻,朱德站了出来。他找来部队骨干开会,毅然决然地说:

> 我是共产党员,我有责任把南昌起义的革命种子保留下来,有决心担起革命重担,有信心把这支革命队伍带出敌人的包围圈,和同志

---

① 郝帅斌:《朱德的信仰》,中国文艺网,2021年5月8日,http://www.cflac.org.cn/zgwl/wldj/hmbnszmxsd/202105/t20210508_544192.html。
② 习近平:《在纪念朱德同志诞辰130周年座谈会上的讲话》,《人民日报》,2016年11月30日,第2版。

们团结一起,一直把革命干到底!①

会议决定,隐蔽北上,穿山西进,直奔湘南。在向赣南进军途中,为了从根本上巩固部队,解决存在的突出问题,朱德、陈毅对部队进行了三次整顿,即著名的"赣南三整"。

一是天心圩整顿。在军人大会上,朱德斩钉截铁地说:"黑暗是暂时的,要革命的跟我走,最后胜利一定是我们的。"②当有人问"我们该怎么办"时,朱德坚定地说:"打游击呀!先找个地方站住脚,然后再图发展。"经过天心圩整顿,指战员们稳定了思想,有助于坚定革命的信心和看到未来光明前景。二是进行大余整编,压缩编制,整顿党团组织,加强党对部队的全面领导。三是上堡整训,着重纪律教育,开展军事训练。

这些做法,与毛泽东领导秋收起义部队的"三湾改编"具有异曲同工之处。不久,朱德所率部队到达井冈山,实现了朱毛会师,成为以后人民军队最精锐部队的重要班底。正是在关键时刻的挺身而出,顺利调整航线,奠定了朱德在军队发展中不可替代的地位。③

第三次选择,选对了道路。在长征途中,两大方面军会师之后,朱德面对张国焘的分裂行动进行了坚决且有理、有节的斗争,最终说服南下的红军重新走上北上抗日的正确道路。

从团结和统一的大局出发,不计较个人恩怨,始终以党的事业为重,在磨难中积极开展革命工作,这种宽广而坦荡的胸襟,正是基于对马克思主义的坚定信仰而产生的一种超越自我的力量。

毛泽东称赞朱德是"人民的光荣",周恩来称赞朱德的革命历史"已成为二十世纪中国革命的里程碑"。这是党和人民对朱德的最高评价,朱德当之无愧!④

---

① 解海南:《"赣南三整":朱德力挽狂澜保存革命火种》,《党员文摘》,2021年第4期,第16—17页。
② 同上。
③ 李步前:《朱德是怎样成为总司令的》,《学习时报》,2017年8月7日,第5版。
④ 习近平:《在纪念朱德同志诞辰130周年座谈会上的讲话》,《人民日报》,2016年11月30日,第2版。

俯瞰马克思主义中国化的历程，青年选择马克思主义作为自己的指导思想，马克思主义选择青年作为自己的理论受众，正是在双向互相选择的曲折发展和磨合中，青年逐渐确立马克思主义信仰。

新时代中国青年也如百年前的青年人一样，面临着求学、工作、家庭等各种人生重大选择，住房、医疗和教育"三座大山"几乎压在每一个青年人的身上，在对美好生活的向往与巨大的现实生活压力的反差中，他们焦虑过，他们迷茫过，但他们依然昂首阔步向前，勇挑重担守初心，用奋斗本色擦亮人生底色。

自古英雄出少年，长江后浪推前浪！"那些口口声声一代不如一代的人，应该看着你们，像我一样，我看着你们，满怀羡慕"，一段名为《后浪》的B站演讲成功刷屏，金句频出，"你们有幸遇见这样的时代，但时代更有幸遇见这样的你们"。

这是一个被重构的时代，这是一个用信息丈量世界的时代。新时代中国青年成长在全新的时空环境中，有着全新的禀赋和条件，也站在了历史交汇点上，站在了新的起跑线上，面临着全新的发展环境。在正确思想的引领下，勇挑重担守初心，躬行实践，乐于主动，敢于行动，是新时代中国青年积极进取精神风貌的生动展示。

在科学技术发展促进职业变革背景下，人人皆可成为"网红"。"我有一颗特别想红的心""我要做一名网络写手""我想成为一名在线主播"……这是在互联网成长起来的青年发出的呐喊。诚然，青年需要在正确的思想引领下，共同营造风清气正的网络空间。

在抗击新冠肺炎疫情中，集结青春力量，共建火神山医院就是一个展现新时代中国青年抒写"疫情不退、我们不撤"铮铮誓言的例证。

建设"武汉火神山医院"项目限期要求"24小时完成出图"，在建筑设计领域这几乎是一项"不可能完成的任务"。工程设计是需要高度配合、专业性极强的工作，按照传染病医院标准建设的医疗建筑更加复杂，难度更大，涉及多个专业协同，多个工序和子任务贯通。

当时正值农历腊月二十九，武汉已经"封城"。项目负责人不免心里打鼓，是否能够召集足够的人手？土建和机电两个部门的党支部书记，分别发出紧急

中信建筑设计研究总院有限公司青年突击队奋战火神山医院,青年建筑师正在绘图和参与讨论(图片来源:《中信设计青年突击队奋战火神山医院侧记》人民网－中国共产党新闻网,2020年2月10日,http://cpc.people.com.cn/n1/2020/0210/c431601-31579607.html)

征召。只见手机消息不断闪动,"好的""准备出门了""一会办公室见",周一凡、胡鹏、周俊吉等青年设计师简短的答复迅速刷屏。有的青年员工虽未接到通知,但听说这项任务后主动请战,"我自愿报名!我家离院里近,上下班很快",不到2个小时,集结完成!这支最强战队中,有着一股青春的力量——由青年党员和共青团员组成的设计轻骑兵,凭着一股"初生牛犊不怕虎"的劲头,在这项紧急任务中发挥了生力军作用。他们以前辈为榜样,与时间赛跑,让武汉市政府要求的"24小时完成出图"成为可能。①

党的十八大以来,在每一个重要节点、每一次关键时刻,习近平总书记都十分牵挂青年、心系青年,对青年满怀期待、关怀备至,广大青年深受鼓舞,沿着总书记指引的道路奋勇前进。

在2018年"五四"青年节来临之际,习近平总书记委托工作人员,向中国政法大学民商经济法学院1502班团员青年送上节日的问候,高度赞赏青年学生立志,坚守"不忘初心,用一生来践行跟党走的理想追求",勉励他们坚定信仰、砥砺品德、珍惜时光、勤奋学习,努力成长为有理想、有本领、有担当的社会主义建设者和接班人。这谆谆教导如同一束束光,吸引更多青年朝着正确道路勠力同心,并肩前行。

---

① 《中信设计青年突击队奋战火神山医院侧记》,中国共产党新闻网,2020年2月10日,http://cpc.people.com.cn/n1/2020/0210/c431601-31579607.html。

在奋斗中释放青春激情、追逐青春理想，成为新时代的奋斗者。长征七号火箭的发射架旁，一群平均年龄不足35岁的科研人员夜以继日。在担纲研发C919的中国商用飞机责任有限公司，35岁以下的年轻人占70%以上，从"90后"副院长刘明侦到"90后"女博导杨树，越来越多的青年骨干成为"挑大梁"的中坚力量。"幸福都是奋斗出来的"，新时代的有志青年正用实践为自己打下青年马克思主义者的坚实烙印。①

马克思主义信仰是广大青年自由全面发展的丰富精神养料，是广大青年人追求目标过程中不可或缺的驱动力，不断激发青年的创造活力，为青年的精神发展选择提供价值引领，实现青年的自由全面发展。

更为重要的是，信仰的生命力在于实践。时代在巨变，未来也会改变，但青年人寻找归属感的迫切需求永恒不变。新时代中国青年在马克思主义信仰指引下正乘风破浪，砥砺奋进。

二、政党向何方：为人民谋幸福为民族谋复兴赓续前程

180多年前，风华正茂的马克思抛弃所谓的灿烂前程，放弃跻身所谓"上流社会"的机会，告别了富裕的家庭，整理行囊轻装上阵再出发，从法国大革命失败的滑铁卢起步，去追求人类解放的事业。今天，中国共产党人沿着马克思的足迹接续奋斗。"随时准备为党和人民牺牲一切，永不叛党"的入党誓词，正是对信仰的庄严宣示。

习近平总书记深刻指出："马克思主义是我们党的指导思想，共产主义是我们党的远大理想。没有马克思主义信仰、共产主义理想，就没有中国共产党，就没有中国特色社会主义。"②百年来，中国共产党为中华民族复兴前赴后继、英勇奋斗，终于找到了"怎么改变自己，怎么改变群众，怎么改变矛盾，怎么改变工作跟上时代的步伐"的方法和路径。

---

① 《习近平希望青年人这样奋斗》，中国青年网，2018年5月28日，http://news.youth.cn/sz/201805/t20180528_11630339.htm。

② 习近平：《习近平谈治国理政》第二卷，外文出版社2017年版，第326页。

中国共产党在不同历史时期相继提出"全心全意为人民服务""有利于人民生活水平的提高""以人为本""以人民为中心""人民至上"等理念，这些理念是其不同历史时期为人民谋幸福的具体体现。追根溯源，全心全意为人民服务源于马克思主义信仰，也是当代中国马克思主义信仰的思想先导。在列宁看来，马克思主义的核心是阶级斗争和无产阶级专政。在邓小平看来，马克思主义的精髓在于实事求是，尤其是注重发展生产力。在习近平总书记看来，马克思主义是科学的理论、人民的理论、实践的理论，更是不断发展的开放的理论。

归结来看，中国共产党人之所以选择以马克思主义为指导，正是因为马克思主义与党的初心使命是高度契合、内在统一的。做到为人民谋幸福，是党赢得人民群众信任和拥护的重要法宝。百年前在热火朝天的革命战争中淬炼出一个个青年英雄。而新时代下，这群曾经大家眼里的"温室的花朵"，面对挑战，义无反顾，用自身的实际行动抒写了一曲为人民服务的青春之歌。

（一）马克思主义信仰是中国共产党人的精神支柱

习近平总书记在庆祝中国共产党成立100周年大会上的讲话中指出："我们要用历史映照现实、远观未来，从中国共产党的百年奋斗中看清楚过去我们为什么能够成功、弄明白未来我们怎样才能继续成功，从而在新的征程上更加坚定、更加自觉地牢记初心使命、开创美好未来。"[①]

回答好"中国共产党为什么能""中国特色社会主义为什么好""马克思主义为什么行"三个"为什么"之问，才能在理论上清楚地理解"我们为什么能够成功"的必然性。习近平总书记在庆祝中国共产党成立100周年大会上的讲话也作出回答，指出"中国共产党为什么能，中国特色社会主义为什么好，归根到底是因为马克思主义行"！[②]

马克思主义是中国共产党的根本指导思想，我们党自成立那天起就把马克思主义写在了自己的旗帜上。也就是说，中国共产党是由马克思主义和中国人民革命斗争实践深刻塑造而成的政治组织。进一步来看，马克思主义信仰是中

---

① 习近平：《在庆祝中国共产党成立100周年大会上的讲话》，人民出版社2021年版，第10页。

② 同上书，第13页。

国共产党人的"根"和"魂",中国共产党是马克思主义信仰的现实载体,作为党员必须旗帜鲜明地坚持马克思主义信仰。

百年前的中国青年用自身的青春和生命铸就中国精神。他们身处国家蒙辱、人民蒙难、文明蒙尘的现实处境,亡国灭种的危机和警钟时刻萦绕在他们心头。在中国共产党的带领和引导下,他们浴血奋战、百折不挠,他们自力更生、发愤图强,他们解放思想、锐意进取,他们自信自强、守正创新,攻克了一个又一个看似不可攻克的难关,创造了一个又一个彪炳史册的人间奇迹。

方志敏,1899年生于江西省弋阳县一个世代务农之家,他身上的标签如同他的人格一样流芳百世。他的"两条半枪闹革命"开创的革命根据地,被毛泽东评价为"方志敏式"的农村革命根据地。他的《可爱的中国》被人们所熟知,发出了同一时代青年人对家国命运和前途的呐喊:

> 假如我还能生存,那我生存一天就要为中国呼喊一天;假如我不能生存——死了,我流血的地方,或者我瘗骨的地方,或许会长出一朵可爱的花来,这朵花你们就看作是我的精诚的寄托吧![1]

坚定的理想信念是党员献身革命的内在动力。"不管阶级敌人怎样咒骂诬蔑共产党,但共产党终究是人类最进步的阶级——无产阶级的政党。"他发出誓言:"我的一切,直至我的生命都交给党去了。"[2]

纵览整个中国革命史,1927年是十分艰难的一年,白色恐怖异常严重、斗争环境十分险恶,但方志敏始终充满着战斗的热情。他说:"为着主义的信仰,阶级的解放,抱定了斗争到底的决心,所以生活虽然艰苦,而精神还是非常愉快的。愈艰苦,愈奋斗!愈奋斗,愈快乐!"[3]

方志敏曾经出任赣东北军委会主席、红十军代政委。第一次任职时,红军实力发展了三倍以上,在三个月内连续取得作战的大胜利,苏区扩大到纵横500余里,人口100余万;第二次任职时,指挥红十军不但在贵溪、余江三仗

---

[1]《方志敏文集》,人民出版社1985年版,第142页。
[2] 万振凡:《方志敏的人生追求与革命精神》,《光明日报》,2013年8月28日,第11版。
[3] 郭海成:《不忘初心:中国共产党人的革命故事》,人民日报出版社2018年版,第162页。

皆捷，巩固了老苏区，而且进军闽北，十一仗仗仗皆胜，建立了红十军在闽北的军威，奠定了闽北苏区和红军向前发展的基础。①

而且这一切，都是方志敏在长期患有严重疾病的情况下取得的。为了实现理想，方志敏拼命地工作，才二十几岁就累得患了肺病，经常咳嗽吐血，但他"仍然是干而复病，病好复干"。疾病带给他难以言喻的困扰，而"一个共产党员，应该努力到死！奋斗到死"的心志，成为他战胜疾病、创造奇迹的动力源泉。②即使在革命处于低潮时，他对革命前途仍充满信心。

共产主义成为方志敏一生奉行不悖的真理和照亮精神的光源。红军北上抗日先遣队8 000余名将士在两个月的行动中，遭到国民党20万大军的围追堵截。1935年1月，他在同国民党军队作战时被俘。被俘那天，敌人搜遍他全身，却惊讶地发现，作为党的重要领导人，他身上除了一支钢笔和一块旧怀表外，竟无其他任何值钱的东西。面对敌人的严刑与诱降，方志敏始终大义凛然，冷静面对，对敌人轻蔑地说道：

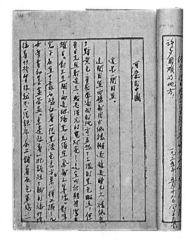

方志敏狱中手稿《可爱的中国》（照片来源：《红色根据地的憧憬——方志敏就义前的手稿》，学习强国平台，2021年6月7日，https://www.xuexi.cn/lgpage/detail/index.html?id=3683495723964358041）

> 我可以告诉你，要知道，留在苏区的共产党员，都是经过共产党的长期训练，都是深刻的主义的信仰的。③

方志敏用鲜血和生命兑现了自己的革命诺言，站在群众前面领导千百万群众与敌人作残酷的斗争。在革命年代的血雨腥风中，无数像方志敏这样的革命

---

① 何友良：《方志敏：一位纯真的共产党人》，《光明日报》，2015年12月24日，第5版。
② 同上。
③ 郭海成：《不忘初心：中国共产党人的革命故事》，人民日报出版社2018年版，第167页。

先烈视信仰高于生命,为了家国的利益不惜牺牲奉献一切,用生命、用鲜血诠释了共产党员信仰秉持的时代要领。

在中国革命的历史进程中,始终坚持马克思主义为指引,中国共产党带领中国人民推翻了帝国主义、封建主义、官僚资本主义三座大山,建立了新中国。

马克思主义信仰是中国共产党人的根本政治信仰,是中国共产党领导人民群众探索救国救民道路的精神向导,是中国共产党人的政治灵魂和精神支柱。

坚持无产阶级和广大人民群众的立场,坚持马克思主义认识问题、分析问题、解决问题一贯坚持的基本观点,坚持一切从实际出发、理论联系实际、实事求是、具体问题具体分析、在实践中检验真理和发展真理,这是中国共产党运用马克思主义基本原理分析中国实际,做到与时俱进的必然要求。正如邓小平在会见日本首相中曾根康弘回答应该怎样看待马克思主义时指出:

> 我们历来主张世界各国共产党根据自己的特点去继承和发展马克思主义,离开自己国家的实际谈马克思主义,没有意义。①

对于广大青年而言,百年建党历程诉说着,以马克思主义为指导的中国共产党以其强大的凝聚力和感召力影响青年成长和发展。中国从开天辟地到改天换地,迎来从站起来、富起来到强起来的伟大飞跃,历史在叩问:中国共产党为什么能?"中国之治"与"世界之乱"形成鲜明对照,世人在叩问:中国共产党为什么能?因而,破解"中国共产党为什么能"之问在这个时间节点更能直击青年灵魂和触动青年心灵,更能在其中揭开和领悟三个"为什么"之问。

习近平总书记在庆祝中国共产党成立100周年大会上的讲话指出:"一百年前,中国共产党的先驱们创建了中国共产党,形成了坚持真理、坚守理想、践行初心、担当使命,不怕牺牲、英勇斗争,对党忠诚、不负人民的伟大建党精神,这是中国共产党的精神之源。"②

---

① 熊启珍、瞿晓琳:《邓小平与马克思主义和中国实际的第二次结合》,人民出版社2020年版,第65页。

② 习近平:《在庆祝中国共产党成立100周年大会上的讲话》,人民出版社2021年版,第8页。

回到当下，新时代中国青年在传承弘扬伟大建党精神和共产党人精神谱系中持续奋斗。

青年的价值取向决定了未来整个社会的价值取向。历史映照下，青年是中国精神和中国力量的最佳诠释者，是传承中国精神的生力军。

近代以来中国精神集中体现为中国共产党的精神。更准确地来看，中国共产党的精神是在马克思主义指导下，对中华民族优秀文化铸就的民族精神进行继承与发展，又融汇民族精神和时代精神共同构筑的中国精神。习近平总书记强调，一百年来，中国共产党弘扬伟大建党精神，在长期奋斗中构建起中国共产党人的精神谱系，锤炼出鲜明的政治品格。

中国共产党的精神谱系构筑经历了新民主主义革命时期、社会主义革命和建设时期、改革开放和社会主义现代化建设新时期、中国特色社会主义新时代这五个阶段。2021 年 9 月，党中央批准了中央宣传部梳理的建党精神等纳入第一批中国共产党人精神谱系的伟大精神，这些精神集中彰显了中华民族和中国人民长期以来形成的伟大创造精神、伟大奋斗精神、伟大团结精神、伟大梦想精神，彰显了一代又一代中国共产党人"为有牺牲多壮志，敢教日月换新天"的奋斗精神。①

习近平总书记在庆祝中国共产党成立 100 周年大会上的重要讲话，引发广大青年热议。新时代中国青年该如何传承弘扬伟大建党精神和共产党人的精神谱系？

唯有不忘初心，方可告慰历史、告慰先辈，让革命先辈留下的宝贵精神财富不断激励新时代的青年奋勇前行。

不可忽视的是，青年容易成为历史虚无主义思潮的主要受众对象。近年来，境外敌对势力妄图通过各种渠道向我国青年灌输历史虚无主义、自由主义、极端个人主义等错误思潮，大肆鼓吹"无信仰时代""后信仰时代"。如何消除"如果""假如"等历史伪命题和假设，增强青年反历史虚无主义思潮的能力，是当下和未来赓续中国共产党精神谱系不可回避的问题。

---

① 《中国共产党人精神谱系第一批伟大精神正式发布》，《人民日报》，2021 年 9 月 30 日，第 1 版。

历史启示，欲亡其国，必先灭其史。别有用心的精日分子否认南京大屠杀，直接侮辱抗日英烈。如果这种建党百年记忆与精神被歪曲瓦解，势必走入苏联亡党亡国的前车之鉴。美国前中情局局长艾伦·杜勒斯，早在1945年的国际关系委员会会议上就说过：

> 我们要把布尔什维克主义的根挖出来，把精神道德的基础庸俗化并加以清除。……我们将以这种方法一代接一代地动摇和破坏列宁主义的狂热，我们要从青少年抓起，要把主要的赌注压在青年身上，要让它变质、发霉、腐烂。……我们要把他们变成无耻之徒、庸人和世界主义者。①

学习党史、新中国史、改革开放史、社会主义发展史，让历史的光芒穿透重重迷雾，照进青年的现实生活。在学习"四史"中洗涤心灵之尘、激发奋进之力，努力在党的感召下成长为"信仰+信心、无私+无畏、革命+拼命、苦干+巧干"的优秀青年、有为青年。

抚今思昔，方知时局之变；鉴往知来，更觉天地之新。"星火燎原"党史学习实践团、"学悟百年党史，赓续精神血脉"党史学习教育实践团等多个青年团体，奔赴祖国各地红色教育基地，真正做到知史爱党、知史爱国，体会中国共产党人精神谱系的时代价值和丰厚滋养，传承党百年征程中延续至今的伟大精神根脉。借百年党史契机，学习党史，以党史铸魂补钙、涵养精神，学史明理、学史增信、学史崇德、学史力行，实现共话初心凝聚青年力量。

党有号召，团有行动，青年在行动。在分享理论学习中练就自身本领，争做能讲会讲的"理论轻骑兵"。团中央直属机关举办"10号楼讲师团·理论轻骑兵"年轻干部理论宣讲比赛决赛。维护青少年权益部的刘岩以高质量发展为切入点，紧密围绕习近平总书记关于青年工作的重要思想，牢牢把握青年的时代特点和现实压力，介绍了青年发展规划助力青年发展的一系列举措，解读了"十四五"规划中涉及青年发展的诸多政策红利，为青年高质量发展提供路径

---

① 段德智：《境外宗教渗透与苏东剧变研究》，人民出版社2015年版，第344页。

2021年7月1日,庆祝中国共产党成立100周年大会在北京天安门广场隆重举行,共青团员和少先队员代表集体致献词(图片来源:《"请党放心,强国有我!"青年人,请跑好新时代的接力棒》,北京日报客户端,2021年7月2日,https://baijiahao.baidu.com/s?id=1704130260788086350)

和政策指引。①

2018年5月,由中共上海市委宣传部和复旦大学发起,上海市教育委员会和上海市教育发展基金会支持,陈望道旧居被修缮成为复旦大学校史馆专题馆的《共产党宣言》展示馆。该校一批青年教师、博士生和硕士生党员组建党员志愿服务队,取名"星火",面向广大师生和社会各界开展宣讲活动。党员志愿服务队在学习之余,志愿为观众讲解,从《共产党宣言》展示馆开设至今,已经服务了来自社会各界的参加者50 000人次,人均每年讲解700多场。他们为来来往往的参观者讲解陈望道翻译《共产党宣言》,引导大批有志之士树立共产主义远大理想,投身民族解放振兴事业的故事,他们自己也在讲解中不断学习,在讲解中坚定信念,寻找到人生的方向。

在学思践悟中坚定理想信念,在薪火传承中传播好宣言精神,在奋发有为中践行初心使命。2021年7月1日,在北京天安门广场隆重举行的庆祝中国共产党成立100周年大会上,共青团员和少先队员代表们面向天安门城楼,集体致献词,对党许下青春的誓言:"新的百年,听党话、感党恩、跟党走!同

---

① 金卓:《"理论轻骑兵"向青年传播好党的声音》,《中国青年报》,2020年12月21日,第1版。

心向党，奔赴远方！"他们高呼"请党放心，强国有我！"这些响亮的誓词铿锵有力，在天安门广场上空久久回荡，奏响青年不负党和人民殷切期望的时代强音，深刻彰显着新时代中国青年的志气、骨气、底气。

建党100年来，中国共产党书写了中华民族几千年历史上最恢宏的史诗。只有把过去、现在和未来有效贯通起来，才能认识和把握历史规律。青年一旦真正认识到马克思主义理论的真谛，了解马克思主义信仰是中国共产党领导人民群众探索救国救民道路的精神向导，就会更加自觉地担负起改造现实的使命，以革命的实践力量，在顺应历史大势中，以积极创造的主体自觉推进历史与人类理想愿景的归一，主体信仰也就油然而生，方能自信开拓未来前行之路。

（二）马克思主义信仰的价值旨归在于为人民谋幸福为民族谋复兴

使命是方向，也是理想。休谟指出，动机怀疑不仅要追问宗教生活的各种动机，即追问信仰的灵魂的内心；而且也要追问宗教生活的功能，即追问与之"相容的"或为其"许可的"公开行为。①

不忘初心，方得始终。人民是历史的创造者，是决定命运的根本力量，那么自然应该"为人民谋幸福"。信仰信念的力量、初心不改的力量、激扬青春的力量，正是中国共产党人不断从胜利走向胜利的前进动力。

想人民所想，急人民所急。习近平总书记指出："马克思列宁主义，为中国人民点亮了前进的灯塔；1921年中国共产党的成立，使中国人民有了前进的主心骨。"② 始终坚持群众路线和群众观点，牢记和坚持为人民服务是百年前中国青年和新时代中国青年的共同特征。

百年前中国青年用行动回答"为人民服务"的内涵，诠释了"活着为人民服务，死后也要为人民服务"的深远价值。

为人民服务是马克思主义信仰的根本信念，它体现了人民至上的精神理念。马克思主义信仰的吸引力来源于中国共产党为人民服务的精神感召力。

---

① 吴德凯：《认知主体的三个维度——韦斯特法尔与扎格泽波斯基认识论思想》，人民出版社2019年版，第208页。

② 习近平：《在纪念毛泽东同志诞辰120周年座谈会上的讲话》，《人民日报》，2013年12月27日，第2版。

毛泽东在他的光辉著作《为人民服务》中说："我们的共产党和共产党所领导的八路军、新四军，是革命的队伍。……我们这个队伍完全是为着解放人民的，是彻底地为人民的利益工作的。"①

全心全意为人民服务是中国共产党的根本宗旨，周恩来作为我党卓越的领导人之一，将为人民服务作为自己的人生目的，并以身作则、率先垂范，堪称我党为人民服务的楷模。

周恩来是杰出的马克思主义理论家、革命家、外交家、政治家，出生于1898年，可以说是一位不折不扣的"90后"。他的一生都坚定地信仰共产主义，自始至终都忠诚于党和无产阶级的革命事业，全心全意为人民服务，甘愿做人民的公仆。周恩来被人民群众称为"人民的好总理"。他为什么能赢得人民这样的称赞？

"人是应该有理想的，没有理想的生活会变得盲目。"从青少年时代起，周恩来就热衷于为公众"服役"之事，并用他的一生践行全心全意为人民服务。他常自豪地说自己是"人民的公仆""人民的勤务员""总服务员"，处处以普通劳动者的身份出现在人民面前。

新中国成立后，周恩来强调为人民服务是党和政府进行一切决策的根本出发点，在制定各项政策、处理各种问题时，不仅要考虑人民群众长远的根本利益，还要考虑当前具体的利益。他经常说："我是总服务员。"他要求各级政府管理者，都要服务好老百姓，当好人民的服务员。他从昆曲《十五贯》的内容联想到政府管理，提出要处理好"官"与民的关系："《十五贯》教育我们做'官'的人，让我们想一想，是不是真正在为人民服务。"②

在纪念鲁迅逝世10周年时，周恩来指出："对人民，我们要如对孺子一样地为他们做牛。要诚诚恳恳、老老实实为人民服务"，"人民的世纪到了，所以应该像条牛一样，努力奋斗，团结一致，为人民服务而死"。③

---

① 中央保持共产党员先进性教育活动领导小组办公室：《保持共产党员先进性教育读本》，党建读物出版社2005年版，第164页。
② 曹应旺：《周恩来："我是总服务员　要为人民服务而死"》，中国共产党新闻网，2013年3月11日，http://dangshi.people.com.cn/n/2013/0311/c85037-20742219.html。
③ 《周恩来："我是总服务员要为人民服务而死"》，《新长征》，2013年第5期，第35页。

新中国成立后,周恩来担任总理 26 年,践行了这一诺言。他在重病住院时说过这样一句话:

> 死我并不怕。古人说,人活七十古来稀,我已是七十七岁多的人了,也算得上是高寿了。可是这二十几年的时间,总应该把国家建设得好点,人民的生活多改善一些,去马克思那里报到,才感到安心。现在这种状况去报到,总感到内疚、羞愧。①

逝世前,他交代说:"把我的骨灰撒到祖国的江河大地去做肥料,这也是为人民服务。……活着为人民服务,死后也要为人民服务。"②

无论是在革命战争年代还是在社会主义建设时期,周恩来始终把是否代表人民的利益、是否为人民办实事、做好事当作衡量自己工作有效与否的标准,晚年时期的周恩来将"为人民服务"的胸章佩戴在胸前直至逝世。

透过实践来看,马克思主义信仰以实现全心全意为人民服务为行为指南,它是人们自觉用马克思主义理论武装自己的头脑,使之成为人们认识世界和改造世界的思想武器。在百年前中国的语境和场域下,需要青年矢志不渝地秉承马克思主义信仰、坚守为人民服务的根本立场。

在今天,判断一名党员干部是否拥有坚定的马克思主义信仰,很重要的一条就是看他能否做到全心全意为人民服务。一个人能否坚定地坚持并践行为人民服务,是他有无马克思主义信仰最好的试金石。把为人民谋幸福落到实处,敢于斗争、善于斗争,是新时代中国青年的正面回应。

听党指挥,青年一代以青春的名义在行动。脱贫攻坚的战场上,涌现出一批批为乡村建设服务奉献的青年党员,这是新时代中国青年为人民服务、为人民谋幸福的生动诠释。

回首过往,在全面打赢脱贫攻坚战的征程中,各级青年组织和广大青年积

---

① 习近平:《在纪念周恩来同志诞辰 120 周年座谈会上的讲话》,人民出版社 2018 年版,第 15 页。
② 赵炜等:《西花厅岁月——我在周恩来邓颖超身边三十七年》,中央文献出版社 2004 年版,第 259 页。

极投身、奋发作为，涌现出一批扎根基层的扶贫团干部、甘于奉献的青年扶贫志愿者、自主脱贫的优秀青年、带领乡亲致富的青年带头人……一个个迎难而上、真抓实干、为人民服务的脱贫攻坚故事刻画在祖国大地上，创造出震惊世界的伟大奇迹。

可见，在民族复兴的语境中，消除贫困是应有之义，时代新人正是我们这些迎难而上，真抓实干的年轻人。多少青年将时间永远定格在了扶贫路上，将生命奉献给了扶贫事业，他们的精神，化为脱贫攻坚路上的一盏盏明灯，照亮了脱贫的征程，也照亮了这个时代的天空。

不止他们，不止在脱贫攻坚的战场，新时代中国青年还主动参与产业发展、城乡环境治理等工作。

清华大学秉持"自我实践、服务他人、自我教育、推动社会"的宗旨，坚持立足校园、辐射社区、面向社会的原则，深入开展具有清华特色的大学生志愿公益活动，形成了一系列富有特色的专项志愿者服务团。截至2020年3月，志愿北京平台上"清华大学紫荆志愿者服务总队"账号有84个直属下级注册团体和37个隶属于研究生服务团的志愿团体，25 846名志愿者加入该账号成为正式成员，总队及下级团体累计项目2 794个，累计志愿工时732 966小时。①

星光不问赶路人，历史属于奋斗者。走好这一代青年的长征路，关键就是要在历史长河里找准方位，坚持中国共产党的领导，坚定马克思主义信仰，在投身为人民服务的实践大潮中，用行动书写新时代的芳华之歌，用美好青春诠释共产党人的初心使命。

三、中国向何处：对中华民族伟大复兴的愿景眺望

从山河破碎到海晏河清，百年来的中国发生了翻天覆地的变化。习近平总

---

① 《紫荆志愿者服务总队》，清华大学，http://www.xsinghua.edu.cn/xtw/sdfg/zjzyzfwzddp.htm。

书记在庆祝改革开放 40 周年大会上指出:"无论过去、现在还是将来,对马克思主义的信仰,对中国特色社会主义的信念,对实现中华民族伟大复兴中国梦的信心,都是指引和支撑中国人民站起来、富起来、强起来的强大精神力量。"① 青年人是怎样看待中国道路选择和未来发展前途命运的?正确认识国情,能让我们畅想出中国未来发展的面貌和样态。

马克思主义成为分析和解决中国实际问题的现世信仰,全面深刻认识"百年未有之大变局"和马克思主义信仰内在机理关系,关系到具有 5 000 年文明史、占世界人口五分之一的泱泱大国能否踏上现代化强国之路,关系到近代以来历经磨难的中华民族能否顺利实现伟大复兴之梦。

新时代中国青年以青春行动参加经济建设、政治建设、文化建设、社会建设、生态文明建设等实践响应中国梦,将家国情怀化为具体的实际行动,把自身的人生之路同国家的发展相结合,驾驭中华民族伟大复兴的巨轮在未来波诡云谲的大洋中劈波斩浪,驶向光辉和幸福的未来。

(一)中国的历史方位和时代定位:马克思主义信仰领航

在近代中国满目疮痍的社会现状的冲击下,青年志士对国家的发展充满担忧。1934 年 10 月,在中国大地开始了一场关乎民族独立与解放斗争的长征,成为世界历史上的奇迹。在今天的中国,一场关乎实现中华民族伟大复兴中国梦的新长征也已拉开帷幕,这同样也是一个带领 14 亿中国人民奔向共同富裕的世界奇迹。

在不同的时空方位下,百年前中国青年和新时代中国青年如何面对自己在中国发展中的定位?

革命战争年代,众多青年为挽救灾难深重的祖国,进行了种种探索和尝试,他们用自己的言行展现了坚定的马克思主义信仰。国家未来的伟大前途寄托在新时代青年身上,全面建成社会主义现代化强国的目标为青年提供了丰富的发展机遇、广大的作为空间、广阔的人生舞台。

---

① 习近平:《在庆祝改革开放 40 周年大会上的讲话》,《人民日报》,2018 年 12 月 19 日,第 2 版。

邓小平曾指出，为什么我们过去能在非常困难的情况下奋斗出来，战胜千难万险使革命胜利呢？就是因为我们有理想，有马克思主义信念，有共产主义信念。

共产主义是家国情怀的进一步延伸，深层的家国情怀是共产主义实现过程中中国发展助力的凝结。更深入来看，家国情怀是指主体对家国共同体在家国关系、家国结构、家国意识等方面的认知、感念、理悟和实践。心里装着国家和民族，才能充分认识到国家和民族的存在与发展是个人存在与发展的前提。

百年前中国山河破碎，国弊民穷，强虏环伺。无数热血青年在为争取民族独立、人民解放的斗争中冲锋陷阵、抛头颅洒热血、一往无前，矢志不渝为着和平发展奋斗。

"未来中国是个共劳共享的平等的社会"，青年的奋斗目标是"求得中国面貌之根本改变"。① 对中国发展寄予期盼，满怀信心为之不懈奋斗，描绘梦想中国的邹韬奋就是这样一位百年前中国青年。

邹韬奋，1895 年出生于福建永安，他一生投身于进步出版事业，是一位从民主主义走向共产主义的英勇战士，是中国近代史上伟大的爱国者。更形象地说，他是一名典型的"90 后"笔杆子。

1926 年，31 岁的他接任《生活》周刊主编。1931 年九一八事变后，邹韬奋在上海全身心投入抗日救亡运动。在万马齐喑的年代，面对国破之痛，他敢于针砭时弊，以犀利之笔，力主正义舆论，抨击黑暗势力。

1935 年 12 月，他与沈钧儒、厉麟似等人组织成立上海文化界救国会。第二年 11 月，国民党为了扑灭国内的抗日烈火，逮捕了正在领导抗日救亡运动的救国会领导人沈钧儒、邹韬奋等七人，酿成七君子事件，遭到社会各界人士的强烈反对。

出狱后，邹韬奋辗转重庆、汉口、香港继续开展爱国救亡工作。他在《梦想的中国》指出：

> 我所梦想的未来中国是个共劳共享的平等的社会……在这个梦

---

① 黄修荣、何虎生：《信仰书》，人民出版社 2012 年版，第 155 页。

邹韬奋（图片来源：《邹韬奋》，百度百科网，https://baike.baidu.com/item/邹韬奋/801641）

里，除只看见共劳共享的快乐的平等景象外，没有帝国主义者，没有军阀，没有官僚，没有本家没有男盗，没有女娼，当然更没有乞丐，连现在众所认为好东西的慈善机关及储蓄银行等等都不需要，因为用不着受人怜与施与，也用不着储蓄以备后患。①

这些字里行间，清晰表明了他对中国发展寄予的深切厚望，深刻展现了浓厚的家国情怀。

1937年全面抗战爆发后，邹韬奋获释，在上海创办《抗战》三日刊。上海沦陷后，他转至武汉继续主编《抗战》。武汉沦陷后，到重庆创办和主编《全民抗战》。这些以抗战为主题的刊物和生活书店的出版物，在广大读者中间唤起了巨大的爱国热情，把一批又一批青年引上革命道路。②

1944年7月24日，邹韬奋在上海病逝，毛泽东亲笔题写了挽词："热爱人民，真诚地为人民服务，鞠躬尽瘁，死而后已，这就是邹韬奋先生的精神，这就是他之所以感动人的地方。"③高度评价了邹韬奋一生的斗争历程。

邹韬奋用信仰之志、爱国之情记录和刻画了那个年代青年们对中国革命道路的不懈探索，他所经历的道路也是中国知识分子走向进步、走向革命的道路。

从更大范围来看，北京大学的"马克思主义学说研究会"、湖南的"新民学会"、天津的"觉悟社"、湖北的"互助社"等党的早期组织中的青年们研究传播马克思主义，在中国传播和倡导马克思主义，为探寻中国出路奋斗不止。

党的十八大以来，我国在政治、经济、文化、军事等领域都取得了历史性的成就，标志着中国实现了从站起来、富起来到强起来的历史飞跃。深刻把握

---

① 《信仰：先驱的心声》，人民出版社2013年版，第133页。
② 参见陈弘毅：《邹韬奋：犀利之笔 铸造丰碑》，《人民日报》，2019年4月16日，第16版。
③ 中共中央文献研究室：《毛泽东著作专题摘编》下，中央文献出版社2003年版，第2339页。

国内不同时期发展大势,是求得中国面貌之根本改变的基础。中国特色社会主义进入新时代,人民对美好生活的向往为青年实践开辟了广阔空间。追求和实现美好生活向往的过程,也正是每一个青年追求自己的人生目标,实现人生价值的过程。

临危岂顾生,用拳拳之心、爱国之行保卫国家安全。2011年张应飞与战友远赴黎巴嫩执行维和任务。2012年冬日的一个上午,突然下起了大雨,正在"蓝线"2号扫雷点作业的官兵只好撤到帐篷内避雨。这时,乡村公路上来了一位身着穆斯林服装的老百姓,表示希望能进帐篷里避避雨。来人自报家门,穆罕默德,家住附近的村庄,是一名虔诚的伊斯兰教教徒,正要去清真寺做礼拜。

穆罕默德和官兵们有一搭没一搭地攀谈几分钟后,打开了身上的挎包,拿出了一沓画册塞进官兵手里,随后钻进雨中扬长而去。排长张应飞打开精美的画册,发现里面用详尽的中文简体字介绍着伊斯兰教的教义,极力鼓动中国军人信奉真主。

张应飞立即追了出去,拉住还没走多远的穆罕默德,礼貌地解释道:"谢谢你的来访,中国军人尊重黎巴嫩人民的宗教信仰,也希望你尊重我们的信仰。"穆罕默德不解地追问:"那你们信仰什么?"张应飞坚定地回答道:"中国军人信仰的是马克思主义。"①

祖国山河终无恙,守边护边志更坚。中国军人立身为旗、向战而行的英勇形象,对中国和世界发展抱有坚定的信仰,用信仰引领奋斗,也正在被越来越多的世界友人知晓和认可。

96037部队70分队,该分队组建以来累计完成重大输送任务800余次,攻克作战区域广、危险系数高、复杂条件多等难点问题,为推进部队实战化建设作出突出贡献。他们高状态担负某重大任务试行工作,积极推进新一代某型装备接收试用,连续两年完成武器装备跨军种输送联演联训任务,有效填补武器装备输送模式多项空白。他们赓续传承"我无名国有名,以无名铸威名"的

---

① 《中国军人婉拒伊斯兰教宣传 称信仰是马克思主义》,腾讯新闻网,2012年4月5日,https://news.qq.com/a/20120405/000533.htm。

中国人民解放军96037部队70分队（图片来源:《第25届"中国青年五四奖章"个人（集体）入围名单》，中国青年杂志，2021年4月16日，https://mp.weixin.qq.com/s/UL7g6SHiM_p4dWsTRDhRbg）

忠诚血脉，做到车行万里不迷航、安全输送打胜仗，近10年累计安全行驶30余万千米。①

他们是这个时代的英雄楷模。然而，这世上，没有谁天生就是英雄。有的只是每一个普通人，在平凡的岗位上忠于职守，合力汇成奔腾磅礴的时代洪流。

英雄是时代的标尺，是看得见的价值观。学习英雄，就要像他们那样，用信仰之光照亮奋斗之路，把为祖国发展化作奋进壮歌。

一些青年在网上发言，"只有袁隆平爷爷可以说我胖"，"'钟'究是您，迎'南'而上，重于泰'山'"……彰显对国家英雄人物的崇拜。真正的偶像是被时间记住的"明星"！这些偶像是为国家、为民族、为人民，就像把一生写在稻田里，把功勋写在祖国大地上。也正如网名所言，"真正的'追星族'，是见贤思齐，择善从之"。

中华5 000年文明所孕育的中华优秀传统文化是中国特色社会主义文化的根源，传承中华优秀文化是新时代中国青年的责任。当前，以中华优秀传统文

---

① 《第25届"中国青年五四奖章"个人（集体）入围名单》，中国青年杂志，2021年4月16日，https://mp.weixin.qq.com/s/UL7g6SHiM_p4dWsTRDhRbg。

化涵养青年发展的热潮，促进青年明确"从何处来、到何处去"的历史脉络。

"我要笑出'国粹范'"，以京剧中的笑声为表现内容，增强青年对中国传统文化的认知。B 站中的《国乐大典》《国家宝藏》《如果历史是一群喵》等，清华大学《资治通鉴》导读、《昆曲艺术欣赏》等慕课，河南卫视的《唐宫夜宴》和《洛神水赋》等舞台剧频繁刷屏，这些传统文化类作品深受广大青年喜爱。

这些都在昭示着新时代中国青年在文化传承发展、爱国情怀等方面的深层认知。青年的理想信念是一个国家发展活力的重要体现，也是一个国家核心竞争力的重要因素。新时代中国青年的特殊历史使命和特殊历史意义就在于，在中国面临国家转型的最为关键的时期渐次登上历史的舞台，用实际行动诠释众志成城，共克时艰的时代重任与青年担当。

2019 年 6 月，在对口支援高校北京大学的安排下，西藏大学医学院 2015 级临床医学专业本科班的 17 名学生来到北京大学首钢医院，开始为期 11 个月的临床实习。2020 年 2 月，这些学生给习近平写信，汇报了实习以来的收获和感悟，表达了对党和国家的感恩之情，以及学好本领后报效祖国、建设家乡的决心。在藏历新年来临之际，习近平总书记于 2 月 21 日给正在北京大学首钢医院实习的西藏大学医学院学生回信，肯定他们献身西藏医疗卫生事业的志向，勉励他们练就过硬本领、服务基层人民，并向他们以及藏区各族群众致以节日的问候和美好的祝愿。①

2020 年，中国石油大学（北京）克拉玛依校区 118 名同学毕业后奔赴新疆基层工作，立志同各族群众一起奋斗，努力成为可堪大用、能担重任的西部建设者。习近平总书记在给中国石油大学（北京）克拉玛依校区毕业生的回信中肯定他们到边疆基层工作的选择，对广大高校毕业生提出殷切期望："希望全国广大高校毕业生志存高远、脚踏实地，不畏艰难险阻，勇担时代使命，把个人的理想追求融入党和国家事业之中，为党、为祖国、为人民多作贡献。"②希冀青年们靠近光、追逐光、散发光、成为光。青年人只有把自己的"致青

---

① 《尺素传深情 习近平五次给北大师生回信》，北京大学新闻网，2020 年 3 月 17 日，http://news.pku.edu.cn/xwzh/0c4861daa3a74d30b49828226a582e5a.htm。

② 《习近平给中国石油大学（北京）克拉玛依校区毕业生的回信》，新华网，2020 年 7 月 8 日，http://www.xinhuanet.com/politics/2020-07/08/c_1126211499.htm。

春"放置于国家前途与命运之中,才能更加深刻地感受到责任感、紧迫感和使命感,才能在新时代更加奋发进取、积极向上。

(二)马克思主义是引领中华民族伟大复兴的磅礴力量

历经天华成此景,人间万事出艰辛。回望历史,5 000年中华文明横遭帝国主义列强肆虐,山河破碎、民不聊生,无数仁人志士奔走呐喊、政党组织反复求索,改良主义、自由主义、三民主义等"诸路皆走不通了",迟迟难以找到救亡图存的正道。

这时,马克思主义信仰为青年开启了一扇通往历史和未来的大门,将生产力的发展水平作为人民幸福的"绝对必需的实际前提",而不能脱离生产力发展水平幻想脱离实际的幸福。那么,青年群体应该在其中发挥什么作用?青年群体相对于其他群体对于助力全面建成社会主义现代化国家和中华民族复兴之路的战略有什么不同?对此进行了哪些探讨?

百年前中国青年和新时代中国青年用自身的切实行动来回答:马克思主义信仰与国家发展共命运,可以为国家发展提供强大的向心力和凝聚力。青年对祖国事业的自信,对马克思主义信仰的自信表现为拥有强烈爱国情感,致力于国家的建设发展,最终成为国家发展强劲有力的武器。简言之,秉持马克思主义信仰,要立足国情和实际,真正把马克思主义信仰内化到灵魂深处、转化为现实的实践。

对于中国的未来,百年前中国青年郑重地写下他们的美好期待。"90后"的朱自清相信"未来的中国是大众的中国"。"90后"的瞿秋白撰写《中国工人的状况和他们对俄国的期望》一文,介绍和分析中国无产阶级现状说"中国的无产阶级没有文化,由于工业和农业不发达,而无法组织起来";谈及五四运动说现代中国青年知道"未来的时代将是社会主义时代",中国青年将"尽一切力帮助中国无产阶级"。[①]

那时,无数的青年畅谈中国未来,在为中国的出路苦苦追寻的同时,彻底改变了自身的人生轨迹,深刻影响着中国的未来。

---

① 王铁仙:《瞿秋白传》,人民出版社2011年版,第69页。

拳拳炎黄赤子心，悠悠中华爱国情。个人的理想奋斗，只有融入家国情怀、融入党和国家事业之中，才会更有价值、更有意义。正如知道为什么而战的士兵是不可战胜的！百年前的革命青年以坚定的马克思主义信仰、真挚的民族家国情怀，鼓舞着青年、引导着青年树立为中华民族伟大复兴矢志奋斗的远大志向。

聚焦当下，新时代中国青年用各自不同的方式，共同助力中国走向强起来的历史新纪元。

侠之大者，为国为民。对新时代中国青年而言，既面临着难得的建功立业的人生际遇，也面临着"天将降大任于斯人"的时代使命。

建设中国特色社会主义伟大事业需要马克思主义信仰支撑。在时代中创造青春佳绩，捷龙一号"90后"团队用奋斗助力科技创新。2019年8月17日，随着一声巨响，3颗卫星在中国航天科技集团研发的首型商业运载火箭捷龙一号的托举下壮丽升空，翻开了我国商业航天的新篇章。

取得这样重大成就的科研团队，主要是由"90后"青年构成的。2019年，光明日报刊发《新时代航天青年勇创第一》文章，详细描绘了这一群青年是如何做到担子往肩上压就该扛起来、不在最该奋斗的年纪选择安逸、用行动诠释"我爱你中国"。面对商业航天发射市场激烈竞争态势，航天一院瞄准低成本固体小型运载火箭方向搭建创新平台，44名青年响应号召，自发组建了青年研制团队，于2018年2月正式立项。这群青年用不到18个月的时间，创造了15项"第一"。虽然他们的面孔还略显稚嫩，但他们的命运已经和国家工程贴合得越来越紧。

在捷龙一号研制团队中，张意国负责总体方案的优化和论证，是整个团队里最年轻的总体设计师。"时代给了机会，担子往肩上压，我们就该扛起来。"张意国表示，为了实现火箭高性能和高性价比，大家创造性地提出卫星倒装方案，并大胆简化了全箭的控制执行机构，这在国内尚属首次。27岁的结构电气一体化负责人丛恩博说："我们总想干一些和以前不一样的事情。单位给了我们很大支持，没有思想包袱和束缚，我们更能放手去拼、大胆去干。"①

---

① 崔兴毅、张蕾：《新时代航天青年勇创第一》，《光明日报》，2019年8月22日，第1版。

捷龙一号是我国首型采用集成电气的运载火箭,而高度集成会导致产品热耗大,传统散热方式无法稳定其性能。为此,丛恩博和他的研制团队大胆提出了复合热控方法,并采用计算、仿真、试验相结合的设计手段,有效保证了产品性能。

其实,作为火箭院最年轻的研制团队,他们不是没有遇到质疑,但他们选择用成绩证明自己。"多核芯片,运载火箭极少应用,技术风险摸清了吗?"一段时间以来,紧张的气氛包围着这支年轻的队伍。"对于多核系统来说,最重要的就是核间通信问题。这个问题不解决,箭载多核芯片就无法真正应用"。28岁的飞行控制软件设计师张亚琳坦言,他们低估了问题的困难程度,时间过去一个月,问题排查工作依然进展缓慢。到第五个月时,大家心态几近崩溃,工作仿佛陷入了一个深不见底的漩涡。难道多核处理器不能应用于此次任务?不少人劝他们换个成熟的技术。

同样是飞行控制软件设计师,29岁的李浩还是横下一条心:"即使这次任务不需要,以后也会用到,中国航天需要这个技术,我们是为国家进行科研攻关,不能因为困难就退缩不前。"终于,在第六个月,这个青年团队找出问题所在,并提出有效解决方案。29岁的飞控系统软件设计师胡骁说:"这几个月,大家心里就像有座大山压着喘不过气,完全是凭着一种责任感和使命感在咬牙坚持。"

是什么力量支撑着这样日日夜夜的超负荷运转?用谭杰的话说:"当儿时的爱好变成了可以安身立命的事业,而且是一个让国家有底气、民族挺脊梁的事业,我们感到无上光荣,还有什么比这更值得付出?"对此,一位国外资深航天专家曾感叹:"最让人敬畏的不是中国航天所取得的成就,而是现在领军和主导中国航天的这些人太年轻了!"[①]

在社会各行各业,青春之歌唱得非常响亮,青年人奋发有为承担急难险重的任务,成为社会的主力军,重要领域的带头人,如:核动力研发设计团队是设计所的核心骨干团队,总人数608人,35周岁以下青年388人,青年占比64%;目前,中国航天科工集团公司直接管理的型号"两总"(正副总指挥和

[①] 崔兴毅、张蕾:《新时代航天青年勇创第一》,《光明日报》,2019年8月22日,第1版。

正副总设计师、总研究师）的队伍中，45 岁以下人员占 30%，最年轻的型号"两总"任职年龄仅 30 多岁。

多个荣获第 25 届"中国青年五四奖章"集体也生动诠释了青年群体助力国家发展的生动图景。

北京科兴中维生物技术有限公司"克冠行动"工作团队。2020 年，科兴中维第一时间从研发、质量和生产团队中优选出 52 名青年组成工作团队，打响了与时间赛跑的战斗。52 名青年不顾安危，直面传染性极强、尚无特效药的新冠病毒，穿着层层密封的防护装备，在 –65 帕压力缺氧状态下，24 小时不停休地奋战在实验室中。他们严格坚守质量关，攻坚克难抢工期，竭尽全力保生产，77 天完成疫苗临床前研究获得临床批件，77 天完成成人组 Ⅰ / Ⅱ 期中期揭盲并被纳入紧急使用，为全国乃至全世界抗疫作出了突出贡献。

中科院上海光机所超强超短激光攻关青年团队承担了重大科技基础设施项目"上海超强超短激光实验装置"的研制任务。他们秉承"激光在我手上，家国在我心中"的羲和激光精神，奋战在科技攻关前沿。2017 年 10 月在国际上首次实现 10 拍瓦（1 亿亿瓦）激光放大输出，被《科学》杂志文章评价为第一台激光器发明以来在激光脉冲功率提升方面的第五大里程碑（前四项均来自美国）。2020 年 12 月，建成世界首台 10 拍瓦激光实验装置，屡创国际最高激光脉冲峰值功率纪录，成为光子科学研究的国之重器。①

哪里需要哪里搬，为祖国的建设不断添砖加瓦！

在抗击新冠肺炎疫情时，在建造火神山和雷神山医院过程中，亿万网友化身"云监工"，24 小时在线，事前事后全掌控，线上线下全融合，为项目建设加油鼓劲，见证着攻坚克难的中国速度。广大医生、警察等青年工作者在抗击新冠疫情的工作中一直保持"战斗在前、冲锋在前"的积极姿态，打造"80 后""90 后"青年们的"硬核"形象，在中国甚至全世界公共卫生史上留下了浓墨重彩的一笔。

新时代中国特色社会主义是 21 世纪中国马克思主义的价值实现形态，也

---

① 《第 25 届"中国青年五四奖章"个人（集体）入围名单》，中国青年杂志，2021 年 4 月 16 日，https://mp.weixin.qq.com/s/UL7g6SHiM_p4dWsTRDhRbg。

是造福人民的具体实践和现实运动。正是基于对中国特色社会主义的自信和价值认同，把全国十几亿人的力量凝聚起来，为中华民族伟大复兴的中国梦而共同奋斗，带领人民不断创造"中国奇迹"，不断创造美好生活。

青年标注时代，时代也为青年提供无限可能。党的十九大报告指出，我国2035年的目标是基本实现社会主义现代化，2050年的目标是建成富强民主文明和谐美丽的社会主义现代化强国。新时代中国青年运动的根本任务就是与当今中国广大人民群众谋发展、求幸福、尚和平、重安定的根本利益诉求与价值愿望相结合，以实现中华民族伟大复兴为主题、方向和使命。

2018年，有研究者曾发文《面向2050年，今天的青少年你准备好成为领航者了吗？》指出，以"00后"的中学生为例：到2035年时，目前初一学生30岁，高三学生36岁，应该逐渐成为社会的中坚；而到了2050年，这批学生50岁左右，将处于个人事业的高峰，也将责无旁贷地成为那个时代的领航者。①

脚踏实地，仰望星空，新时代中国青年就要有理想，有担当。2021年至2035年，十几年的岁月是给青年磨砺成长的旅途，美好的明天亦因此时的奋斗而实现。新时代中国青年上可九天揽月，下可五洋捉鳖，更需要把人生的理想融入这波澜壮阔的时代洪流，肩负历史重任，为实现中华民族伟大复兴的中国梦贡献智慧和力量，用青春书写无愧时代的报国华章。

四、人类欲何往：人类命运共同体绘制的全球图景

根据刘慈欣同名小说改编的《流浪地球》影片故事设定在2075年。科学家们发现太阳急速衰老膨胀，太阳即将毁灭，地球将不适合人类生存。为了自救，人类开启一个名为"流浪地球"的大胆计划，倾全球之力在地球表面建造上万座发动机和转向机，推动地球离开太阳系，用2500年的时间奔往另外一

---

① 朱向前：《面向2050年，今天的青少年你准备好成为领航者了吗？》，一点资讯网，2018年10月26日，http://www.yidianzixun.com/article/OKMCYPNg。

个栖息之地。而离家出走的叛逆少年刘启，最终在父辈的感召之下成长，成为让地球从木星引力中挣脱出来的英雄。

由任性叛逆的青少年向敢于直面生死、勇担拯救世界责任的形象转变，不仅给青少年埋下想象力的种子，而且也激发青少年对人类社会和全球事业的关注。青年承担着人类社会发展的重任，要勇于创造出青年之我，青年之国家，以至青年之地球。

当前，世界处在大发展大变革大调整时期，正经历百年未有之大变局。认识世界的时代主题，把握国际国内发展形势，才能抓住世界历史发展的机遇、更好地应对挑战。马克思主义信仰是人类文明发展到一定程度必然出现的科学信仰，是推动人类和谐发展的中坚力量。马克思主义为人类提供了辩证唯物主义和历史唯物主义的工具，并通过独特观察和分析，发现了人类历史发展规律，揭示了资本主义社会特殊的运动规律，极大地推进了人类文明进程。

马克思主义从诞生之日起，就为全世界无产阶级发声，在资本席卷一切的时代，它不屈服于资本主导的社会逻辑去唱赞歌，而是致力于批判资本主义生产方式，从工人阶级的生活境遇和斗争，到妇女的社会权益和解放，再到被压迫民族的命运和出路，没有一点是为了一己私利。① 从其衍生层面看，马克思主义信仰就是对人类命运共同体自由全面发展的认可和共产主义社会理想的认同。

发展21世纪的马克思主义，认识世界、解释世界、改造世界，需要新时代中国青年秉持马克思主义信仰，保持与时俱进的理论品格，以青春的名义早行动，以青春的名义办实事，全心全意助力世界谋大同，锲而不舍推进人类文明发展进程，让马克思主义放射出更加灿烂的真理光芒。

（一）当今世界人类社会图景：大发展大变革大调整

观察实情，是作战的基本前提。在《曹刿论战》中，鲁庄公说："小大之狱，虽不能察，必以情。"曹刿回答："忠之属也，可以一战。战则请从。"谋大事者必先观大势。观察形势、认识形势、掌握形势，是科学制定政策方针的前提。

---

① 杨玉强：《马克思主义的信仰伟力从何而来》，《学习时报》，2021年1月18日，第2版。

世界格局如何完成更替？地区冲突怎样演化成世界范围内的战争，又是如何走向和平的？在马克思看来，世界历史的开创期，资产阶级"必须到处落户，到处开发，到处建立联系"①，"由于开拓了世界市场，使一切国家的生产和消费都成为世界性的了"②，"在它的不到一百年的阶级统治中所创造的生产力，比过去一切世代创造的全部生产力还要多，还要大"③。同时，面对19世纪的国际环境，马克思、恩格斯提出工人革命的第一步是要使无产阶级上升为统治阶级，要争得民主，并指明未来的社会"阶级差别已经消失"，"公众的权力失去政治性质"，无产阶级也"消灭自己这个阶级的统治"。

在世界格局调整的背景下，维护世界和平与发展是20世纪初和21世纪初青年的共同夙愿。19世纪末20世纪初，随着资本主义向帝国主义过渡，列强在世界范围内争夺殖民地和势力范围的斗争更加激烈。第一次世界大战改变了帝国主义国家的力量对比，战后形成的"凡尔赛—华盛顿体系"，使世界格局发生了重大变化。而到了21世纪，大发展大变革大调整进一步深入展开，世界政治、经济、文化、科技和安全等各个领域都将在嬗变中呈现出新特征，国际力量对比正在发生机制性变化，新兴大国群体性崛起。

俯瞰现实，中国青年从仰视到平视的世界认知转变，诉说着中国发展与世界发展关系的深刻调整。全面运用马克思主义的立场、观点、方法，科学地观察和把握世界发展变化的新趋势，才能更好应对复杂的国际面貌、世界格局的深刻调整。

百年前，中国青年们努力寻求"全世界无产阶级和人类从痛苦死亡毁灭中拯救出来"。

戊戌变法失败后不久，梁启超发表《少年中国说》，痛陈"老大帝国"的衰落，展望"少年中国"的重振，昭告了"天朝大国"旧梦的破碎与现代国家新梦的再生。④

---

① 《马克思恩格斯文集》第二卷，人民出版社2009年版，第35页。
② 同上。
③ 同上书，第36页。
④ 俞祖华、赵慧峰：《离合之间：中国现代三大思潮及其相互关系》，人民出版社2015年版，第297页。

> 今日之责任不在他人，而全在我少年。……少年智则国智，少年富则国富，少年强则国强，少年独立则国独立，少年自由则国自由，少年进步则国进步，少年胜于欧洲则国胜于欧洲，少年雄于地球则国雄于地球。……美哉我少年中国，与天不老。……壮哉我中国少年，与国无疆！①

从梁启超《少年中国说》到陈独秀《敬告青年》，再到毛泽东《青年运动的方向》，对青年参与国家事业的号召，点燃了青年人在世界动荡和家国危亡时奋起反抗的熊熊烈火。

百年前中国青年就已经注重对国际环境和国际面貌的观察和分析。在20世纪初留法勤工俭学运动中，周恩来、邓小平、蔡和森、赵世炎、王若飞、李富春、陈毅、聂荣臻、蔡畅、陈延年、李立三、李维汉、徐特立、何长工等一众有志青年走出国门，研究工人运动、社会主义思潮和马克思主义。

对共产主义世界发展必胜的信念支撑着百年前的中国青年不懈奋斗。

毛泽东运用马克思主义分析方法对国际形势和国际问题的观察和剖析就是一个很好的例证。"书生意气，挥斥方遒。指点江山，激扬文字"，既有"问苍茫大地，谁主沉浮"的仰天长问，又有"到中流击水，浪遏飞舟"的浩然壮气。

早在中国共产党成立之初，1925年毛泽东在《中国社会各阶级的分析》中指出，第一次世界大战后，世界存在着"革命和反革命两大势力"的斗争，故号召全世界被压迫阶级集合在"红色的革命大旗"——第三国际的旗帜之下。

在中华民族危机空前严重的形势下，1936年7月，毛泽东通过与美国记者斯诺的谈话，公开向国际社会阐明了中国共产党关于建立国际抗日统一战线的主张。他强调指出：

> 日本帝国主义不仅是中国的敌人，同时也是要求和平的世界各国人民的敌人"，并呼吁"中国苏维埃和中国人民因此要同各国、各国

---

① 单正平：《晚清民族主义与文学转型》，人民出版社2006年版，第116页。

人民、各党派和各群众组织团结起来,组成反对日本帝国主义统一战线。①

正是在这样的基础上,毛泽东在1937年5月中国共产党全国代表会议上,进一步提出了"中国的抗日统一战线和世界的和平阵线相结合"的战略思想,即:

中国不但应当和中国人民的始终一贯的良友苏联相联合,而且应当按照可能,和那些在现时愿意保持和平而反对新的侵略战争的帝国主义国家建立共同反对日本帝国主义的关系。②

根据这样的战略思想,他提出了"抗日的外交政策",其要点是:对日绝交;和苏联订立军事政治同盟,争取英、美、法同情中国抗日,在不丧失领土主权的条件下争取他们的援助;联合朝鲜和日本国内的人民反对日本帝国主义。

1958年9月5日,毛泽东在第15次最高国务会议上谈了对国际形势的看法。他深刻剖析了"谁怕谁多一点"、联盟的性质、紧张局势的影响、禁运的影响、准备反对侵略战争。尽管总体判断乐观,但工作上还是要采取谨慎态度,用他的话说,就是"世界上的事情还要搞一个保险系数"。③

20世纪60年代以后,美苏两极争霸,全球笼罩在冷战的阴影下,中苏关系恶化,中国边缘政治状况恶化,爆发了朝鲜战争、越南战争等,这都加深了毛泽东对国际局势的忧虑,认为战争由潜在危险变成迫在眉睫。毛泽东认为:

当前世界革命已经进入一个伟大的新时代……殖民主义、帝国主义和一切剥削制度的彻底崩溃,世界上一切被压迫人民、被压迫民族

---

① 《毛泽东文集》第一卷,人民出版社1993年版,第390页。
② 中共中央文献研究室:《建党以来重要文献选编(1921—1949)》第14册,中央文献出版社2011年版,第179页。
③ 韩立群:《毛泽东观察国际形势的方法》,《学习时报》,2018年10月1日,第2版。

的彻底翻身，已经为期不远了。①

20世纪70年代，毛泽东根据国际局势的发展和演变情况，将蓄意谋求霸权的美国和苏联列为第一世界，欧洲、日本、澳大利亚、加拿大等中间派列为第二世界，贫穷落后的亚非拉国家视为第三世界，提出了"三个世界"划分的战略构想，从而为社会主义国家和被压迫的民族争取团结互助、建立统一战线、反对美苏争霸提供了强有力的思想武器。

毛泽东准确分析国际局势，正确判断国际社会主要矛盾，利用矛盾，针对不同的情况提出通过对外宣传，建立相应的国际统一战线，为中国自身的生存与发展争取时间和空间。这是在实践发展中深刻认识和把握世界形势，并采取卓有成效行动的有力印证。

更进一步来看，以毛泽东为代表的中国共产党人，始终关注着世界风云的变幻和人类进步事业的发展，根据国际形势的发展变化，努力用自身的行动推进世界和平发展，并运用马克思主义唯物辩证法的基本原理指导对外交往活动。

"夫英雄者，胸怀大志，腹有良谋，有包藏宇宙之机，吞吐天地之志者也。"② 对世界和平发展的渴望是青年为之奋斗的不竭动力。从选择站在最广大人民的立场，到探求人类解放之路，再到最终建立一个没有压迫、没有剥削、人人平等自由的理想社会，是百年前中国青年群体的共识、共需。

历史与现实对比下，百年前中国青年对世界和平发展充满无限渴望，新时代中国青年对命运与共的地球村发展满怀期待。平视世界，拨开世界迷雾，拥抱更大的世界，是他们对待世界发展的主要态度。

习近平总书记在看望参加全国政协会议的医药卫生界教育界委员时说："70后、80后、90后、00后，他们走出去看世界之前，中国已经可以平视这个世界了，也不像我们当年那么'土'了……"③

《环球时报》旗下的环球舆情调查中心以"中国年轻人'西方观'变化"

---

① 中华人民共和国外交部、中共中央文献研究室：《毛泽东外交文选》，中央文献出版社1994年版，第578页。
② 张立文、祁润兴：《中国学术通史（宋元明卷）》，人民出版社2004年版，第682页。
③《"大思政课"我们要善用之》，《人民日报》，2021年3月7日，第1版。

为主题进行的民调发现，伴随中国经济成长，以及新冠肺炎疫情治理绩效的显著对比，中国青年一代展现出更加自信地看待西方的视角，理性的"平视"，以及更加乐观的"俯视"，正在迅速成为青年一代看待西方的主要视角，传统意义上的"仰视"，乃至过度"仰视"之后出现的"跪拜"西方等，正在迅速地被青年一代，乃至整个中国社会所淘汰。①

新时代中国青年是可以平视世界的青年，更要把握当今世界时代发展提供的新机遇和新挑战。当前，世界正经历百年未有之大变局，但世界的发展并没有偏离马克思当年所描述的发展轨迹。要认清世界局势，向着社会主义光明的大路上走，在世界历史浪潮中推动中国向前进。正如习近平总书记指出："尽管我们所处的时代同马克思所处的时代相比发生了巨大而深刻的变化，但从世界社会主义 500 年的大视野来看，我们依然处在马克思主义所指明的历史时代。"②第四次科技革命迅猛发展和全球问题愈演愈烈，二者共同加速了构建人类命运共同体的世界历史时代的到来。

"明者因时而变，知者随事而制。"要拨开世界迷雾，把握当今世界时代主题，奋勇向前，奏响时代强音。当前，不论人们身处何国、是否愿意，实际上已经处在一个全球命运共同体中。国际青年的往来和交流是国家间关系发展的重要催化剂，青年需要积极融入国际社会。

当前，世界百年未有之大变局下，不断推进人类和平与发展仍然是一项崇高的事业。全球治理体系和国际秩序变革加速推进，必须推动建成互相尊重、公平正义、合作共赢的新型国际关系。

纵观当今全球，疫情对美国股市的影响之大、美日"钻石公主号"带来疫情暴发、韩美军费问题等，影响到了多国间的关系。同时，美国一段时间以来不断对中国实施污蔑、打压，美国国内的新冠肺炎疫情迄今未见明显缓和。疫情暴发后，很多青年用文字、视频等形式记录了他们见证的中美抗疫实景，并发布在媒体及社交平台上，这些声音驳斥了某些西方国家对中国某些不实报道。国际社会唯有超越成见和分歧，才能凝聚起全球合作抗疫的强

---

① 沈逸：《中国青年看西方：从仰视到平视》，新民周刊，2021 年 4 月 28 日，http://www.xinminweekly.com.cn/guanchajia/2021/04/28/15833.html。

② 习近平：《习近平谈治国理政》第二卷，外文出版社 2017 年版，第 66 页。

大力量。

2020年，联合国秘书长青年特使办公室认可和重视中国青年在全球抗疫中发挥的作用，邀请全球7位青年代表与专家在线讨论如何更好应对疫情。武汉大学研究生王琇琨作为中国青年志愿者代表，向各国青年介绍了中国的抗疫经验和成果，分享了她开展志愿服务、参与抗疫斗争的经历和故事。

疫情期间，王琇琨与武汉大学青年志愿者协会的同学们一起参加了共青团组织的"志愿服务一线医务人员子女关爱行动"，组织1000多名志愿者与武汉600多个一线医务人员的家庭进行结对，为年龄在5岁至18岁的青少年提供在线家教和心理疏导。在这个过程中，她深刻体会到志愿服务既帮助了他人，也极大地激发了自己战胜疫情的勇气："我们就是想要去能够更多地帮助这些一线的医务人员子女，包括我们国家在国际上也对各个国家进行的一种帮扶和帮助，我们是从小的方面，国家是从大的方面，这就是我们整个在疫情中作为一个大国风范，我们作为年轻人，作为志愿者，作为90后能够做出的一个贡献。"

王琇琨在直播中分享的两个单词，淋漓尽致地展现了中国精神。"一个是信心。我们正在经历的困难是暂时的，而坚信我们可以克服困难的信念是让我们保持冷静和勇敢的根本；另一个词是合作。没有人是一座孤岛，人类团结和国际合作对于这场战'疫'行动来说至关重要。作为年轻人，我们需要伸出我们的双手，并肩作战。"①

青年力量传递跨越国界的大爱，为世界各国人民携手战胜疫情带来希望和力量。人类命运休戚与共，唯有为全人类利益携手奋战，才能最大限度维护人类健康福祉、促进人类文明发展进步。只有携手探索更大的世界，才能为人类的发展迈向更好的前程。

以奋斗姿态搭建起平视的桥梁，"'文化自信'是不自卑也不自傲，是清醒地认识到，我们是不一样的，我们一直都是我们自己"。毕业于武汉大学、英国伦敦大学研究生在读的"95后"青年诗人伯兹桥认为，"这个世界从来不缺少偏见，能保持独立思考，就能识别偏见，这也正是这一代人的特质"②。一方

---

① 《受邀参加联合国网络研讨会，向世界青年分享战疫经验》，《齐鲁晚报》，2020年4月18日，第3版。
② 《背靠祖国奋斗不息"牛少年"平视世界》，《长江日报》，2021年5月4日，第5版。

面,马克思主义信仰内在包含的这种"与民共在谋大同"诉求,是人类文明进步的灯塔;另一方面,人类文明奠定了马克思主义信仰的合理性和必然性,发展矛盾衍生的各种问题也造就了马克思主义信仰的崇高性和前瞻性。

越是形势复杂,青年越需要积极融入国际社会,越需要学习和了解国际事务,这样才能有助于中国与世界进行更好沟通,才能帮助国家在国际事务中发挥更积极、更重要的影响。

面对这样的世界大变局,新时代中国青年要怎么做呢?

大时代需要大格局,大格局呼唤大胸怀。青年应在复杂的国际形势中保持定力,要明辨是非、恪守正道,向全世界展示中国青年的良好形象和青春风采,不仅在国内做同龄人的榜样,更要在世界做同龄人的楷模。

事实证明,只有拨开历史迷雾,看清世界局势,始终遵循心中的信仰,才能赢得光明未来。在新时代新征程上,新时代中国青年要立足发展、面向人民,立足中国、面向世界,立足历史、面向未来,站在历史正确的一边和人类进步的一边,共同推动构建持久和平、普遍安全、共同繁荣、开放包容、清洁美丽的世界。

(二)马克思主义信仰的世界意义在于实现"天下大同"

大同社会是中国传统文化中描述人类社会的最高阶段,代表着中华儿女对未来社会的美好憧憬。"人人尽力,人人享受,人人快乐,这是大同世界!""若夫大同之世,无贫贱富贵之阶级,无竞争防御之忧患,而后利人类之文明日益发达,可以作福全世。"①

中华传统文化中的"大同社会"与马克思主义的社会理想——共产主义之间,都有某种契合和相通之处。共产主义是马克思、恩格斯在研究人类社会发展一般规律及资本主义运行特殊规律的基础上,为人类理想社会指明的方向。马克思在《德意志意识形态》中指出:"在共产主义社会里,任何人都没有特殊的活动范围,而是都可以在任何部门内发展,社会调节着整个生产,因而使

---

① 姚宏志:《走向文化强国的精神支柱:坚定中国特色社会主义共同理想》,人民出版社2017年版,第15页。

我有可能随自己的兴趣今天干这事，明天干那事，上午打猎，下午捕鱼，傍晚从事畜牧，晚饭后从事批判，这样就不会使我老是一个猎人、渔夫、牧人或批判者。"①

更深层次来看，马克思主义信仰以人类的生存、发展与社会的和谐作为自身的最高尺度，对于整个社会的发展和人类思维的进步进行了预设性的建构，给人类提供了科学的"清醒剂"，即理性认识现实世界的表面和谐及其背后的一面，现实社会的改进是否合乎人民福祉，世界历史未来指向何以可能可行。

马克思说："哲学家们只是用不同的方式解释世界，问题在于改变世界。"②青年人需要秉持马克思主义信仰不断探索人类文明发展进程。正如电视剧《西游记》主题曲所唱："你挑着担，我牵着马，迎来日出，送走晚霞，踏平坎坷成大道，斗罢艰险又出发……一番番春秋冬夏，一场场酸甜苦辣，敢问路在何方？路在脚下。"在"踏平坎坷成大道，斗罢艰险又出发"中为"天下大同"汇聚青春力量。

2 000多年前的腓尼基、中世纪的威尼斯、中世纪晚期的汉萨同盟、近现代的西欧、过去100年的美国，这些在人类文明的蓝图中赋予和贡献的能量在各自所处的时代越大，它们的生活方式和文化传播就越全球化。

百年前中国青年为"将来的环球必是赤旗的世界"而上下求索。为了信仰，李大钊矢志救国救民，传播马克思主义，点燃中国无产阶级推翻旧制度的革命火种。

早在留学日本前后，李大钊就接触到社会主义思潮。1917年春，也就是到北京的第二年，他研究了俄国二月革命的经验及布尔什维克党在革命中的作用。十月革命爆发后，他经过不断地求索和鉴别，逐渐摆脱各种资产阶级和小资产阶级社会思潮的影响，以敏锐独到的眼光，运用无产阶级的世界观，洞悉时代发展大势，把握人类社会发展的历史规律，剖析俄国十月革命成因及其影响，热情地歌颂和宣传俄国十月革命，写下了《法俄革命之比较观》《庶民的胜利》《布尔什维主义的胜利》等文章，热情讴歌十月革命，并预言："人道的

---

① 《马克思恩格斯文集》第一卷，人民出版社2009年版，第537页。
② 同上书，第502页。

警钟响了！自由的曙光现了！试看将来的环球，必是赤旗的世界！"①

李大钊以深邃的历史眼光，认定十月革命的胜利代表着世界新潮流，从而看到了中华民族自救复兴的曙光，促使他最终选择了马克思主义，成为我国历史上第一个马克思主义者和中国共产主义的先驱者，在中国大地上第一个举起十月社会主义革命的旗帜。

1918年10月，李大钊在《新青年》杂志上发表《庶民的胜利》等文章（图片来源：《奋斗百年路 启航新征程·启示录 | 民族复兴的坚强核心——中国共产党成立100周年启示录之"领航篇"》，新华网，2021年6月22日，http://cpc.people.com.cn/n1/2021/0622/c64387-32137295.html）

李大钊以高度赞赏的姿态鲜明地指出，十月革命是"立于社会主义上之革命"，俄国布尔什维克党的主义就是革命的社会主义。他也高度评价了十月革命的伟大意义，"俄罗斯之革命，非独俄罗斯人心变动之显兆，实二十世纪全世界人类普遍心理变动之显兆"，这一胜利"是世界革命的新纪元，是人类觉醒的新纪元"，"是二十世纪革命的先声"。②

1927年4月6日，奉系军阀张作霖在北京逮捕了时任中国共产党北方区委书记、中国国民党在北方的主要负责人李大钊。他不愿革命力量再受损失，坚决劝阻劫狱营救计划，慷慨赴义："钊自束发受书，即矢志努力于民族解放之事业，实践其所信，励行其所知，为功为罪，所不暇计。今既被逮，惟有直言……"③

李大钊心中的信仰坚定而炽烈，在《狱中自述》中他宣传了反对帝国主义、改造中国的革命主张："今欲挽此危局，非将束制吾民族生机之不平等条

---

① 《李大钊全集》第2卷，人民出版社2013年版，第367页。
② 《李大钊文集》第二卷，人民出版社1999年版，第219、240、252页。
③ 《李大钊文集》第五卷，人民出版社1999年版，第239页。

约废止不可……今日之世界，乃为资本主义渐次崩颓之时期，故必须采用一种新政策……"①

概括来看，李大钊率先在中国介绍、宣传和研究马克思主义，是20世纪初中国的"播火者"。只有马克思主义才能救中国，把马克思主义作为"世界改造原动的学说"，这一思想贯穿他的革命生涯并深刻影响了广大青年的人生选择。

与此同时，像李大钊一样寻找和追寻先进思想改造中国的，还有那些从黄浦江畔远渡重洋、踏上上下求索救亡图存之路的一批又一批有志青年。

1912年，以"输世界文明于国内"为宗旨，吴玉章等人在北京发起组织"留法俭学会"，1916年又联合法国政府成立"法华教育会"。1919年初到1920年底，20批近2 000名胸怀救国梦的中国进步青年远赴法国，一边做工，一边学习新知识、新思想，研究工人运动、社会主义思潮和马克思主义。

这些赴法勤工俭学的青年人学习了解欧洲的先进科学和民主精神，推动中西文化思想交融碰撞，造就了大批走在时代前列的人才。1921年，旅法学生成立巴黎共产主义小组，后又成立中共旅欧支部，输送大批党团员赴苏联学习。在国外勤工俭学的青年，积极翻译马克思、恩格斯的著作传回国内，为早期中国共产党的建立与成长奠定了坚实基础，作出了不可磨灭的贡献。

概言之，百年前中国青年秉持"心忧天下、敢为人先"的责任情怀，胸怀世界格局，找到了自己心中改造中国与世界的思想武器，执着追寻世界上进步的马克思主义信仰，为中国发展和传承马克思主义信仰奋斗不止。

当前，新时代中国青年积极参与全球治理，为构建人类命运共同体添砖加瓦。习近平总书记在庆祝中国共产党成立100周年大会上的讲话指出，"中华民族是世界上伟大的民族，有着5 000多年源远流长的文明历史，为人类文明进步作出了不可磨灭的贡献"②，"我们坚持和发展中国特色社会主义，推动物质文明、政治文明、精神文明、社会文明、生态文明协调发展，创造了中国式

---

① 侯莎莎：《李大钊〈狱中自述〉尽显初心坚定炽烈》，《北京日报》，2021年4月8日，第14版。

② 习近平：《在庆祝中国共产党成立100周年大会上的讲话》，人民出版社2021年版，第2页。

现代化新道路,创造了人类文明新形态"①。同时,他向全世界庄严宣告,中国共产党将继续同一切爱好和平的国家和人民一道,弘扬和平、发展、公平、正义、民主、自由的全人类共同价值,推动历史车轮向着光明的目标前进。

对于世界的发展,广大青年不能抱着吃瓜心态做一名旁观者,而要勇担时代使命,投身于中华民族伟大复兴中国梦的实践中,做积极的参与者、建设者、贡献者。

中国青年在发展自身的同时,也为世界发展贡献智慧并注入新鲜活力。中国青年发展赋能世界发展,越来越牵动全球目光。当前,一大批优秀的中国青年活跃在"一带一路"沿线国家和地区,以志愿者或公益机构创始人的身份,为全球和平与可持续发展贡献着青年智慧和力量。发起"非洲真实故事"数字媒体项目的"游猪生态"创始人朱清、海洋环境保护组织"无境深蓝"创始人王淼等,他们与各国"Z世代"(通常指1995—2010年出生的年轻人,也被称作"移动互联网原生代")处于共同的话语圈层,其理念和行为更易于被理解和接受,他们发起的很多号召也得到了当地青年的广泛响应。②

与此同时,清华大学积极组织"紫荆志愿者"服务于大型赛事活动。2019年,近200位志愿者参与第二届"一带一路"国际合作高峰论坛、亚洲文明对话大会与北京世界园艺博览会等大型赛事活动。这些也都有助于中国吸引和带动世界其他国家的青年助力"一带一路"和人类命运共同体建设。2018年6月2日,在北京大学攻读硕士学位的埃塞俄比亚籍留学生汉娜·格塔丘同学给习近平写信,汇报了自己参加5月举办的"一带一路"青年创意与遗产论坛的感悟,并就"一带一路"建设、中非合作、中非青年交流等提出了看法和建议。8月28日,习近平给汉娜·格塔丘同学等参加"一带一路"青年创意与遗产论坛的青年代表回信,强调青年是国家的未来,勉励他们为构建人类命运

---

① 习近平:《在庆祝中国共产党成立100周年大会的讲话》,人民出版社2021年版,第13页。
② 彭振刚:《"Z世代"国际传播策略与实践路径研究》,《对外传播》,2021年第7期,第39—42页。

共同体作出自己的努力。①

此外，多个第 25 届"中国青年五四奖章"集体也为世界发展注入了中国青年智慧和力量，生动诠释了青年群体助力人类共同事业发展的生动图景。

天津航天长征火箭制造有限公司承担新一代运载火箭生产总装测试等任务，在我国多项重大航天工程中担负主力军作用。2020 年，这支平均年龄不到 30 岁的"大火箭人"队伍创造了连战连捷的辉煌成绩。5 月 5 日，长征五号 B 运载火箭发射成功，空间站阶段飞行任务首战告捷；7 月 23 日，长征五号遥四运载火箭发射升空，成功将天问一号探测器精准送入地火转移轨道；11 月 24 日，长征五号遥五运载火箭发射成功，将嫦娥五号探测器精准送入地月转移轨道；12 月 22 日，长征八号运载火箭发射成功，将 5 颗卫星送入预定轨道。②

中国极地研究中心"雪龙 2 号"的青年人用行动铸就极地事业的发展。

天津航天长征火箭制造有限公司（图片来源：《第 25 届"中国青年五四奖章"个人（集体）入围名单》，中国青年杂志，2021 年 4 月 16 日，https://mp.weixin.qq.com/s/UL7g6SHiM_p4dWsTRDhRbg）

---

① 《尺素传深情 习近平五次给北大师生回信》，北京大学新闻网，2020 年 3 月 17 日，http://news.pku.edu.cn/xwzh/0c4861daa3a74d30b49828226a582e5a.htm。

② 《第 25 届"中国青年五四奖章"个人（集体）入围名单》，中国青年杂志，2021 年 4 月 16 日，https://mp.weixin.qq.com/s/UL7g6SHiM_p4dWsTRDhRbg。

"雪龙2号"是我国自主建造、拥有自主知识产权的第一艘、也是全球第一艘获得智能船舶入级符号的极地科考破冰船。"雪龙2号"自建设之日就开始组建船员团队，在建造的近千个日夜里，团队成员全身心投入工作，严把新船建造的质量、安全和进度。他们在南北极极端恶劣的环境中坚守岗位，考察期间与世隔绝，2020年度在航259天。①

"乌云或许可以短暂地遮蔽太阳，但它永远无法遮蔽太阳的光芒。"世界的未来属于年轻一代，人类和平与发展的伟大事业，需要各国青年人担起重任，共同推进。构建人类命运共同体是对"天下大同"社会治理理念的升华。新时代积极推动人类命运共同体建设，是对马克思主义人类解放思想的继承和发展，对广大青年筑牢马克思主义信仰、坚定共产主义信念、厚植社会主义事业情怀是难得的机遇和动力。

"踏平坎坷成大道，斗罢艰险又出发。"新时代中国青年要为发展21世纪马克思主义接力奋斗，要带着对自己民族文化的理解去深入探索全球事务，矢志不渝做世界和平的建设者、全球发展的贡献者、国际秩序的维护者，助力续写青年参与国际事务和全球治理辉煌篇章，为实现人类命运共同体的宏伟蓝图贡献中国青春力量。

---

① 《第25届"中国青年五四奖章"个人（集体）入围名单》，中国青年杂志，2021年4月16日，https://mp.weixin.qq.com/s/UL7g6SHiM_p4dWsTRDhRbg。

【追问】人类社会未来路在何方

100多年前,列宁在《告贫苦农民书》中曾经这样说过,"我们要争取新的、更好的社会制度……这个新的、更好的社会就叫社会主义社会。关于这个社会的学说就叫社会主义"①。随着以列宁为首的布尔什维克党取得十月革命的胜利,世界上第一个社会主义国家诞生,打破了资本主义的一统天下。对此,毛泽东同志指出,"十月社会主义革命不只是开创了俄国历史的新纪元,而且开创了世界历史的新纪元"②。以此为起点,无产阶级革命的烽火迅速蔓延;20世纪40年代,苏联人民依靠社会主义的强大优势,取得了对德战争的胜利,巩固了社会主义世界的阵地,在此影响下,中国、朝鲜、越南、古巴等一批国家先后取得人民民主革命的胜利,走上社会主义的道路,进而形成社会主义与资本主义两种社会制度并存和竞争的国际态势,极大地改变了整个世界的面貌。

社会主义制度的确立,标志着一种新的社会文明的诞生,但任何事物的发展永远都不可能一帆风顺,社会主义制度也需要不断革新、不断发展。正如恩格斯所说:"所谓'社会主义社会'不是一种一成不变的东西,而应当和任何其他社会制度一样,把它看成是经常变化和改革的社会。"③在这些新生的社会主义国家里,广大的人民群众成为国家发展的主要推动力,迸发出极大的劳动热情和创造力,在工人阶级政党的领导下,创造了一个又一个社会发展的奇迹。

中国共产党在对中国发展的百年探索中,政治、经济、社会、文化、生

---

① 《列宁专题文集 论社会主义》,人民出版社2009年版,第381页。
② 《毛泽东选集》第一卷,人民出版社1991年版,第303页。
③ 《马克思恩格斯全集》第37卷,人民出版社1971年版,第443页。

态等方面均取得了一系列历史成就，建成了独立完整的工业基础和国民经济体系，于 2010 年成为世界第二大经济体。在全世界遭受新冠肺炎疫情重创的 2020 年，中国 GDP 成功突破百万亿元，成为全球唯一实现经济正增长的主要经济体。同时，中国共产党始终牢记为人民谋幸福的初心，成功帮助 7 亿多人口摆脱贫困，历史性消除了绝对贫困，对全球减贫的贡献率超七成，创造了人类减贫史上的奇迹。作为一个拥有 14 亿多人口的发展中国家，中国一步步实现了从站起来到富起来再到强起来的历史性飞跃。

中国特色社会主义的成功实践彰显了社会主义制度的极大优势和吸引力，人们从中看到了社会主义的力量。面对新冠肺炎疫情暴发，中国特色社会主义向全世界提供了应对这一全球公共卫生危机的中国方案。在来势汹涌的新冠肺炎疫情面前，中国应对疫情行动规模之大、速度之快，世所罕见，疫情防控取得的巨大成效更进一步凸显了中国特色社会主义制度在"集中力量办大事"方面的制度优势。习近平总书记指出："尽管我们所处的时代同马克思所处的时代相比发生了巨大而深刻的变化，但从世界社会主义 500 年的大视野来看，我们依然处在马克思主义所指明的历史时代，这是我们对马克思主义保持坚定信心、对社会主义保持必胜信念的科学根据。"[①] 历史反复证明，马克思主义的世界观和方法论是科学的，其根本立场和价值目标同世界多数人的利益是一致的，其揭示的社会发展规律和历史趋势是正确的。

随着全球化发展进程的加快，世界各国之间早已有着千丝万缕的联系，相互依存的国际形势既是机遇，也是挑战。党的十八大报告指出，人类只有一个地球，各国共处一个世界。要倡导"人类命运共同体"意识，增进人类共同利益。党的十九大报告强调，中国共产党是为中国人民谋幸福的政党，也是为人类进步事业而奋斗的政党。中国共产党始终把为人类作出新的更大的贡献作为自己的使命。中国共产党秉持立足中国、胸怀世界的理念，坚持与世界各国携手共同发展，不断探索发展方向、发展方式以及发展动力等问题，为解决人类问题贡献中国智慧与中国方案，"始终做世界和平的建设者、全球发展的贡献者、国际秩序的维护者"。

---

① 习近平：《习近平谈治国理政》第二卷，外文出版社 2017 年版，第 66 页。

面对气候变化等全球性挑战，全球治理刻不容缓。习近平总书记指出，"保护生态环境就是保护人类"①。人类作为地球的一分子，尊重自然、保护我们共同生活的家园是人类社会应尽的责任与义务。"绿水青山就是金山银山"的观点更是直接反映了工业文明与生态文明之间、人与自然之间的重要关系。随着中国经济实力、国际话语权等方面的提升，其在应对全球性挑战中所承担的责任也随着增加。人与自然的和谐共生是现代化发展的题中之义，加强生态文明建设、推进绿色发展、探索可持续发展之路，保护好人类赖以生存的地球家园是新时代的社会背景赋予中国共产党的使命任务。

"人类命运共同体"理念的提出，回答了人类未来路在何方的问题，是中国共产党在新时代反复强调的价值理念。随着世界各国合作关系的加深及合作频率的增加，合作的高度交融把各国紧密连接在一起，全球化、一体化的现象不仅仅体现在经济领域，而是在社会发展的方方面面之中。在此背景下，各国利益环环相扣，全人类都生活在一个"你中有我，我中有你"的地球村。"相互尊重，公平正义，合作共赢"是新时代国际关系的核心。协同发展，共同治理成为国际共识。中国共产党从维护世界和平、营造安全环境、促进共同繁荣、尊重多元文明、构建生态文明、发展友好合作、坚持对外开放等方面回答了如何构建人类命运共同体的问题，始终秉持着共商共建共享的全球治理观为世界提供中国方案，贡献中国智慧。

展望未来，中国坚持平等相待、合作共赢、交流互鉴等合作原则，以携手世界各国建设一个开放包容的国际社会，增进各国友谊并促进繁荣发展，推动构建人类命运共同体，充分展现了关注人类命运的中国共产党追求世界共同繁荣并愿意为之不懈奋斗的精神，用实际行动回答了人类未来路在何方的问题。我们有理由相信，马克思主义在21世纪依然将是照耀人类前行的灯塔，世界社会主义力量必将在灯塔的指引下，凝聚力量，继续前行。

---

① 中共中央宣传部：《习近平总书记系列重要讲话读本》，学习出版社、人民出版社2016年版，第231页。

【延伸阅读】

思想之旗

过去一切阶级在争得统治之后，总是使整个社会服从于它们发财致富的条件，企图以此来巩固它们已经获得的生活地位。无产者只有废除自己的现存的占有方式，从而废除全部现存的占有方式，才能取得社会生产力。无产者没有什么自己的东西必须加以保护，他们必须摧毁至今保护和保障私有财产的一切。

过去的一切运动都是少数人的，或者为少数人谋利益的运动。无产阶级的运动是绝大多数人的，为绝大多数人谋利益的独立的运动。无产阶级，现今社会的最下层，如果不炸毁构成官方社会的整个上层，就不能抬起头来，挺起胸来。

如果不就内容而就形式来说，无产阶级反对资产阶级的斗争首先是一国范围内的斗争。每一个国家的无产阶级当然首先应该打倒本国的资产阶级。

在叙述无产阶级发展的最一般的阶段的时候，我们循序探讨了现存社会内部或多或少隐蔽着的国内战争，直到这个战争爆发为公开的革命，无产阶级用暴力推翻资产阶级而建立自己的统治。

——马克思、恩格斯：《共产党宣言》，载《马克思恩格斯文集》第二卷，人民出版社2009年版，第42—43页

德国哲学从天国降到人间；和它完全相反，这里我们是从人间升到天国。这就是说，我们不是从人们所说的、所设想的、所想象的东西出发，也不是从

口头说的、思考出来的、设想出来的、想象出来的人出发，去理解有血有肉的人。我们的出发点是从事实际活动的人，而且从他们的现实生活过程中还可以描绘出这一生活过程在意识形态上的反射和反响的发展。甚至人们头脑中的模糊幻象也是他们的可以通过经验来确认的、与物质前提相联系的物质生活过程的必然升华物。因此，道德、宗教、形而上学和其他意识形态，以及与它们相适应的意识形式便不再保留独立性的外观了。它们没有历史，没有发展，而发展着自己的物质生产和物质交往的人们，在改变自己的这个现实的同时也改变着自己的思维和思维的产物。不是意识决定生活，而是生活决定意识。前一种考察方法从意识出发，把意识看做是有生命的个人。后一种符合现实生活的考察方法则从现实的、有生命的个人本身出发，把意识仅仅看做是他们的意识。

——马克思：《德意志意识形态》，载《马克思恩格斯文集》第一卷，人民出版社2009年版，第525页

如果你们要问，为什么马克思的学说能够掌握最革命阶级的千百万人的心灵，那你们只能得到一个回答：这是因为马克思依靠了人类在资本主义制度下所获得的全部知识的坚固基础；马克思研究了人类社会发展的规律，认识到资本主义的发展必然导致共产主义，而主要的是他完全依据对资本主义社会所作的最确切、最缜密和最深刻的研究，借助于充分掌握以往的科学所提供的全部知识而证实了这个结论。凡是人类社会所创造的一切，他都有批判地重新加以探讨，任何一点也没有忽略过去。凡是人类思想所建树的一切，他都放在工人运动中检验过，重新加以探讨，加以批判，从而得出了那些被资产阶级狭隘性所限制或被资产阶级偏见束缚住的人所不能得出的结论。

——列宁：《青年团的任务》，载《列宁选集》第四卷，人民出版社2012年版，第284页

白求恩同志是加拿大共产党员，五十多岁了，为了帮助中国的抗日战争，受加拿大共产党和美国共产党的派遣，不远万里，来到中国。去年春上到延安，后来到五台山工作，不幸以身殉职。一个外国人，毫无利己的动机，把中国人民的解放事业当作他自己的事业，这是什么精神？

这是国际主义的精神，这是共产主义的精神，每一个中国共产党员都要学

习这种精神。列宁主义认为：资本主义国家的无产阶级要拥护殖民地半殖民地人民的解放斗争，殖民地半殖民地的无产阶级要拥护资本主义国家的无产阶级的解放斗争，世界革命才能胜利。

——毛泽东：《纪念白求恩》，载《毛泽东著作专题摘编》下，中央文献出版社2003年版，第2376页

人们提出这样一个问题，如果中国不搞社会主义，而走资本主义道路，中国人民是不是也能站起来，中国是不是也能翻身？让我们看看历史吧。国民党搞了二十几年，中国还是半殖民地半封建社会，证明资本主义道路在中国是不能成功的。中国共产党人坚持马克思主义，坚持把马克思主义同中国实际结合起来的毛泽东思想，走自己的道路，也就是农村包围城市的道路，把中国革命搞成功了。如果我们不是马克思主义者，没有对马克思主义的充分信仰，或者不是把马克思主义同中国自己的实际相结合，走自己的道路，中国革命就搞不成功，中国现在还会是四分五裂，没有独立，也没有统一。对马克思主义的信仰，是中国革命胜利的一种精神动力。建国以后，我们从旧中国接受下来的是一个烂摊子，工业几乎等于零，粮食也不够吃，通货恶性膨胀，经济十分混乱。我们解决吃饭问题，就业问题，稳定物价和财经统一问题，国民经济很快得到恢复，在这个基础上进行了大规模经济建设。靠的是什么？靠的是马克思主义，是社会主义。人们说，你们搞什么社会主义！我们说，中国搞资本主义不行，必须搞社会主义。如果不搞社会主义，而走资本主义道路，中国的混乱状态就不能结束，贫困落后的状态就不能改变。所以，我们多次重申，要坚持马克思主义，坚持走社会主义道路。但是，马克思主义必须是同中国实际相结合的马克思主义，社会主义必须是切合中国实际的有中国特色的社会主义。

——邓小平：《建设有中国特色的社会主义》，载《邓小平文选》第三卷，人民出版社1993年版，第62—63页

只有在整个人类发展的历史长河中，才能透视出历史运动的本质和时代发展的方向。马克思的科学研究，就像列宁所说的那样，"凡是人类社会所创造的一切，他都有批判地重新加以探讨，任何一点也没有忽略过去。凡是人类思

想所建树的一切,他都放在工人运动中检验过,重新加以探讨,加以批判,从而得出了那些被资产阶级狭隘性所限制或被资产阶级偏见束缚住的人所不能得出的结论。"马克思的思想理论源于那个时代又超越了那个时代,既是那个时代精神的精华又是整个人类精神的精华。

——《习近平在纪念马克思诞辰 200 周年大会上的讲话》,人民出版社 2018 年版,第 7 页

时代在变化,社会在发展,但马克思主义基本原理依然是科学真理。尽管我们所处的时代同马克思所处的时代相比发生了巨大而深刻的变化,但从世界社会主义 500 年的大视野来看,我们依然处在马克思主义所指明的历史时代。这是我们对马克思主义保持坚定信心、对社会主义保持必胜信念的科学根据。马克思主义就是我们党和人民事业不断发展的参天大树之根本,就是我们党和人民不断奋进的万里长河之泉源。背离或放弃马克思主义,我们党就会失去灵魂、迷失方向。在坚持以马克思主义为指导这一根本问题上,我们必须坚定不移,任何时候任何情况下都不能动摇。

——2017 年 9 月 29 日习近平主持中共中央政治局当代世界马克思主义思潮及其影响第四十三次集体学习时的讲话

新时代中国青年运动的主题,新时代中国青年运动的方向,新时代中国青年的使命,就是坚持中国共产党领导,同人民一道,为实现"两个一百年"奋斗目标、实现中华民族伟大复兴的中国梦而奋斗。

青年是整个社会力量中最积极、最有生气的力量,国家的希望在青年,民族的未来在青年。今天,新时代中国青年处在中华民族发展的最好时期,既面临着难得的建功立业的人生际遇,也面临着"天将降大任于斯人"的时代使命。新时代中国青年要继续发扬五四精神,以实现中华民族伟大复兴为己任,不辜负党的期望、人民期待、民族重托,不辜负我们这个伟大时代。

……

新时代中国青年要树立远大理想。青年的理想信念关乎国家未来。青年理想远大、信念坚定,是一个国家、一个民族无坚不摧的前进动力。青年志存高

远，就能激发奋进潜力，青春岁月就不会像无舵之舟漂泊不定。正所谓"立志而圣则圣矣，立志而贤则贤矣"。青年的人生目标会有不同，职业选择也有差异，但只有把自己的小我融入祖国的大我、人民的大我之中，与时代同步伐、与人民共命运，才能更好实现人生价值、升华人生境界。离开了祖国需要、人民利益，任何孤芳自赏都会陷入越走越窄的狭小天地。

新时代中国青年要树立对马克思主义的信仰、对中国特色社会主义的信念、对中华民族伟大复兴中国梦的信心，到人民群众中去，到新时代新天地中去，让理想信念在创业奋斗中升华，让青春在创新创造中闪光！

……

青年朋友们！一代人有一代人的长征，一代人有一代人的担当。建成社会主义现代化强国，实现中华民族伟大复兴，是一场接力跑。我们有决心为青年跑出一个好成绩，也期待现在的青年一代将来跑出更好的成绩。衷心希望新时代中国青年积极拥抱新时代、奋进新时代，让青春在为祖国、为人民、为民族、为人类的奉献中焕发出更加绚丽的光彩！

——2019年4月30日习近平在纪念五四运动100周年大会上的讲话

马克思主义是我们立党立国的根本指导思想，是我们党的灵魂和旗帜。中国共产党坚持马克思主义基本原理，坚持实事求是，从中国实际出发，洞察时代大势，把握历史主动，进行艰辛探索，不断推进马克思主义中国化时代化，指导中国人民不断推进伟大社会革命。中国共产党为什么能，中国特色社会主义为什么好，归根到底是因为马克思主义行！

……

未来属于青年，希望寄予青年。一百年前，一群新青年高举马克思主义思想火炬，在风雨如晦的中国苦苦探寻民族复兴的前途。一百年来，在中国共产党的旗帜下，一代代中国青年把青春奋斗融入党和人民事业，成为实现中华民族伟大复兴的先锋力量。新时代的中国青年要以实现中华民族伟大复兴为己任，增强做中国人的志气、骨气、底气，不负时代，不负韶华，不负党和人民的殷切期望！

……

全体中国共产党员！党中央号召你们，牢记初心使命，坚定理想信念，践行党的宗旨，永远保持同人民群众的血肉联系，始终同人民想在一起、干在一起、风雨同舟、同甘共苦，继续为实现人民对美好生活的向往不懈努力，努力为党和人民争取更大光荣！

——习近平：《在庆祝中国共产党成立100周年大会上的讲话》，人民出版社2021年版，第12—22页

以史为鉴、开创未来，必须继续推进马克思主义中国化。马克思主义是我们立党立国的根本指导思想，是我们党的灵魂和旗帜。中国共产党坚持马克思主义基本原理，坚持实事求是，从中国实际出发，洞察时代大势，把握历史主动，进行艰辛探索，不断推进马克思主义中国化时代化，指导中国人民不断推进伟大社会革命。中国共产党为什么能，中国特色社会主义为什么好，归根到底是因为马克思主义行！

新的征程上，我们必须坚持马克思列宁主义、毛泽东思想、邓小平理论、"三个代表"重要思想、科学发展观，全面贯彻新时代中国特色社会主义思想，坚持把马克思主义基本原理同中国具体实际相结合、同中华优秀传统文化相结合，用马克思主义观察时代、把握时代、引领时代，继续发展当代中国马克思主义、21世纪马克思主义！

——习近平：《在庆祝中国共产党成立100周年大会上的讲话》，人民出版社2021年版，第12—13页

信仰、信念、信心，任何时候都至关重要。学史增信，就是要增强信仰、信念、信心，这是我们战胜一切强敌、克服一切困难、夺取一切胜利的强大精神力量。要增强对马克思主义、共产主义的信仰，增强对中国特色社会主义的信念，增强对实现中华民族伟大复兴的信心。

——习近平：《学史明理、学史增信、学史崇德、学史力行》，《人民日报》，2021年7月3日，第1版

青春总是同梦想相伴。中国共产党走过了百年奋斗历程，但我们的初心和

梦想历久弥坚。百年恰是风华正茂。在新征程上，我们将继续为实现中华民族伟大复兴的中国梦而不懈奋斗，为促进人类发展进步而不懈奋斗。我们欢迎更多国际青年来华交流，希望中外青年在互学互鉴中增进了解、收获友谊、共同成长，为推动构建人类命运共同体贡献青春力量。

——2021年8月10日习近平给"国际青年领袖对话"项目外籍青年代表的回信

【萃语句集】

沁园春·雪
毛泽东

　　北国风光，千里冰封，万里雪飘。望长城内外，惟余莽莽；大河上下，顿失滔滔。山舞银蛇，原驰蜡象，欲与天公试比高。须晴日，看红装素裹，分外妖娆。

　　江山如此多娇，引无数英雄竞折腰。惜秦皇汉武，略输文采；唐宗宋祖，稍逊风骚。一代天骄，成吉思汗，只识弯弓射大雕。俱往矣，数风流人物，还看今朝。

——选自《毛泽东年谱（1893—1949）》修订本上册，中央文献出版社2013年版，第508页

长 征
毛泽东

　　红军不怕远征难，万水千山只等闲。

五岭逶迤腾细浪,乌蒙磅礴走泥丸。
金沙水拍云崖暖,大渡桥横铁索寒。
更喜岷山千里雪,三军过后尽开颜。

——选自《毛泽东诗词集》,中央文献出版社1996年版,第55页

狱中诗

恽代英

浪迹江湖忆旧游,
故人生死各千秋。
已摈忧患寻常事,
留得豪情作楚囚。

——选自《恽代英文集》下卷,人民出版社1984年版,第1075页

人最宝贵的是生命。生命每个人只有一次。人的一生应当这样度过:当回忆往事的时候,他不会因为虚度年华而悔恨,也不会因为碌碌无为而羞愧;在临死的时候,他能够说:"我的整个生命和全部精力,都已经献给了世界上最壮丽的事业——为人类的解放而斗争。"

——[苏联]尼古拉·奥斯特洛夫斯基:《钢铁是怎样炼成的》,梅益译,人民文学出版社1995年版,第232页

在这世界的群众运动的中间,历史上残余的东西,什么皇帝咧,贵族咧,军阀咧,官僚咧,军国主义咧,资本主义咧——凡可以障阻这新运动的进路的,必挟雷霆万钧的力量摧拉他们。他们遇见这种不可当的潮流,都象枯黄的树叶遇见凛冽的秋风一般,一个一个的飞落在地。由今以后,到处可见的,都

是 Bolshevism 战胜的旗。到处所闻的，都是 Bolshevism 的凯歌的声。人道的警钟响了！自由的曙光现了！试看将来的环球，必是赤旗的世界！

——李大钊：《Bolshevism 的胜利》，载《李大钊传》，人民出版社 1979 年版，第 44 页

朋友，从崩溃毁灭中，救出中国来，从帝国主义恶魔生吞活剥下，救出我们垂死的母亲来，这是刻不容缓的了。但是，到底怎样去救呢？是不是由我们同胞中，选出几个最会做文章的人，写上一篇十分娓娓动听的文告或书信，去劝告那些恶魔停止侵略呢？还是挑选几个最会演说、最长于外交辞令的人，去向他们游说，说动他们的良心，自动地放下屠刀不再宰割中国呢？抑或挑选一些顶善哭泣的人，组成哭泣团，到他们面前去，长跪不起，哭个七日七夜，哭动他们的慈心，从中国撒手回去呢？再或者……我想不讲了，这些都不会丝毫有效的。哀求帝国主义不侵略和灭亡中国，那岂不等于哀求老虎不吃肉？那是再可笑也没有了。我想，欲求中国民族的独立解放，决不是哀告、跪求哭泣所能济事，而是唤起全国民众起来斗争，都手执武器，去与帝国主义进行神圣的民族革命战争，将他们打出中国去，这才是中国唯一的出路，也是我们救母亲的唯一方法，朋友，你们说对不对呢？

亲爱的朋友们，不要悲观，不要畏馁，要奋斗！要持久的艰苦的奋斗！把各人所有的智慧才能，都提供于民族的拯救吧！无论如何，我们决不能让伟大的可爱的中国，灭亡于帝国主义的肮脏的手里！

——方志敏：《可爱的中国》，载《方志敏全集》，人民出版社 2012 年版，第 132、139 页

【信仰故事】

彭湃的信仰选择

磊落奇才唱大同,龙津水浅借潜龙。愿消天下苍生苦,尽入尧云舜日中。这首诗的作者,一个26岁的青年,穿着从长工那里借来的破旧短褂,怀抱着德国产最新式的留声机,给农民宣传他的信仰。

然而就是这个富家子弟,宣称"我即贫民""我即制度的叛逆者",要发动农民起来革命。他的名字叫彭湃。

这是个拥有1500多名佃户的大地主家庭,平均下来,30多个佃户养活一个彭家成员,可以想象,彭湃从小过的是多么富裕优越的日子。然而,走出彭家大院,当时的中国却是另外一种样子。

从19世纪中叶起,在与外国列强签订了1000多个不平等条约和章程之后,中国,已逐渐沦为了半殖民地半封建社会,救亡图存的民族使命迫在眉睫,无数仁人志士进行了千辛万苦的探索和不屈不挠的斗争,却始终未能改变中国的社会性质和中国人民的悲惨命运。

1917年,祖父同意21岁的彭湃出国留学,并在他身上寄托了"谋官爵、耀门楣"的厚望。然而,在他炽热的内心里洋溢着的,却是另外一种热情。

当时苦闷彷徨的中国人在各种各样的"主义"中寻找着各自的信仰。自由主义、实用主义、国家主义、无政府主义、好人政府、联省自治……到底哪一个能解决中国的问题呢?这年11月爆发的俄国十月革命,让共产主义这个在欧洲游荡的幽灵,进入了中国先进分子的视野。

在日本早稻田大学的图书馆里,彭湃读到了《共产党宣言》,激动不已的他,感觉自己触摸到了救中国的真正良方。1921年,彭湃学成回国。就在这棵大榕树下，当着10 000多农民的面，彭湃将一箱子田契铺约一张张烧毁，而随着那一把火烧掉的是彭家折合成今天每年近400万元人民币的收入！在烈火中闪耀的，是与传统剥削和压迫制度决裂，动员农民起来革命的信仰之光。

荣华富贵、高官厚禄、锦绣前程，这是自古以来很多人孜孜以求的梦想，但被这些虽然年轻却找到了信仰真谛的革命者弃之如敝屣。

——中央组织部、中央文献研究室、中央党史研究室、中央电视台联合摄制的历史文献纪录片《信仰》中讲述的彭湃的信仰选择的故事

一个青年眼中的马克思主义信仰

海德格尔说，人是一种被抛的存在。我想，信仰有时也如此吧！高中时期，一次偶然的机会在学校图书馆尘封的书架上，与《共产党宣言》邂逅，从此，一个马克思主义的幽灵在我的心中游荡。

然而，真正让我走上信仰马克思主义的道路，却是在自己深入地阅读和学习了马克思的一些著作之后。一次又一次地阅读《1844年经济哲学手稿》《1857—1858手稿》《德意志意识形态》《哲学的贫困》《哥达纲领批判》《共产党宣言》《资本论》等经典之作后，无时无刻地不在为马克思的深邃、睿智以及那超凡的对人类社会的洞察力所震撼。其中《共产党宣言》阅读过不下10遍，《资本论》至少也有5遍，然而却是常读常新。正是一次次与马克思的神交，让我认识到了马克思主义的科学性和真理性，也坚定了自己的马克思主义信仰。

然而，在一个资本为王的时代，马克思主义者必然会饱受各种冷嘲热讽、谩骂指责。其中，矛头指向最主要就是共产主义信仰。在一些人看来，共产主义是虚无缥缈的、不可实现的；特别是由于某些历史的原因，甚至有的人认为被共产主义口号骗了几十年。但果真如此吗？

共产主义社会，正如马克思所言，是一个"自由人的联合体"，是一个"任何人都没有特殊的活动范围，而是都可以在任何部门内发展，社会调节着整个生产，因而使我有可能随自己的兴趣今天干这事，明天干那事"的社会。

在我看来，共产主义社会就是有能力享受自由的人生。有人说，我们现在不是很自由了吗？然而，在一个资本主义生产方式占主导的时代，这种自由只是资本和资本家的自由。我们仍然无法自由地发展自己的兴趣，只能适应资本的要求和逻辑；我们仍然无法自由自在工作，只能忍受资本所强加于人的那些规章制度；我们仍然要忍受衣食住行所带来的巨大的生存压力，虽然物质如此丰富了。我们向往自由地生活，却无处不在枷锁之中。唯有共产主义社会，才能打碎枷锁！但有的人会问这可能吗？

然而，我们看到，一方面随着科技的进步，人类社会的物质产品极大丰富，已经有越来越多的人可以自由地选择自己的职业、自己的兴趣，日新月异的科技定将进一步促进这种发展趋势；另一方面，则是世界广大劳动人民的觉醒，人们越来越认识到了资本统治下的恶果，严重的环境污染、不断恶化的贫富差距、极端不平衡的世界体系等等，"占领华尔街运动"、一些国家代表劳工阶层的左翼政党的兴起等现象都说明普通大众正在觉醒，劳动的力量正在发展壮大、资本的力量正在衰落。如果我们只是被资本这一叶所障目，而不见无产阶级力量正在壮大这一趋势，那么我们怎么可能正确认识共产主义社会呢？

一些人认为共产主义是虚无缥缈的、只是马克思笔下的天堂。当然，共产主义社会是美好的，是天堂，但那是人世间的天堂，是一个个人通过自己的实践、通过自己的劳动所追求的天堂。谁不向往美好的生活？对于具有宗教信仰的人而言，这种天堂却需要通过上帝、真主等方式而达到，需要在忏悔中、在各种繁琐的宗教仪式中达到。他们不是在追求人的王国，而是在追求神的王国。然而共产主义信仰却告诉我们，共产主义社会是可以实现的，这种实现是我们自己奋斗而来的，毋须假他人之手。这不正彰显了人的能动性、人的尊严吗？

对死亡的恐惧、对功名利禄的患得患失、对生命中无处不在的不确定和风险的畏惧，常常让人觉得自己如一条孤舟漂泊在汪洋大海之中，无处安身！于是，有的人选择了宗教抚慰我们的心灵。

然而，如果一个人选择了马克思主义信仰，正如马克思在中学毕业论文中所说："选择了最能为人类福利而劳动的职业，那么，重担就不能把我们压倒，因为这是为大家而献身；那时我们所感到的就不是可怜的、有限的、自私的乐趣,我们的幸福将属于千百万人,我们的事业将默默地、但是永恒发挥作用地存在下去。"

因而,一个真正的马克思主义者,必定是"一个高尚的人,一个纯粹的人,一个有道德的人,一个脱离了低级趣味的人,一个有益于人民的人。"当然,我们可能无法达到这样的境界,但虽不能至、心向往之!

——华明:《一个青年眼中的马克思主义信仰》,中国社会科学网,2015年9月28日,http://www.cssn.cn/mkszy/sxzzjy/201509/t20150928_2475703.shtml

离国赴法与共产主义信仰的确立

五四运动前后,中国广大青年在帝国主义、封建军阀的压迫下,目睹国势危亡,身受失学失业的痛苦。为了寻找救国图强,改造社会的知识和真理,大批青年将目光转向了欧洲。投入到赴法勤工俭学的运动中。1920年前后,中国出现了赴法勤工俭学的热潮。可以说,这种热潮对中国新民主主义革命史产生了巨大的影响。在这批勤工俭学生中,产生了中国共产党和新中国的一大批领导人,更有三人成为后来的中共中央委员,周恩来、朱德、邓小平就是其中的代表,另外,还有李富春、王若飞、陈延年、聂荣臻、蔡和森、蔡畅、向警予、赵世炎、李维汉、陈毅、李立三、郭隆真、赵伯坚、傅钟、何长工等人。仅在旅欧支部入党的就有五六十人之多。

1920年11月7日,周恩来与觉悟社社员罗龙镇、张若名等近200名青年,乘法国波尔多斯号邮轮离开上海,前往法国勤工俭学。波尔多斯号在海上航行了36天,经过西贡、新加坡,穿越马六甲海峡,横渡印度洋,再经红海和苏伊士运河,进入地中海,航程近16 000公里,于12月中旬抵达法国著名的马赛港。

周恩来的法国勤工俭学能够成行,要归功于严修。周氏一族家道中落,无力负担赴法的费用,他留学的费用主要来自严修在南开大学设立的"范孙奖学金"。1920年1月,周恩来经营救出狱后,严修为了保护好这位年轻人,与张伯苓商量以他在南开设立的"范孙奖学金"资助周恩来出国深造。这一年,严修捐款7 000元银洋，设置"范孙奖学金"，选派南开大学的优秀学生出国深造。当年借助"范孙奖学金"出国留学的有周恩来、李福景。为了给周恩来创造更好的留学条件，严修还特意给驻英国公使顾维钧写信，介绍周恩来的情况，推荐他去英国留学。严修为资助周恩来，特在严家账目上为其立了户头。除第一年留学费用是交给周恩来支票，让他亲自带走外，以后的学费，都是严修让人转寄的，每半年一次，准时不误。新中国成立后，周恩来总理于1950年在中南海西花厅设便宴招待张伯苓校长，当时在场的张希陆（张伯苓的儿子）回忆，总理曾说："我在欧洲时，有人对严先生说，不要再帮助周恩来，因为他参加了共产党。严先生说'人各有志'。他是清朝的官，能说出这种话，我对他很感激。"言外之意，是感激老先生对他人格的认识。吃饭时，端上一碗汤来。总理又深情地说："老先生就像一碗高汤，清而有味，是封建社会一个好人。"周总理对严修老先生的资助始终未曾忘怀。

除了严修的资助外，周恩来赴法之前，就与国内报纸签订了合约，为他们撰写通讯，并翻译一些稿件，以赚取一些稿费。周恩来主要为天津《益世报》《新民意报》写文章。有影响的有长达25 000字的长篇通讯《留法勤工俭学生之大波澜》，在天津《益世报》上分十天连续刊载。那时人们经常可以看到周恩来从法国发回的通讯报道。

这样一来，周恩来留法的费用算是有了着落，使他免受饥饿之苦，也不必像其他旅欧学生那样勤工俭学，这使他有充足的时间和精力去从事革命活动。

到了法国之后，在先期到达这里的留学生的帮助下，周恩来等人换乘火车到了巴黎。周恩来在这里小住半月，主要还是身有小恙，病愈后启程去了英国，想去看看当时资本主义最为发达的国家，了解那里的实际状况。但，因为英国生活费用太高，在那里的中国留学生人数只有法国的十分之一左右，不久，周恩来又回到了法国。

初到欧洲，一切对他来说都是新鲜的。可是，周恩来看到更多的不是资本主义的发达和繁荣，而是一战后的社会动荡和不安。这使得他原本一切向西方学习的思想受到了严重的冲击，周恩来开始重新思索救国救民的道路。

经过认真地比较和思考，在周恩来看来当时有两种可供选择的社会改革方案：一种类似俄国十月革命，以暴力革命为手段，迅速夺取全国政权；还有一种就是效法英国，采取"渐进的改革"方式。但究竟哪一种更适合于中国的国情呢？周恩来还在权衡。在给表哥陈式周的信中他曾这样说："若在吾国，则积弊既深，似非效法俄式之革命，不易收改革之效；然强邻环处，动辄受制，暴动尤贻其口实，则又以稳进之说为有力矣。执此二者，取俄取英，弟原无成见，但以为与其各走极端，莫若得其中和以导国人。至实行之时，奋进之力，则弟终以为勇宜先也。"

对于救国道路的困惑，周恩来并没有马上定论。在英国居留的五周时间里，他对英国当时爆发的大规模工人运动进行了认真的考察。离开英国到法国后，还继续对这个运动发展的全过程进行研究，先后写出约 35 000 字的通讯，主要有《英国矿工罢工风潮之始末》《英国矿工罢工风潮之影响》《煤矿罢工中之谈判》《英国矿工罢工风潮之波折》《英国矿工总投票之结果》等九篇。通过考察和研究，他认识到："资本家无往而不为利，欲罢工事之妥协难矣。劳资战争，舍根本解决外其道无由，观此益信。"这种考察和研究，加上他在到法国后对各种主义进行比较，最终认定：英国式渐进的社会改革对于中国来说是行不通的，俄国十月革命的道路才是正确的。

1921年2月上旬，周恩来回到了法国巴黎，在阿利昂法语学校补习法文，不久，同天津的四名勤工俭学生一起，转到法国中部的布卢瓦城继续学习法文。除了日常学习和为国内刊物撰稿外，周恩来花了大量精力去读书，"对于一切主义开始推求比较"，他研读了大量英文版的马克思主义著作，《共产党宣言》《社会主义从空想到科学的发展》《国家与革命》都是那个时候读的。现在保存下来的周恩来当年读过的《卡尔·马克思的生平与教导》一书中，他在一些话下画了着重线："无论是发现现代社会中有阶级存在或发现各阶级间的斗争，都不是我的功劳。""我的新贡献就是证明了下列几点：（一）阶级的存在仅仅同生产发展到一定历史阶段相联系；（二）阶级斗争必然要导致无产阶级专政；（三）这个专政不过是达到消灭一切阶级和进入无阶级社会的过渡。"这都是马克思的一些经典论断。

除了马克思主义的经典书籍，周恩来还广泛涉猎了当时社会上流行的各种社会思潮，经过认真的比较分析，周恩来最终确立了马克思主义的信仰，并一生为其奋斗。

这时，国内的共产党已经开始筹建，北京最早的党员是李大钊和张申府，张申府在来法国之前接受了李大钊的委托，在海外继续发展党组织和党员。张申府到了法国后，介绍刘清扬入了党。1921年，经张申府和刘清扬介绍，周恩来加入巴黎共产主义小组。巴黎共产主义小组是后来中国共产党的八个建党发起组之一，周恩来可以说是党的创始人之一。

自此之后，周恩来将他全部的精力和才能都献给了共产主义事业，直至生命的最后一分钟。

由于信仰马克思主义的知识分子越来越多，巴黎共产主义小组成立后，周恩来等开始筹建具有青年团性质的共产主义组织。周恩来负责德国组织，赵世炎、李维汉等负责法国组织，刘伯坚等负责在比利时筹建基层组织。1922年3月初，周恩来坐火车来到柏林，住在柏林郊区瓦尔姆村皇家林荫路45号。当时，德国物价相对便宜，生活成本比较低，他开始集中精力筹建共产主义青年组织。他和张申府、刘清扬以及原在柏林的党员张伯简组成旅德中共组织，共同开展活动。

这时候，周恩来得知了国内觉悟社的一则消息，社友黄爱在领导长沙纱厂工人罢工时壮烈牺牲。一时间悲愤交加，挥笔写下了《生别死离》一诗。

周恩来在这首诗里表达了自己的决心。他把这首诗随信寄给国内觉悟社的社员时说："我认的主义一定是不变了，并且坚决地为他宣传奔走。"

1922年6月，来自德国的周恩来，来自比利时的刘伯坚，还有在法国的赵世炎、李维汉、王若飞等在巴黎西郊的布伦森林成立了旅欧共产主义青年组织。会议由赵世炎主持，他报告了会议的筹备经过和重要意义，周恩来报告了自己起草的组织章程草案。会议将组织定名为旅欧中国少年共产党。经过三天的讨论，会议选出了中央执行委员会，赵世炎任书记，代号乐生；李维汉任组织委员，代号罗迈；周恩来任宣传委员，代号伍豪。决定出版机关刊物《少年》，将办公地点定在赵世炎在巴黎居住的小旅馆里。

会议结束后，周恩来回到柏林。自《少年》创刊后，周恩来发表了一系列宣传马克思主义的文章，同时也批判一些非马克思主义的思潮。笔锋犀利、论理透彻，在勤工俭学的学生中反响很好。与此同时，周恩来还注重发展新党员，朱德和孙炳文就是在这个时候由周恩来介绍入党的。朱德在护国战争中担任过蔡锷将军的旅长，后又任过昆明陆军宪兵司令和警察厅长。看到了军阀混战的黑暗，经过了五四运动的洗礼，朱德决心寻找新的救国之路。他和孙炳文在上海请求陈独秀准予加入共产党，却被拒绝。于是远渡重洋，来到法国又转道德国，终于见到了周恩来。他们在一起交谈了六天六夜，周恩来对朱德有了全面了解，同意了他和孙炳文的入党申请。此后，周恩来和朱德开始了长达了半个世纪的革命友谊。孙炳文也成为周恩来的亲密战友，在他被国民党反动派杀害后，周恩来收养了他的女儿孙维世，并一直视如己出。

1923年2月17日至20日，在巴黎西郊一个小镇礼堂，旅欧中国少年共产党举行了一次临时代表大会，决定更名为中国社会主义青年团旅欧支部，也叫旅欧共产主义青年团。大会选举周恩来为执行委员会书记。这年夏天，周恩来离开柏林，搬到了法国巴黎赵世炎曾居住过的那个小旅馆，他在这里的生活十分艰苦，唯一的一间住房不到10平方米，除了一张单人床和一张小木桌外，再放不下其他的东西了，真正的"身居斗室"。这里既是他的住所，又是办刊物和进行党团活动的中心。人多的时候就只好到广场附近的一家咖啡馆活动。周恩来吃饭常常是几片面包、一碟蔬菜，有时连蔬菜也没有，只有面包就着开水吃。就是在这样困难的环境下，周恩来继续艰辛的建团建党工作。

——唐蕊：《周恩来的故事》，湖南少年儿童出版社2015年版，第37—45页

中国共产党百年伟业照亮人类的未来

环顾当前的世界，可以毫不夸张地说，人类正处在关键性选择的十字路口。一方面，中国共产党正领导中国人民一步步走向民族复兴，在经济、政治等各方面都取得了长足的发展和巨大的进步；中国即将实现全面小康目标，按照世界银行的标准即将成为一个高收入经济体。另一方面，一些敌对势力正在试图阻止中国的进步，这不仅影响了中国与世界关系，也造成了影响范围广大的人类危机。这主要体现在以下两个方面。首先是气候问题。科学家们指出，人类必须在未来的五至十年内解决全球气候变化问题，否则就会错过良机。气候问题对世界的未来发展产生深远的影响，甚至有可能给人类带来灾难性后

果。其次是新冠肺炎疫情。过去的一段时间里，中国在国内战胜了新冠肺炎疫情，并且正在采取措施帮助其他国家度过危机，但世界范围内的疫情仍未得到有效控制。同时，西方仍处于第二次世界大战以来最严重的经济衰退中。

由此可见，世界能否从各种危机中解脱出来，将取决于中国共产党所采取的行动。在这一点上，我认为习近平主席在谈到地球村时的相关表述极为恰当。在这个地球村中，国家、利益与未来三种因素紧密交织。作为中国共产党和中国政府外交政策的基础，这些理念在人类命运共同体理念中得到了完整体现。在当前国际形势下，人类命运共同体不仅对中国，而且对整个世界来说都是非常重要的政治理念。中华人民共和国成立至今，已经取得了非凡的建设成就，达成人类历史上最伟大的社会进步。这些成就无疑离不开中国共产党的正确领导，这种说法并不夸张，而只是对事实的客观陈述。1949年，中国几乎处于世界上最贫穷国家之列。据经济学家安格斯·麦迪森（Angus Maddison）的分析，中国的经济水平当时在世界上排倒数第11。70多年后，中国即将全面建成小康社会。根据世界银行的标准，到2022年或2023年，中国将成为一个高收入经济体。纵观整个人类历史，从来没有一个规模如此庞大的国家能够从极度贫困的状态在几十年内发展成一个中高收入经济体。

在各主要国家的快速经济增长期内，英国在工业革命时期、美国在内战后、苏联在1929年后人口大约占世界总人口的2%、3%、8%；但是，中国在改革开放后人口占世界总人口的19%以上，人类历史上从未有如此高比例的人口经历了如此快速的经济增长。1978年以来，中国的年均经济增长率约为9.2%，在人类历史上没有一个国家经历如此持续的快速经济增长。在民众的生活水平方面，1978年以来的中国家庭消费已经增长了约18倍。中国已经使近9亿人摆脱了贫困，这占了世界脱贫总人口的3/4。在人均国内生产总值相同的条件下，中国的人均寿命比预期目标还要提高两年，表明中国人民的生活也具备了一些优越的非经济因素。

中国取得了如此巨大的成就，表明中国的社会主义发展道路的优越性。正如习近平主席所说，中国这个世界上最大的发展中国家用30多年摆脱了贫困，发展成世界第二大经济体。这一壮举创造了人类社会发展史上惊天动地的奇迹，使中华民族焕发出崭新的蓬勃生机。中国共产党的成功得益于马克思主义与中国的有机结合。中国共产党坚持马克思主义的指导地位，坚持马克思主义基本原理与当代中国实际密切结合。由此取得的这些成就铭刻在历史丰碑上，也照亮了世界与人类的未来之路。

在当前的国际形势中，人们需要特别关注人类命运共同体理念。由于气候变化的影响极其重大，人类文明在未来的五到十年内将面临重要转折点。与工业化前全球的气温水平相比，如果人类无法将升温幅度限制在1.5℃之内，地球将发生巨大灾难。

在解决气候变化的问题上，中国发挥引领性的作用。习近平主席于2020年秋天在联合国正式宣告中国将限制温室气体的排放，2030年之前要实现碳达峰、2060年要达到碳中和，这一声明对世界公众舆论产生了巨大影响。正如美国《外交政策》杂志所言，这一声明将会影响人类的命运。

当前，世界正进入大萧条以来最严重的经济衰退。根据国际货币基金组织的预测，2021年，中国经济增长对世界增长的贡献度可能高达60%，这是一个令人震惊的数字。如果把时间延长到2026年，中国对世界经济增长的总贡献度将超过30%。这表明中国是当今世界最强大的发展引擎，将带领人类走出这次经济低谷。

最后是关于新冠肺炎疫情的问题。目前疫情仍然在世界各地肆虐。外人很难理解中国何以在短短几个月之内就基本控制了国内疫情。因此，中国的外交政策将对世界起决定性作用，人类命运共同体理念之所以如此重要，是因为人类需要通力协作才能解决像气候问题、经济危机与新冠肺炎疫情等极其严重的全球问题。

在今后的五到十年内，我们依旧面临的是一个多样化的世界。中国提出的人类命运共同体理念，将团结不同的国家和不同的社会力量，共同应对人类面临的全球威胁。100年来中国共产党的成就惊人，他们还将继续发挥关键作用，造福中国，恩泽世界。

——罗思义、敏文、孟庆波：《中国共产党百年伟业照亮人类的未来》，《中国社会科学报》，2021年6月30日，第5版

附 文

青年文化学者与编著者的对谈

华子,青年文化学者,代表作《信仰的味道》影响广泛,作品被改编为同名电影、戏曲、话剧、歌曲,翻译成多国语言出版,多次获中国新闻奖。著有《真理的味道》《凤凰花开》《最高荣誉》等。

华　子:本书的书名叫《跨越百年的信仰对话》,以跨越时空的"对话"形式探讨百年前中国青年和新时代中国青年信仰的生成和力量,真是一个不错的主意!写信仰的角度有很多,为什么选择"对话"这样一种方式?

编著者:你问我答、面对面促膝谈心,这是在同一时空中的对话。在此之外,还有一种对话是跨越时空的,不局限在同一个时间和空间范畴内。同一轮明月当空,李白"低头思故乡",苏东坡"把酒问青天",李煜"故国不堪回首月明中",范仲淹"酒入愁肠化作相思泪",毛泽东却"直把天涯都照彻""独有豪情,天际悬明月,风雷磅礴"。本书中关于信仰的对话,就是跨越百年时空的。

100年前,一群新青年高举马克思主义思想火炬,在风雨如晦的中国苦苦探寻民族复兴的前途。100年来,在中国共产党的旗帜下,一代代中国青年把青春奋斗融入党和人民事业,成为实现中华民族伟大复兴的先锋力量。从百年前的"救亡一代"到如今的"强国一代",

前浪滔滔，后浪奔涌。回溯百年征程，瞻望伟大建党精神，深悟党的精神谱系，可以看到其中一以贯之的是坚定的马克思主义信仰。

信仰是什么？信仰为什么重要？如何选择并坚守信仰？100年前的"80后""90后""00后"，用革命的人生作出回答，把答案写入历史。当下的"80后""90后""00后"，怎样作出回答，怎样从先辈先烈那里得到启示，探寻信仰生成与坚守的科学路径？百年前革命先辈们，在100年前的时间向度里，与我们同样经历着少年人生。在各自时代里的"新青年"的情怀与气质是天然的磁场，我们在看似不同的河流中奔涌，但指引我们前行方向的是埋在彼此心底的同一颗信仰种子，我们越靠越近、终将相逢。跨越时空，对话信仰，应是一种不错的选择。

华　子：一次我到内蒙古一所中学去做报告，有同学站起来问我"请问你什么时候有信仰的？"弄得我一时不知如何回答。信仰是一个很神圣的字眼，搁今天回答起来真缺少那么一点底气。如果换成你，怎么回答"中学生的信仰之问"？

编著者：苏格拉底说，"未经省察的人生没有价值"。提出"信仰之问"的中学生，值得赞赏和尊敬。古往今来，芸芸众生，有多少人面对信仰之问，或无视，或漠视，或囫囵吞枣、不求甚解，或王顾左右、指鹿为马，或望而却步、知难而退，匆匆世上走一遭，跟着感觉过一生。

没有信仰的支撑，人生不过是重复着的"技术活"；只有过了信仰这道坎，青年才能真正涅槃重生、换羽高飞。"身无分文，心忧天下"的青年毛泽东，思想上曾"是自由主义、民权主义、民族主义、改良主义、空想社会主义等理念的大杂烩"，直到27岁那年春天在北京阅读了《共产党宣言》《阶级斗争》《社会主义史》等书籍，毛泽东接受了马克思主义对世界、对历史的正确解释，"在理论上，而且在某种程度的行动上，我已成为一个马克思主义者"。老一辈无产阶级革命家，解决信仰之问，都经历了艰辛痛苦的探索过程，从懵懂到清醒，从犹疑到坚定，以至于"从此没有动摇过（毛泽东）""从来没有灰心过（周恩来）""一心不变（刘少奇）""革命到底（朱德）""跟着走（邓小平）""专心干革命（陈云）"。

信仰不是从天上掉下来的，也不是人们头脑里固有的，解决信仰之问只能从社会实践中来，"活到老，学到老，改造到老"。每个人选择并坚守信仰必定是个动态精进、知行合一的过程，并非一定是某时某刻的灵光乍现、恍然顿悟。我们回答信仰之问始终聚焦在"搞清共产主义究竟是什么"，找到"愿为共产主义事业奋斗终生"的说服自己的理论逻辑和实践逻辑。

华　子：所谓信仰，我的理解是"信，且仰望也"。很多时候，人们做到"信"都很难，"仰"就更难了。2012年北大才女卢新宁回北大就有篇很有名的演讲《在怀疑的时代，依然需要信仰》。说实话，你有过类似的"怀疑"吗？你心中"信"什么？又有什么是值得你"仰望"的？

编著者："马克思曾慨叹，法兰西不缺少有智慧的人但缺少有骨气的人。今天的中国，同样不缺少有智慧的人但缺少有信仰的人……也正因此，中文系给我们的教育，才格外珍贵。从母校的教诲出发，20多年社会生活给我的最大启示是：当许多同龄人都陷于时代的车轮下，那些能幸免的人，不仅因为坚强，更因为信仰。"这是2012年7月1日，卢新宁在北京大学中文系毕业典礼上演讲时说的，流传甚广、很有影响。演讲最后说，"无论中国怎样，请记得：你所站立的地方，就是你的中国；你怎么样，中国便怎么样；你是什么，中国便是什么；你有光明，中国便不会黑暗"。这几句话引起强烈共鸣。很巧合，那天是党的生日，我也写了几句，《值得等待》——这世界我无法主宰／可是谁也无法阻挡孤独的爱／无论过去现在／我愿意痴心等待／看惯了春去秋来／可谁也无法明了无言的爱／虽然花落花开／我愿意痴心等待／远远看着你／在人潮人海／默默地守候无畏的爱／虽然道路坎坷曲折／我知道这份爱值得等待／我愿等待／等待春暖花开／我愿等待／等待夏季暴雨来／我愿等待／等待秋日草黄／我愿等待／等待冬天风雪满怀。有人说这不是写爱情的，而是抒发大情怀。我很高兴他读懂了我。也就用这首词，来回答你的问题吧。

　　生活中会有失望，但是有信仰者从不绝望，并永抱希望。卢新宁演讲中提到梁漱溟先生写过的一本书《这个世界会好吗？》。这使我想起了彭德怀元帅，1936年他在陕北窑洞里接受美国记者埃德加·斯诺采访时说，"以前我只是对社会不满，很少看到有进行根本改革的希望。在读了《共产党宣言》以后，我不再悲观，开始怀着社会是可以改造的新信念而工作"。党的百年征程中，无数秉持着"让世界更美好"的信仰和追求的共产党人为我们作出了榜样。

华　子：马克思主义理论的透彻性，就是敢于直面并回答一切问题，与西方宗教观念有根本区别。怎样理解马克思主义信仰与西方宗教信仰之间的异同？

编著者：本书是带着问题去思考、去撰写的，这正是本书的"问题意识"之一。有人试图将马克思主义信仰与世界上其他的各类宗教信仰相并列，还有人试图把某种宗教拉出宗教行列而挤入"科学信仰"，但是要明确的是，马克思主义信仰与西方宗教信仰在世界观和方法论上存在着根本不同，绝对不能混为一谈，马克思主义信仰的哲学基础是唯物史观，强调现实世界的社会革命和人的解放。马克思主义科学地揭示了人类社会发展的规律，创立了人实现自身解放的思想体系，正是一如"人是一切社会关系的总和""人民群众才是历史真正的创造者""劳动是促使社会历史发展的根本推动力量"等核心观点，让人们意识到追寻自身解放的通途不在遥远的精神彼岸而正在现实世界中。

　　要认清共产主义不仅仅是人类未来的美好，更是人类自诞生之日起便不断前进的历史运动，每个人都处于这项运动中某个时空的具体节点上，只有将自我融入这项伟大的、不以人的意志为转移的、无限趋近美好未来的运动，才真正有可能最大化地实现自己的人生价值。

树立了这样认知与观念，能够较好地将马克思主义信仰与宗教信仰作泾渭分明的区别，自觉坚定马克思主义信仰。

华　子：我注意到，《跨越百年的信仰对话》一书由复旦大学出版社出版。《共产党宣言》中文版首译者陈望道老先生，曾经担任复旦大学校长20多年。本书相中复旦大学出版社，会不会有这方面的考虑？

编著者：是的，确有考虑。《共产党宣言》深刻影响了百年前的那批有志青年，引领他们信仰马克思主义，催生了中国共产党的诞生，也引领一代代中国青年踏入信仰正道。正如2020年6月27日习近平总书记给复旦大学青年师生党员回信时所指出的那样，"100年前，陈望道同志翻译了首个中文全译本《共产党宣言》，为引导大批有志之士树立共产主义远大理想、投身民族解放振兴事业发挥了重要作用"。起初我们策划本书以及选择出版社时，就考虑到《共产党宣言》、陈望道、复旦大学等因素，请复旦大学出版社帮助出版，就有表达崇敬之情、致敬之意。复旦大学出版社领导对本书的出版很重视、很支持，编辑部主任刘月博士给予全程指导。出版社还通过上海市委宣传部向中宣部申报了2021年主题出版重点出版物选题，并成功入选。这给编著团队以极大的鼓舞。

华　子：这本书还有一个特别让我欣喜的地方，就是对百年前中国青年与新时代中国青年的信仰进行了比较。信仰的时代价值在于传承，信仰的火炬烛照征途，一代代青年接力传承信仰，为民族复兴伟业努力打拼。你觉得咱们这一代青年信仰传承方面最需要注意的是什么？

编著者：网上把这代青年贴上了许多负面的标签，比如躺平、佛系、拼爹、孤岛、小确幸等，有些以偏概全。本书列举了相当多的当代优秀青年个体和先进青年群体，他们志存高远、胸怀家国、拼搏奋进、勇敢担当，是这一代青春之歌的主旋律。毋庸讳言，百年前那批优秀青年对马克思主义真理的追求和信仰,的确值得我们这代青年虔诚回望、心手相承。本书已经做了系统的阐述,这里我特别提出一点,就是如何处理个人际遇与坚定信仰的关系,也就是"小我"和"大我"的关系,能不能自己"榨出皮袍下的小我来(鲁迅语)"是一道分水岭。党的一大代表中后来叛变革命的几人就是反面典型。自由主义知识分子徐志摩,因为"老家里还有几件总觉得有些舍不得——例如个人自由",他认为自己不信共产主义,但认为信仰共产主义的青年是值得敬重的,"我决不怪你们信服共产主义,我相信只要血里有髓,管里有血的人才肯牺牲一切,为一个主义做事;只要十个青年七个或者六个都像你们,我们民族的前途不至于这样的黑暗","血里有髓,管里有血"的血性是共产主义青年区别于普通青年的标志之一。建议青年朋友拿这个标志衡量一下自己,努力做"血里有髓,管里有血""我将无我,不负人民"的有信仰的人。

华　子:近读《习仲勋的家风》一文感慨良久,习老蒙冤16年仍坚守初心信仰,对党充满感恩感激,复出后又战斗冲锋在改革开放的最前沿,真是虽九死而不悔,历百折而不挠。反观现在的一些党员干部,有的是"庙里的泥菩萨,经不起风雨",遇到矛盾惊慌失措,遇见斗争直打摆子,还有的个人受了点挫折,就牢骚满腹甚至撂挑子,这真是正反两面镜子!真正的信仰,从来都是逆风飞翔的。

编著者:"战斗一生,快乐一生,天天奋斗,天天快乐。"这是习仲勋晚年对自己一生的总结,也是他光辉一生的真实写照。13岁上初中时,他就因参加进步活动,进了国民党陕西省监狱。1962年,因小说《刘志丹》遭遇诬陷,蒙受不白之冤16年,"依然是一派壮心不已的气概"。正是凭借"千磨万击还坚劲"的超然定力,胸怀"革命理想高于天"的坚定信仰,习仲勋才经受住大是大非的考验,成为人民拥护爱戴的马克思主义政治家。"参天之木,必有其根;怀山之水,必有其源。"事实上,一个真正树立了马克思主义信仰的人,他在名利、生死、得失、顺境逆境的人生考验面前，总能做出正确的选择，他的选择与他人无关、与个人利益无关，而与伟大的事业和伟大的共产主义运动息息相关。

"古之立大事者，不惟有超世之才，亦必有坚忍不拔之志。"坚韧不拔是习仲勋家风中经过特殊历史磨难而锻造的一种精神品质。习近平正是受父亲的影响，而铸就了坚韧不拔的非凡品格，一种正如他自己所说的"什么事情都不信邪，都能处变不惊，克难而进"的顽强意志。

"天将降大任于斯人也，必先苦其心志，劳其筋骨。"逆境给人宝贵的磨砺经验，只有经得起环境考验的人，才能算是真正的强者。正因为对逆境有着误解，很多人一遇到困难和折磨，就会选择逃避和消极应对，"像鸵鸟一样把头钻进沙子"。殊不知，看似躲过了风吹雨打，实际上也错失了十分宝贵的人生历练。逆境对于很多人来说是绊脚石，但是对于有些人来说就是垫脚石，是用来踩踏着迈向成功的基石。只有用事业的格局、无私的胸怀、理性的眼光来看待挫折和痛苦，才能够真正从逆境中获益，只有能够沉住气，淡定从容面对挫折和困境，从而不断获得成长。

初心如磐，砥行致远。有了坚定的信仰作支撑，才能经得住各种考验，才能走得稳、走得远。青年应起而行之、勇挑重担，在摸爬滚打中增长才干，在层层历练中积累经验，真刀真枪锤炼能力，以过硬本领展现作为、不辱使命，努力成为可堪大用、能担重任的栋梁之材，不辜负党和人民期望和重托。

华　子：本书用整整一个章节不惜笔墨来阐释"用马克思主义改造世界"，我十分认同。信仰表面上看是一种信念情感，实质上是一种立场观点方法，不掌握它就会迷惘困顿，看不到方向未来，甚至走向反面。

编著者：无论是在最初草拟这本书的章节纲目时，还是在后续铺陈推进这本书的写作时，我们都用了极大的心力来着墨这一章节。"哲学家们只是用不同的方式解释世界，问题在于改变世界"，马克思既是一位解释世界的哲学家，也是一位改造世界的实践家。马克思主义既是科学的世界观，也是方法论，构成了我们认识世界和改造世界的强大思想武器。对于马克思之前的哲学家的"解释世界"的观点，马克思将自己所建立的新哲学的功能定位于"改造世界"，改造世界的观念贯穿于马克思实践观的始终。只有牢牢掌握立场、观点和方法，才能站得稳、行得稳，我们所说的信仰坚如磐石，"坚"就坚在这里。

华　子：信仰是我们头顶的星空，但仰望星空双脚要站在稻田里，脚尖常带泥土的芬芳，信仰的味道才会提纯。习近平总书记回忆说，"15岁来到黄土地时，我迷惘、彷徨；22岁离开黄土地时，我已经有着坚定的人生目标，充满自信"。如果说梁家河的七年知青岁月，培植哺育了那种"我将无我，不负人民"的朴素信仰，就是因为总书记把信仰之根深深植根于大地、植根于人民。这对我们当前党员干部的信仰教育有什么启示？

编著者：中国共产党的信仰是共产主义，信仰的深厚根基是人民。1944年，在张思德追悼会上，毛泽东明确提出了"为人民服务"，强调"我们这个队伍完全是为着解放人民的，是彻底地为人民的利益工作的"。1945年，在党的七大闭幕式上，毛泽东同志指出，"一定要坚持下去，一定要不断地工作，我们也会感动上帝的。这个上帝不是别人，就是全中国的人民大众"。从党的七大开始，我们党更是把全心全意为人民服务作为党的根本宗旨正式载入党章。百年党史就是为人民谋幸福的奋斗史。

　　中国共产党以马克思主义为指导，树立全心全意为人民服务的宗旨，坚持以人为本、执政为民的理念，始终代表中国最广大人民的根本利益。中国特色社会主义进入新时代以来，习近平总书记提出以人民为中心的发展思想更是生动诠释了我们党始终坚持人民当家作主的群众路线。共产主义社会是一个没有阶级制度、没有压迫、没有剥削的社会，是人人平等、"自由人的联合体"，这样的社会是人类终极的梦想，是人民的最大福祉。为这样的目标而奋斗，其实质就是为人民的最大利益而奋斗，为人民的最终幸福而奋斗。

马克思主义信仰在中国不同时期有不同的形态，从马克思主义到毛泽东思想，到中国特色社会主义理论体系，再到习近平新时代中国特色社会主义思想；从联合政府到新民主主义，到中国特色社会主义，再到新时代中国特色社会主义；变化的形态背后，始终未变的，是中国共产党"全心全意为人民服务"的初心使命。

当前党员干部的信仰教育既要做好理论阐述，从中国共产党的历史中汲取养分，讲清楚信仰对今天时代发展的价值，同时也必须直面党员干部在工作生活中遇到的思想困惑和现实问题，有针对性地加以解释和解决，实现从"抽象王国"到现实生活的回归，才能使信仰有现实支撑，促发党员发自内心的认同，把信仰教育落到实处，落到行动，同时更要以党员喜闻乐见的方法，如启发式、讨论式、体验式、案例式、辩论式等，让大家向科学地解决了信仰的同志，向已经做到"我将无我，不负人民"的领袖学习，就是一个很好的路径。

华　子：信仰是一个终极命题，马克思主义信仰解答的不仅仅是国家、政党、阶级向何处去，更解答了人类向何处去，给我们描绘了一幅最美好的未来人类社会图景。怎么看马克思主义信仰的近景与远景呢？

编著者：1940年，毛泽东同志在《新民主主义论》中指出，"关于社会制度的主张，共产党是有现在的纲领和将来的纲领，或最低纲领和最高纲领两部分的"。中国共产党一经成立，就把实现共产主义作为党的最高理想和最终目标，可称之为信仰的远景。最低纲领，则是党为了实现远大目标而在不同历史阶段确定的当前奋斗任务，而夺取新时代中国特色社会主义伟大胜利，把我国建成富强民主文明和谐美丽的社会主义现代化强国，实现中华民族伟大复兴，则是新时代全国各族人民的共同理想，可称之为信仰的近景。

习近平总书记在纪念马克思诞辰200周年大会上的重要讲话中指出，"要深刻认识实现共产主义是由一个一个阶段性目标逐步达成的历史过程，把共产主义远大理想同中国特色社会主义共同理想统一起来、同我们正在做的事情统一起来"。没有远大理想，就会迷失前进方向；离开现实工作，再远大的理想也是空想。坚定信仰，就是既要树立共产主义远大理想，又要坚持中国特色社会主义共同理想，真正将信仰的近景和远景有机结合起来。

"代替那存在着阶级和阶级对立的资产阶级旧社会的，将是这样一个联合体，在那里，每个人的自由发展是一切人自由发展的条件。"每每诵读《共产党宣言》里的这段话，总会让人心潮澎湃、幸福涌动。事实上，共产主义不仅是一个理想的社会制度，也是一项无限趋近于这一远大目标的伟大运动，一切组织、每个人都处于这运动的洪流之中，区别在于与这项运动相向而行成为"促进派"，还是逆向而动沦为"反动派"？真正的共产党人、有志青年，是选择与共产主义运动同行，当"促进派"的。

习近平总书记强调，我们要培养社会主义建设者和接班人，绝不能培养社会主义破坏者和掘墓人。当代中国青年，应当"既要仰望星空，又要脚踏实地"，使个人梦想与国家前途、人类命运同频共振，为共产主义远大理想和中国特色社会主义共同理想不懈奋斗。

华　子：今年有部叫《觉醒年代》的剧大热，尤其令人欣喜的是引发广大年轻人的追捧。纵观历史，"主义譬如一面旗子，旗子立起了，大家才有所指望，才知所趋赴"。习近平新时代中国特色社会主义思想，是新时代中国共产党的思想旗帜，是当代中国马克思主义、21世纪马克思主义，是中华文化和中国精神的时代精华，这对实现中华民族的伟大复兴，有什么划时代的意义？

编著者：任何科学的理论都钟情于伟大的实践样本，任何真正的理论家都眷恋实践的热土，追寻科学真理的理论家从来不会凭空盖楼，而是背靠伟大的实践阐发伟大的理论,以精深精湛的思想表征时代、引领时代。正是深深扎根中国这个具有超大规模特点的研究蓝本,中国共产党人赋予了马克思主义极其鲜活的现实感,创立了"当代中国马克思主义、21世纪马克思主义"——习近平新时代中国特色社会主义思想。这一思想立足于当今中国所面对的新实际,聚焦我们正在做的事,始终坚持把马克思主义基本原理同中国具体实际相结合、同中华优秀传统文化相结合,深刻总结并充分运用党成立以来的历史经验,当之无愧成为中华文化和中国精神的时代精华;这一思想对马克思主义哲学、政治经济学、科学社会主义各个领域都提出了许多标志性、引领性的新观点,实现了对中国特色社会主义建设规律认识的新跃升,具有深刻的理论内涵和重大的历史意义、现实意义,实现了马克思主义中国化的历史性飞跃和创造性升华,以全新视野深化了对共产党执政规律、社会主义建设规律、人类社会发展规律的认识,在马克思主义发展史、中华文化发展史上具有十分重要的地位,指引中国人民在实现中华民族伟大复兴"中国梦"的征程上迈出历史性的步伐。党的十九届六中全会以通过《历史决议》的方式,再次确立习近平同志党中央的核心、全党的核心地位,确立习近平新时代中国特色社会主义思想的指导地位,是历史和时代的选择。

习近平新时代中国特色社会主义思想,着眼新时代坚持和发展中国特色社会主义,聚焦实现中华民族伟大复兴的中国梦,规划从全面建成小康社会到基本实现现代化、再到全面建成社会主义现代化强国的新时代中国特色社会主义发展的战略安排,指引承载着中国人民伟大梦想的航船破浪前进。实干成就梦想,实干才能兴邦。习近平新时代中国特色社会主义思想巩固全党全国各族人民为实现中华民族伟大复兴中国梦而奋斗的共同思想基础。在这一思想指引下坚持和发展新时代中国特色社会主义,必将激励全体中华儿女不断奋进,汇聚起夺取新时代中国特色社会主义伟大胜利、实现中华民族伟大复兴中国梦的磅礴力量。

强国兴军,要在得人。正如习近平总书记指出的,全面建成小康社会时，当代青年很多还不到 30 岁；全面建成富强民主文明和谐美丽的社会主义现代化强国时，很多人还不到 60 岁。新时代的中国青年要以实现中华民族伟大复兴为己任，增强做中国人的志气、骨气、底气，不负时代，不负韶华，不负党和人民的殷切期望！在世界观、人生观、价值观形成的重要时期，引导广大青年用习近平新时代中国特色社会主义思想武装头脑、坚定信仰、正向人生、滋养成长，是党的事业后继有人、兴旺发达的长远之策，对于确保实现中华民族伟大复兴中国梦、推动人类命运共同体建设，乃至于实现以自由人联合体为基本特征的共产主义的远大理想，都具有全局性、基础性、长远性的战略意义。

历史长河，奔腾不息。回望过去，瞻望未来，充满希望与期待。

愿此《跨越百年的信仰对话》，能有所助力。

新华社记者与编著者的对谈

吴振东，主任记者。2012年复旦大学国际新闻专业毕业后，进入新华社上海分社工作，长期从事时政、教育、党建领域报道，主笔或参与创作的作品曾获中国新闻奖特别奖、二等奖，上海市新闻奖一等奖等。代表作有：《于无声处听惊雷——中共一大百年回望》《永恒的明灯——写在〈共产党宣言〉中文首译本出版100周年之际》《一颗种子的答案——雪域高原播种者钟扬的"精神珠峰"》等。

吴振东：《跨越百年的信仰对话》一书的书名非常具有吸引力，"百年"的时间向度你们是怎样选取的？在你看来，这场对话的双方又分别在百年前、百年后承担着什么样的历史使命？

叶子鹏：100年前的7月23日，一群来自全国各地、平均年龄只有28岁的"90后""00后"，以"北京大学暑期旅行团"的名义在上海汇聚。在上海法租界望志路106号，中国共产党第一次全国代表大会召开。没有人预料到历史从此将被改写。

选取"百年"为向度，正是考虑到一部百年党史也是一部中国青年百年在信仰指引下接续前行的奋进史。100年前的中国，有一群苦苦求索出路的年轻人，他们大都是"90后""00后"的青年知识分子、工人、农民。1921年的革命先辈们，在100年前的时间向度里，与我们同样经历着少年人生。他们在真理的感召下，在伟大梦想的照耀下开拔，不怕牺牲、不怕磨难，高举起马克思主义火炬，创建了中国共产党，在风雨如晦的中华大地划出一道耀眼的光芒。

在100年之后的今天，当代"90后""00后"青年生逢盛世，重任在肩。一代人有一代人的际遇。习近平总书记在纪念五四运动100周年大会上的讲话中谈到，"今天，新时代中国青年处在中华民族发展的最好时期，既面临着难得的建功立业的人生际遇，也面临着'天将降大任于斯人'的时代使命"。"时代""使命"这样的词汇让人肃然起敬，也让人心生澎湃。曾经口口相传的"伟大"，终于真实地、动人地、昂扬地把接力棒交到了我们面前。

在我们看来，"百年未有之大变局"中的中国亦正处于前所未有的重大转型期。当前中国的这个重大转型期从鸦片战争算起，一直到2049年全面建成社会主义现代化强国，历经200余年。在这样的重大转型期中又有无数关键的小转型，比如五四运动，比如新中国成立，比如改革开放，比如"新时代"，这些关键节点的小转型都为漫长的过渡烙下了鲜明的阶段性标记。我们"90后""00后"青年就属于"新时代"这一关键节点的小转型，同时也是这200余年重大转型的最后攻坚阶段，我们在这一时期诞生，在这一时期成长，并将与这一时期一起见证重大转型的最终完成。当代"90后""00后"青年是接下来近30年间全面建设社会主义现代化强国、实现第二个百年奋斗目标的中坚力量，这是历史和时代赋予当代青年的历史使命。我们始终相信，融入浩荡历史的青春必将永不凋谢，投身伟大事业的青春必将永不孤独。

吴振东：本书选取百年前中国青年和新时代中国青年对话"信仰"这一关乎人生价值意义的宏大话题，我注意到，咱们从哲学层面以及民族复兴层面探讨了信仰的生成和力量，在建党百年之际，为什么要重点关注青年的信仰这一话题呢？

王　震：关注"信仰""青年信仰"这一话题，首先是因为"信仰"是关乎中国文化精神传统、关乎生命的无限性和有限性、关乎我们安心立命的大问题，我们必须从哲学上寻求启发，中国历经了百家争鸣、独尊儒术、两汉经学、魏晋玄学、佛学禅宗、宋明新儒学等哲学探索，形成了中国独特的"心怀天下"的文化精神传统。从孔孟"仁人""君子"，王阳明"人人皆可为圣人""把自己奉献给天下"，到马克思"为解放全人类实现共产主义努力奋斗"，再到中国共产党"全心全意为人民服务"的根本宗旨，中国人民的信仰是根植于深厚的文化精神传统的，有了这种信仰中国人民便有了安心立命的方向。其次是因为青年是整个社会力量中最积极、最有生气的力量，国家的希望在青年，民族的未来在青年，青年的理想信念关乎国家未来。青年理想远大、信念坚定，是一个国家、一个民族无坚不摧的前进动力。最后是因为当今时代纷繁变化，个人主义、功利主义、享乐主义抬头，为了不使我们的青年沦为原子化的个人、功利的个人、物欲的个人，我们必须鼓励新时代中国青年树立起坚定的信仰与信念来，通过与百年前中国青年的跨越时空的对话，鼓励他们坚定理想信念、矢志拼搏奋斗，自觉把个人命运和国家命运紧密结合，坚持中国共产党领导，同人民一道，为实现中华民族伟大复兴的中国梦而努力奋斗。

吴振东：100年前，一批先进青年聚集在马克思主义的旗帜下，参与创建了中国共产党，毅然走上了为中国人民谋幸福、为中华民族谋复兴的道路，走在了同时代青年，乃至当时整个中华民族的最前列。你认为在这些青年的成长过程中，是什么因素使得他们最终选择了马克思主义信仰呢？

焦　龙：首先，应当说，自近代以来的中华民族，选择马克思主义、选择社会主义道路是历史的必然。在1840年之后的数十年间，有许多阶级纷纷登上历史舞台，尝试了许多主义，但大都是昙花一现，没有解决中华民族的苦难境遇。历史是最公正的裁判员。中国近代史雄辩地证明，只有马克思主义才能救中国。从总趋势看，100年前的中国选择了马克思主义、诞生中国共产党是历史的必然。

在历史的必然性中探究具体史实的偶然性同样是必要的。为什么包括毛泽东、周恩来、邓小平在内的一批先进青年能够成长为坚定的马克思主义者？我们在回望百年前青年信仰之路时体会到，一个人的信仰选择是多重因素共同作用的结果，就如同恩格斯所说的，"有无数互相交错的力量，有无数个力的平行四边形，由此就产生出一个合力"，例如生活经历、教育背景、职业选择、团体活动、社会实践等，都会产生影响，但在一切因素中，有两点因素至关重要。

第一点，是爱国。在创作的过程中，通过大量翻阅人物传记，我发现爱国可以说是百年前的青年们树立马克思主义信仰的"原动力"。在当时的时局中，几乎每一个进步青年都在为国家和民族的未来感到忧虑，也在为此苦苦探求。因为爱国，就要"救国"，就要找出路。这是驱使他们走上寻找唯一正确道路——马克思主义的出发点。

第二点，也是更重要的一点，是社会实践。当时的爱国青年不在少数，为什么是他们最早选择了马克思主义呢？我想，深入社会、深入群众、投身救亡图存的实践是他们树立起马克思主义信仰的最关键因素。百年前的青年们在成为马克思主义者的过程中，几乎都以不同形式（例如办报宣传、走访调研、组建进步团体、参加政治运动、平民培训）参与了各类社会政治实践，也正是这些鲜活的甚至残酷的实践，使他们在种种社会力量中，发现了群众的伟力，在形形色色的主义中，选择了马克思主义。应当说，社会实践是真正树立马克思主义信仰的根本途径和决定因素。

每个人的成长过程不能复制，但思考一个群体作出共同信仰选择这一现象背后的规律，无疑非常具有教育意义。我想，重温百年前的中国青年如何一步步成长为马克思主义者的故事，能为当代青年的信仰选择带来非常大的启迪。

吴振东：本书站在一个比较宏大的历史视野中与百年前在中国传播马克思主

义进而推动建立中国共产党的先进青年进行对话，是基于什么样的考量？

王财忠：百年前后的两代青年，都肩负着实现中华民族伟大复兴中国梦的历史重任，不同的是百年前的青年面对的是国家蒙难、文明蒙尘、人民蒙辱的时代困境，而当代青年身处的则是前所未有接近世界舞台中央、前所未有接近实现中华民族伟大复兴中国梦的盛世中国，但两代青年的责任却是同样的艰巨，实现中华民族伟大复兴仍然要付出巨大努力，当代青年必须要在历史的学习中汲取智慧和力量。因此，安排两代青年进行"对话"主要有以下三点考量。

一是教育当代青年从对科学理论的认同中坚定对共产主义远大理想、对中国特色社会主义共同理想、对实现中华民族伟大复兴中国梦的认同。不管是共产主义的远大理想还是中国特色社会主义的共同理想，都是建立在科学理论基础之上的社会理想。这个科学理论大厦的根基就是马克思主义，马克思主义是揭示人类社会发展规律的科学，它的理论基石是唯物史观和剩余价值论。19世纪末20世纪初，列宁把马克思主义基本原理运用于指导俄国革命实践之中，建立了人类历史上第一个社会主义国家。"俄国十月革命一声炮响，为我们送来了马克思列宁主义。"也正是在马克思主义的科学理论指导下，中国人民才创造了举世瞩目的伟大成就。马克思主义以及在马克思主义基本原理基础上创立的理论成果就是涵养新时代青年坚定的理想信念的源头活水。

二是教育当代青年形成对历史规律的正确认识。马克思主义运用唯物史观分析人类社会发展的历史，把人类社会分为原始社会、奴隶社会、封建社会、资本主义社会和共产主义社会五种社会形态，分为以人的依赖为基础的伦理型社会、以物的依赖为基础的人的独立性以及自由人联合体三种社会方式。今天，整个世界的大背景还处于资本主义社会之中，而中国等部分国家是在资本主义的包围之中建设社会主义。这就是人类社会发展的科学规律。引导新时代青年研究马克思主义的科学历史规律，让青年一代深刻认识到当代中国发展的伟大实践是马克思主义的理论逻辑与中国文明发展的历史逻辑的统一体。

三是教育当代青年要对基本国情有准确的把握。社会主义是共产主义的初级阶段，社会主义又分为初级阶段和中高级阶段。习近平总书记多次强调，历经数十年的艰苦奋斗，中国发展取得了举世瞩目的伟大成就，中华民族前所未有接近世界舞台中央，但中国仍处于并将长期处于社会主义初级阶段的基本国情没有变。引导新时代青年准确把握基本国情，是培养合格社会建设者和接班人的基本立足点。对中国国情复杂程度的深刻理解，了解中国发展的实际状况，有助于青年一代保持奋斗的动力，增强学习的紧迫感，最终成长为合格的新时代青年人才。

吴振东： 作为标志时代的最灵敏的晴雨表，青年群体的信仰确立一直是我们党长期关注的热点领域。你认为新时代青年在面对生活的各种困惑时，应当如何像百年前的革命青年一样经受住考验？怎样通过"时空对话"的形式，让当代青年置身于百年前"同龄人"的生活场景之中，使其拥有经受住信仰考验的力量？

杨翱翔： 青年群体的信仰确立不仅具备普遍信仰问题的理论特征，还具有青年群体的特殊规律。马克思主义信仰困惑的生成与化解是青年群体信仰确立过程中具有建设性意义的环节。社会的急速变化和技术的更新迭代，难免伴随着一些信仰困惑现象的生成。新时代青年需要在面临信仰考验时，不断明辨是非曲直，增强自我定力，进而深化个人的马克思主义信仰。回望百年前的历史场景，经过五四运动洗礼，越来越多青年先进分子集合在马克思主义旗帜下，对于这些马克思主义信仰的守护者而言，信仰就是考验来临时的责任、奉献和牺牲。百年前的革命青年身处风雨如晦的时代洪流，面临着许多和当代青年相似的生活压力和思想困惑。无论是处于顺境还是逆境，他们从未动摇对马克思主义的坚定信仰。在马克思主义信仰火炬的指引下，他们义无反顾地直面考验，积极投身到艰苦无畏的革命实践中去。本书力图将当代青年置身于信仰面临艰难考验的"历史时光机"，开启一场"对话之旅"——与信仰对话，与书中鲜活的青年榜样对话，与那些人身上投射出的自己对话。

吴振东：习近平总书记曾在多个场合强调坚守信仰的重要价值，比如"心中有信仰，脚下有力量"，"心有所信，方能致远"，"立根固本，就是要坚定这份信仰、坚定这份信念、坚定这份忠诚，只有在立根固本上下足了功夫，才会有强大的免疫力和抵抗力"，能否谈谈这种价值在青年日常生活中的具体体现？

潘　宁：马克思主义信仰是追求人的自由全面发展与社会进步的信仰，它的价值不是抽象的存在，而是能够在日常生活中感知到的。近年来，出现了不少与青年日常生活相关的网络热词，比如"内卷""打工人""佛系""躺平""蜗居"等，不同程度地反映出部分青年在认知与行为上的迷茫与偏差。马克思主义通过"信仰—认知—行为"的发展逻辑对青年产生影响，有助于缓解上述问题。在个人境遇认知方面，马克思主义会引领青年运用成功与挫折相互联系的辩证法，理性看待生活中的顺境与逆境；在社会发展认知方面，马克思主义会指引青年运用前进性与曲折性相统一的辩证法，理性看待中国特色社会主义发展过程中取得的成就、出现的问题与需要突破的瓶颈。马克思主义对青年认知方面的积极影响，会进一步外化为青年的自觉行为。比如受马克思主义的影响，青年在就业时会自觉联系到《青年在选择职业时的考虑》中提出的"选择最能为人类福利而劳动的职业"的倡导，结合社会发展需要与自身兴趣特长，作出理性选择；青年在面对网络谣言时，会自觉运用马克思主义的立场、观点与方法，对谣言进行辨别与批判。由此可见，马克思主义信仰既是青年形成理性认知的"定盘星"，也是青年形成理性行为的"压舱石"。

吴振东：本书提出百年前中国青年与新时代中国青年对个体、社会、政党、国家、世界之间的关系和未来发展进行跨时空对话，阐明了未来属于马克思主义。马克思主义与人类社会未来发展需要刨根究底追问的问题，即个体何去何从、政党走向何方、中国向何处、人类欲何往。综合来看，如何把握这"四问"来认识和把握马克思主义与人类社会未来的发展？

何土凤：这"四问"是追问青年坚定马克思主义信仰的透视镜。首先，从源头来看，人生如屋，信仰是柱，马克思主义信仰以人的自由全面发展为终极目标，体现着对人的终极关怀，成为广大青年自由全面发展的精神养料，集聚青年向上成长发展的能量，激发青年在新时代创新创造中抒写芳华之歌。其次，从初心使命看，马克思主义与党的初心使命是高度契合、内在统一的。走好新时代青年的长征路，关键就是要在历史长河里找准方位，坚持中国共产党的领导，坚定马克思主义信仰，在投身为人民服务的实践大潮中，用美好青春诠释共产党人的初心使命。再次，俯瞰中华大地，新时代中国青年以青春行动参加经济建设、政治建设、文化建设、社会建设、生态文明建设等实践响应中国梦，将家国情怀化为具体的实际行动，把自身的人生之路同国家的发展相结合，驾驭中华民族伟大复兴的巨轮在未来波诡云谲的大洋中劈波斩浪。最后，放眼中国发展与世界发展，中国青年从仰视到平视的世界认知转变，诉说着中国发展与世界发展关系的深刻调整。认识世界、解释世界、改造世界，需要新时代中国青年秉持马克思主义信仰，科学地观察和把握世界发展变化的新趋势，全心全意助力世界谋大同，锲而不舍推进人类文明发展进程，让马克思主义在21世纪放射出更加灿烂的真理光芒。

吴振东：本书选取了百年前中国青年和新时代中国青年这两个群体，聚焦青春、初心、信仰、奋斗、梦想等话题，以百年历史长河中青年信仰对话的形式来探讨中国青年信仰的生成路径，展现跨越百年的中国青年作为各自时代的弄潮儿以完成时代赋予的使命。能否谈谈跨越百年的两个群体有何异同之处呢？

陈怡莹：正如本书的主题所强调的，两个时代的青年人对马克思主义的信仰是他们的共同点，也是联结百年发展的主线。对于中国共产党来说，马克思主义不仅是科学的理论，而且是根本的价值追求，也是其精神支柱和行为准则。只有选择了正确的信仰，有了正确的追求，事业上才能充满斗志、充满动力。习近平总书记在中央政治局第二十六次集体学习时强调，"我们共产党人的根本，就是对马克思主义的信仰，对共产主义和社会主义的信念，对党和人民的忠诚。立根固本，就是要坚定这份信仰、坚定这份信念、坚定这份忠诚，只有在立根固本上下足了功夫，才会有强大的免疫力和抵抗力"。坚定的信仰，如脊梁，泰山压顶不弯腰，似灯塔，风吹浪打不迷航。

至于不同之处，100年前，中国的社会生产力落后，旧社会的残余并未完全消失，人民的生活穷困潦倒。百年前中国青年面临着开拓一条新的道路，在摸索与实践中带领中国人民冲破重重阻碍，在世界之林站起来的迫切需求。百年前的中国青年，选择马克思主义信仰，是面对那山河破碎、亡国灭种的危局，奔涌出的救国救民的奋争与理想。而百年后的中国，已经实现了中华民族从站起来到富起来的伟大飞跃，GDP跃居全球第二，历史性消除了绝对贫困和区域性整体贫困。新时代的青年在共产主义远大理想的指引下，也有着新时代赋予的使命，那便是为中国人民谋幸福、为中华民族谋复兴。实践证明，马克思主义的命运早已同中国共产党的命运、同中华民族的命运、同中国人民的命运紧密联系在一起。

回望百年，不同时代青年人所面临的世情、国情、党情各有不同，所肩负的时代使命和历史任务也各有不同，但充满朝气蓬勃、敢于探索新事物的青春特质始终一致，对未来自身与人类社会将何去何从的好奇心和求知欲始终不变。"青年兴则国家兴，青年强则国家强。青年一代有理想、有本领、有担当，国家就有前途，民族就有希望。"

百年前中国青年群体胸怀马克思主义信仰，开辟了光明的道路；新时代中国青年群体更要树立坚定的马克思主义信仰，为实现中华民族伟大复兴赓续奋斗。

参考文献

1. 《马克思恩格斯全集》第3卷，人民出版社1960年版。
2. 《马克思恩格斯全集》第16卷，人民出版社1964年版。
3. 《马克思恩格斯全集》第37卷，人民出版社1971年版。
4. 《马克思恩格斯全集》第40卷，人民出版社1982年版。
5. 《马克思恩格斯全集》第41卷，人民出版社1982年版。
6. 《马克思恩格斯文集》第一卷，人民出版社2009年版。
7. 《马克思恩格斯文集》第二卷，人民出版社2009年版。
8. 《马克思恩格斯文集》第五卷，人民出版社2009年版。
9. 《马克思恩格斯选集》第一卷，人民出版社2012年版。
10. 《马克思恩格斯选集》第三卷，人民出版社2012年版。
11. 《列宁专题文集　论社会主义》，人民出版社2009年版。
12. 《列宁全集》第9卷，人民出版社2017年版。
13. 《列宁全集》第14卷，人民出版社2017年版。
14. 《列宁全集》第31卷，人民出版社2017年版。
15. 《列宁选集》第四卷，人民出版社2012年版。
16. 《毛泽东选集》第一卷，人民出版社1991年版。
17. 《毛泽东选集》第二卷，人民出版社1991年版。
18. 《毛泽东选集》第三卷，人民出版社1991年版。
19. 《毛泽东选集》第四卷，人民出版社1991年版。

20.《毛泽东农村调查文集》，人民出版社1982年版。

21.《毛泽东文集》第一卷，人民出版社1993年版。

22.《毛泽东文集》第六卷，人民出版社1999年版。

23.《毛泽东书信选集》，人民出版社2003年版。

24. 中共中央文献研究室、中共湖南省委编：《毛泽东早期文稿》，湖南人民出版社1990年版。

25.《毛泽东外交文选》，中央文献出版社1994年版。

26.《毛泽东诗词集》，中央文献出版社1996年版。

27.《毛泽东著作专题摘编》，中央文献出版社2003年版。

28.《邓小平文选》第二卷，人民出版社1993年版。

29.《邓小平文选》第三卷，人民出版社1993年版。

30.《邓小平文集（一九四九——一九七四年）》上卷，人民出版社2014年版。

31. 江泽民：《爱国主义和我国知识分子的使命——在首都青年纪念五四报告会上的讲话》，人民出版社1990年版。

32. 江泽民：《在庆祝中国共产党成立七十周年大会上的讲话》，人民出版社1991年版。

33. 江泽民：《在纪念中国共产党成立七十八周年座谈会上的讲话》，人民出版社1999年版。

34. 江泽民：《在庆祝中国共产党成立八十周年大会上的讲话》，人民出版社2001年版。

35.《江泽民文选》第一卷，人民出版社2006年版。

36. 胡锦涛：《在北京大学师生座谈会上的讲话》，人民出版社2008年版。

37. 胡锦涛：《在纪念周恩来同志诞辰110周年座谈会上的讲话》，人民出版社2008年版。

38. 胡锦涛：《在同中国农业大学师生代表座谈时的讲话》，人民出版社2009年版。

39. 胡锦涛：《在全国教育工作会议上的讲话》，人民出版社2010年版。

40. 胡锦涛：《在庆祝中国共产党成立90周年大会上的讲话》，人民出版社2011年版。

41. 胡锦涛：《在纪念中国共产主义青年团成立90周年大会上的讲话》，人民出版社2012年版。

42. 习近平：《青年要自觉践行社会主义核心价值观——在北京大学师生座谈会上的讲话》，人民出版社2014年版。

43. 习近平：《在文艺工作座谈会上的讲话》，人民出版社2015年版。

44. 习近平：《在纪念陈云同志诞辰110周年座谈会上的讲话》，人民出版社2015年版。

45. 习近平：《在知识分子、劳动模范、青年代表座谈会上的讲话》，人民出版社2016年版。

46. 习近平：《在哲学社会科学工作座谈会上的讲话》，人民出版社2016年版。

47. 习近平：《在庆祝中国共产党成立95周年大会上的讲话》，人民出版社2016年版。

48. 习近平：《为建设世界科技强国而奋斗：在全国科技创新大会、两院院士大会、中国科协第九次全国代表大会上的讲话》，人民出版社2016年版。

49. 习近平：《在纪念马克思诞辰200周年大会上的讲话》，人民出版社2018年版。

50. 习近平：《在第十三届全国人民代表大会第一次会议上的讲话》，人民出版社2018年。

51. 习近平：《在北京大学师生座谈会上的讲话》，人民出版社2018年版。

52. 习近平：《在纪念周恩来同志诞辰120周年座谈会上的讲话》，人民出版社2018年版。

53. 习近平：《在庆祝改革开放40周年大会上的讲话》，人民出版社2018年版。

54. 习近平：《在纪念刘少奇同志诞辰120周年座谈会上的讲话》，人民出版社2018年版。

55. 习近平：《在纪念五四运动100周年大会上的讲话》，人民出版社2019年。

56. 习近平：《在"不忘初心、牢记使命"主题教育工作会议上的讲话》，人民出版社2019年版。

57. 习近平：《思政课是落实立德树人根本任务的关键课程》，人民出版社2020年版。

58. 习近平：《在党史学习教育动员大会上的讲话》，人民出版社2021年版。

59. 习近平：《在庆祝中国共产党成立100周年大会上的讲话》，人民出版社2021年版。

60. 习近平：《习近平谈治国理政》，外文出版社2014年版。

61. 习近平：《习近平谈治国理政》第二卷，外文出版社2017年版。

62. 习近平：《习近平谈治国理政》第三卷，外文出版社2020年版。

63. 《习近平关于全面从严治党论述摘编》，中央文献出版社2016年版。

64. 《习近平关于青少年和共青团工作论述摘编》，中央文献出版社2017年版。

65. 《习近平关于"不忘初心、牢记使命"论述摘编》，中央文献出版社2019年版。

66. 《建党以来重要文献选编（1921—1949）》第14册，中央文献出版社2011年版。

67. 《十三大以来重要文献选编（下）》，人民出版社1991年版。

68. 《十八大以来重要文献选编（上）》，中央文献出版社2014年版。

69. 《十八大以来重要文献选编（中）》，中央文献出版社2016年版。

70.《十八大以来重要文献选编（下）》，中央文献出版社2018年版。

71.《马克思　恩格斯　列宁　斯大林　毛泽东　邓小平　江泽民论唯物论和无神论》，中央文献出版社1999年版。

72.《毛泽东　邓小平　江泽民论青少年和青少年工作》，中央文献出版社、中国青年出版社2000年版。

73.中国社会科学院近代史研究所：《五四运动回忆录（续）》，中国社会科学出版社1979年版。

74.中共中央文献研究室编：《毛泽东年谱（1893—1949）》修订本上册，中央文献出版社2013年版。

75.中共中央文献研究室、南开大学：《周恩来早期文集（一九一二年十月——一九二四年六月）》上卷，中央文献出版社、南开大学出版社1998年版。

76.中共中央文献研究室编：《毛泽东传》，中央文献出版社2013年版。

77.中共中央文献研究室编：《周恩来传》，中央文献出版社2018年版。

78.中共中央文献研究室编：《刘少奇传》，中央文献出版社2008年版。

79.中共中央文献研究室编：《朱德传》，中央文献出版社2016年版。

80.中共中央文献研究室编：《邓小平传》，中央文献出版社2014年版。

81.中共中央文献研究室编：《陈云传》，中央文献出版社2015年版。

82.中共中央文献研究室编：《任弼时传》，中央文献出版社2014年版。

83.《习仲勋传》编委会编：《习仲勋传》，中央文献出版社2013年版。

84.中共中央文献研究室编：《朱德年谱（新编本）》中，中央文献出版社2006年版。

85.金凤：《瞿秋白》，新华出版社1991年版。

86.卫华、化夷：《瞿秋白传》，湖南人民出版社2014年版。

87.《李大钊全集》第一卷，人民出版社2013年版。

88.《李大钊全集》第二卷，人民出版社2013年版。

89.《李大钊文集》第二卷，人民出版社1999年版。

90.《李大钊文集》第五卷，人民出版社1999年版。

91.《陈独秀文集》第二卷，人民出版社2013年版。

92.《陈独秀文章选编》中，生活·读书·新知三联书店1984年版。

93.《蔡和森文集》上，人民出版社2013年版。

94.《陈云文选》第一卷，人民出版社 1995 版。

95.《陈云文选》第三卷，人民出版社 1995 版。

96. 王兴国编：《杨昌济文集》，湖南教育出版社 1983 年版。

97.《朱德选集》，人民出版社 1983 年版。

98.《方志敏全集》，人民出版社 2012 年版。

99.《彭湃文集》，人民出版社 1981 年版。

100.《萧楚女文存》，中共党史出版社 1998 年版。

101.《雷锋日记选》，人民出版社 1973 年版。

102. 中共中央宣传部教育局等编：《马克思主义著作青年读本导读》，人民出版社 1992 年版。

103. 中央保持共产党员先进性教育活动领导小组办公室：《保持共产党员先进性教育读本》，党建读物出版社 2005 年版。

104. 新华月报：《永远的丰碑（十三）》，人民出版社 2006 年版。

105. 共青团中央办公厅：《全团优秀调研成果汇编》，中国青年出版社 2009 年版。

106. 中共中央组织部党员教育中心：《信仰：先驱的心声》，人民出版社 2013 年版。

107. 人民日报评论部：《习近平讲故事（少年版）》，中国少年儿童出版社 2018 年版。

108. 北京日报《纪事》采写组：《初心与抉择——转折关头的中国共产党人》，人民出版社 2018 年版。

109. 中央纪委国家监委新闻传播中心：《全面从严治党职责与实践探索·理论卷》，人民出版社 2020 年版。

110.《百年红色家书品读》，人民出版社 2021 年版。

111. [美] 埃德加·斯诺等著：《早年毛泽东：传记、史料与回忆》，刘统编注，生活·读书·新知三联书店 2011 年版。

112. [美] 埃德加·斯诺：《西行漫记》第 2 版，董乐山译，东方出版社 2010 年版。

113. [美] 艾格尼丝·史沫特莱：《伟大的道路——朱德的生平和时代》，梅念译，东方出版社 2005 年版。

114. [德] 沃夫冈·布雷钦卡：《信仰、道德和教育：规范哲学的考察》，彭正梅、郑坤译，华东师范大学出版社 2008 年版。

115. [法] 涂尔干：《宗教生活的基本形式》，渠东、汲喆译，商务印书馆 2011 年版。

116. [法] 雅克·德里达著：《马克思的幽灵——债务国家、哀悼活动和新国际》，何一译，中国人民大学出版社1999年版。

117. [苏联] 尼古拉·奥斯特洛夫斯基：《钢铁是怎样炼成的》，梅益译，人民文学出版社1995年版。

118. 王海明：《伦理学原理》，北京大学出版社2009年版。

119. 吕叔湘、丁声树：《现代汉语词典》第6版，商务印书馆2012年版。

120. 李慎明：《中国大百科全书　政治学》，中国大百科全书出版社1992年版。

121. 荆学民：《现代信仰学导引》，中国传媒大学出版社2012年版。

122. 贺麟：《文化与人生》，商务印书馆2017年版。

123. 李平晔：《信仰与现实之间》，华文出版社2004年版。

124. 卓新平：《神圣与世俗之间》，黑龙江人民出版社2004年版。

125. 印顺、李大华主编：《宗教与现代社会》，人民出版社2014年版。

126. 徐贲：《怀疑的时代需要怎样的信仰》，东方出版社2013年版。

127. 黄志坚：《黄志坚青年研究文集》，研究出版社2011年版。

128. 刘建军：《马克思主义信仰研究》，中国人民大学出版社2021年版。

129. 李冉：《启蒙·濡化·创新——中国共产党与文化现代化》，东方出版中心2011年版。

130. 郑长忠：《确立面向未来的人类现代政治文明的中国形态》，天津人民出版社2019年版。

131. 张志刚：《宗教学是什么》，北京大学出版社2002年版。

132. 荆学民：《当代中国社会信仰论》，人民出版社2008年版。

133. 鄢一龙、白钢、廉思、张飞岸、江宇、樊鹏：《再赶考：走向新百年的中国共产党》，东方出版社2021年版。

134. 何显斌：《歌醒神州——革命歌声中的中国共产党》，人民出版社2011年版。

135. 倪邦文：《新时代青年马克思主义者培养论纲》，中国青年出版社2020年版。

136. 徐川：《顶天立地谈信仰：原来党课可以这么上》，人民出版社2017年版。

137. 钱焕琦：《走向自觉——道德心理论》，人民出版社2003年版。

138. 刘宝东：《百年大党是怎样炼成的》，人民出版社2021年版。

139. 杨林香：《中国青年的马克思主义信仰生成研究（1919—1949）》，人民出版社

2020年版。

140. 欧阳辉：《鉴证大党百年风云——100个"千字文"故事》，人民出版社2021年版。

141. 李士菊：《马克思主义科学无神论的当代阐释》，人民出版社2006年版。

142. 冯俊：《学习新思想》，人民出版社2019年版。

143. 曲青山：《中国共产党百年辉煌》，人民出版社2021年版。

144. 沙健孙：《毛泽东思想通论》，人民出版社2013年版。

145. 张政：《红船初心——"红船精神"的理论与实践》，人民出版社2019年版。

146. 刘耀京：《陈云领导思想研究》，人民出版社2017年版。

147. 胡建华、董振华、覃翠生：《领导干部读经典学马列》，人民出版社2015年版。

148. 郭永文、徐永军：《毛泽东诗词故事》，中央文献出版社2013年版。

149. 郝立新主编：《马克思主义发展史》（第一卷），人民出版社2018年版。

150. 许俊达：《超越人本主义：青年马克思与人本主义哲学》，中国人民大学出版社2000年版。

151. 姚宏志：《走向文化强国的精神支柱：坚定中国特色社会主义共同理想》，人民出版社2017年版。

152. 郭海成：《不忘初心：中国共产党人的革命故事》，人民日报出版社2018年版。

153. 熊启珍、瞿晓琳：《邓小平与马克思主义和中国实际的第二次结合》，人民出版社2020年版。

154. 段德智：《境外宗教渗透与苏东剧变研究》，人民出版社2015年版。

155. 吴德凯：《认知主体的三个维度——韦斯特法尔与扎格泽波斯基认识论思想》，人民出版社2019年版。

156. 赵炜：《西花厅岁月——我在周恩来邓颖超身边三十七年》，中央文献出版社2004年版。

157. 俞祖华、赵慧峰：《离合之间：中国现代三大思潮及其相互关系》，人民出版社2015年版。

158. 单正平：《晚清民族主义与文学转型》，人民出版社2006年版。

159. 徐文钦编著：《毛泽东读书治国》，中央文献出版社2008年版。

160. 陈先达：《理论自信——做坚定的马克思主义信仰者》，吉林人民出版社2016年版。

161. 唐振南：《谁主沉浮——五四时期至秋收起义时期的毛泽东》，中央文献出版社

2013年版。

162. [法]保尔·法拉格:《回忆马克思恩格斯》,马集译,人民出版社1973年版。

163. 徐中远:《毛泽东晚年读书纪实》,中央文献出版社2012年版。

后　记

　　从 1921 年到 2021 年，中国共产党走过了整整 100 年的历程。百年大党的历史是争取民族独立、人民解放和实现国家富强、人民幸福的历史，是不断推进革命、建设与改革开放伟大事业的历史，是逐步实现救国、兴国、富国、强国奋斗目标的历史。正如毛泽东同志在党的七大上所说："我们党尝尽了艰难困苦，轰轰烈烈，英勇奋斗。从古以来，中国没有一个集团，像共产党一样，不惜牺牲一切，牺牲多少人，干这样的大事。"也如习近平总书记在庆祝中国共产党成立 100 周年大会上的重要讲话中指出的那样："一百年来，中国共产党团结带领中国人民进行的一切奋斗、一切牺牲、一切创造，归结起来就是一个主题：实现中华民族伟大复兴。"为了实现中华民族伟大复兴，中国共产党团结带领中国人民，浴血奋战、百折不挠，自力更生、发愤图强，解放思想、锐意进取，自信自强、守正创新，创造了新民主主义革命的伟大成就、社会主义革命和建设的伟大成就、改革开放和社会主义现代化建设的伟大成就、新时代中国特色社会主义的伟大成就。是什么支撑中国共产党和中国人民历经"一切奋斗、一切牺牲、一切创造""干这样的大事"？百年大党行稳致远的一个重要法宝和定海神针就是一代代共产党人从青年时代就树立起来的崇高而坚定的马克思主义信仰。

　　在建党百年之际，本书选取跨越百年时空里中国青年信仰的生成与力量为研究对象，聚焦青春、初心、信仰、奋斗、梦想等话题，以百年历史长河中青年信仰对话的形式来探讨中国青年信仰的生成路径这一主题，通过联结与比较百年前中国青年和新时代中国青年这两个分别被寄予"再造中国"和接续奋斗实现"中华民族伟大复兴的中国梦"厚望的群体，展现跨越百年的中国青年作为各自时代的弄潮儿，为何选择和确立马克思主义信仰、如何选择和确立马克思主义信仰以及选择和确立马克思主义信仰后又产生了何种力量。

本书以信仰的生成与力量、信仰的起点、信仰的选择、信仰的考验、信仰的坚守、信仰的追问为结构框架，以青年共产党员信仰生成的故事为叙事手法，并以哲思、问心、回看、定论、追问等理论探讨的形式进行叙事安排，辅以思想之旗、萃语句集、信仰故事的延伸阅读，生动展现跨越百年的中国青年在历史奋进中所树立起来的崇高而坚定的马克思主义信仰，以及在此基础上转化为推进革命、建设与改革事业的强大力量。

本书作者结合时代主题，认真策划，几易其稿，是集体智慧的结晶。叶子鹏、王震领衔策划，负责书稿的写作思路、结构框架、编写大纲及编写人员的组织协调，并执笔导论及哲思、问心、回看三个专题理论探讨，焦龙执笔第一章，王财忠执笔第二章，杨翱翔执笔第三章，潘宁执笔第四章，何土凤执笔第五章，陈怡莹执笔定论、追问两个专题理论探讨。全书由叶子鹏、王震负责统筹撰写工作，并最后审定。

在这里，要特别感谢青年工作的前辈宋怀金的大力支持，从选题策划到结构框架、从主旨立意到写作风格，他都倾注了大量心血，为我们树立了从事青年工作、开展青年研究的榜样。在指导过程中，他对于党的热爱、对于青年的关爱，让我们倍感振奋与温暖，也将成为鞭策本书作者们不断奋进的力量。

在这里，还要特别感谢青年学泰斗黄志坚教授，他在百忙之中为本书倾情作序推荐，热爱支持之情，让作者感恩在心，难以忘怀。衷心感谢刘建军教授、李冉教授、郑长忠研究员、吴振东记者的联袂推荐。还要感谢复旦大学出版社的刘月老师和张鑫老师，他们为了本书的顺利出版做了大量的工作。本书还获得了中共中央党校（国家行政学院）校（院）级青年项目"中国共产党巩固和扩大党的青年群众基础的历史经验和现实路径研究"（2022ZNQN035）的支持，在此一并表示感谢。

此外，在编写过程中，为使读者更加深入、全面地理解跨越百年时空青年群体的马克思主义信仰，作者参考和引用了中共中央组织部、中共中央宣传部、新华社、人民日报社等发布的相关资料、图片，在此一并致以诚挚的谢意。由于资料和作者能力所限，书中难免会有不全面、不深刻之处，敬请各位研究者、读者批评指正。

2022 年 9 月

图书在版编目(CIP)数据

跨越百年的信仰对话/叶子鹏,王震主编.—上海:复旦大学出版社,2022.9
ISBN 978-7-309-16039-0

Ⅰ.①跨… Ⅱ.①叶… ②王… Ⅲ.①青年-信仰-研究-中国 Ⅳ.①D432.62

中国版本图书馆 CIP 数据核字(2021)第 248918 号

跨越百年的信仰对话
KUAYUE BAINIAN DE XINYANG DUIHUA

叶子鹏　王　震　主编
书籍设计　形加意设计
责任编辑/张　鑫

复旦大学出版社有限公司出版发行
上海市国权路 579 号　邮编:200433
网址:fupnet@fudanpress.com　http://www.fudanpress.com
门市零售:86-21-65102580　团体订购:86-21-65104505
出版部电话:86-21-65642845
上海四维数字图文有限公司

开本 787×960　1/16　印张 23.75　字数 375 千
2022 年 9 月第 1 版
2022 年 9 月第 1 版第 1 次印刷

ISBN 978-7-309-16039-0/D・1112
定价:76.00 元

如有印装质量问题,请向复旦大学出版社有限公司出版部调换。
版权所有　　侵权必究